浙江省哲学社会科学规划项目（23NDJC030Z）
浙江省高校重大人文社科攻关项目（2023QN058）
浙江传媒学院科创培育项目（ZC2023KCPY024）

金鹰学科丛书
GOLDEN EAGLE DISCIPLINE SERIES

A VERTICAL-COMPARATIVE STUDY OF METAPHOR USE
IN BUSINESS AND ECONOMIC DISCOURSE
A CORPUS-BASED AND EYE-TRACKING APPROACH

商务与经济话语中的隐喻垂直比较研究

基于语料库及眼动追踪实验

柳超健 著

中国社会科学出版社

图书在版编目(CIP)数据

商务与经济话语中的隐喻垂直比较研究:基于语料库及眼动追踪实验/柳超健著. —北京:中国社会科学出版社,2024.1

(金鹰学科丛书)

ISBN 978-7-5227-2733-2

Ⅰ.①商… Ⅱ.①柳… Ⅲ.①隐喻—研究 Ⅳ.①H05

中国国家版本馆 CIP 数据核字(2023)第 201963 号

出 版 人	赵剑英
责任编辑	陈肖静
责任校对	冯英爽
责任印制	戴 宽

出　　版	中国社会科学出版社
社　　址	北京鼓楼西大街甲 158 号
邮　　编	100720
网　　址	http://www.csspw.cn
发 行 部	010-84083685
门 市 部	010-84029450
经　　销	新华书店及其他书店

印　　刷	北京明恒达印务有限公司
装　　订	廊坊市广阳区广增装订厂
版　　次	2024 年 1 月第 1 版
印　　次	2024 年 1 月第 1 次印刷

开　　本	710×1000　1/16
印　　张	26
插　　页	2
字　　数	378 千字
定　　价	149.00 元

凡购买中国社会科学出版社图书,如有质量问题请与本社营销中心联系调换
电话:010-84083683
版权所有　侵权必究

金鹰学科丛书总序

学科是高校办学的第一支柱。毫无疑问，高校办学无外乎教书育人、科学研究、社会服务、文化传承四大任务，无外乎学者、学术、学科、学生的"四学"，无外乎"靠学生名校、靠学科强校、靠学者撑校、靠学术立校"的"四靠"。诚然，高校办学关涉方方面面，但学科始终是第一支柱，是"重中之重"，是"龙头"。学科是高校办学的关键所在、重点所在、特色所在、优势所在，是一所大学核心竞争力、影响力和美誉度的表征。以学科集聚学者，凭学者创造学术，用学术反哺学生，从而以良性的互动机制最终实现立德树人、服务社会的根本目标。换言之，学科顺则百事顺，学科好学校才会好，学科强学校才会强。

一流学科是一流大学的第一支撑。当前，国家从战略的角度大力推进"双一流"建设。所谓"双一流"，指的就是一流大学、一流学科。二者是相互依存、相互促进、共生共荣的。建设高等教育强国，要做好"四个一流"的统筹，即一流大学是目标、一流学科是条件、一流本科是根本、一流专业是基础。一流大学必然拥有一流学科，一流学科并不等于一流大学。但是，一流学科在一流大学建设中的重要性无论怎么强调都是不过分的，因为它是先决条件，是第一支撑。没有一流学科的强力支撑，一流大学只能是"空中楼阁""水中明月"。客观地说，一流学科有两个标志：一是拥有一流的科研，产出一流的学术成果；二是拥有一流的教学，培养出一流的人才；而一流科研和一流教学要依靠一流的学者队伍，建设一流的学者队伍取决于两个前提条件，一是充足而灵活的经费，二是有效的管理体制机制。换言之，一流学科应包括以下几个方面：一流科研、一流成果、一流教学、一流人才、一流学者、一流经费、一流机制，即所谓的"七个一流"。唯有"七个一流"，方有一流学科；唯有一流学科，方有一流大学。

学科建设是浙江传媒学院的第一要务。浙江传媒学院作为浙江省人民政府和国家广播电视总局共建高校，在40多年的办学历程中，始终秉承习近平总书记"紧跟时代，突出特色"的指示，坚持立德树人，坚持特色发展，坚持一流导向，综合实力稳居全国传媒类院校第二，是我国传媒人才培养的摇篮与重镇，素有"北有北广、南有浙广""北有中传、南有浙传"之美誉。一直以来，学校锚定"国内一流、国际知名"的目标积极推进学科建设，已经形成戏剧与影视学、新闻传播学双峰并峙，多学科拱卫的学科专业体系。现有浙江省一流学科A类2个（戏剧与影视学、新闻传播学）、B类2个（信息与通信工程、公共管理学）。在省一流学科的强力支撑下，2021年学校获得硕士学位授予单位及新闻与传播、戏剧与影视、国际中文教育3个硕士学位授权点，实现了学校的跨越式发展。在省一流学科的大力反哺下，学校拥有国一流专业13个、省一流专业10个，拥有浙江省哲学社会科学重点培育研究基地"浙江省影视与戏剧研究中心"、浙江省新型重点培育智库"浙江省社会治理与传播创新研究院"、浙江省文科实验室"未来影像与社会应用实验室"以及中国广播电视艺术资料中心等。从整体上说，浙江传媒学院的学科建设呈现出欣欣向荣的态势，学科引领，未来可期。

金鹰学科丛书是浙江传媒学院学科建设的第一平台。为了激发学科成员产出高水平、高质量著作，充分发挥一流学科的带动力、引导力，增进一流学科的贡献力和影响力，学校千方百计筹措资金，成立"金鹰学科丛书"出版基金，"金鹰学科丛书"也就应运而生。"金鹰学科丛书"是一个展示平台，旨在展示学科建设中所涌现的高水平成果，让私人话语成为公共话语，让圈子成果成为公共硕果；"金鹰学科丛书"是一个交流平台，旨在促进学术交流与对话，让"百家可以争鸣"，让"百花可以争艳"，让学术思想在交流互鉴中走深走实、入脑入心；"金鹰学科丛书"是一个扶持平台，旨在扶持有实际困难的学科成员尤其是青年教师，早出成果、多出成果、出好成果，以高质量的成果出场出道、出圈出彩，让"新鲜血液"为学科建设更好地"供能""出力"；"金鹰学科丛书"是一个共情平台，不管资助力度如何，这中间既有学者的献智献力，也有学校的关心关爱，体现的是学者凝心聚力做研究、传思想、建学科，体现的是学校集中力量办大事、办实事、办好事。

"苔花如米小，也学牡丹开"，我们相信，"金鹰学科丛书"的出版一定是学术界又一次的集体亮相、精彩绽放。当然，我们也深知"金鹰学科丛书"肯定还有许多不如意的地方，希望能够得到国内外更多专家学者的批评与指正，但我们始终坚信一点：唯有行走才有诗和远方，唯有高飞才有蓝天和辽阔风光。

金鹰学科丛书编委会
2023 年 11 月

目 录

前 言 ……………………………………………………………（1）

第一章 绪论 ……………………………………………………（1）
  第一节 认知隐喻研究背景 …………………………………（1）
  第二节 经济隐喻研究动因 …………………………………（5）
  第三节 本书的研究问题 ……………………………………（8）
  第四节 本书的研究意义 ……………………………………（9）
  第五节 本书的研究创新 ……………………………………（11）
  第六节 本书的整体结构 ……………………………………（14）

第二章 认知隐喻研究发展历程及相关启示 …………………（16）
  第一节 前莱考夫—约翰逊时代隐喻研究概观 ……………（16）
  第二节 概念隐喻理论述要 …………………………………（18）
  第三节 经济隐喻研究概览 …………………………………（28）
  第四节 本章小结 ……………………………………………（45）

第三章 动态化批评性隐喻研究框架 …………………………（48）
  第一节 隐喻的本质属性 ……………………………………（50）
  第二节 方法论基础 …………………………………………（55）
  第三节 融合框架构建:动态化批评性隐喻分析范式 ………（60）

第四节　本章小结 …………………………………………（66）

第四章　研究方法 ………………………………………………（68）
　第一节　语料选取与构成 …………………………………（68）
　第二节　隐喻语料库建设方案 ……………………………（71）
　第三节　研究工具 …………………………………………（72）
　第四节　隐喻识别和提取步骤 ……………………………（76）
　第五节　隐喻标注 …………………………………………（82）
　第六节　信度检验与质量监控 ……………………………（93）
　第七节　隐喻定量分析方法 ………………………………（94）
　第八节　研究方法整体流程 ………………………………（103）
　第九节　本章小结 …………………………………………（104）

第五章　经济隐喻概念结构垂直比较分析 ……………………（106）
　第一节　隐喻整体定量比较 ………………………………（106）
　第二节　基于不同主题方向的隐喻定量比较 ……………（109）
　第三节　基于不同主题方向的概念域垂直比较分析 ……（114）
　第四节　本章小结 …………………………………………（208）

第六章　经济隐喻话语模式垂直比较分析 ……………………（210）
　第一节　隐喻簇 ……………………………………………（212）
　第二节　隐喻标记 …………………………………………（225）
　第三节　本章小结 …………………………………………（244）

第七章　经济隐喻交际功能垂直比较分析 ……………………（246）
　第一节　经济隐喻功能宏观分析 …………………………（247）
　第二节　经济隐喻功能微观分析 …………………………（254）
　第三节　本章小结 …………………………………………（285）

第八章　经济隐喻加工的行为表征垂直比较分析 …………（287）
第一节　研究基础 ……………………………………（287）
第二节　研究设计 ……………………………………（290）
第三节　结果与讨论 …………………………………（303）
第四节　本章小结 ……………………………………（323）

第九章　结论 …………………………………………………（325）
第一节　本书的研究发现 ……………………………（325）
第二节　本书的研究局限 ……………………………（337）
第三节　本书的研究展望 ……………………………（339）

参考文献 ………………………………………………………（341）

附　录 …………………………………………………………（366）

图目录

图 3-1　以认知—语篇为导向的动态化批评性隐喻
　　　　研究方法流程图(一) ………………………… (49)
图 3-2　以认知—语篇为导向的动态化批评性隐喻
　　　　研究方法流程图(二) ………………………… (66)
图 4-1　MIP 隐喻识别步骤 …………………………… (74)
图 4-2　Wmatrix 文本上传界面 ……………………… (77)
图 4-3　经济语料库语义域标注频率 ………………… (77)
图 4-4　内嵌参照语料库选择界面 …………………… (78)
图 4-5　经济语料库前 10 位"主题语义域频率列表" ……… (78)
图 4-6　经济语料库"主题语义域云" ………………… (79)
图 4-7　隐喻识别举例 ………………………………… (81)
图 4-8　语义域 I 1.2 前 10 位索引行 ………………… (82)
图 4-9　元信息标注格式 ……………………………… (88)
图 4-10　隐喻语法类型标注格式 ……………………… (88)
图 4-11　隐喻基本元素标注格式 ……………………… (89)
图 4-12　隐喻规约性标注格式 ………………………… (90)
图 4-13　隐喻层级性标注格式 ………………………… (91)
图 4-14　隐喻间接性标注格式 ………………………… (91)
图 4-15　隐喻标记语标注格式 ………………………… (92)
图 4-16　隐喻语用标注格式 …………………………… (93)
图 4-17　隐喻定量值计算示意图 ……………………… (101)

图4-18　研究方法整体流程 …………………………………（103）
图5-1　PPC和RAC节点词和毗邻项隐喻整体密度值比较 ……（107）
图5-2　PPC货币主题方向排名前20位主题语义域 …………（110）
图5-3　PPC经济主题方向排名前20位主题语义域 …………（111）
图5-4　RAC经济主题方向排名前20位主题语义域 …………（111）
图5-5　RAC经济主题方向上"bootstrap-based"
　　　　词汇索引行 ……………………………………………（112）
图5-6　PPC和RAC节点词隐喻密度总体比较 ………………（113）
图5-7　PPC和RAC毗邻词项隐喻密度总体比较 ……………（113）
图5-8　Wmatrix语料库功能界面 ………………………………（116）
图5-9　经济主题方向上PPC源域共鸣值正态分布假设
　　　　检验直方图 ……………………………………………（119）
图6-1　经济主题方向上PPC前20位主题语义域列表 ………（214）
图6-2　经济主题方向上RAC前20位主题语义域列表 ………（214）
图6-3　经济主题方向上RAC I2.1［商务:普遍性］
　　　　economy前5位索引 …………………………………（215）
图6-4　经济主题方向上PPC I2.1［商务:普遍性］
　　　　economy前5位索引 …………………………………（216）
图6-5　PPC市场主题方向上候选隐喻标记would前10位
　　　　Wmatrix词项 …………………………………………（229）
图8-1　EB编程软件和DV数据处理软件基本界面 …………（295）
图8-2　EB编程软件分层架构 …………………………………（296）
图8-3　本实验EB编程软件分层架构 …………………………（298）
图8-4　Calibration和Validation自动校准 ……………………（299）
图8-5　阅读眼动原始轨迹图示例 ………………………………（300）
图8-6　兴趣区眼动指标筛选输出报告 …………………………（301）
图8-7　定位符分离后阅读眼动轨迹图示例 ……………………（302）
图8-8　四步眼动注视清除法默认设定数值 ……………………（303）
图8-9　瞳孔直径变化曲线 ………………………………………（315）

表 目 录

表 4-1	PPC 语料库的选取与构成	(69)
表 4-2	RAC 语料库的选取与构成	(70)
表 4-3	PPC 和 RAC 语料库可比性指标观测点	(71)
表 4-4	候选源域使用频率一览	(79)
表 4-5	隐喻标注的选择性原则列表	(83)
表 4-6	kappa 值区间和一致性程度	(94)
表 5-1	PPC 和 RAC 隐喻总频数宏观比较	(107)
表 5-2	PPC 和 RAC 隐喻定量值宏观比较	(108)
表 5-3	经济主题方向上 PPC 和 RAC 基本概念域分布情况	(117)
表 5-4	经济主题方向上 PPC 和 RAC 隐喻定量值独立样本 t 检验	(118)
表 5-5	经济主题方向上 PPC 和 RAC 隐喻定量值 Mann-Whitney U 检验	(120)
表 5-6	经济主题方向上"人类"基本概念域表征垂直比较	(120)
表 5-7	经济主题方向上"灾害"基本概念域表征垂直比较	(123)
表 5-8	经济主题方向上"机械"基本概念域表征垂直比较	(125)
表 5-9	经济主题方向上"旅程"基本概念域表征垂直比较	(128)
表 5-10	经济主题方向上"移动"基本概念域表征垂直比较	(130)
表 5-11	经济主题方向上"建筑"基本概念域表征垂直比较	(132)
表 5-12	经济主题方向上"植物"基本概念域表征垂直比较	(134)
表 5-13	经济主题方向上"容器"基本概念域表征垂直比较	(136)

表 5-14	经济主题方向上"战争"基本概念域表征垂直比较 ……	(137)
表 5-15	经济主题方向上"游戏"基本概念域表征垂直比较 ……	(139)
表 5-16	经济主题方向上"动物"基本概念域表征垂直比较 ……	(140)
表 5-17	经济主题方向上"运动"基本概念域表征垂直比较 ……	(142)
表 5-18	市场主题方向上 PPC 和 RAC 基本概念域整体分布情况 ……	(144)
表 5-19	市场主题方向上 PPC 和 RAC 隐喻定量值独立样本 t 检验 ……	(145)
表 5-20	市场主题方向上 PPC 和 RAC 隐喻定量值 Mann-Whitney U 检验 ……	(145)
表 5-21	市场主题方向上"人类"基本概念域表征垂直比较 ……	(145)
表 5-22	市场主题方向上"移动"基本概念域表征垂直比较 ……	(148)
表 5-23	市场主题方向上"机械"基本概念域表征垂直比较 ……	(151)
表 5-24	市场主题方向上"战争"基本概念域表征垂直比较 ……	(153)
表 5-25	市场主题方向上"灾害"基本概念域表征垂直比较 ……	(154)
表 5-26	市场主题方向上"建筑"基本概念域表征垂直比较 ……	(156)
表 5-27	市场主题方向上"航海"基本概念域表征垂直比较 ……	(157)
表 5-28	市场主题方向上"容器"基本概念域表征垂直比较 ……	(159)
表 5-29	市场主题方向上"动物"基本概念域表征垂直比较 ……	(160)
表 5-30	市场主题方向上"游戏"基本概念域表征垂直比较 ……	(161)
表 5-31	货币主题方向上 PPC 和 RAC 基本概念域整体分布情况 ……	(164)
表 5-32	货币主题方向上 PPC 和 RAC 隐喻定量值独立样本 t 检验 ……	(165)
表 5-33	货币主题方向上 PPC 和 RAC 隐喻定量值 Mann-Whitney U 检验 ……	(165)
表 5-34	货币主题方向上"移动"基本概念域表征垂直比较 ……	(167)
表 5-35	货币主题方向上"形态"基本概念域表征垂直比较 ……	(170)
表 5-36	货币主题方向上"容器"基本概念域表征垂直比较 ……	(174)

表 5-37	货币主题方向上"战争"基本概念域表征垂直比较 ……	(175)
表 5-38	货币主题方向上"灾害"基本概念域表征垂直比较 ……	(177)
表 5-39	货币主题方向上"机械"基本概念域表征垂直比较 ……	(179)
表 5-40	货币主题方向上"建筑"基本概念域表征垂直比较 ……	(181)
表 5-41	货币主题方向上"旅程"基本概念域表征垂直比较 ……	(182)
表 5-42	货币主题方向上"人类"基本概念域表征垂直比较 ……	(184)
表 5-43	货币主题方向上"动物"基本概念域表征垂直比较 ……	(185)
表 5-44	货币主题方向上"游戏"基本概念域表征垂直比较 ……	(186)
表 5-45	企业主题方向上 PPC 和 RAC 基本概念域整体分布情况 ……	(188)
表 5-46	企业主题方向上 PPC 和 RAC 隐喻定量值独立样本 t 检验 ……	(190)
表 5-47	企业主题方向上 PPC 和 RAC 隐喻定量值 Mann-Whitney U 检验 ……	(190)
表 5-48	企业主题方向上"人类"基本概念域表征垂直比较 ……	(191)
表 5-49	企业主题方向上"战争"基本概念域垂直表征比较 ……	(193)
表 5-50	企业主题方向上"建筑"基本概念域表征垂直比较 ……	(195)
表 5-51	企业主题方向上"容器"基本概念域表征垂直比较 ……	(197)
表 5-52	企业主题方向上"旅程"基本概念域表征垂直比较 ……	(199)
表 5-53	企业主题方向上"机械"基本概念域表征垂直比较 ……	(200)
表 5-54	企业主题方向上"戏剧"基本概念域表征垂直比较 ……	(202)
表 5-55	企业主题方向上"动物"基本概念域表征垂直比较 ……	(204)
表 5-56	企业主题方向上"运动"基本概念域表征垂直比较 ……	(206)
表 5-57	企业主题方向上"游戏"基本概念域表征垂直比较 ……	(207)
表 6-1	PPC 和 RAC 隐喻簇所涉隐喻语言使用频率比较 ……	(217)
表 6-2	PPC 和 RAC 隐喻簇所涉使用数量比较 ……	(218)
表 6-3	Goatly 隐喻标记列表 ……	(226)
表 6-4	隐喻标记检索列表(按隐喻标记类属英语首字母顺序排列) ……	(229)

表6-5 PPC 不同主题方向上隐喻标记使用频率列表
（按首字母顺序排列） ……………………………（230）

表6-6 RAC 不同主题方向上隐喻标记使用频率列表
（按首字母顺序排列） ……………………………（231）

表6-7 经济主题方向上 PPC 和 RAC 隐喻标记使用频次
和标准化频率 Mann–Whitney U 检验……………（232）

表7-1 不同主题方向上类属隐喻和语篇特性隐喻
使用分布定量比较 ………………………………（252）

表8-1 独立样本 t 检验数值宏观描述 ……………………（292）

表8-2 P_F/P_L 首次注视时间独立样本 t 检验统计 ………（305）

表8-3 R_F/R_L 首次注视时间独立样本 t 检验统计 ………（305）

表8-4 P_F/P_L 凝视时间独立样本 t 检验统计 ……………（306）

表8-5 R_F/R_L 凝视时间独立样本 t 检验统计 ……………（306）

表8-6 P_F/P_L 回视时间独立样本 t 检验统计 ……………（308）

表8-7 R_F/R_L 回视时间独立样本 t 检验统计 ……………（308）

表8-8 P_F/P_L 总注视时间独立样本 t 检验统计 …………（308）

表8-9 R_F/R_L 总注视时间独立样本 t 检验统计 …………（309）

表8-10 P_F/R_F 平均注视时间独立样本 t 检验统计………（313）

表8-11 P_F/R_F 总注视时间独立样本 t 检验统计…………（313）

表8-12 P_F/R_F 总注视时间独立样本 t 检验统计…………（313）

表8-13 P_F/R_F 回视次数独立样本 t 检验统计……………（314）

表8-14 P_F/R_F 瞳孔直径变化值独立样本 t 检验统计……（315）

表8-15 P_L/R_L 平均注视时间独立样本 t 检验统计………（317）

表8-16 P_L/R_L 总注视时间独立样本 t 检验统计…………（317）

表8-17 P_L/R_L 注视次数独立样本 t 检验统计……………（317）

表8-18 P_L/R_L 回视次数独立样本 t 检验统计……………（318）

表8-19 P_L/R_L 瞳孔直径变化值独立样本 t 检验统计……（318）

前　言

综观国内外应用认知语言学研究，学界对隐喻的探讨可谓历史悠久、聚焦颇多。自20世纪90年代以来，随着隐喻研究在语言、认知和社会维度上沟壑的逐渐消融，加之认知隐喻理论本身不断完善及其跨学科研究队伍的日益壮大，隐喻研究的"语言转向""实证转向""社会转向"及"定量转向"应运而生，并已逐渐发展成为当代隐喻学研究的主流方向和重要趋势。受本体理论变革之影响，相关研究陆续关注自然发生的真实话语和社会互动层面的实证方法，以期达到隐喻研究"生态有效性"之基本目标。隐喻俨然已成为当今应用语言学、社会科学和人文学科领域揭示思想和情感的重要研究工具。与此同时，随着隐喻话语观在学界的基础性地位得以恢复与再度重视，隐喻理论与话语分析方法相融合的发展势头锐不可当，尤其关涉语言描述与概念表征的研究更是日益显著。由此，认知隐喻理论已被广泛应用于政治、经济、学术、科学及教育等不同主题的专业语篇分析。

文献梳理后发现，商务与经济语篇（以下简称经济语篇）已经成为当前隐喻研究的特定话语类型（如 Henderson, 1982; White, 2003; Zeng, et al., 2021）。这些研究大多聚焦从认知维度来描述大众类经济学文本中隐喻使用的普遍性规律和应用价值，或基于语篇视域挖掘不同语言和文化背景下隐喻作为语篇连贯与衔接机制的重要作用，或零星点缀式地探讨经济类学术语篇中隐喻的适用性问题和修辞功能，却较少对专业类经济话语中隐喻选择与使用规律进行深度考察。此外，当前研究囿于非专业类经济话语中隐喻的复杂性与变异性问题，但焦点多置于隐喻的横向平行研究视域，即将隐喻纳入不同话语类型、题材、主题等真实交际情境中来探讨隐喻的稳定性和变异性规律，却鲜有研究涉及相同或跨语类背景下对不同内容梯度的经济隐喻进行纵向垂直比较。由此，本书通过构建以认知与语篇为导向的动态化批评性隐喻研究的融合分析框架，旨在对大众类和专业类经济话语中的隐喻使用展开多维度、跨学科比较研究，重在考察基于相同学科、不同层级内容的隐喻使用在概念结构、话语模式、交际功能和行为表征四个维度的语义表征规律、形式变异特点及社会互动关系。

本书的研究语料由大众类经济刊物语料库（Popular Periodical Corpus，PPC）和专业类经济学术刊物语料库（Research Academic Corpus，RAC）构成。其中，PPC 选取了 2016—2020 年间出版的《经济学人》（*The Economist*）、《彭博商业周刊》（*Bloomberg Businessweek*）、《财富》（*Fortune*）、《福布斯》（*Forbes*）四种大众类经济刊物中的 191 篇文章，涵盖商务与经济、资本、科技和生产等领域，分别隶属经济、市场、货币和企业四个子主题，形符共计 631710 个，均由专门从事经济和管理等相关领域的专业研究人士及具有经济学学科研究背景的记者所撰写，其作者和读者群体为商务及经济活动中的实操者或关注世界经济与政治事务的普通公众。RAC 选取了 2016—2020 年间出版的《金融经济学杂志》（*Journal of Financial Economics*）、《商业研究杂志》（*Journal of Business Research*）、《经济动力学与控制杂志》（*Journal of Economic Dynamics and Control*）、《经济行为与组织杂志》（*Journal of Economic Behavior and Organization*）四种专业类经济学术刊物中的 81 篇文章，语料选取与构成等同于 PPC 操作流程，同样隶属经济、市场、货币和企业四个子主题，形符共计 645023 个，主要以探讨商务、经济、资本、货币流通、市场营销和管理等专业性学术问题为目标，其作者和读者群体为经济学或管理学等领域的专业研究学者。

本书认为，基于内容梯度分离法对经济话语的隐喻使用进行不同维度的纵向比较研究可以全面覆盖相同学科、不同层级经济话语背景下的语言使用、概念表征、语篇和话语形式的恒定与变异性特征，同时也兼顾了认知、社会、行为等多维度综合因素和跨学科研究方法，这样就可以深度管窥经济隐喻概念与话语形式使用环境之间的关联、隐喻在特定经济话语事件之间的关联及特定经济话语事件中的隐喻使用与隐喻在更宽泛的认知和社会互动之间的关联。

由此，本书设定以下五个研究问题：

（1）基于隐喻定量统计，与 PPC 语篇相比，RAC 中的隐喻使用是否同样具有典型性？两者的隐喻产出和隐喻使用的疏密程度如何？

（2）在概念结构维度，PPC 和 RAC 语篇的隐喻使用究竟可呈现何种具体表征形式？两者随主题内容变化情况如何？RAC 语篇中隐喻使用的具体实现方式是否只是对 PPC 语篇隐喻使用实现方式的镜像"复制"？

（3）在话语模式维度，PPC 和 RAC 语篇中各自的隐喻使用在隐喻簇和隐喻标记两种话语模式上的表现程度如何？差异程度如何？

（4）在交际功能维度，PPC 和 RAC 语篇中的隐喻使用在语言、概念和交际层面可析出哪些语用功能？差异程度如何？

（5）在行为表征维度，英语本族语者对 PPC 和 RAC 语篇中关涉隐喻性和直陈性词汇加工的眼动模式是否存在差异？各自的语义通达和认知负荷投入如何？

通过对两类语篇中的隐喻使用在概念结构、话语模式、交际功能行为表征维度进行纵向垂直比较研究，本书得出以下研究结论。

首先，PPC 和 RAC 两类语料库所涉基本概念域类别及次概念域范畴与当前国际权威隐喻语料库和隐喻分类标准契合度指数较高，语义域信息覆盖度相对齐全，隐喻使用皆具有典型性。PPC 整体隐喻密度值高于 RAC 数值，但两者差异不明显。PPC 整体隐喻产出程度高于 RAC 数值，两者差异显著。隐喻定量值受到语篇主题内容和语篇层级性的双重影响。

其次，在各个不同主题方向上，PPC 和 RAC 两类语料库在隐喻疏密度、隐喻丰富性比值、源域共鸣值和隐喻形类比值的平均值之间都存有不同程度的差异，其中最显性的表现方式为无论在隐喻形符还是隐喻类符使用数量方面，或在基本概念域使用数量还是次级概念映射范畴的覆盖度上，PPC 相关数值均高于 RAC。隐喻概念普及化的演变与传播，体现了纵向垂直方向的变异特点，绝非只是对专业经济话语的机械转述抑或对科学概念的静态镜像复制，而是专业性科学隐喻概念的再创造过程，其本质是科学知识在传播中的话语重构，体现了更高层级和更稳定的专业概念内容。

再次，PPC 和 RAC 两类语料库无论在隐喻簇的语言隐喻使用数量和隐喻簇的使用数量上均存在不同程度的差异，但两者在混合隐喻簇使用的总占比趋于接近值，这表明隐喻簇在不同层级内容的经济话语中依然是普遍存在的隐喻话语现象，且多数以混合隐喻簇形式存在；不同内容层级语篇中的隐喻簇分布比例也存在较大差异，PPC 中混合隐喻的使用数量明显高于 RAC 对应值。PPC 和 RAC 在某些特定隐喻标记的选择和使用方面具有共性，同时在某些具有语篇特性的隐喻标记上又可呈现出差异性特征。隐喻标记语的使用与特定文本类型之间不存在直接关联，但是，与语篇呈现的特定交际功能密切相关。

又次，在术语命名上，RAC 通常基于专业性科学知识，关涉经济学话语体系中术语命名的"存在性"问题。PPC 源于常规语言知识，涵盖经济学概念指称的"可处理性"问题。在概念架构上，PPC 通常使用专业类经济科学语篇中已相对成熟的模型架构进行概念转换和推理，以达到传递信息、阐释理念和说服大众及专家的目的。RAC 更倾向于在新古典经济学理论模型基础上，采用数理建模方法，重新创建特定研究主题中的专属理论模型，旨在论证某种经济学观点或解决经济学研究中的实际问题。在视角转变上，经济隐喻涉及话语互动层面的独立个体与社会关系的构建，包括认知启发、预测与陈述、意识形态递呈功能，且在不同层级语篇中依然可呈现差异。

最后，PPC 和 RAC 直陈性和隐喻性词汇的语义激活过程可呈现不同的眼动规律与特征。在首次注视时间上，PPC 和 RAC 组内的语义激活不存在优先通达现象。在凝视时间上，RAC 隐喻义阅读加工时的高跳词率可引发其直陈义的优先通达，即早期阶段指标的显著差异通常源于表层词汇特征因素。Wmatrix分析后表明，这种显著性差异与词频无关。词汇加工的早期阶段可激活不同意义，而晚期阶段唯有直陈义可优先通达。倘若不考虑跳读现象，早期阶段的语义激活主要遵循平行加工模型。隐喻义的激活过程在晚期阶段占主导地位，且这种效应只出现在词汇加工的晚期阶段。与PPC相比，受试在加工RAC隐喻性词汇时需要投入更大的认知负荷。PPC和RAC的语篇类型虽具有家族相似性，但其隐喻加工的行为表征依然可呈现显著差异。

本书在顺应隐喻研究与应用协会（Researching and Applying Metaphor, RaAM）根本宗旨（即隐喻研究必须解决真实世界中的具体问题、需要创新隐喻研究方法和立足于跨学科研究视域）的基础上，将研究创新概述为以下三点。

第一，研究视域。现有隐喻研究成果侧重于从不同题材、主题、类型和话语社区等横向平行视域来考察隐喻的稳定性和变异性特征。本书将不同梯度内容的经济语篇细分为大众类和专业类，重在关注隐喻的选择和使用在经济学话语内部的纵向垂直变异特征，不仅揭示了隐喻类型的多元性和认知过程的关联性，还可为专业话语的系统分类和相应的话语构建提供理论参考，是对以往经济隐喻话语研究在理论和方法上的拓展与创新。

第二，研究内容。本书基于垂直研究视域，系统比较了大众类和专业类经济话语中隐喻的概念结构、话语模式、交际功能和行为表征，从内部系统挖掘隐喻生成的认知理据和意义建构机制，从外部探索其语用动因和语篇功能，为深度管窥语言、认知与社会现实三者之间的关联提供了切实可行的接口。另外，本书通过对现有经济话语中隐喻研究的脉络梳理和分析，在某种程度上厘清了各派主流观点在隐喻理论和应用研究上的优势与不足，并基于隐喻的系统性与连贯性特征，深度剖析了隐喻簇和隐喻标记两种典型话语模式，是对以往从概念和功能视域探讨隐喻话语的有益补充。

第三，研究方法。首先，本书立足于认知隐喻理论、语料库语言学、批评话语分析、语篇动态分析和眼动追踪技术等跨学科融合优势，将语言、认知、社会、行为四个平面同时纳入隐喻研究的主体框架，明晰了隐喻分析的具体流程和路径，同时构建了基于使用、语篇分析、动态化和社会与认知及行为表征相融合的多维度隐喻分析研究范式。其次，本书选用内嵌语义域标注功能的 Wmatrix 为语料分析工具，严格遵守 MIPVU 隐喻识别程序，采用自动化处理和人工识别结合方式完成了在较大规模的两组经济类语料库中的隐喻检索、识别、标注和提取，并进行了相应的数据分类和统计工作。再次，本书建设完成的经济隐喻话语专题语料库可突破以往通用语料库中的标注信息，不仅覆盖了概念隐喻理论的基本要素，还能继续充实后莱考夫—约翰逊时代认知隐喻研究中的诸多重要概念和研究议题，对于深度挖掘经济语篇中隐喻概念的本质、运作机制和语义变异规律皆具有重要的启发和指导意义。最后，本书基于眼动追踪技术的心理学行为实验方法，考证了经济隐喻研究的行为真实性问题，整体上强化了认知隐喻研究的生态效度，能够使基于眼动实验方法所采集的测量数据真实有效地检验、反观甚至重新审视当前认知隐喻研究中的相关既定理论，最终夯实了基于心理学行为实验的隐喻认知科学研究。

事实上，本书的构思和写作在很大程度上归功于博士导师王军教授对我的悉心指导。作为国内知名语言研究学者，王老师的严谨治学与低调谦和的为人处事时刻影响着我。当年苏晓军教授的骤然离世让我遭遇了思想和学业上最沉重的打击，而王老师不因我地位卑微和学识浅薄毅然接纳我，并始终给予我诸多高瞻远瞩的启发性和建设性意见，始终给予我尽可能多的创作空间、耐心和宽容，令我在繁重的教学任务之余坚持学习数据统计分析和心理学实验研究方法，不会产生学术研究方面的挫败感。王老师的恩情无以回报，今后唯有倍加努力，取得更多业绩，才能不辜负他的期望。同时也要感谢董成如教授、贾冠杰教授、杨彩梅教授、袁影教授、张大群教授、张萍教授对拙作的充分肯定，并提出诸多关键性修改意见。还要感谢我所在工作单位浙江传媒学院领导们和诸多同人的鼓励，特别是戴运财教授和黄鸣刚教授，两位哥哥作为我的领导和学术前辈，在我迷惘时总是语重心长，耐心开导，并在眼动实验等科研条件和政策上给予最充分的支持与帮助。当然，还要感谢本书写作中所提及的所有学者，特别是 Paul Rayson、Elena Semino、Charteris-Black、孙毅、陈朗、孙亚教授等，正是他们在隐喻研究领域的真知灼见给我以灵感和启发。另外，责任编辑陈肖静女士在本书出版过程中付出的辛劳同样令我感动。最后，我要特别感谢我的家人们，我的妻子和孩子，感谢她们一直陪伴在我身边，给我关爱，赐我力量。

由于本人学识单薄，专业知识水平有限，书中错误或不当之处在所难免，敬请专家和读者批评指正。

柳超健

2023 年 5 月于杭州钱塘

第一章 绪论

第一节 认知隐喻研究背景

倘若以英国认知语言学家 Low 发表在《应用语言学》(*Applied Linguistics*) 国际期刊上的文章《论隐喻教学》(On teaching metaphor) (1988) 为研究起点坐标, 应用认知语言学 (Applied Cognitive Linguistics) 自问世已有 30 余载的发展历程。在此期间, 诸如原型范畴、意象图式、架构、具身哲学、概念隐喻、转喻、心理空间和概念整合等认知语言学领域的核心理论和相关研究成果在应用语言学界得以广泛运用与传承, 为深度揭示语言与思维背后的运作机制及观察不同层级的语言习得规律提供了理论支撑, 同时对语言教学与实践研究皆具有重要的理论启示和指导意义。

综观国内外应用认知语言学研究, 隐喻问题依然是历史最悠久、聚焦最多的议题之一。事实上, 古今中外对隐喻研究可谓源远流长。传统语言学将隐喻视为语言形式上的修辞手段, 是借助单个或多个独立于常规意义的词或词组来表达概念之间相似性的方法, 是日常语言迥异的表现, 能够脱离人的思想和行为独立存在。因此, 隐喻通常被视为修辞学、文学或文体学的研究对象。20 世纪 80 年代以来, 随着认知科学的兴起, 隐喻跃居为认知语言学领域的重要研究议题。作为认知语言学辖域的核心理论之一, 概念隐喻理论 (Conceptual Metaphor Theory) (以下简称 CMT) (Lakoff & Johnson, 1980) 更是革命性开启了将隐喻纳入人类的概念系统、行为活动、思维方式和认知手段等非语言层面进行全面系统考察的先河，并率先提出了"隐喻是思维和认知维度的问题、抽象概念的推理和识解依赖于概念结构之间的跨域映射、人类赖以思考和行为的概念系统在本质上也是隐喻性的"等重要论说。在过去30余年里，学界从不同视域围绕隐喻的界定、识别、结构、功能、运作机制、话语产出和加工理解等焦点问题的探讨无不推动着隐喻从修辞学范畴到认知科学研究的蜕变（如Lakoff & Johnson, 1980, 1999; Johnson, 1987, 2007; Lakoff, 1987; Lakoff & Turner, 1989; Ortony, 1993; Gibbs, 1994, 2016; Fauconnier, 1997; Goatly, 1997; Grady, 1997; Yu, 1998; Fauconnier & Turner, 2002; Turner, 2003; Steen, 2007; Kövecses, 2015, 2020）。

与此同时，随着隐喻研究在语言、认知和社会维度上的沟壑逐渐消融，加之概念隐喻理论本身的日益修正与完善及其跨学科应用研究队伍的壮大，隐喻认知观的统治性地位引发了学界不同程度的质疑、批判与挑战。由此，隐喻的"语言转向"（Cameron, 1999）"实证转向"（Gibbs, 1994）"社会转向"（Fischer, 2010）及"定量[①]转向"（Janda, 2013）应运而生，融合并逐渐发展成为当代隐喻学[②]研究的主流方向和重要趋势（参见束定芳，2000；胡壮麟，2004；孙毅，2015），即聚焦自然发生的话语（naturally occurring discourse）和特定社会互动层面（social interaction）的实证方法，以达到隐喻研究"生态有效性"（ecologically valid）[③]之基本目标。具体而言，首先，隐喻研究的"语言转向"引发了学界对"隐喻本质属性"的重新审视。如同声音

---

① 冯向东（2010）认为，尽管自然科学的实证研究多采用量化形式，但实证研究不能等同于定量研究。定量研究是对所获得的研究资料进行形式处理，实证研究则是更高层次的经验研究方法。因此，不能简单地将两者归为研究方法的一种类型。

② 国内倡导建立隐喻学研究分支的学者主要包括胡壮麟的"认知隐喻学"、束定芳的"现代隐喻学"和孙毅的"当代隐喻学"。

③ Gibbs（2010：3）将真实世界中隐喻研究的目标定义为"生态有效性"，即隐喻研究的结论不能单纯立足于炮制或脱离语境的语言例证，而应广泛建立在研究诸如政治、法律和音乐等多样化语篇类型基础之上。

及手势等其他信息传递媒介工具，真实话语中的语言以其"正式"身份，再度成为管窥隐喻内部运作机制和识解过程的关键准入点和最重要的模态承载工具之一。其次，隐喻是重要的语言使用和思维方式。人类需要借助隐喻等非直陈义（non-literal）语言来构建类比映射、关联思维、阐释概念、表达思想和传递情感等。然而，我们必须看到，这种间接而复杂的认知方式至少涉及语言、思维、认知、现实、情感、社会、文化及动态性等诸多融合因素。最后，通过调查和分析这些因素，人类能够更好地理解言语交际者无论是作为个体属性还是作为社会活动的参与者所表现出来的情感、态度、价值、信念和意识形态等。因此，隐喻已成为当今应用语言学、社会科学和人文学科领域揭示思想和情感的重要研究工具（Cameron & Malsen, 2010：VII；Deignan, et al., 2013）。

另外，随着隐喻话语观在学界的基础性地位逐渐得以恢复与重视（参见 Cameron, 1999；Low, et al., 2010；Steen, et al., 2010），概念隐喻理论与话语分析方法相融合的发展势头可谓锐不可当，语篇概念自然应该从边缘地位转移至语言描述的核心，特别涉及隐喻研究的语言描述与表征问题（Herrmann & Sardinha, 2015：4）。由此，当前隐喻研究已被广泛应用于教育话语（Low, 1988；Cameron, 2003）、经济话语（Koller, 2004；Negro, 2016）、学术话语（Hermman, 2013）、医学话语（Potts & Semino, 2019）、政治话语（Lakoff, 2004；Charteris-Black, 2004）和科学话语（Boyd, 1993；Knudsen, 2003）等不同主题的专业语篇中，重在探讨隐喻在社会互动层面的应用研究，学界称其为"以隐喻为主导的话语分析"（metaphor-led discourse analysis）和"真实世界中的隐喻研究"（real-world metaphor research）（Low, et al., 2010：XIII）。这种理念的核心观点为：人类在自然发生的话语中倾向于使用不同类型的隐喻，通常包含多样化的概念结构和话语表征类型；隐喻产出不是简单、随机、静态的单向映射，在特定话语区块可呈现多种类型的文本形式和概念映射，能够真实、有效地反映出交际者作为独立个体或以组织身份参与社会交际互动的概念化和范畴化过程

（Cameron & Low，1999；Semino，2008；Cameron & Malsen，2010；陈朗，2017）。Gibbs（2010：1）甚至直接提出，"真实世界中的隐喻研究对现代隐喻理论的影响最直接、最具有潜力"。由此可见，隐喻的拓展与变异无法脱离人类最本质的交际互动，即只有将隐喻纳入不同语篇、题材、语域、情境、交际模式和话语社区等多种因素中加以考量与辨识，并全面系统地观察其语言形式、概念结构、话语模式、交际功能等不同维度的变异规律及关联特点，才能根本上把握隐喻从非正式交际活动到自然科学话语等不同语篇中的核心地位和实际应用价值（参见 Caballero，2003；Cameron，2010；Deignan，et al.，2013）。

不可否认，以上有关认知隐喻理论及跨学科应用研究的相关成果和近来隐喻研究的"各类转向"在很大程度上为我们深度挖掘以隐喻为主导的话语分析提供了研究思路和方法论上的重要经验与启示。如果"隐喻是人类语言无处不在的基本原则"（Richards，1936：92），是用于组织经验、理解抽象概念和推理的主要机制（Lakoff，1993：244），是对未知领域的抽象知识进行概念化和范畴化的强大认知工具（Ungerer & Schmid，2006：114；赵艳芳，2001：115），我们就没有充分理由断定隐喻只能用于组构和理解隐匿于特定语言事实背后的思维与概念，而无法应用于系统研究政治、经济、教育、科技、医学等领域的专业话语。尽管传统观点[①]始终坚持经济学是严谨、客观的学科，且绝不允许类似隐喻这种"装饰性"语言的存在。然而，相关研究表明，即便在严密和抽象的经济话语中，隐喻也随处可见，而正因为经济学领域中出现的新事物才促进了语言的发展。毫不夸张地说，"对经济文本推理的每一步都是隐喻的，甚至对官方修辞学（official rhetoric）的理解过程也不例外"（McCloskey，1985：75）。经济文本具有抽象的推理过程，是最典型的隐喻映射（Richards，2003：261）。隐喻赋予了经济学话语相应的透明度和支撑点。从现代语言学发展视角

[①] Lakoff 在阐述概念隐喻理论的核心观点时，常与"传统观点"作比较。比如，Lakoff（1993：204）在其论文《现代隐喻理论》（The contemporary theory of metaphor）中，专门独立设置了题为"traditional false assumption"的章节来论述"传统观点"。

看，经济类语言兼具有动态性和流行性的语域特征，被视为经济话语中最具活力和意义的语言（Adams & García，2007：127），而隐喻无疑是经济学家构建经济学理论、概念化经济学现象和传播经济学思想研究过程中关键的方法论工具。

事实上，早在概念隐喻理论引发学界广泛关注之前，经济学家已有刻意使用大量隐喻语言的先例，甚至一度将隐喻作为经济学理论的直接研究对象。比如，经济学之父亚当·斯密（1723—1790）就曾以"无形之手"来指称市场的自我管控能力。经济学家无法在科学实验室等真实环境中控制研究变量，因此，只能依赖非真实的虚拟条件并通过建模型、立公式、画图表等方式来验证诸如"经济学思维和概念在本质上是隐喻的"等重要假说，隐喻在此自然充当了不同情境的转换工具（Hewings，1990；McCloskey，1992）。不可否认，自 Lakoff & Johnson（1980）的合著《我们赖以生存的隐喻》（*Metaphors We Live By*）问世之后，经济学无疑是概念隐喻理论最先得以应用的学科领域。在此之后，以 Henderson（1982）和 Jeffreys（1982）为代表的研究队伍日益壮大，经济学中涉及隐喻研究的数量也逐年攀升（如 McCloskey，1985；Mason，1990；Lindstromberg，1991；Smith，1995；Boers，1999；Eubanks，2000；White，2003；Koller，2004；Charteris-Black，2004；Erreygers & Jacobs，2005；Herrera，2008；Fukuda，2009；Alejo，2010；Sun & Jiang，2014；Negro，2016；Zeng，et al.，2021）。如此高产的经济隐喻研究成果本身就预设着重要语言事实，即隐喻大量充斥于经济话语中（White，2003）。

第二节　经济隐喻研究动因

综观上述相关文献后不难发现，经济话语中的隐喻研究重在关注识别、提取和阐释用于感知和识解与经济话题相关的概念域，并将研究结论应用于揭示人类心智在构建经济话语过程中的概念结构，包括以不涉及具体经济话题的语料和以与具体经济现象相关的专用语料库为研究对象。同时，上述以归纳和分析概念域为主导的研究模式也常基于跨语言对比视角来审视经济话语及其语言隐喻的实现方式在范畴化和概念化过程中呈现出的共性及差异性特征，论证该类型语篇中特定隐喻概念的普遍性，并由此说明这种普遍性从某种程度上反映了以英美传统为主导的经济模式对全球经济结构的影响。当前研究也较重视考察经济话语中影响隐喻选择的决定因素及隐喻使用的语篇功能，探究隐喻在揭示和强化意识形态核心地位方面的重要作用。

另外，现有隐喻研究成果侧重于从不同题材、主题、类型和话语社区等横向平行视域（horizontal）来考察隐喻的稳定性和变异性特征及其背后承载的概念功能和意识形态。不可否认，这种研究路径对于深入挖掘和洞察不同专业主题话语中隐喻的动态性特征具有重要的参考和应用价值。然而，我们在肯定和褒赞以往研究成果及学术贡献的同时，绝不能忽视认知语言学研究中已存在的相关既定事实。比如，人类对外部客观世界的认知和互动体验在很大程度上受到隐喻的普遍性识解和科学性推理的双重影响。尽管这两种认知方式在隐喻构建与理解上存有共性，但具体落实到经济语篇层面，无论其结构类型是从专业性到大众化的自然过渡转变又或是逆向性变异运作过程，两者在隐喻的选择与使用上必然呈现出不同程度的变异规律和特点。经济学者 Henderson（2000：170）就曾批判性指出，"大众类（popularizing）经济刊物《经济学人》（*The Economist*）和专业类（specialist）[①] 经济文本在语言风格和话语形态上具有家族相似性（family resemblance），但其相似性及密切程度究竟如何，学界至今未有定论"。换言之，大众类和专业类经济话语在主题内容方面虽存在某种关联，但就概念结构、话语模式、交际功能和行为表征等综合维度而言，两者差异是否显著尚未得到明晰。据此，本书认为，当前经济话语中的隐喻研究依然存在以下不足。

[①] 本书研究对象的英文术语主要参照了由隐喻研究与应用协会（RaAM）联合阿姆斯特丹大学隐喻实验室出版的隐喻系列丛书。

首先，以往研究大多聚焦于从认知维度描述大众类经济语篇中隐喻的普遍性规律和应用价值，或基于语篇视域挖掘不同语言和文化背景下隐喻作为概念连贯与衔接机制的重要作用，或零星点缀式地探讨专业经济语篇中隐喻的存在、应用与功能。隐喻在专业经济语篇中虽拥有"合法"席位（Klamer, 2003），却无奈受缚于隐喻研究应以教育和科学知识大众化为首要考量与服务宗旨的导向，因而较少覆盖对专业类经济话语中隐喻的概念结构与话语形式、交际功能与语篇组织规律的深度考察。

其次，以往研究常囿于非专业类经济话语环境中（non-specialist context）隐喻语言的系统性与变异性问题，内容涵盖隐喻性词汇、概念映射、语用功能和隐喻话语的识别与理解过程，但其研究焦点大多置于隐喻话语的横向研究视域，即将隐喻纳入不同的话语类型、题材、语域、主题、话语社区等真实的交际情境中来考察隐喻语言的稳定性和变异性规律，却唯有极少数案例能够涉及基于相同或跨语类背景下对不同梯度内容的经济隐喻话语进行纵向垂直（vertical）比较研究。

再次，以往研究立足于不同的理论视角、研究目标与技术手段，为隐喻研究在语料收集、检索、提取、识别、标注等方面提出了诸多切实可行的方案，但绝大多数研究仅停留在词汇层面，且语料规模有限，局限于预设源域词表或基于小型语料库获取的全部隐喻形符，无法检索出这些源域词汇以外的更多隐喻形符，因而无法完整地获取隐喻内部运作机制的全貌，也无法直接考证隐喻在概念、模式和功能等层面的实际运作机制与变异性规律。同理，当前经济隐喻研究中对作为输出端的隐喻理解关注较多，对作为探讨前提的输入端并充分结合 WordSmith、Wmatrix、WordNet 等语料分析处理软件的隐喻检索、识别和基于 MIP、MIPVU、MIV 等程序步骤的半自动隐喻提取方法相对较少（参见孙亚，2008；孙毅，2015；柳超健、王军，2017；陈朗，2018）。

最后，尽管 CMT 的继承者开了在真实世界中基于不同语篇与话语环境对认知隐喻开展系统研究的先河，特别涉及隐喻始终作为阐释与分析工具在揭示较为隐性的态度、情感、价值观及意识形态等具体功能维度的重要作用。然而，在当前大多数研究中，CMT的典型性研究模式依然驻足于关注语言隐喻的识别与相对固定的概念映射之间的匹配问题。换言之，语言隐喻的文本形式化（textual patterning）和内在的系统性特征充其量只能归属于思维层面规约形式存在的理据，而不是直接研究对象，这就忽略了对隐喻的特定话语形式、交际功能和语言层面具体表征方式的系统考察。此外，通过全新语料库分析方法意欲系统挖掘隐喻在概念结构、话语模式、交际功能和行为表征等不同维度的内部关联、变异规律和社会互动关系等问题的实践研究，CMT本身显然无法提供专门性的理论与分析框架。由此，当代隐喻研究亟待借助心理学或神经科学等实验分析手段来探明经济隐喻的理解与话语生成过程中的不同行为模式与特征，以深度管窥隐喻话语在人脑中的加工模式与认知规律。

第三节 本书的研究问题

围绕上述问题，本书认为，进一步深入开展专业类经济话语中的隐喻研究是必要的，尤其关涉基于不同层级或梯度内容与主题的经济隐喻在不同维度的纵向垂直比较研究。这种研究思路和范式不仅可以全面覆盖相同学科、不同层级性话语背景下的语言使用、语篇分析和文本形式动态化的恒定性与变异性特征，同时兼顾了社会、认知、行为等多维度综合因素和跨学科研究方法，这样就可以深度透视真实世界的隐喻语言、概念结构与话语发生环境之间的关联，隐喻在特定经济话语事件（discourse event）（Cameron，2010）之间的关联以及特定经济话语事件中的隐喻使用与隐喻在更宽泛的时空和社会互动之间的关联。另外，研究可借助眼动追踪技术等心理学行为实验进一步检验自然真实话语中隐喻的选择与使用及隐匿于隐喻理解背后的主流认知处理与加工模型及相应的认知负荷投入是否具有行为与心理真实性。

有鉴于此，本书基于经济语篇中所涉隐喻的概念结构、话语模式、交际功能和行为表征四个基本维度，相应设定以下研究问题。

（1）基于隐喻定量统计，与 PPC 语篇相比，RAC 中的隐喻使用是否同样具有典型性？两者的隐喻产出和隐喻使用的疏密程度如何？

（2）在概念结构维度，PPC 和 RAC 语篇的隐喻使用究竟可呈现何种具体表征形式？两者随主题内容变化情况如何？RAC 语篇中隐喻使用的具体实现方式是否只是对 PPC 语篇隐喻使用实现方式的镜像"复制"？

（3）在话语模式维度，PPC 和 RAC 语篇中各自的隐喻使用在隐喻簇和隐喻标记两种话语模式上的表现程度如何？差异程度如何？

（4）在交际功能维度，PPC 和 RAC 语篇中的隐喻使用在语言、概念和交际层面可析出哪些语用功能？差异程度如何？

（5）在行为表征维度，英语本族语者对 PPC 和 RAC 语篇中关涉隐喻性和直陈性词汇加工的眼动模式是否存在差异？各自的语义通达和认知负荷投入如何？

第四节　本书的研究意义

本书对于认知隐喻理论及经济学研究具有重要的理论意义和实际应用价值。研究的理论意义主要体现在以下方面：概念隐喻理论是 20 世纪 70 年代以来最具有创造性和影响力的认知语言学理论之一，革命性提出了"隐喻不仅是语言问题，更是人类普遍的认知思维方式"等重要论说，较为彻底地将隐喻从修辞学研究范畴的枷锁中解放出来。尽管后莱考夫—约翰逊时代的"基于隐喻与话语的研究路径"大力倡导将隐喻置于语言、思维和交际框架中，也着实顺应了隐喻研究的"实证转向""语言转向""社会转向""定量转向"。但就研究现状来看，国内研究在热衷于引进或倡导西方认知隐喻理论的同时，大多忽视了将这些理论应用于对比研究，这就使得新理论无法发挥应有的学术价值（潘文国，1997；刘法公，2008）。有鉴于此，本书通过系统融合认知隐喻理论、语料库语言学、批评话语分析、语篇动态分析和眼动追踪技术等基本原理与方法论之间的学科优势，构建了以认知与语篇为导向的多维度隐喻分析方法，并基于纵向垂直比较视域，对相同学科辖域的语篇进行细化分类与比较，进一步修补和完善了以CMT为理论基础的研究课题的客观性和科学性，并且将目前较为前沿的认知隐喻理论及相关跨学科成果提升到更高的实践研究层面。此外，本书为比较和对比语言学的应用研究提供了新的佐证。

另外，本书有助于进一步明晰经济话语中隐喻研究的相关重要假设和论断，促进了当代隐喻学在理论基础、研究对象、框架思路和研究方法上的拓展、深化与创新。同时，为近来逐渐兴起并不断运用于隐喻与话语研究的相关理论提供了实证数据的支撑和对CMT本身科学性和适用性的再度检验，切实为隐喻研究的"实证转向""语篇转向""社会转向""定量转向"提供佐证，也为其他题材及话语类型的相关研究提供可借鉴的理论框架和路径指导。此外，本书选用以主题语义域为导向的检索方法顺应了概念隐喻理论"重概念"的理论初衷，是隐喻在词汇层面进行识别研究的拓展与补充，也可为今后隐喻自动识别技术的发展奠定相关基础。

本书对于理解不同梯度内容的经济类话语，探索经济隐喻思维的运作规律，进而深度考察经济类话语与思维的关系具有重要的参考价值。认知科学研究表明，研究隐喻及其内部生成和工作机制有助于深化我们对语言能力、语用策略、推理模式乃至人脑的认知加工过程等信息的理解。具体来说，在自然、真实的经济文本中通过透视不同隐喻类型的使用规律和特点的全貌，不仅可以让读者更高效地理解经济学学科的基本概念、理论模型和运作机制，而且能够增强其经济语篇阅读能力和文本意识、拓宽其经济学理论和应用研究视野，从而更好地把握隐匿于抽象经济话语背后的潜在交际意图。此外，本书也可为学术语篇的跨学科研究提供相应借鉴与参考。

本书的实际应用价值体现在以下方面：隐喻是人类赖以感知、思维、推理和行为的认知方式。在经济命题成为牵动各国以及全球化经济发展命脉的时代背景下，通过深入剖析和系统比较不同层级经济语篇中隐喻的概念结构、话语模式、交际功能和行为表征，不仅能够揭示经济概念域中隐喻选择和使用的表征机制和认知规律，挖掘隐匿于语言形式背后能够直接影响话语建构的社会与认知因素及相应的意识形态，也可为当前我国加强对外宣传与时事新闻报道提供理论依据和实践参考。

基于相同学科、不同层级内容梯度对经济隐喻话语进行纵向垂直比较研究的相关成果可直接应用于商务及经济类课堂教学、教材编写、教学大纲方案设计等具体工作环节，让学生通过体验自然、真实且适用的语言来充分感知并切实掌握经济类话语的组构方式和使用规律，从而培养他们在实际情境中的语用能力。同时，对经济隐喻本质属性的深度探讨也可应用于翻译理论与实践、跨文化交际教学与研究等领域，提高学生对跨文化商务现象的敏感性，帮助其理解跨文化商务交际语境中交际对象的心智结构、文化价值观念和行为取向等核心元素，从而有效克服跨文化交际中因误解而造成的交际失误，切实提高其跨文化商务交际能力。

基于可比语料库分析法探究不同主题类型的隐喻意义组构和处理机制，有助于译者在透视经济隐喻概念全貌的基础上，强化其对隐喻话语的整体理解能力、文化联想能力、穿透与移情能力，有助于译者提出多种类型源域混合转换的具体策略和方法，切实提高对不同隐喻文化现象的敏感度。基于心理行为实验分析方法剖析经济隐喻的认知加工模式与心理表征，有助于英语学习者以跨学科融合视域来重构隐喻语言意识经验、激活相应的心理意象图式，培养其经济隐喻思维的语言习得过程。此外，通过建设不同主题的经济隐喻语料库，本书对专门用途英语、外语教学、二语习得以及翻译实践等都具有相应的启发和实际应用价值。

第五节　本书的研究创新

本书在充分遵循国际隐喻研究与应用协会（Researching and Applying Metaphor，RaAM）根本宗旨（即隐喻研究必须用于解决真实世界中的具体问题、需要创新隐喻研究方法和立足于跨学科研究视域）

的基础上，将研究创新概述为以下三点。

第一，研究视域创新。现有隐喻研究成果侧重于从不同题材、主题、类型和话语社区等横向平行视域来考察隐喻的恒定性和变异性特征。本书另辟蹊径，将不同梯度内容的经济话语进一步细分为大众类（popularization）和专业性学术语篇（discourse specialization），重在关注隐喻使用在经济学语篇内部的纵向垂直变异特征（vertical variation）。在专业话语和大众通俗话语相互转化的过程中，隐喻作为特有的概念和话语组构机制必然会发生变化。因此，从垂直视域对相同学科语篇进行细化分类和比较研究，不仅能够揭示隐喻类型的多元性和认知过程之间的关联性，还可为专业话语的系统分类和相应的话语构建提供理论参考。总之，本书立足于隐喻研究的跨学科融合优势，为概念隐喻理论本身和经济话语中隐喻的应用研究提供了新视角，是对以往经济学领域的隐喻研究在理论和方法视域上的拓展与创新。

第二，研究内容创新。本书基于纵向垂直研究视域，系统分析和比较了大众类和专业类经济话语中隐喻的概念结构、话语模式、交际功能和行为表征，不仅从内部系统挖掘经济隐喻话语生成的认知理据和意义建构机制，而且从外部探索其语用动因和语篇组织功能，为进一步管窥语言、认知与社会现实三者之间的关联与深度结合提供了切实可行的接口，同时也为隐喻研究在行为表征维度是否具有真实性问题提供了实证性理据的支撑。另外，本书通过对现有经济隐喻研究的脉络梳理和分析，进一步厘清了各派主流观点在隐喻理论和应用研究深度上的优势与不足，并通过系统分析两类语料库相关语义域样本的基础上，尝试性选择隐喻簇和隐喻标记作为典型性文本形式进行对比研究，是对以往从概念和功能视域探讨隐喻话语的有益补充。

第三，研究方法创新。首先，本书以认知隐喻理论、语料库语言学、批评话语分析、语篇动态分析和眼动追踪技术等不同学科间的融合优势为基础，将语言、认知、社会、行为四个观测平面同时纳入经济隐喻研究的主体框架，形成了基于使用、语篇分析、动态化、社会与认知及行为等多维度综合性隐喻分析方法,即初步建立了以认知与语篇为导向的动态化批评性隐喻研究方法(The cognitively-informed critical discourse dynamics approach),在某种程度上反映了当前隐喻研究的"实证转向""语篇转向""社会转向"和"定量转向"。其次,本书选用内嵌语义域自动标注功能的 Wmatrix 为语料分析工具,严格遵守 Pragglejaz[①] 研究团队(2007)和 Steen 课题组(2010)提出的科学、统一、清晰且易操作的 MIP 和 MIPVU[②] 隐喻识别程序,采用自动化和人工结合的方式完成了较大规模的两组经济语料库中的隐喻检索、识别、标注和提取,并进行了相关分类和数据统计工作(Steen, et al., 2010)。同时,本书还采用 Kappa 系数对隐喻识别和隐喻标注工作者之间的一致性进行了检验与核实,以夯实隐喻研究在研究方法层面的信度与效度。再次,本书建设完成的经济隐喻专题语料库可突破以往通用语料库中的标注内容,不仅全面覆盖了概念隐喻理论的基本要素,还可继续充实后莱考夫—约翰逊时代隐喻研究中的诸多重要概念和研究议题,包括隐喻类型、层级性、刻意性、话语标记语等。两类语料库中的标注内容对于深度挖掘经济语篇中隐喻的本质、运作机制和语义变异规律等皆具有重要的启发和指导意义。最后,本书基于眼动追踪方法,借助心理学实验分析方法考证了隐喻研究行为的真实性问题,整体上夯实了认知隐喻研究的生态效度,使基于眼动实验方法所采集的测量数据能够真实有效地检验、反观甚至重新审视当前认知隐喻研究中的相关既定理论,最终使基于心理学行为实验的隐喻认知科学研究成为现实。

---

① Pragglejaz 是 10 位世界知名隐喻研究学者名字的首字母组合,分别是 Peter Crisp, Raymond Gibbs, Alice Deignan, Graham Low, Gerard Steen, Lynne Cameron, Elena Semino, Joe Grady, Alan Cienki, Zoltan Kövecses。

② MIPVU(2010)是 MIP(2007)在理论根源和研究对象上的修正与深化,两者可谓一脉相承。本书参照国际隐喻研究与应用协会的做法,在介绍隐喻词汇层面的识别方法时,通常将两者合二为一,标注为 MIP(VU)。另外,本书在强调两者区别或特指不同的侧重点时,两种识别方法将独立标注。

第六节 本书的整体结构

本书共分为九个章节，结构及内容如下：

第一章主要介绍本书的研究背景、研究动因、研究问题、研究意义、研究创新和整体结构。

第二章主要介绍认知隐喻学研究发展历程及相关启示。首先回顾国内外隐喻研究的基本现状，包括隐喻研究的主流观点、理论贡献和当前研究中面临的质疑与挑战。其次对经济语篇中的隐喻研究进行相关介绍与脉络梳理，包括对语篇中隐喻的研究视角、研究对象及研究方法的系统归纳与总结。最后对国内外文献进行整体评析，以明晰本书力求的着眼点和亟待解决的问题。

第三章主要构建了隐喻研究框架，具体阐释了多学科融合背景下，通过构建与应用以认知和语篇为导向的动态化批评性隐喻研究范式来探讨经济隐喻研究的实效性和可行性，即融合基于使用、语篇分析、动态化、社会与认知及行为表征等综合性隐喻分析方法。

第四章为研究方法，分别对本书研究语料的收集与构成、隐喻识别的标准、研究与分析工具、提取方法、效度检验以及对隐喻标注的原则、内容、模式和方法作了翔实说明，同时对隐喻定量指标的对应内容和具体的计算方法进行了系统阐释，最后描述了整体研究方法的技术路线图。

第五章至第八章为本书的主体部分。其中，第五至第七章以认知和语篇为导向的动态化批评性隐喻研究范式为分析框架，主要围绕大众类和专业类经济语篇中隐喻使用的概念结构、话语模式和交际功能三个维度逐一分章进行系统比较。具体而言，概念结构维度重在比较两类语料库中隐喻主题语义域的自动提取、筛选、分类和跨域映射的构建过程；话语模式维度重在比较隐喻簇和隐喻标记两种文本形式的语义表征规律和变异特点；交际功能维度重在比较隐喻的术语命名功能、概念架构功能和视角转变功能的具体实现方式。在此基础上，第八章立足于隐喻的行为表征维度实施基于眼动追踪技术的心理学实验，主要从时间进程上对受试在早期阶段和后期阶段的直陈义与隐喻义词汇的阅读加工进行组内比较，从综合维度对受试阅读加工隐喻词汇时的认知负荷投入情况进行组间比较，进一步从行为表征维度论证两类语料库在行为真实性方面是否存在差异及相关理据分析。

第九章主要对本书的研究发现、理论贡献、研究启示以及研究的局限性和未来的研究方向与内容进行了简要说明。

第二章 认知隐喻研究发展历程及相关启示

本章主要基于概念隐喻理论及其跨学科应用研究进行国内外研究综述。首先概述前莱考夫—约翰逊时代隐喻理论研究的发展轨迹，进而以"隐喻研究的认知转向"为切入点，重在对概念隐喻理论的基本观点和多学科融合背景下所面临的质疑、批判与挑战进行系统阐释，同时指出学界目前在该领域研究的新动向。其次对国内外经济语篇中的隐喻研究进行相关介绍与脉络梳理，包括对经济隐喻研究视角、研究内容和研究方法的归纳与总结。最后对本书研究领域的关键议题进行宏观层面的剖析，以明晰本书研究的着眼点和亟待解决的问题。

第一节 前莱考夫—约翰逊时代隐喻研究概观

从目前可查阅的文献资料看，隐喻研究在西方社会最早可以追溯到亚里士多德时代（Ortony，1993：3）。在《修辞学》（*Rhetoric*）和《诗学》（*Poetics*）这两册经典著作中，亚里士多德多次提及对隐喻定义及修辞功能的看法，其观点在西方修辞学研究史上影响深远。亚里士多德（1952b）在《诗学》中指出，"能够恰如其分地运用隐喻是一件伟大的事情，同时也是天才的标志，因为出色的隐喻创造可暗指诗人具备在不同事物间感知相似性的直觉能力"。关于隐喻本质问题，亚里士多德（1952b）还提出，"隐喻是借用彼物之名来喻指此物之名的用法，包括从属到种、从种到属、从种到种和类比推理"。亚里士多德这个看似简单的定义，其实道出了隐喻的本质，即"隐喻是一种名词间的替代和事物间的类比关系"（魏纪东，2009：17）。

然而，正式提出隐喻"替代论"（theory of substitution）的学者是公元1世纪古罗马语言修辞学研究者昆体良（Quintilianus）。他认为，隐喻实际上就是用一个词去替代另一个词的修辞现象。比如，在John is a lion 中，lion 是用来替代 a courageous man 这一直接说法的（束定芳，2000：3）。由此可见，以亚里士多德和昆体良为代表的隐喻类比观和替代论，是出于文体学和美学等角度的考虑。从本质上讲，隐喻是词语层面的一种修辞方式。

20世纪30年代，理查兹（I. A. Richards）在《修辞哲学》（The Philosophy of Rhetoric）中首次提出了隐喻互动理论（Interaction），标志着隐喻研究正式迈入语义研究时代。[①] 理查兹（1936）在该书中首次以术语命名的方式提出了隐喻的两个基本概念，即"本体"（tenor）和"喻体"（vehicle），指出隐喻意义的生成是本体和喻体共现的结果。喻体通常不只是对本体的额外装饰，而是两者相互作用之后，产生一个比任何单方面更具活力的意义。因此，没有互动，意义就无法获取。此外，理查兹试图通过引入"张力"（tension）来描述本体和喻体在字面意义上的互斥性。显然，互动理论突破了传统修辞学将隐喻研究限定在词汇层面的束缚，并将其上升到句子层面进行考察，同时开始注重语境信息对隐喻理解的参考价值。

布莱克（M. Black）在理查兹的研究基础上进一步完善和发展了隐喻互动理论，使其成为继亚里士多德的"类比论"和昆体良的"替代论"之后，第三种最有影响力的隐喻解释理论（束定芳，2000：3）。布莱克（1962：28-38）在论著《模型与隐喻：语言和哲学研究》中，把以非直义性使用的词称为"焦点"（focus），以直义性使用的词视为"框架"（frame），并系统提出隐喻是主项（primary subject）与从项

[①] 根据魏纪东（2009：2）的考证，学界通常以理查兹的"隐喻互动理论"为分界线，将其之前的隐喻研究归为修辞格研究时期或非建构主义时期，以后的隐喻研究则被归为语义和认知研究时期。

(subsidiary subject)互动作用的结果。互动论的功绩在于明确提出隐喻是语义变化的发酵剂，主项和从项的互动关系突显了隐喻中源域与目标域间的交互作用，隐喻义的达成取决于语境作用或取决于百科知识和规约性信念的作用（王文斌，2006：28）。正如蓝纯（2003：12）所言，隐喻互动论突显了源域和目标域之间的互动性，并已认识到隐喻的认知价值，这为隐喻认知观的崛起铺平了道路。

Gibbs（1994：234）在探讨比喻性语言和思维的理解问题时同样评述了隐喻互动观，并誉其为隐喻跨学科研究中的主导性理论。他认为，隐喻互动理论系统地论述了隐喻意义与隐喻理解的关系，同时为隐喻无意识的理解过程提供了运算法则。基于隐喻互动论的相关研究成果，Gibbs还重点讨论了四类用于阐释隐喻意义生成的理论分析模型，即突显性不平衡模式（Ortony，1993）、概念域互动模式（Tourangeau & Sternberg，1981，1982）、结构映射模式（Gentner & Clement，1988）和类包含模式（Glucksberg & Keysar，1990；Glucksberg，2001）。Gibbs（1994：247）同时指出，在每一类理论分析模型中，隐喻本体与喻体的互动规律都会受到相应条件的限制，涵盖不同的隐喻衍生关系和理论假设。因此，这些模型局限于隐喻理解研究的特定层面。当然，对不同类型的隐喻话语理解还必须遵循隐喻在概念层面的某种对应和推理关系。

第二节　概念隐喻理论述要

一　基本观点

尽管Richards早在1936年就对隐喻的认知特征进行了阐述与分析，提出了"隐喻是人类语言无所不在的原理"等重要观点，但学界普遍认为，直至1979年由Ortony主编的论文集《隐喻与思维》（*Metaphor and Thought*）的问世，隐喻才开始真正被纳入思维层面进行探讨，这标志着隐喻研究的"认知转向"（Steen，2011：26）。随后，Lakoff &

Johnson 于 1980 年合作出版了《我们赖以生存的隐喻》(*Metaphors We Live By*)，通常被认知语言学界视为认知隐喻研究的开山之作。两位学者从隐喻视角探讨了语言本质，并用大量系统的语言事实证明语言与隐喻认知结构的密切相关性。他们（1980：3）认为，隐喻充斥于人类日常生活中，不仅存在于语言中，也存在于思维和行为中。人类赖以思考和行为的概念系统，在本质上也是隐喻的。隐喻作为一种思维方式和认知手段，是人类用于构建与理解抽象概念，并进行抽象推理的主要机制。比如，英语常使用 *Your claims are **indefensible***、*His criticisms were right on **target***、*I've never **won** an argument with him* 等来描述"论辩"的具体内容。显然，indefensible、target、won 等词语原本用于描述"战争"，而在以上语例中人们把"论辩"当成"战争"。由此，他们认为，"论辩是战争"（ARGUMENT IS WAR）这样的观念普遍存现于人类的概念系统中，是我们自身所处的文化环境中赖以生存的概念隐喻。简言之，这些隐喻表达式是概念隐喻 ARGUMENT IS WAR 在语言层面的具体实现方式。

概念隐喻的本质是从源域至目标域的概念映射关系。每种映射的发生都是源于源域（战争）与目标域（论辩）之间存在一系列固定的本体对应关系（Lakoff & Johnson，1980）。在上述概念隐喻中，源域 war 与目标域 argument 之间就存在这样的对应关系：论辩双方对应武装敌人，批判观点对应军事攻击等。为了构建和理解抽象概念，人们通常把内部有高度组织结构的概念域（源域）的部分特征映射至无内部结构或组织结构相对抽象的概念域（目标域）上。换言之，隐喻一般是从熟悉的、有形的、具体的、常见的经验结构和知识来感知生疏的、无形的、抽象的、罕见的经验结构和知识，从而建立起不同概念系统之间的联系（王寅，2007：452）。

针对概念隐喻映射的选择性问题，Lakoff（1993：215）指出，隐喻映射应遵循恒定原则（invariance principle），即源域的意象图式映射至目标域时，必须以某种方式与目标域的内部结构保持一致。恒定原则实际上是对隐喻映射实体之间固定对应关系的一种制约，阻止了不兼容的概念间发生映射的可能性。首先，它规定了跨域映射中源域的内容。其次，对符合特定目标域的隐喻衍生作了限制，其最终目的是确保目标域意象图式结构的完整性。比如，Lakoff & Turner（1989）发现"死亡"可通过多种方式拟人化，而与"死亡"相关的人类特征是受限制的。"死亡"可被"吞食"，但无法通过"编织"或"坐摇椅"等方式进行构建。另外，"死亡"隶属"不存在"的事件域，因而只有那些包含事件结构，且与"死亡"不冲突的概念域，才能成功被映射到相应的目标域上。当然，不容忽视的是，与目标域同步对应的隐喻衍生关系也无法实现映射。换言之，目标域阻止了源域的隐喻衍生，而源域以某种特定方式保留了目标域的概念结构。

概念隐喻是有层次的、成系统的、连贯的。概念隐喻之所以能够衍生出多个隐喻表达式，其主要原因在于隐喻映射涉及多维结构，并且能够组织并构成一个经验完形，使得隐喻之间的映射具有系统的对应关系（Lakoff & Johnson，1980：81；文旭、叶狂，2003：3）。由于隐喻概念是成系统的，那么用以组织和构建此类概念的语言也是成系统的，因此就可以凭借隐喻语言的系统性来研究隐喻概念的系统性。此外，概念隐喻之间还可通过蕴含关系将表面毫无关联的语言隐喻构成连贯的系统。比如，"时间是金钱""时间是有限资源"和"时间是有价值的商品"这三个概念隐喻就可以形成一个以次范畴为基础的单个系统。在人类共享的文化系统中，金钱是有限资源，而有限资源是有价值的商品。正是这些次范畴描述了隐喻之间的蕴含关系。因此，隐喻蕴含不仅可以描述隐喻概念的系统性，又能对相应的隐喻语言的系统性做出描述。

隐喻还具有"突显"（highlight）和"掩盖"（hide）功能，即隐喻系统性能够赋予人类通过一个概念来理解另一概念（如通过"战争"来理解"论辩"的某些方面）能力的同时，必定会掩盖这个概念的其他层面（Lakoff & Johnson，1980：10 - 13）。具体来说，概念隐喻让我们集中关注概念某一方面的知识结构时，也会阻止我们去关注这个概念在其他方面的知识结构。比如，在激烈的论辩中，双方都会集中力量攻击对手，就会突显"竞争"的一面，同时也会掩盖双方寻求"合作"的一面。隐喻的跨域映射是不对称的、局部性的。因此，隐喻映射过程只是局部性使用源域，被成功映射的部分特征得到突显，没有被映射的其余部分就会遭到掩盖。由此，概念隐喻的"突显"与"掩盖"是隐喻和语言的根本问题（张征、杨成虎，2013：45）。

另外，文化中最基本的价值观应该与其中最基本的隐喻概念结构相一致（Lakoff & Johnson，1980：22）。比如，英语中的 I'm feeling up、My spirits sank 反映了人类精神高涨和情绪低落时，其生理反应是向上和向下的。这些语言价值观根植于英语社会文化中，而且与该民族目前体验的空间隐喻相一致。这说明人类的价值观并非孤立存在，必须与其赖以生存的隐喻概念形成连贯的系统。然而，这并不意味着所有的文化价值观都必须与现存的隐喻概念系统保持一致，而是只有那些已经存在并已深植人心的文化价值方可与隐喻系统保持一致。当然，价值观在文化中能以平等的状态普遍存在，这纯属理想状态。因为世间事物的地位并不平等，不同的价值观之间时常发生冲突，这就导致价值观与隐喻结构也存在矛盾和冲突。由此可见，社会文化同样存在主次之分。虽然它们共享基本价值观，但矛盾和冲突的出现是由于不同的次文化给予主流文化优先权。比如，英语中的 MORE IS UP 似乎永远高于 GOOD IS UP 因而享有优先权，这是因为前者具有最鲜明的物质基础。总体而言，价值观的优先地位部分取决于说话人所处的次文化和个人价值观。总之，尽管主流文化中的各类次文化共享基本价值观，但在论及优先地位时实则有变。

二 质疑与挑战

（一）语料收集

CMT 在语料收集方面的问题历来受到学界的质疑与挑战（如 Murphy，1997；李福印，2005；Gibbs，2010），因为 CMT 的研究语料是基于内省法获取的。具体来说，研究者在语料收集时，主要依赖自身的元语言直觉和个体经验，或源于词典编纂人，又或炮制于缺乏专业背景的言语者。比如，Lakoff（1987：145）在阐释"死隐喻"（dead metaphor）这个术语时所涉语言实例至少包括 He still cannot grasp the basic ideas of quantum mechanics 和 I caught all the subtleties of the argument，但他从未交代以上语料的具体来源及相关语境信息。显然，这种基于直觉和内省的语料收集方法包含了较强的主观因素。既然内省法不是基于大型语料库，因而无法保证研究材料的有效覆盖率、代表性和穷尽性（刘正光，2001）。Cameron & Low（1999）同样认为，CMT 的核心观点建立在具体的例证之上，难以确保其恢复性。不可否认，语言研究必须以真实可靠的语料为基础，然而 CMT 自始至终并未提及语料的来源问题，就更不必谈具体的语料检索、提取步骤和系统的隐喻识别程序。正如 Pragglejze 团队（2007）所言，孤立的语言实例可为隐喻的概念结构和语篇功能研究提供重要的语料，但是如果要证明隐喻的普遍性以及如何对隐喻做出正确的理解则需要在不同语境中挖掘真实的隐喻语言。他们强调，真实世界中的隐喻使用和实验研究所需要的语料差异较大。此外，Lakoff & Johnson（1980）认为，语言隐喻应从属于概念隐喻。由此可见，他们在隐喻理论构建过程中并未穷尽性地提取语篇中的隐喻在语言层面的实现方式，更没有基于真实、准确的数据来具体描述隐喻在言语交际中过程的普遍性程度，因此，CMT 在解释隐喻的多元性方面也时常遭受质疑（参见 Cameron & Low，1999；Deignan，1999，2005；Semino，2008；Steen，2007，2011）。

（二）隐喻识别

从理论上讲，在语料库方法应用于隐喻研究之前，隐喻识别应该是隐喻研究的起点和基础。然而早期研究在切实探讨认知隐喻理论建构的同时，大多忽视了隐喻识别方法的科学性及评价方式的客观性等重要内容，隐喻研究者也惯于依赖自身的元语言直觉来界定语言的隐喻性。我们应该看到，在实证研究中，语言直觉无法直接描述或如实反映自然语言处理过程的全貌，也从未触及人类最深层次的概念系统，隐喻研究的信度和效度自然引发了学界的质疑（参见 Murphy，1997；

刘正光，2001；李福印，2005；Kövecses，2011）。此外，语言直觉具有可变性，加之目前尚缺乏科学、统一且易操作的隐喻识别程序，这就加剧了对隐喻研究结论评价的复杂性（比如，隐喻类型、使用频率及分布特点；隐喻和词性的关联；隐喻对现实世界的表征方式等）。显然，早期研究者在论证隐喻概念性与系统性的同时，并未提及语料收集来源及识别方法，这就使得部分心理学家怀疑语言使用过程中概念隐喻的真实性问题（Vervaeke & Kennedy，1996）。为了弥补这一缺陷，国内外学者陆续开始探索各种隐喻识别方法（如Steen，1999；束定芳，2000；Charteris-Black，2004；Pragglejaz，2007；Cameron & Maslen，2010；Steen，et al.，2010）。因此，在过去几年中，隐喻研究的主要发展方向之一是聚焦于识别与阐释真实话语中的隐喻性语言（Pragglejaz，2007）。目前看来，单从技术层面上讲，隐喻识别方法可分为人工识别法、自动识别法及半自动识别法。鉴于隐喻实证研究中常有识别方法与信息技术手段相结合的案例（如Deignan，1999；Cameron & Deignan，2003；Charteris-Black，2004；Gedigian，et al.，2006；Cameron & Maslen，2010），本研究将目前国内外研究中的隐喻识别方法细分为以下五类：

1. 话语标记识别法：某些隐喻常伴有明确的话语标记（marker）或调节语（tuning device）（参见Goatly，1997；束定芳，2000；Cameron & Deignan，2003），因此可将这类话语标记作为隐喻识别的文本线索。Goatly（1997）对隐喻标记语做了迄今为止最详尽的分类，包括显性标记语、强调词、弱化修饰词、语义元语言、拟态词等；Glucksberg & Keysar（1993）通过研究文本中的模糊限制语（hedges），指出隐喻话语标记语会降低语言的隐喻性；Cameron & Deignan（2003）基于大、小语料库结合的方法阐释了调节语的语用功能。比如，缓和话语的直陈性、调节隐喻的语势。显然，隐喻话语标记形式上的不变性与直观性可为隐喻自动识别提供相应理据。

2. 语义冲突识别法：在逻辑或语义层面，如果当前话语与基本意义之间存在冲突，则可判定为隐喻用法。隐喻中所涉及的两个概念应隶属不同范畴，而通过某种语法或修辞手段将两者整合，实际上构成了逻辑错置。比如，Wilks（1975）基于优选语义理论，通过语义选择优先的异常中断和辅助理解情景知识的"伪文本"，触发对 My car drinks gasoline 中隐喻的理解和识别。从理论上讲，drink 的动作实施者应是动植物等生物体，而 car 是没有生命的事物。因此，car 与 drink 存在语义上的冲突及逻辑范畴上的矛盾，属于隐喻表述；Charteris-Black（2004：35）认为，隐喻识别应根据语言、语用和认知标准来判定候选隐喻中是否存在由于概念域发生转移而造成的语义冲突，定性分析隐喻使用的语境，进而判定隐喻关键词的隐喻性问题。

3. 比较识别法：本书中的比较识别法特指隐喻识别程序 MIP（Pragglejaz，2007）及后期的修正版本 MIPVU（Steen，et al.，2010）。MIP 能够通过比较词汇单元的语境义和词典中的基本义，将隐喻识别严格限定在词汇层面。然而，MIP 在语言的结构和意义等界定方面（比如，死隐喻、隐喻和转喻与多词汇单元等）所能提供的理据并不充分，只是主观意义上一种规定。MIP 只关注到语篇中的隐喻性词汇，因此它所涉及的范围并不全面。此后，Steen 研究团队（2010）提出了一套可识别所有隐喻相关词语的规则，即 MIPVU，其优势是明确提出了可识别"直接隐喻""间接隐喻""隐性隐喻"和"隐喻标记语"等核心概念。

4. 句法搭配识别法：在自然语言处理过程中，隐喻识别的关键是利用信息技术将隐喻实现方式的规则具体形式化。比如，Krishnakumaran & Zhu（2007）基于 WordNet 中词的下义关系，提出了 subject is an object 的识别方法，即如果 subject 与 object 之间不存在下义关系，则为隐喻。而对于 subject-verb，verb-object 或 adjective-noun 等语法结构，则共同取决于 WordNet 中词的下义关系及词的共现频率信息。显然，该方法在一定程度上解决了动词的选择性限制问题。

5. 机器学习识别法：机器学习方法在处理大规模数据分类问题上应用广泛，目前已成为隐喻识别研究的新方向（贾玉祥等，2009）。该方法的要旨是：使用人工法先给部分语料中的隐喻短语加上标记，给机器提供样例或统计参数，然后借助于机器学习的算法使机器在一定程度上具备识别隐喻的功能（王治敏，2008）。比如，Gedigian, et al.（2006）基于 PropBank 命题库与 FrameNet 的映射标注，结合最大熵模型对 Wall Street Journal 语料库中的空间运动（Spatial Motion）、操控（Manipulation）和健康等语义框架下的所有标注动词进行隐喻识别研究。

相关研究表明，英语中有90%以上的隐喻没有明显的标记语（Wallington, et al., 2003）。因此"调节语"等话语标记只能作为提高隐喻识别效果的辅助手段。语义冲突识别法的优势在于只需确定语境义与基本义之间的语义冲突，而不必考察概念隐喻的映射过程。然而在早期基于语料库的隐喻研究中，由于无法穷尽检索词，该方法所识别的隐喻在数量上存在一定的局限性。比较识别法虽只是在语言层面通过词义比较来确定词汇单元的隐喻性，但无法在概念层面标注源域、目标域和概念映射。句法搭配识别法由于依赖二元语法分析，因此，语法分析器的精确性成为影响该方法准确率的重要因素。此外，这些算法对于代词 it 所造成的错误分类依然没有得到有效的解决（田嘉等，2015）。机器学习识别法纵然能通过使用动词隐喻分类器来减少隐喻识别的错误率，但在最大熵模型中，对论元特征的提取仍需语义角色标注技术的支持，而该技术目前尚未成熟（贾玉祥等，2009）。

由此可见，与隐喻在其他方面的议题相比，学界对隐喻识别的关注步伐略晚，但它确实属于早期隐喻研究中常被忽略的问题。语言隐喻与概念隐喻的关系极其复杂且两者极易融合。虽然语言隐喻的识别是概念映射构建的基础，但语言形式毕竟只是概念的表层结构，终究无法完整表征其概念系统（Steen，2007：175），因此，在实际操作过程中，对两者的识别需要独立的方法论。从研究现状来看，现存的隐喻识别程序或集中于识别隐喻性词汇，或缺乏科学、统一且易操作的方法来指导隐喻在概念层面的识别，又或是对两者识别的关系问题含糊不清，抑或对研究中关涉自上而下/自下而上等不同识别路径的选择问题把握不足。这些实际问题在很大程度上将影响隐喻形式化与模型化建构的准确性与科学性,不利于隐喻自动识别技术的发展。此外,概念隐喻理论强调隐喻的概念性本质特征,但 Lakoff 在其相关研究中均未谈及如何从纷繁的语言隐喻中构建或提取概念隐喻的方法。比如,概念隐喻理论缺乏语言隐喻 *Your claims are **indefensible*** 与隐喻概念 ARGUMENT IS WAR 之间自然过渡与演变的理论基础和认知规律,这直接导致各家在隐喻映射问题上观点迥异,众说纷纭。因此,隐喻研究不仅需要明确隐喻识别的概念,更要制定统一、科学且易操作的识别方法。

（三）隐喻与语料库研究

语料库方法与隐喻理论结合是近年来认知隐喻研究中的主流趋势。该方法为隐喻研究提供了实证性理据的支撑,有效提高了隐喻研究的信度与效度,在某种程度上促进了隐喻研究的"实证转向"。当然,我们也必须意识到,语料库方法在检验 CMT 科学性的同时,会不断涌现出新的语言证据和事实,同时又会引发对现有理论的质疑和挑战（Deignan,1999）。比如,Semino（2006）检索语料库后发现"战争"隐喻和"管道"隐喻的实际数量只占"交际"隐喻数量的一半; Stefanowitsch（2006）发现"情感"隐喻的语言表达式远少于人们想象中的数量。此外,近来部分学者指出,CMT 衍生出的常规隐喻无法对隐喻的语言类型和语法特征给予合理解释。同样,语料库语言学家通过从宏观层面分析语言隐喻及其变体的使用规律后发现,从真实语料中提取而来的隐喻形式与 CMT 倡导的基本概念映射规律无法契合。比如,Semino（2008:207－216）基于大型语料库检索,将经典的概念隐喻 ARGUMENT IS WAR 重新表征为 ANTAGONISTIC COMMUNICATION IS PHYSICAL AGGRESSION,并且认为,不同的隐喻表达式所产生的不同意义至少部分可通过场景（scenario）概念得以阐释,而这些场景应隶属更宽泛的概念域。

不可否认,尽管实证数据研究对原理论进行相应修正没有彻底动摇 CMT 研究的基石,但语料库方法确实引发了学界对 CMT 部分观点的重新审视与定位（如 Deignan,2005; Musolff,2006; Semino,2002;

Stefanowitsch & Gries，2006；Steen，et al.，2010；Steen，2011）。真实世界中语言隐喻的使用常受制于特定的语言形式和句法类型，呈现出较强的词汇搭配倾向和特定词形的使用规律。比如，Deignan（2006）以 Bank of English 为研究语料，系统探讨了语言隐喻的语法问题，证实了隐喻的语法类型在不同层面的表征方式存在差异，即在宏观上表征为词性，在更为具体层面表征为句法类型；词汇的隐喻性用法通常出现在特定且相对固定的句法类型中。Deignan（2005：86）同时指出，通过观察语料库中的词频、搭配和固定用法，研究者通常可以发现先前无法预测到的语言使用规律。以 rock 为例。首先，该词作为动词时，其隐喻性语法特征在语篇中通常以被动语态或动词过去式的形式存在。其次，该词频率最高的隐喻性搭配是 rock the boat，意为"骚扰或批判已被大众广泛接受的处事方法"，一般与表达否定意义的短语搭配使用，常见于动词的 ing 形式中，较少使用一般过去式。最后，该词作为名词时，其隐喻语法特征是以名词复数形式（on the rocks）表达"危险"，以单数形式（the rock of our family）表达"稳定性"。基于"海洋"和"绿洲"的隐喻程度个案分析，Hanks（2006）发现隐喻具有层级性：源域和目标域所共享的语义特点越多，隐喻的回响值，即隐喻程度就越弱。

（四）隐喻与语篇

CMT 重视隐喻的概念性，但对真实语境和社会文化层面的关注不足，因而其研究理念时常引发学界特别是语篇分析学者和应用语言学家的质疑。基于话语分析的隐喻研究通常将语言视为研究对象，聚焦关注通用语言形式中常规隐喻的使用规律，探讨具体语篇和通用语料中隐喻的使用特征和常规隐喻形式之间的关系问题（Deignan，2005，2006）或重在考察特定语篇中隐喻概念结构的具体实现形式和功能，探讨语言与概念层面的差异，挖掘隐匿于隐喻事实背后的社会文化因素和意识形态，包括政治语篇（Charteris-Black，2004；Musolff，2006；Semino，2008；汪少华，2011；梁婧玉，2015；柳超健，2018）、经济语篇（Koller，2004；Skorczynska & Deignan，2006；陈敏、谭业升，2010；

孙亚，2022）、教育语篇（Cameron，2003；Low, et al., 2008）、学术语篇（Littlemore，2001；Herrmann，2013）和广告语篇（Forceville，1996；Urios-Aparisi，2009；Koller，2009；霍颖，2012；蓝纯、蔡颖，2013）等。Koller（2004）从批评认知视角对比研究了营销媒体与并购媒体话语中的隐喻与性别，形成了语料库语言学、批评话语分析和概念隐喻理论相结合的研究方法，反映了隐喻研究的"实证转向"和"社会转向"；Cameron & Deignan（2003）结合大、小语料库并通过分析调节词的警示、引导和调节等话语功能来研究英语口语中的隐喻使用。实践证明，该方法能克服独立语料库在研究中各自存在的弊端。Charteris-Black（2004）基于语料库方法，系统比较了政治演讲、媒体报道和宗教语篇中的隐喻使用及意识形态，重点考察了不同社会文化背景下隐喻的说服、情感和意识形态等方面的语用功能。Simó（2009）基于报刊语料库，考察了英语和匈牙利语中以"棋子"为源域的隐喻表达，并基于文化、亚文化、体验和语言类型产生的影响系统阐释了两种语言的差异性特征。Herrmann（2013）从语言形式、概念结构和交际功能三个维度对英语学术话语中的隐喻使用进行了系统实证研究。

第三节　经济隐喻研究概览

一　经济隐喻研究视角

经济语篇中的隐喻研究主要包括经济学和语言学两个不同研究视角（Alejo，2010：1137）。具体来说，经济学研究者主要关注经济学学科领域的知识表征，聚焦于从理论或是理论建构层面（theory-constructive level）进行隐喻分析（如 Boyd，1993；Knudsen，2003），重在提取与明晰经济学学科中起主导作用的隐喻性主题，从而探讨学科领域的认识论问题或是经济学术语的隐喻基础，强调隐喻在经济学知识传递和概念化过程中的重要作用（如 McCloskey，1985；Henderson，

1986，1994，2000；Mirowski，1989；Smith，1995）。相比之下，语言学者更重视隐喻选择与使用的话语和真实交际环境，旨在揭示经济学语篇中概念域的分布规律、交际功能及隐含的意识形态等议题（如 Charteris-Black & Musolff，2003；Skorczynska & Deignan，2006；胡春雨，2014；陈朗，2018）。

（一）经济学

Henderson 是国外经济语篇中修辞研究的知名学者之一，也是较早致力于探究经济隐喻模型的重要代表。他在《对隐喻、经济学和专门用途英语的若干评论》一文中指出，经济学中抽象概念的理解在理论建构层面主要依赖于"拓展隐喻"（extended metaphor）或"根隐喻"（root metaphor），它能够为经济学主题构建及重要术语和次隐喻的选择提供认知基础（2000：356）。

McCloskey（1985：496-617）认为，经济学语篇具有"强烈的隐喻色彩"。她从经济学、哲学、语言学、数学和统计学等学科视角对经济学隐喻修辞进行了系统分类研究，指出隐喻是经济学修辞中的核心要素和方法论，并创造性地提出经济学中的数学概念、理据、计量方法及经济学模型建构和非数学层面的推理都是隐喻性的。

事实上，经济学中最重要的概念隐喻是人类经济思维长期沉淀的产物，隐喻理解更依赖于经济文本分析过程中不同学科方法的相互吸收与融合，而并非单纯建立在某种语篇局部语言范例的基础之上。经济学文本是理论的承载者，其中包含的主题隐喻与专业术语间必然存在差距。因此，在理论建构层面，对经济学概念进行推理还需要借助语言学之外的经验知识（Alejo，2010：1138）。比如，从不同学科中归纳出的"机械""拍卖"和"生物"等概念可描述当下经济学中的基本隐喻类型（Henderson，2000：168）。Mirowski（1989）进一步提出，"机械"是三种分析模型中最有意义和影响力的隐喻模型，特别是从导入型教材的视角来审视隐喻模型的分类问题。由此，"机械"模型在经济学较低层级的抽象化过程中逐步衍生出诸多关键性隐喻构式，共筑了"机械"模型的基石，同时也提供了方法论层面的理论支撑。之后，Bradford（1999：6）从宏观经济学视角将最重要的隐喻细分为四类：液压隐喻（循环流动模型）、市场（不同的交易过程）、平衡能力、利用图画表征代数公式。

当然，我们必须意识到，经济学者们对专业领域的知识表征及理论模型构建是动态发展的过程，其衍生出的隐喻表达也处在相应的变化中。正如Smith（1995：45）所言，经济学中的大量原始隐喻已逐渐转变为规约化隐喻，其本质是经济学专业术语，而非"活隐喻"，其典型的术语至少包括"平衡""悬浮""暴涨""泄露"及"通货膨胀"等。比如，尽管"流动性"和"下滑"已成为当前经济学中耳熟能详的行话术语，但其隐喻义的词源早已不复存在。

由此可见，经济学理论的发展与概念隐喻密切相关。Henderson（1982：151）通过考证具有相当规模的经济学文本后发现，经济学概念间存在范畴转移（shift）现象。比如，"资金"通常被拓展化为"人力资金"（human capital），"员工培训"被固化为某种具有"回报率"（return of rate）的投资形式。从"资金"到"劳力"的范畴转移赋予我们从"资金"的辖域来思考与其相关的概念簇（cluster of concepts）。后来，Henderson（1994：345）进一步提出，"人类资金"从字面意义上可直接所指"奴隶制度"，其理据是两者都隐含"人是机器"这个概念隐喻。

（二）语言学

相比之下，语言学视角更关注隐喻的语言加工和理解问题，通常反映经济学话语中的隐喻使用究竟在多大程度上依赖于日常语言的类比，而不是过多源于经济思维的隐喻模型。因此，该视角本质上是一种自下而上的研究路径，具体包括修辞学、话语分析、语用学、文体学、二语习得、语料库分析、商务联系学、跨文化交际学等（Alejo, 2010），研究焦点为通过管窥话语的生成过程（包括识别主题概念隐喻）来揭示隐喻在经济文本中的语用目的和交际功能（如Boers & Demecheleer, 1997; Boer, 1999; Eubanks, 2000; 孔德明, 2002; 孙厌舒, 2003; White, 2003; Koller, 2004; Skorczynska & Deignan, 2006;

谭业升、陈敏，2010；胡春雨、徐玉婷，2017；孙亚，2022）。鉴于下文将对该视角中的重要文献进行系统回顾，本节暂不展开相关论述。

二 经济隐喻研究内容[①]

（一）概念域

经济语篇中的隐喻研究从根源上主要依托认知语言学理论的两大共识，即概括性承诺（Generalization commitment）和认知承诺（cognitive commitment）（Lakoff & Johnson，1999；孙亚、李琳，2014；唐树华、田臻，2012）。具体来说，经济话语中隐喻研究的基本任务是识别、提取和阐释用于感知和识解与经济话语相关的概念，并将研究结论应用于揭示人类心智在建构经济话语中的概念结构。这类研究通常可基于不涉及具体经济话题的语料为研究对象（如 Henderson，1982，1994；McCloskey，1995；Boers，1999；Charteris-Black，2000；Skorczynska，2001；孔德明，2002；孙厌舒，2003；Bratož，2004；李明，2005；徐冰，2006；Skorczynska & Deignan，2006；唐莉莉，2007；Soler，2008；White & Herrera，2009；谭业升、陈敏，2010；吴恩锋，2010；赵霞、尹娟，2010；Chow，2014；Kheovichai，2015；胡春雨、徐玉婷，2017；陈朗，2018；梁婧玉，2018；Zeng, et al.，2021）。

Boer（1999）以《经济学人》杂志中横跨10年（1986—1996）的评论类文章为研究语料，量化分析后发现，英语经济语篇中充斥着大量隐喻语言，其中占主导的隐喻模式为"健康""战争""机器"和"园丁"等。他认为，经济隐喻理解过程中的每种隐喻模式都将其推理模式和相应的价值观映射至目标域上。此外，在北半球国家的冬令时节，使用"健康隐喻"的现象尤为频繁。Kheovichai（2015）以概念隐喻理论和隐喻场景为理论基础，选取了2009—2010年间跻身世界

[①] 本书第八章设计的眼动行为实验将具体论述当前隐喻加工研究中的基本模型和认知负荷机制，希冀形成系统、连贯的实验描述。因此，本章在综述隐喻相关文献时，暂不将隐喻加工的相关内容囊括其中。

前10位①的5类期刊中的42篇经济文本,并基于"战争""机器""建筑"和"外力"等9种源域类型,系统分析了经济语篇中"隐喻簇"转化为隐喻场景的认知方式和推理过程。研究发现,这9种源域类型共享有"源头—路径—目标"意象图式,创造性提出了可将"实体"和"互动"投射至"有界空间"的隐喻场景,即"经济"和"市场"通常被概念化为可供经济实体间互动的有界空间。比如,"公司"在经济语篇中通常被喻化为"相互斗争的战士",其最终目的是为了占领更多的"土地"。Zeng, et al.（2021）通过分析中国香港政治话语中（1997—2017）自由经济的基本变化（源域的转变）和增量变化（跨域映射原则的转变）来考察经济隐喻的历时性变化。研究发现,旅程、生物、运动和建筑四个常规源域使用未发生根本性变化,自由经济的含义基于生物和运动隐喻得以基本保持不变,通过旅程和建筑隐喻不断发生变化。他们由此认为,稳定和渐进变化是政治领袖为实现中国香港经济自由化而制定政治议程的两种修辞策略。

孙厌舒（2003）指出,英语国家的民众更倾向于借鉴熟悉、有形的具体概念来建构陌生、抽象的经济概念,以形成完整的经济隐喻结构体系,因此,对经济术语的认知具有决定性作用。她从空间隐喻、本体隐喻和结构隐喻等分类标准,论述了隐喻在经济领域中的广泛应用,并探讨了经济隐喻与文化的密切关系。李明（2005）认为,基于商务用途英语的经济文本里充斥着相当规模的隐喻现象,并将其细分为规约隐喻、近似性隐喻和创造性隐喻三类。同时,该研究就经济文本中涉及"市场"等主题的隐喻机制进行了翔实探讨。徐冰（2006）从微观层面探讨了英语经济语篇中生物隐喻映射模式的认知规律和特点,构建了多层次、网络放射状的认知映射体系,明晰了英语经济语篇中各类抽象、复杂且形式多变的语言隐喻表达,进一步加深了受众对经济隐喻系统性和整体性的理解。基于宏观理论视角,杨虎涛（2006）系统论述了生物学隐喻对演化经济学发展的重要启示意义,同时指出,

---

① 根据Thomson Reuters（2008）经济类期刊影响因子排名。

生物学隐喻在经济学中只能是开发式、有意识的运用。隐喻相似性的共同决定因素是人类的生物性和经济生活系统，而差异性因素为人类的创造性适应能力。梁改萍（2007）发现，在英语经济类报刊文章中，隐喻常用于表征抽象的经济学概念和经济现象。隐喻不但为人们认知经济现象提供了新视角，也使得英语经济类文本更具有可及性和吸引力。唐莉莉（2007）以 CMT 为理论框架，对"联姻""机器""战场"等六类源域进行实例分析，指出抽象的经济概念通过客观世界中的具体概念得以理解。同时，她认为隐喻研究有助于培养英语学习者在经济类语篇阅读中的隐喻意识。吴恩锋（2010）以中国三大经济类报纸《21 世纪经济报道》《中国经营报》和《经济观察报》在 2003—2006 年间出版的文章标题为研究对象，利用数据统计方法，并结合传统语言研究手段，全面考察了汉语经济认知域中概念隐喻的独特认知基础及规律，发现了诸多传统比喻修辞理论视域下无法察觉的重要问题。谭业升和陈敏（2010）以自建经济报刊隐喻语料库为基础，对汉语经济隐喻进行历时研究，探讨了以改革开放之年为分界的两个不同历史时期关涉经济语篇中所使用的战争等几种主导性概念隐喻，通过对比分析其特点，考察了隐喻的体验性与社会文化属性（尤其是意识形态）之间的关联。陈朗（2018）基于英国国家语料库《经济学人》和《卫报》中的相关语料，并采用语义域标注工具 Wmatrix，搭建了欧美国家经济话语中概念隐喻的分析框架及分类体系，提取了其中典型的隐喻语例，挖掘了隐匿于概念隐喻背后的经济学原理。梁婧玉（2018）运用架构理论与概念隐喻理论，对 2016 年《经济学人》中国专栏中的 124 篇报道展开隐喻架构分析。研究表明，经贸报道中的架构隐喻种类居首，包含旅程、舞台、疾病等 16 种。研究同时发现，该专栏对中国经济报道的主基调是经济唱衰。

　　另外，当前经济话语中的隐喻研究也常以与具体经济现象等相关的专用语料（库）为研究语料，如经济贸易（Eubanks, 2000; Burgers & Ahrens, 2020）、金融危机（Charteris-Black & Ennis, 2001; White, 2004; López & Llopis, 2010; Silaški & Đurović, 2010a; 狄艳

华、杨忠，2010；Damstra & Vliegenthart，2016；Negro，2016）、欧元货币交易（Charteris-Black & Musolff，2003；Arrese, et al.，2015）、经济增长（White，2003）、企业并购（Koller，2004；陈敏、谭业升，2010）、经济全球化（Ghafele，2004；Herrera，2006）、市场（Chung，2008；Alejo，2010）、投资银行（Bielenia-Grajewska，2009）、经济形势（Fukuda，2009）、通货膨胀（Silaški & Đurović，2010b；Sardinha，2012）、奥运经济（张蕾、苗兴伟，2012；张蕾，2013）、企业使命宣言（Sun & Jiang，2014）、泡沫经济（胡春雨，2014；Arrese，2021）、经济分析报道（Ho & Cheng，2016）和企业风险（李琳，2016）等。这类经济话语中的隐喻研究数量近年来呈上升趋势，主要基于不同语篇、题材、主题及类型等横向平行视域验证CMT的科学性和系统性，以揭示特定经济话语中的主导隐喻模式构建及语用者预设的意识形态，又或是通过语料库的检索与分析来归纳隐喻语言的特定形式及语法特征，进而修补CMT的缺陷与不足。

　　White（2003）以商务媒体语篇为研究语料，集中讨论了growth在语料库索引行中的共现形式及对economic growth概念化所使用的两种源域，即living organism和mechanical process。研究发现，前者与growth共现于词组搭配中所衍生出的隐喻性词语包括revive，wither和foster等；后者的隐喻性词语包括overheat，kick-start和derail等。Koller（2004）通过自动检索"婚姻"等源域词语，探讨了以市场营销和企业并购为主题的媒体话语，并基于定量和定性分析，考察了隐喻在构建话语实践和社会经济实践方面的作用。Fukuda（2009）考察了美国和日本政府货币政策机构出具的国内经济形势评估话语。研究指出，隐喻概念贯穿于每一种经济体所经历的循环。两国评估机构在经济增长、经济复苏、经济衰退等循环阶段都使用隐喻来评估经济形势，但隐喻使用在词性选择上呈现较大差异。Silaški & Đurović（2010b）全面考察了英语经济语篇中"通货膨胀"概念化过程。研究发现，源域"野生动物"最显性的特征通常被映射至抽象、复杂的目标域"通货膨胀"，同时衍生出各类映射关系，且可直接指称野生动物的行动、嗅觉、饮食及攻击等方式。Burgers & Ahrens（2020）对美国国情咨文（1790—2014）中关涉"贸易"的经济隐喻进行了历时性分析。研究表明，物理对象、建筑、容器、旅行和生活五个源域在描述贸易概念中占主导地位，唯有容器隐喻的相对频率与时间有关。此外，源域和目标域之间的映射大多是稳定的。

狄艳华、杨忠（2010）考察了自1998年9月以来由美国金融风暴引发的全球经济危机报道。研究指出，危机报道较为集中地使用了恶劣天气、灾难、战争、疾病等消极意义来隐喻性描述经济危机中出现的类似现象和打击，并分析了其隐含的内在认知基础。张蕾（2013）以《中国经济周刊》和《人民日报》在2001年9月1日至2008年12月31日期间发表的与2008年北京奥运会经济活动有关的88篇新闻语篇为研究语料，并按照 Pragglejaz（2007）的隐喻识别程序，共获取1133例中文隐喻表达。而后参照隐喻词的基本语义，对其按深层概念隐喻进行分类，以手工方式标注源域和目标域。此外，除了分析主导性概念域之间的类比映射，该研究也探讨了由词汇所激活的同一概念域中不同的场景和脚本。胡春雨（2014）通过检索 BUBBLE 在 DCE、COCA 等5个语料库中的使用情况，调查了泡沫隐喻在经济话语和大众话语中的演化轨迹及其背后的运作机制。研究指出，导致泡沫隐喻使用增加的原因主要是：当今社会金融经济的迅猛发展以及投机的盛行；经济学家开始正视经济泡沫并已加强对这方面的研究；词语使用的频数效应。李琳（2016）以企业年报中 CEO 的风险话语为语料，并采用结构方程建模方法，考察了 CEO 风险话语中的概念隐喻及其对 CEO 风险认知的预测力。研究表明，CEO 风险话语共使用11类概念隐喻。其中战争隐喻等对 CEO 风险认知具有预测力，且对企业决策产生直接影响。此外，该研究对商务话语和商务英语教学研究皆有启示作用。

（二）跨语言比较

上述以归纳和分析隐喻概念域为主导的研究模式也通常基于跨语言的对比分析来审视经济话语中隐喻的实现方式在概念化过程中呈现出的共性及差异，以此来论证该类别语篇中特定隐喻概念的普遍性，并由此说明概念隐喻的普遍性从某种程度上反映了以英美传统为主导的经济模式对全球经济结构的影响（Boers & Demecheleer, 1997; Charteris-Black & Ennis, 2001; 孔德明, 2002; Bratož, 2004; Soler, 2008; Bielenia-Grajewska, 2009; 赵霞、尹娟, 2010; 张蕾、苗兴伟, 2012; 刘雪莲, 2013; Chow, 2014; Sun & Jiang, 2014; Negro, 2016; 胡春雨、徐玉婷, 2017; 孙亚, 2022）。Deigan, et al.（1997）就隐喻的跨语言比较提出过四种基本类型：

1) 相同的概念隐喻，相应的语言表达；
2) 相同的概念隐喻，不同的隐喻表达；
3) 两种语言中不同的概念使用；
4) 相似的字面意义，不同的隐喻意义。

文献梳理后发现，当前经济语篇中的跨语言隐喻比较研究大体遵循了以上分类标准。比如，Boers & Demecheleer（1997）对以"路径""战争""健康"为语义域的隐喻词汇进行了英语、法语和荷兰语对比研究。结果显示，这三类隐喻语义域在不同语言中的使用频率不同，英语中使用的"园艺"隐喻是法语的三倍，而法语中的"食物"隐喻是英语的将近五倍。他们将这些隐喻使用的差异归因于不同文化中相同源域的突显程度不同。Charteris-Black & Ennis（2001）考察了1997年10月英语和西班牙语股票市场崩盘的经济类报道中的隐喻使用情况。研究表明，英、西语言中通常将"经济"视为"生物体"，将"市场活动"和"市场下滑"视为"外力"和"自然灾难"。此外，两种语言中共享的概念化结果都与"地震""极端气候条件""心情"和"心理健康"等特定的隐喻性词汇相关。研究同时发现，在英语报道中隐喻使用倾向于心理状态和个性特点，而西语中使用频率较高的隐喻是基于航海活动所构建的。Charteris-Black & Musolff（2003）探讨了英语和德语新闻语篇中欧元交易的隐喻使用。他们指出，英语语料趋于使用"斗争"来架构"欧元"以此获得支配权，而德语则倾向于"受惠者"

架构。Bratož（2004）从隐喻的系统性和层级组织结构两个视角，对比研究了英语和斯洛文尼亚语大众经济语篇中的隐喻。研究显示，英、斯两种语言中也同样存在大量相似的概念和语言隐喻，但两者的差异体现在隐喻使用的文化环境及特定隐喻的使用频率方面。同时，她认为，斯洛文尼亚语大众经济语篇中隐喻使用的特点主要受到英美传统的影响。Soler（2008）以英语和西班牙语中的商务媒体标题为研究语料，分别从句法结构、隐喻聚焦和源域三个层面系统比较分析了英、西两种语篇中概念隐喻各自的实现方式。该研究有助于普通读者理解经济新闻标题中的抽象概念和潜在的交际意图。Bielenia-Grajewska（2009）对英语、德语、西班牙语和波兰语中关于投资银行词汇的使用进行了跨语言比较研究，系统验证了隐喻话语在四种语言中的普遍性及不同的概念化方式。此外，该研究也预估了隐喻的未来定位及其在投资银行交际话语中的作用。Chow（2014）选取了2006年以来英国《卫报》（*The Guardian*）和中国香港《信报》（*HK Economic Journal*）中的经济新闻报道为研究语料，系统对比分析了英、汉两种语言在以"身体移动"为认知工具来概念化"经济是生物体"过程中表现在词汇搭配和句法结构方面的差异，并以此揭示出隐匿于语用者背后的不同思维模式、价值观念和态度。Negro（2016）对比分析了英语、西班牙语和法语三类媒体对经济危机的概念表征。研究发现，经济危机主要依赖有机体、疾病、自然灾害等结构性隐喻概念得以构建。隐喻不仅塑造了受众对危机的看法，而且通过突显危害可构建其负面评价。另外，该研究还显示了跨语言中危机概念的共性和差异。

孔德明（2002）通过对汉德经济报道语篇中大量实例的分析，总结归纳出常见的七种概念隐喻，阐明了概念隐喻不仅广泛存在于英语语言中，而且在汉语和德语中同样被广泛使用。汉德文化中的抽象思维大多也是通过隐喻来实现的。该研究还探讨了汉德两种语言在隐喻概念系统方面的异同以及产生这些异同的认知与社会文化基础。陈敏、谭业升（2010）运用语料库方法，对自建英汉语料库中涉及"兼并与收购"的隐喻使用展开实证调查研究，确立了英汉经济语篇构建概念

"并购"时所使用的主题隐喻框架及各自的隐喻分布结构。赵霞、尹娟（2010）选取了《纽约时报》《商业周刊》和《人民日报》《国际金融报》中的 50 篇文本为研究语料，分别对中英经济语篇中常见的隐喻映射模式进行比较分析。研究发现，由于人类共享身体体验，中英经济隐喻使用存在较大相似性，不同的语言隐喻可归纳成相同的概念隐喻。受制于历史渊源、文化背景和思想观念等因素的影响，两种语言中的隐喻表达各具特点。张蕾、苗兴伟（2012）通过对比分析英汉新闻语篇中奥运经济的隐喻表征后发现两种语言均包含四类出现频率最高的隐喻模式，这反映了宏观上两者共有的发展和竞争思维模式以及西方价值观对处于经济转型时期中国社会的影响。刘雪莲（2013）以英汉经济语篇为研究对象，并基于自建语料库、运用定性和定量相结合的方法归纳出共享的隐喻模式，分析了隐喻在理解抽象经济概念中的作用，并挖掘出两种语篇中隐喻异同的深层次文化根源。研究表明，概念隐喻普遍存在于两种语篇中，隐喻模式分别体现了人类思维的共性和差异。这种思维共性和差异的根源在于文化的趋同和差异。Sun & Jiang（2014）以自建小型语料库为基础，辅以在线语义域标注工具 Wmatrix，从认知和社会语言学视角全面比较了中美企业使命宣言中隐喻作为话语和认知策略的不同构建方式及特征，重点探讨了商务语篇中"品牌是人"等三类常规概念隐喻。研究表明，中国企业倾向于将自身描述为"充满活力的领导者和实力雄厚的竞争者"，而美国企业更多地被表征为"有道德的""负责人的社区成员"，即更倾向于合作态度。胡春雨、徐玉婷（2017）以 2014 年出版的《经济学人》和《中国经济周刊》可比栏目中的文章为研究语料，从概念隐喻理论和认知文化理论视角分析了汉英经济隐喻的普遍性与变异性。研究发现，人类认知的共同体验是汉英媒体话语中经济隐喻使用趋同的核心原因，而中西方文化模式的不同导致了隐喻选择的差异性。

（三）语篇功能

由于经济话语这种体裁的社会文化性，当前研究也较为重视隐喻研究的"语境化承诺"（contextualization commitment），即考察隐喻选择的影响因素和隐喻使用的功能（孙亚、李琳，2014：86），探究隐喻在揭示和强化意识形态核心地位方面的重要作用。CMT 认为，隐喻的基本功能是赋予人类通过具体、简易、有形或内部有高度组织结构的经验来思考和谈论抽象、复杂或内部缺乏高度组织结构的经验。然而，为了揭示特定语篇中隐喻的使用规律，研究者通常需要探讨隐喻在交际过程中更为具体的功能，特别是涉及存在多个备选隐喻（alternative metaphor），或涉及隐喻创造性和文本形式（textual patterning）等语用特征（Semino，2008：30）。

  Henderson（1982）在《经济学隐喻》（Metaphor in economics）一文中论述了隐喻对于经济学研究的重要价值功能，即文本修饰或阐释功能、主要的组织工具和用于揭示特定经济问题和拓展经济思维的基础。Lindstromberg（1991）指出，Henderson 的分类从根源上与 Lakoff & Turner（1989）的观点基本相同，即经济隐喻的上述功能可分别对应于意象隐喻、基本类属和特定层次隐喻。随后，Skorczynska & Deignan（2006）通过分析隐喻使用的选择因素，对经济语篇中的隐喻功能重新分类为阐释功能、类属功能和模型化功能。Ghafele（2004）基于 WTO 工作人员和低收入国家外交官员的深度访谈语料，从历史语篇分析视角系统考察了全球化和贸易话语中的隐喻使用。研究指出，隐喻功能具备四种功能：为言语者提供对比策略；赋予文本易于理解的"落脚点"；确保现实表征的特定视角；强化言语者的论点。Skorczynska（2014）分析了企业培训话语中的多模态隐喻，指出隐喻的首要功能是持续捕捉听众的注意力，并具有说服力。隐喻在图片、手势和话语中的多重表征主要是为了从情感上吸引听众，使他们聚焦于当前的培训主题话语。基于束定芳（2000）的研究，李明（2005）系统探讨了经济类文本中隐喻的修辞功能、语言学功能、认知功能、社会功能和美学功能。他指出，经济语篇中的隐喻使用具有普遍性。如同其他领域中的隐喻，经济隐喻同样具备多重功能。杨虎涛（2006）认为，生物学隐喻有助于演化经济学在进化框架中揭示路径依赖和企业创新等经济现象。张蕾（2013）基于自建奥运经济语料库中的隐喻与具体场景的研究，指出中国媒体旨在强调奥运经济竞争给中国带来的发展机遇，加深受众对它的期盼，揭示隐喻能够较隐蔽地反映报道者的态度和观点，影响读者对经济现实的理解。Sun & Jiang（2014）认为，研究中美企业使命宣言中的隐喻概念对中国企业建立品牌形象、改变中国国家形象具有重要的指导意义。江娜（2015）研究发现，经济学术语的隐喻命名兼具备修辞和认知的双重功能取向，并指出，只有结合这两种功能取向才能更好地了解采用隐喻方式命名经济学术语的理据。樊林洲（2016）提出，抽象的经济学规律需要借助心智的体验性和思维的隐喻性才能得到学术共同体的普遍认同、信任和接受。此外，他认为，隐喻在经济学文本中具有认知和说服功能，是经济学概念认知和推理的母体。

（四）意识形态

隐喻从来就不是中立的。换言之，隐喻的选择和使用至少可局部决定特定话语社区中的意识形态。具体来说，隐喻在概念构建过程中通常倾向于某种特定观点，包括语用者的具体立场和评价方式（Semino，2008：32），即隐喻具有"突显"或"掩盖"目标域的功能（Lakoff & Johnson，1980：10）。当这种隐喻使用在社会语篇中成为表征特定现实的主导方式时，就已逐渐形成社会群体的"共识"或意识形态，而隐喻实则构成了社会群体共享信念最重要的组成部分（Semino，2008：33）。因此，当前经济话语中的隐喻研究也强调隐喻的意识形态建构功能及其对隐喻选择的影响（如 Boers & Demecheleer，1997；Charteris-Black，2004；Dunford & Palmer，1996；Eubanks，1999；Koller，2004；López & Llopis，2010；Nicolae，2010；陈敏、谭业升，2010；Alousque，2011）。

Koller（2004）认为，商务媒体话语中以具有高度男性化色彩的源域"战争"为主导的系统隐喻形式实际上反映了作者极强的性别主义价值观。商务活动在这种意识形态的驱使下通常被隐喻化为充满竞争、敌对，甚至挑衅意味的概念模型，其结果为女性地位被边缘化。谭业升、陈敏（2010）探讨了新中国成立以来两个不同历史时期所使用的几种主导性概念隐喻。研究发现，两个不同历史时期的隐喻使用特征能够体现出隐喻在不同时期具有加强和构建不同社会文化和意识形态的作用。由此，隐喻的体验性和社会文化属性在使用中是相辅相成的。陈敏、谭业升（2010）还运用语料库语言学的研究方法，以自建英汉"并购"话语为基础，揭示了社会群体隐喻语言使用与其文化模式间的关联。研究指出，社会文化因素影响并制约着隐喻的选择，文化群体选择某种隐喻也可折射出该文化的意识形态。

三 经济隐喻研究方法

经济语篇中的隐喻研究通常与语料库语言学、多模态话语分析和批评话语分析等语言学研究分支相结合，形成了基于语料库的隐喻分析、多模态隐喻分析和批评隐喻分析三种主要研究范式。前两种方法侧重描写，后一种方法偏重解释。当然，研究时可结合使用以上方法（孙亚、李琳，2014）。

（一）语料库隐喻分析

任何基于语料库的隐喻研究首先需要关注的问题是如何从语料库中检索、识别和提取相关的隐喻表达式。必须指出，当前语料库方法的检索对象只能是语言形式，而隐喻作为一种概念结构映射，与特定的语言形式之间并不存在直接关联。所以，利用语料库方法对隐喻词汇进行检索，首要和关键问题在于如何寻找隐喻形式和语义之间的接口（Stefanowitsch，2006；束定芳，2013：71）。

经济语篇中的隐喻研究通常以检索源域词汇为主。由于隐喻的局部语言实现形式源自源域中的词汇，因此在词汇检索之前，可预设文本中可能存在的源域类型，继而在语料库中检索与该域相关的所有隐喻表达式。比如，Koller（2004）通过检索"战争""体育""游戏""联姻""猎物"等隐喻表达式，对比分析了市场营销和企业并购为主体的媒体话语，并基于定量和定性分析，考察了隐喻在重构话语实践和社会经济实践方面的作用。陈敏、谭业升（2010）基于以往的经济隐喻研究，对可能存在的隐喻预先形成猜测性认识，并预测这种特定类型语篇中可能存在的隐喻类型，然后对这些潜在的源域词目进行穷尽性罗列，据此进行相关主题词搜索定位以提取相关语料。这种检索方法还存在一种变体，即首先从小语料库中人工识别出频率和相关度最高的隐喻，然后在大语料库中自动检索出更多的隐喻类符（Charteris-Black，2004；Skorczynska & Deignan，2006）。比如，Semino（2002）利用这种方法对比研究了英国和意大利报刊中有关于欧元的隐喻性表征。

某些研究还会涉及特定的目标域及具有结构特征的概念映射。因此，研究者只需要选择和检索与目标域相关的词语，然后识别出包含这些词语的隐喻表达。比如，为探明跨语言背景下"市场"的隐喻构建方式，Chung（2008）分别在基于英语、汉语和马来语的语料库中检索出"market""市场"和"pasaran"三个主题词，然后各提取500个索引行，识别与检索相关的隐喻表达式，并根据隐喻义标注源域。胡春雨和徐玉婷（2017）通过调查汉英语言中的目标域词语"经济"和"economy"所在的索引行，探讨了汉英媒体话语中"经济隐喻"的使用状况及其背后的认知文化机制。

（二）多模态隐喻分析

概念隐喻不仅体现在语言符号中，其源域和目标域也能以特定或显著的方式呈现于图像、声音、手势及音乐等其他非语言交际传播媒介或模态中（Forceville & Urios-Aparisi，2009：24）。隐喻对诸多不同模态的选择与使用必将直接影响语言的整体意义，通过模态得到表征的语义无法直接在各模态之间实现相互转化（Skorczynska，2014：2346）。总之，作为概念隐喻理论体系的继承与发展，多模态隐喻研究为揭示隐喻的本质与运作机制拓宽了研究视角和方法。不难发现，当前以广告为研究对象的隐喻研究大多采用这种分析方法（如Forceville，1996；Urios-Aparisi，2009；Koller，2009；Yu，2009；冯德正，2011；张辉、展伟伟，2011；霍颖，2012；蓝纯、蔡颖，2013；杨旭、汪少华，2013；王小平、王军，2018；黄洁、何芬，2019）。

多模态隐喻的倡导者 Forceville 首次将图像隐喻纳入认知语言学理论辖域进行系统研究。他在《广告中的图画隐喻》(*Pictorial Metaphor in Advertising*)(1998)中系统论述了平面广告中图像隐喻的构成、分类及解读策略。Urios-Aparisi(2009)以商业广告中多模态隐喻和转喻的关系为切入点,着重解决了三个问题:多模态隐喻和转喻的互动方式;两者互动对商业广告中意义生成的作用;在多模态语篇认知和说服功能层面两者的互动方式。他同时强调多模态和次模态的重要性,并建议采用动态视角研究认知过程及其分类。Yu(2009)通过分析 CCTV 公益广告中隐喻和转喻的非语言和多模态呈现,指出"人生是旅程"和"人生是舞台"这两个主题概念隐喻同时表征于动态视觉、听觉和非言语模态中。多模态之间相互协作却又彼此独立,共同构建了多模态概念整合空间。Koller(2009)考察了企业网站品牌个性推广中的多模态隐喻。她指出,品牌个性的隐喻性特征主要通过话语和视觉两种模态共同表征于企业话语中。这种双重模态编码形式有助于构建正面的企业身份,同时能够说服员工对企业品牌形象获得较强的企业认同感。

霍颖(2012)通过分析保险平面广告,提出语篇的实现是图、文、色彩等多种模态共同作用的结果。该研究考察了广告语篇中多模态隐喻和转喻的特点、功能、图文关系和动态构建过程,阐释了多模态广告的有效劝说性,并探讨了多模态隐喻语篇的认知本质。蓝纯、蔡颖(2013)从认知语言学理论层面集中讨论了"海飞丝"电视广告中的多模态隐喻表达、呈现方式和显著特征。研究发现,广告中出现的多模态隐喻类属存在链隐喻系统和事件结构隐喻系统;广告中的图像模态、语言模态与声音模态共同配合来完成多模态隐喻的呈现;部分多模态隐喻表现出动态特征,起始状态与结束状态的不同;部分多模态隐喻中源域的呈现要早于目标域。

不同类型的概念隐喻可同时通过手势、音乐等模态呈现,这些"混合模态隐喻"的运作方式是互补的、同步的。因此,对特定现象进行语义表征可基于各类不同的研究视域(Cienki,2008)。比如,

Skorczynska（2014）通过考察商务培训话语中的多模态隐喻，发现演讲者在源域选择的不同阶段，倾向于交替或同时使用手势和图像两种模态与听众互动、传递思想。"路程"隐喻被广泛用于对"项目管理"的概念化过程中，同时兼有使用"比赛""管弦乐队""建筑""战争"等边缘化源域。杨旭、汪少华（2013）基于多模态隐喻理论，结合三则电视广告分析了音乐模态在多模态隐喻意义建构过程中的作用。黄洁、何芬（2019）讨论了微电影广告中概念隐喻的建构过程，具体分析了该广告中图像等多模态信息之间的互动，阐释了多模态隐喻建构涉及的隐喻和转喻的互动、多个隐喻的互动，并辅以语言搭配实例，论证了多模态隐喻和以语言为主的单模态隐喻的异同。

（三）批评隐喻分析

批评隐喻分析（Critical Metaphor Analysis）是认知语言学与批评话语分析（尤其是隐喻研究）结合最紧密也是最成功的研究（Koller, 2005；张辉、杨艳琴，2019），该范式综合运用了语料库语言学、语用学和认知语言学的研究方法来考察语言、语用和认知层面的隐喻选择及其理据，以揭示语用者的潜在意图和特定的意识形态，是研究语言、思维、话语、社会关系之间的重要接口。

批评隐喻分析方法主要以描述性为基础，以解释性为主导应用于多种主题的经济话语中。比如，Charteris-Black（2004：34-41）通过分析金融新闻报道等语篇，系统提出了批评隐喻分析的三个步骤，即隐喻识别、隐喻分析和隐喻阐释。隐喻识别要求研究者首先根据语言、语用和认知标准判定候选隐喻中是否存在由于概念域跳跃而造成的语义冲突，并剔除其中不符合以上标准的候选隐喻，进而定量统计隐喻关键词的频率；然后定性分析隐喻使用的语境，判定隐喻关键词的隐喻性问题。隐喻分析主要涉及界定隐喻与认知和语用特征间的关系，确立隐喻分类、构建和重组标准等问题。在此基础上，通过系统考察隐喻的话语形式来挖掘语用者特定的隐喻意义、表征方式和评价机制。隐喻阐释的主要目标是识别隐喻的交际功能和隐匿于隐喻背后的不同意识形态。Koller（2005）在研究商务媒体话语时提出了以社会与认知（social-cognition）为基础的批评话语分析方法。她认为，社会认知是隐喻与话语的重要接口，也是社会文化关系不可或缺的组构要素。社会认知能够改变并介入认知环境，直接影响隐喻模型构建意识形态的过程。

第四节　本章小结

本节将该领域当前已取得的相关成果和亟待解决的若干问题进行了宏观层面的系统归纳与总结，现将综述内容概述为以下四个方面。

首先，当前国内外经济隐喻研究主要以不同经济主题的通用语料或以具体经济现象相关的专用语料库为研究对象。在研究方法上，重在关注隐喻词目的检索、识别、提取和标注过程；在研究内容上，以归纳和分析概念域为主导，以语篇平行比较视域系统论证不同话语中特定隐喻概念的普遍性，或以跨语言对比视域来考察经济隐喻的具体表征方式在范畴化和概念化过程中呈现的共性与差异性特征及隐匿于以上语言事实背后的理据，或基于概念隐喻的普遍性来呈现以英美传统为主导的经济模式对全球经济结构的影响。此外，当前研究也较为重视探讨影响经济隐喻选择的决定因素和隐喻的语篇功能，阐释隐喻在揭示和强化意识形态等核心地位方面的重要作用。简言之，以往研究大多聚焦于从语言、认知或两者相结合的维度来描述大众类经济文本中隐喻使用的普遍性规律、语用功能和实际应用价值，或基于跨语言平行比较视域挖掘不同语言与文化背景下隐喻作为语篇连贯与衔接机制的重要作用，或零星点缀式探讨经济类学术语篇中隐喻的适用性和修辞功能。相比之下，针对专业类经济话语中关涉隐喻的概念结构、话语模式和交际功能等议题的探讨则相对匮乏。

其次，以往研究常囿于考察非专业类经济话语中隐喻的系统性与变异性问题，涵盖隐喻性词汇、概念映射、语用功能和隐喻概念的检索、识别、筛选、提取及后期的个体在线加工与理解过程，但其研究焦点大多归置于隐喻话语的横向平行研究视域，即将隐喻纳入不同的话语类型、题材、语域、主题、话语社区等真实的交际情境中来探究概念隐喻的稳定性和变异性规律及其背后承载的概念功能和意识形态，却唯有极少数案例能够涉及基于相同或跨语类背景下对不同梯度内容中的经济隐喻话语进行纵向垂直比较研究。换言之，在"隐喻科学性推理如何影响人类对客观世界的认知和互动体验"的研究议题上相对失衡。

再次，目前分散于各类经济隐喻研究中的方法主要包括隐喻标记语识别法、语义冲突识别法、比较识别法、句法搭配识别法及机器学习识别法。这些方法基于不同的理论视角、研究目标和技术手段，为经济隐喻研究在语料收集、识别、提取、标注等方面提出了诸多可行的方案，但多数研究仅停留在词汇层面，且语料规模相对有限，受制于预设源域词表或基于小型语料库获取的全部隐喻形符，无法检索出这些源域词汇以外的更多隐喻形符，因而无法管窥隐喻识解过程的全貌，也无法直接考证隐喻在概念和交际功能层面的运作机制。尽管相关研究表明，以源域检索为基础，并充分结合Wmatrix全方位扫描功能可最大限度地获取文本中的隐喻形符，在某种程度上克服了早期以词汇为检索方法进行隐喻研究的缺陷与不足。以语义域标注工具Wmatrix为导向的检索方法顺应了概念隐喻理论重"概念"的研究初衷，是对隐喻在词汇层面进行识别研究的拓展与补充（柳超健、王军，2017）。然而，当前隐喻研究对作为输出端的隐喻理解关注较多，对作为探讨前提的输入端，并充分结合Wmatrix等分析软件的隐喻识别和基于MIPVU程序进行半自动隐喻提取方法相对较少。

最后，CMT的典型性研究模式依然大量存在于当前经济隐喻研究中，即其研究步伐止于关注语言隐喻的识别与相对固定的概念映射之间的匹配，结果是忽略了对隐喻的特定形式、交际功能和概念结构具体表征方式的系统考察。此外，基于全新语料意欲挖掘隐喻在概念结构、话语模式、交际功能和行为表征等不同维度的内部关联和社会互动关系等议题的研究，CMT本身无法提供专门性的理论分析框架。

鉴于此，本书认为，当前经济隐喻研究在以下几个方面取得了进展：一是在研究内容层面，学界对隐喻意义建构及生成理据的系统探讨有助于强化经济隐喻在不同维度的识解方式研究，可为概念隐喻的深度界定和相应识别提供方法论层面的保障；二是在研究技术层面，学界已对经济隐喻的界定和识别方法进行了大量描述性分析，加之多学科融合背景下隐喻研究逐渐经历从理论到实证的转型，这无疑为此类研究增加了相应的技术维度并强化了信度和效度保证；三是在心理真实性层面，学界在隐喻的普遍性、混杂性、刻意性、系统性和连贯性等方面的典型研究案例可为基于眼动实验的行为表征比较分析提供重要的参考依据。

　　当然，现有研究成果依然存在不足，目前亟待解决的问题可简述如下：首先，在研究框架上，现有研究多以跨学科视角来挖掘隐喻的生成理据，但从概念、话语、功能和行为等综合维度对经济隐喻的意义组构和处理机制的研究相对匮乏；其次，在研究方法上，有待借助心理学行为实验分析的科学研究来探求经济隐喻的理解与生成过程中的加工机制，以管窥个体隐喻的加工模式与认知规律；再次，在研究对象上，目前尚缺乏基于纵向垂直比较视域系统探究经济隐喻在综合维度实现方式的相关研究案例；最后，在不同层级语篇的主题方向上，经济隐喻语料库需要专门建设。

　　总之，以构建跨学科融合分析框架为基础，并选取以纵向垂直视域为比较研究的切入点，致力于系统探究大众类和专业类经济语篇中隐喻的概念结构、话语模式、交际功能和行为表征，是当前多学科融合背景下经济隐喻话语研究的新范式，可从整体上夯实认知隐喻学研究的根基。

第三章 动态化批评性隐喻研究框架

本章为研究分析框架,重点论述跨学科背景下多维度综合性隐喻分析方法的构建与应用。通过融合认知隐喻理论、语料库语言学、批评话语分析、语篇动态分析和眼动追踪技术等基本原理与方法论之间的学科优势,旨在为实现下文隐喻实证比较研究奠定理论基础,并勾勒出相应的分析框架。具体而言,本书在顺应当前国际隐喻研究与应用协会(RaAM)根本宗旨的基础上,将语言、认知、社会、行为四个观测平面同时纳入经济隐喻研究的主体分析框架,并通过系统阐释隐喻的本质属性及内化与整合学科优势,重在厘清隐喻分析的具体路径和流程,最终确立基于使用(usage-based)、语篇分析(discourse-analytical)、动态化(dynamic)、社会与认知(social-cognitive)及行为表征(behavioral representation)维度相融合的综合性隐喻分析框架,即建构"以认知—语篇为导向的动态化批评性隐喻研究方法"(The cognitively-informed critical discourse dynamics approach)。本书将该研究范式具体应用于隐喻使用的纵向垂直比较,重在考察经济语篇中基于不同层级内容的隐喻在概念结构、话语模式、交际功能和行为表征四个维度上的语义表征规律、形式变异特点及社会互动关系,以深度管窥语言、认知、社会和行为之间的关联与融合。

事实上,按照不同维度对隐喻进行分析研究的重要举措并非空穴来风,而是我们深知,意欲直面学界从不同视域、理论和方法对概念隐喻理论提出的质疑、批判与挑战(参见 Murphy, 1996, 1997; Gibbs, 1999; Ritchie, 2003; Deignan, 2008; 刘正光, 2001; 李福印, 2004; 王军,

2011;孙毅,2015),对隐喻进行多维度分析至少是行之有效的方法之一。换言之,隐喻跨域映射模型(Lakoff & Johnson,1980)必须重新定义并归置于语篇分析的对应维度(Cameron,2003;Musolff,2006;Semino,2008),必须探讨隐喻在经济话语中究竟可呈现何种概念结构、话语模式、交际功能和行为表征。此外,本书的分析框架虽立足于 CMT,但研究对象直指社会互动层面的语篇隐喻,而不是传统意义上孤立分离的隐喻性语言。我们在局部吸收 CMT 主流观点的同时,也摒弃了认知隐喻理论建构的基本模型和组构形态,并否认"隐喻是凭借事先已预设、且被高度概括和抽象化的概念域得以构建的"既定事实。相反,本书得益于学科融合优势,将隐喻应用于社会互动层面的语言使用,并通过建立相应的分析框架来阐释自然真实话语中的系统性隐喻构式。必须指出,本书将该研究过程定性为"分析框架"的核心理据在于我们整合了不同学科领域间能够相互兼容的重要知识和关键内容,而且找到了能够相互对接的突破口,并通过拆解、内化与整合等方式成功提取到合适的研究层次。下文将按照逻辑先后顺序,分别从隐喻的本质属性、方法论和融合框架三个方面系统论述多维度隐喻分析框架的建构过程(图 3-1)。

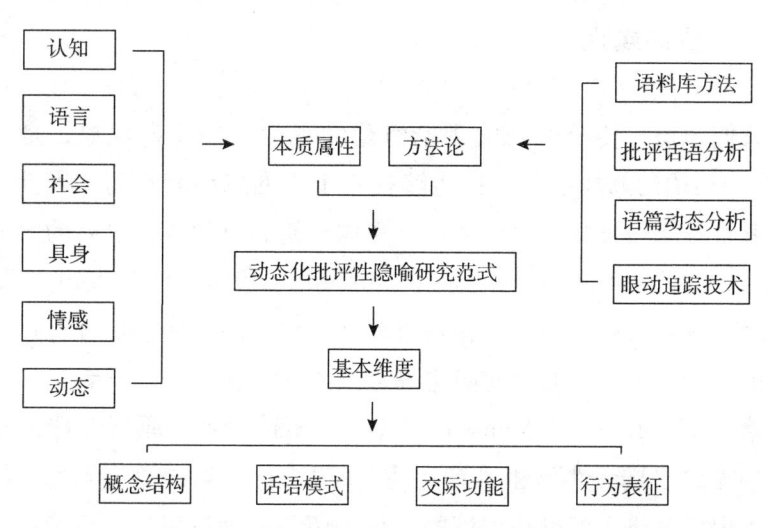

图 3-1 以认知—语篇为导向的动态化批评性隐喻研究方法流程图(一)

第一节　隐喻的本质属性

关于对隐喻本质属性的认识，学界皆有不同程度的论述、识解、组构、定义及甄别方法（如 Gibbs，1997；Cameron，2003；Charteris-Black，2004；Steen，2007；束定芳，2000；王文斌，2005；孙亚，2012；孙毅，2013；刘宇红，2015；张炜炜，2020）。尽管各家在理论基础、分析框架、研究理念与方法等方面依然存在某种分歧，但总的来说，在隐喻本质问题上至少已达成以下共识：隐喻是用一种事物去看待或思考另一种事物，并且蕴含多维度的认知—语篇、符号结构和行为表征现象，具体内容涉及语言、思维、现实和社会层面的互动关系，能够揭示言语者的情感、态度、传统、信仰、价值与意识形态等。因此，倘若只是从局部或单个研究视域、理论、方法或定义出发，企图全景式勾勒隐喻特征的做法并不可行，而相应的研究结论也必然存在局限性。由此，本节基于前人的研究成果，将隐喻的本质属性概述为以下六类。

一　认知属性

我们知道，传统的隐喻理论将隐喻视为一种语言现象，是一种"装饰"话语的修辞手段，且能够独立于人的思想和行为。因此，隐喻充其量只能归属修辞学、文学或文体学研究范畴。在之后的研究历史长河中，隐喻研究虽然历经了 Richards（1936）的"替代论"和 Black（1962）的"互动论"，且两者对隐喻的认知特征都曾有过不同程度的描述与探讨，但促使隐喻真正进入跨时代研究的学者当属美国认知语言学家 Lakoff & Johnson（1980）。两位学者的原创性理论 CMT 重视隐喻的"概念性"和"具身性"，边缘化隐喻的语言属性，认为隐喻主要涉及概念产出和识解的心理构建与处理过程，强调隐喻是人类最主要的认知工具，在概念系统中处于核心地位。

具体来讲，隐喻充斥于我们的日常生活中，不仅存在于语言中，而且存在于我们的思维和行为中。人类赖以思考和行为的概念系统，在本质上也是隐喻的（Lakoff & Johnson，1980：1）。因此，隐喻是一种思维方式和认知手段，是人类用于构建和理解抽象概念，进行抽象推理的主要机制。隐喻的认知本质在于使用一种事物去理解和体验另一种事物，即将内部结构高度组织的具体、有形、简单且可触及的概念域映射至无高度组织的内部结构或结构相对抽象、无形、复杂且无法触及的概念域上，使抽象思维成为可能，从而建立起跨域之间的联系。然而，隐喻的跨域映射过程必将突显目标域的某些方面，也会掩盖事物的其他方面。此外，隐喻在不同文化群体中能够形成系统的、连贯的整体，即概念隐喻的认知体系，它们在人类对世界进行概念化和范畴化的过程中具有决定性的作用。显然，这些革命性观点的问世与传播推动了认知语义学理论的发展，使概念隐喻理论发展成为认知隐喻研究中最主流的理论范式。

二 语言属性

语言是隐喻最重要的承载模态之一。隐喻的语言属性也曾是修辞学、文体学乃至传统语义学研究的重点关注对象。然而，随着概念隐喻理论的创立与发展，隐喻语言的核心地位受到了主流认知隐喻理论的冲击与挑战。随之产生的直接后果是，学界开始转向研究隐喻的认知规律和具身特征，忽视了真实语篇中隐喻的语言形式和功能。其次，语言研究是为达到特定研究目标的手段，隐喻语言更不被视为隐喻的直接研究对象，只是在概念层面充当隐喻映射研究的证据，可以由研究者主观炮制，用于可操控实验环境下的刺激物。由此可见，早期认知隐喻理论的研究语料主要是基于内省法获取的。具体来说，研究者在语料收集时主要依赖自身的元语言直觉，或是源于词典编纂人，又或是缺乏专业背景的普通言语者。显然，这种基于直觉的语料收集方法包含了较强的主观因素，无法确保研究语料的可靠性、识别方法的科学性及评价方式的客观性（柳超健、王军，2017）。认知隐喻理论在研究方法上先天不足，加之理论本身过度"重概念而轻语言"，终而引发了隐喻研究的"语言转向"，即学界开始关注自然发生话语中的隐喻。这种转向使研究者重新意识到隐喻语言属性的重要性。具体来说，隐喻语言观将隐喻视为话语阐释和分析（interpretive and analytical）的工具，强调研究者需关注不同语篇与题材话语中隐喻语言的形式特点和具体功能，考察特定语境中隐喻的个性化使用特点和通用语言中规约化隐喻形式的关系，探究在不同语篇中隐喻的规约性和创造性之间的互动关系，考证在语言层面隐喻语言的使用和思维层面心理表征之间的关系。一言以蔽之，隐喻研究必须同时置于语言和思维层面。

三 社会属性

隐喻的社会属性主要体现在概念隐喻理论与话语分析的相互融合（参见 Hart & Lukes，2007；辛斌，2008；张辉、江龙，2008；孙亚，2013），特别是强调语言和语篇维度及语境和社会文化因素对隐喻无论是作为语言现象还是人类的基本思维方式所形成的影响。隐喻概念形成于人类社交活动中的语言使用，言语者在特定交际目的和话语环境下的隐喻选择和使用方式体现了隐喻的社会属性。比如，在特定语篇中，当隐喻的某种用法成为谈论社会现实特定层面的主流方式时就会变得异常"稳定"而无法轻易被"撼动"，原因是这些隐喻表达已固化为某个社会组织或特定群体内部成员的"常识"或对特定事物的"自然"理解（Semino，2008：33）。通过调查和分析这些隐喻使用，人类能够更好地理解言语交际者无论作为独立个体还是社会活动的参与者所表现出的情感、态度、信念和概念化过程。因此，隐喻已成为当今应用语言学、社会科学和人文学科领域揭示思想和情感的研究工具（Cameron & Malsen，2010：VII）。

四 具身属性

隐喻的具身性特征在论著《具身哲学—具身心智及其对西方思想的挑战》（Lakoff & Johnson, 1999）中进行了系统的阐述，并革命性提出了具身哲学的三大原则，即"心智本来就是基于身体的"、"人类思维大多数是无意识的"和"抽象概念大部分是隐喻的"。可见，隐喻具身属性的焦点应该是隐喻产生的根源问题。

Lakoff & Johnson（1999）认为，人类的思维、概念化、范畴化等认知活动并非只是对客观世界的镜像反映，而是源于人类的大脑和身体经验。概念系统中的颜色、基本范畴、空间关系和事体也是源于身体经验，特别是由感觉运动系统（sensorimotor system）构成的。认知语言学中有一个基本观点，即在现实与语言之间同时存在"认知"这一中间环节。因此，如果不具有概念化、范畴化和推理等基本认知能力，人类就无法接近和理解语言与现实的本质。而这种人类普遍的认知能力在具身哲学理论中就是人类的心智体验，它是通过身体与客观世界的互动和感知而形成的。语言产生之初，人类基于身体和空间概念逐步认知外部世界。空间概念关系在人的概念系统中处于中心位置，赋予了人类进行空间推理的思维能力，却不以实体的形式存在于客观世界。所以，我们通常都是在无意识的状态下利用空间的概念关系和事实来构建和认知无形的概念系统。总而言之，空间概念和身体经验是人类进行认知和推理的两大主要机制，是人类原始思维的基准点，也是人类最重要的隐喻来源和本质属性。

五 情感属性

隐喻的情感属性集中体现在隐喻使用的交际功能层面。具体而言，隐喻可承载态度、价值观等情感因素。当隐喻用一种事物去谈论或思考另一种事物时，被突显的事物必定承载了言语者寄予该事物的情感内容。当然，单个语言隐喻固然无法完全表征情感特征的全貌，但是如果从不同的社会互动中观察隐喻，就可以发现能够揭示言语者态度或情感的隐喻形式（Cameron，2010：5-6）。比如，Cameron（2003）在研究课堂话语时发现，教师的隐喻话语通常给予学习者信心或者可以淡化学习者暂时需要付诸的认知努力。在介绍性课堂话语中，教师通常会选择 *I'm going to **give** you a **little bit** of information* 来替换 *I'm going to present you with some **difficult** information*，又或是借助 *We are going to **see**…* 来替换 *We are going to **study**…* 等。Cameron（2003）认为这类情感因素有助于后期话语能够形成某种特定的课堂氛围。由此可见，隐喻的情感属性能够赋予受话者透过语言隐喻来准入隐匿于话语背后的情感与态度等。

六　动态属性

隐喻的动态属性是隐喻研究过程中的重要维度（Cameron & Maslen，2010）。隐喻在构建语篇与话语时，历经了语言隐喻的选择、喻体群间的相互适应、内化与整合，直至形成系统性隐喻的动态发展过程。隐喻的这种动态特征可源于言语交际双方的互动，观点或思想的拓展。隐喻的动态性不仅描述了独立的隐喻语言及形式，也描述了不同语篇中喻体间的相互关联以及隐喻如何通过动态性互动方式对语义产生影响。由此，隐喻动态视域下关注的研究对象不是完全独立的语言隐喻，而是相互关联的隐喻群和隐喻产出过程中的形式与意义（Cameron，2010：6）。通过分析各类语篇中的隐喻形式，研究者可集中考察隐喻的静态特征，坚持"概念化承诺"（generalization commitment）（Gibbs，1994：15），或可探究隐喻的动态化特征，以实现相应的"语境化承诺"（contextualization commitment）。同时，我们必须看到，正因为隐喻兼具动态化和静态性特点，以及特定语篇中隐喻使用呈现出长期的稳定性，才能让研究者基于语言事实来透视隐喻的动态化本质属性。

第二节 方法论基础

一 语料库方法与隐喻研究

在认知语言学研究中,语料库的基本方法以其观察的系统性、解释的充分性和客观性,形成了对传统内省法的有益补充(束定芳 2013:217)。该方法通过考察语料库中大量使用中的真实语言,以一种自下而上的研究思路来揭示隐匿于语言形式背后的概念系统和认知规律,从而有效解决了传统语言学研究方法中存在的主要问题。在过去15年中,语料库方法已成为语言学研究中最重要的实证性研究范式,推动了学界对词汇和语法的深入研究,几乎已被运用到语言结构研究的各个层面(Stenfanowitsch, 2006)。当然,我们已经看到,相比其他研究范式,隐喻语料库研究方法相对来说起步较晚,既有研究成果匮乏。然而,语料库研究方法强调基于使用的语言观,重视自然话语中隐喻的实际运用与理解,并发现了许多运用其他方法无法获取的研究结论。目前看来,语料库隐喻研究的优势至少可体现在以下5个方面(参见 Stefanowitsch, 2006;吴世雄、周运会, 2016;柳超健、曹灵美, 2017;孙亚, 2018)。

一是可强化对特定隐喻映射本质的理解。与内省或语料随机选取相比,基于语料库方法对概念隐喻映射的分析所涉及的解释数据范围更广。换言之,大型语料数据更有利于研究者发现新的语言事实并获取新的研究结论。比如,Hanks(2006)基于单语语料库发现隐喻性或转喻性语言表达在程度上具有差异性。

二是可更全面地研究隐喻概念映射的系统性。语料库方法本身能够对语言进行量化。定量研究能够帮助研究者更全面地观察语言现象,并且重新审视早期研究中核心的概念映射。比如,Semino(2006)通过语料检索,发现在言语行为中战争隐喻和管道隐喻的数量只占"交际"隐喻数量的一半;Stefanowitsch(2006)同样发现情感隐喻的语言表达式远远少于人们想象中的数量。

三是可深度挖掘概念映射中隐喻语言的结构特征。语料库隐喻研究发现，同一词语在表达隐喻义和非隐喻义时通常采用不同的语言形式。比如，Deignan（1999）发现隐喻义词语所采用的词性通常会选择与字面义不同的词性，这种差异还体现在词语搭配和语法类型层面；基于相同源域的隐喻语言也可能选择不同的语言形式。

四是可系统研究概念映射的语篇特征。基于语料库方法研究概念映射可以使研究者发现隐喻的语篇及语境特点，比如在特定语域中概念映射的特定实现方式。

五是可揭示隐喻跨语言研究和历时研究中的重要问题。基于内省法获取的语言事实通常可以解释隐喻概念映射的一般运作规律，同时也使研究者在一定程度上忽略了隐喻的跨语言研究和历时研究等问题。换言之，内省法始终无法确定概念映射在不同的话语社区呈现的不同形式，更不必提及具体的语言实现方式。当然，我们也必须承认，在某些情况下，概念映射可能会反复出现在跨时空的不同话语社区中，但归根结底，合理的假设始终无法替代实证研究。

二　批评话语分析与隐喻研究

英国东安吉利亚大学 Fowler 等研究学者（1979）在《语言与控制》（Language and Control）中首次论述了"批评语言学"的基本概念，并提出了对涵盖社会和政治意义的语篇系统分析的方法，在学界影响深远。此后，Fairclough 在完善批评语言学理论的基础上，在论著《语言与权力》（Language and Power）（1989）中系统提出了批评话语分析（CDA）的基本理论与方法。CDA 将社会批评理论和话语分析相结合，已逐步发展成一个跨学科研究领域和理论范式。具体而言，批评话语分析是一种研究范式，没有统一的理论和方法，且流派众多，如社会认知法、辩证关系法、语篇历史法等，但大多包含四个概念，即话语、批评、权利和意识形态。"话语"构成了社会和文化，是社会关系生成和权利再现的场所。"权利"是社会系统构成元素，是交际中引发社会变革的特定属性。"批评"旨在识别事物之间的关联。"意识形态"尤指那些以隐喻或类比等非直白化形式隐匿于特定群体生活中的价值观念。

CDA 研究学者认为，每种语篇的行为都有某种潜在的、有意识的意图，能够反映文本产出者和受话者的社会地位。CDA 立足于宏观的跨学科视角，融合了语言学方法和其他人文科学方法，将语言使用始终置于社会权利的核心地位。CDA 试图展现特定的话语实践如何表征社会与政治权利结构，其主要任务为将隐性或隐藏的政治和意识形态动机显性化，并认为隐喻分析是实现这个目标的主要途径。由此，CDA 的显著特点是把话语与社会权利紧密联系起来，并通过话语分析来揭示社会问题，并在此基础上提出改进问题的相应策略（Fairclough, 2010: 9）。

概念隐喻理论在改变人们对隐喻本质认识的同时，也引发了学界的部分争议与批判，其中最显著的发难口之一为 CMT 过度重视隐喻的认知属性。CMT 并不注重形成隐喻思维和语言的文化因素，在很大程度上忽略了言语者在使用隐喻时的社会和交际目标及意识形态等，即 CMT 未能充分考虑隐喻的社会文化因素。此外，CDA 在隐喻问题上主要关注其语言表达和选择而并非概念隐喻本身，因而较少提及隐喻话语的认知属性。隐喻普遍存在于人类语言、思维和各类语篇和话语中，并构成人类刻意性或无意识的认知系统，因此隐喻可成为有力的批评分析工具，透视和挖掘语言事实背后的概念框架和意识形态。作为社会成员共享的社会背景知识，隐喻会潜移默化为一种常识，并成为话语这种社会活动中一种比较隐蔽的表征和强化现存社会结构的认知和语言手段（张蕾，2011: 30）。因此，CMT 不仅为 CDA 提供了分析工具，也成了 CDA 研究话语和社会之间关系的接口（Charteris-Black, 2004），两者之间的互补性更为它们的融合增加了可能性。

三 动态语篇分析与隐喻研究

动态语篇分析法（the discourse dynamic approach）（简称 DDA）

滥觞于 Cameron 倡导的隐喻研究的"语言转向"和"以隐喻为主导的语篇分析"的研究理念（Cameron，1999，2010）。DDA 汲取了认知心理学、社会文化理论及语篇分析的融合优势，其核心观点是将语言和认知视为事体、连续体或移动行为过程，而非物体本身；语篇的事件域被视为在不同维度和时间尺度辖域内运作的动态系统。值得关注的是，DDA 在深受 CMT 启发的同时，又摒弃了 CMT 关于隐喻理论构建的基本模型。DDA 试图将语言使用中的隐喻应用于社会互动，并构建用于阐释真实语篇的理论解释模型。DDA 的隐喻分析具体表现在以下几个步骤：隐喻识别、基于源域建立隐喻群组、基于目标域寻找系统性隐喻或隐喻语义的不同形式、在不同主题中追踪隐喻簇并考察其内部运行机制、形成分析型隐喻综合体来透视言语者的思维和情感。

DDA 认为，隐喻的语篇功能必须置于相互联结的不同时间尺度内进行考察与研究。具体来讲，在局部语篇行为（local discourse action）层面，研究者必须探究不同言语者之间在隐喻使用问题上的妥协；在语篇事件（discourse event）层面，研究者必须追溯隐喻演变的过程，确认局部的变化是否将导致隐喻使用的长期变化。在更长的时间尺度中，研究者主要考察隐喻的涌现型形式，一类是由个体隐喻关联形成的系统性隐喻，通常以陈述的方式被映射至语篇的主题；另一类属于分布型，即在语篇的某个特定点上以"簇"的形式重度（聚集）使用，又或是整体缺席。隐喻簇通常发生于气氛紧张的时刻参与者的隐喻使用能够契合叙述，构建隐喻故事，或联合成为范围更大、语义更衔接的隐喻场景（Musolff，2014）。隐喻故事或场景的重要性在于解释没有被显性化的内容。原因在于人类的认知倾向性是为我们的经验构建解释性故事，局部的故事或场景可能激活受话者思维中更大的故事或场景。

综上所述，DDA 在充分考虑隐喻语言和动态属性的同时，又兼顾了隐喻的话语模式、语篇情境和语篇中具体事件的时间尺度及相互间的关联性特征，是隐喻在不同维度进行分析研究的中坚力量和重要补充内容。

四 眼动追踪技术与隐喻研究

眼动追踪技术是通过眼动仪器实时记录受试在静态阅读过程中的眼动情况,研究者可基于受试反馈的眼动数据,与认知过程进行匹配,就能对心理活动进行精细的分析,有效地推测受试个体的内在认知过程(闫国利、白学军,2018:30)。目前最常见的眼动追踪技术是通过摄像机或其他光学记录设备接收眼球反射的红外线,并借助计算机软件完成对视频数据的分析(卞迁等,2009:35),这种基于瞳孔和角膜反射的视频记录方法因其高生态效度和精确数据等优势已被逐渐应用于阅读和翻译等复杂的认知活动研究中。人类的其他诸多认知活动,如推理、注意、动机、知觉、情绪等都能通过眼动轨迹所反映(马星城,2017)。随着实验数据的生态效度和精确度不断得到业界认可,眼动追踪技术俨然已成为语言学和心理学领域主流的研究方法之一。

按照"眼—脑一致性假说"(Just & Carpenter,1980)观点所述,眼动追踪技术可以客观反映大脑的认知加工过程,可实现与认知隐喻研究的自然无缝对接。目前,基于眼动追踪技术的隐喻研究常通过考察隐喻性与非隐喻性语言加工时反映在时间和空间维度的进程差异来构建隐喻加工模型理论,从而为隐喻加工的认知负荷程度测量和隐喻识别与理解的难度判定提供实证性理据的支撑,主要沿袭了心理学实验研究方法中的三条路径:一是分析具有相同认知能力的受试个体进行不同类型的认知活动时呈现的眼动差异,常见的影响因素包括语篇类型、材料篇幅长度、隐喻的规约性、突显性、倾向性、熟悉程度和语境等。比如,Shake,et al.(2011)探讨了年龄差异对回指隐喻语义消歧的影响;Ashy,et al.(2018)考察了词汇表层结构对早期阶段隐喻加工的影响。二是分析具有不同认知能力与特征的受试个体进行相同认知活动时呈现的眼动模式差异,常见影响个体认知能力的因素包括地域与国别、语言与文化、民族与宗教、年龄和性别等。比如,Columbia,et al.(2015)的研究表明,受试个体的不同执行控制能力

(executive control) 对隐喻阅读加工的眼动模式构成影响。三是分析具有不同认知能力的受试个体进行不同类型的认知活动时呈现的眼动差异。比如，Olkoniemi, et al. (2016) 认为具有不同学习、记忆和认知能力的受试个体在加工处理隐喻和夸张文本时的眼动特征差异显著。不难发现，以上路径主要根据不同的研究目的，在确定受试个体属性和影响因素的基础上，通过选择特定的测量指标来考察眼动特征的差异性，从而推测受试内在的认知加工规律。

第三节　融合框架构建：动态化批评性隐喻分析范式

在系统论述和充分融合隐喻六大本质属性和四种主流研究方法的基础上，本节尝试性提出以认知与语篇为主导的动态化批评性隐喻分析范式，倡导隐喻研究应基于语言使用、语篇分析、动态化、社会与认知及行为表征等多维度融合因素和跨学科研究方法，至少应注重观察不同隐喻本质属性之间的关联、隐喻与话语使用环境之间的关联、隐喻在特定话语事件之间的关联以及特定语篇事件中的隐喻使用与隐喻在更加宽泛的时空和社会维度之间的关联。此外，借助眼动追踪技术，动态化批评性隐喻分析研究范式还可为阐释个体认知隐喻加工的行为表征提供相应的模型框架。

动态化批评性隐喻分析顺应了当前隐喻研究的"朴素特征"(Prosaics) (Cameron, 2003: 6)，即关注在不同话语环境中隐喻语言和概念结构形式的多样性和复杂性问题，强调隐喻研究应源于自然话语，反过来又能同时构建话语 (Gibbs & Lonergan, 2009: 251)。隐喻作为研究对象，不仅是思维的问题，研究者更应探究隐喻在综合维度的重要议题，特别是强调隐喻在揭示不同意识形态和组构社会现实方面的强大作用。鉴于此，动态化批评性隐喻分析研究范式的基本假设是：人类在自然、真实发生的话语环境中倾向于选择和使用不同类型的隐喻，它们在具体语篇中可呈现特定、多元化的概念结构、话语模式、交际功能和行为表征；隐喻本身不只是简单、孤立、固定的单向静态映射机制，而是以语义上彼此联结的系统性和连贯性形式对文本进行多维度认知表征；隐喻在话语产出过程中可呈现出"隐喻簇""隐喻标记"等表层形式特征，能够真实有效地反映出言语交际者作为独立个体参与社会交际互动的概念化和范畴化过程。下文从概念结构、话语模式、交际功能和行为表征四个维度，系统论述该研究范式的具体运作过程。

一 概念结构

对隐喻概念结构的研究重在关注语料库中概念域（核心内容为主题语义域）的自动提取、筛选、分类和跨域映射的构建过程（孙毅，2013；柳超健、王军，2017）。隐喻概念结构不仅涉及隐喻识别和隐喻标注等研究方法上的问题，更要挖掘不同概念域之间的内在关联性特征，重点考察语义域之间的概念映射关系，进而探讨隐喻的系统性问题。必须指出，尽管隐喻的概念结构本身是相对宽泛的研究对象，却是深入挖掘隐喻在其他维度上关键信息的基础和构成要素。因此，本节将遵循"概念域→语言隐喻→概念映射"的模式对隐喻的概念结构维度进行系统论述。尽管 Wmatrix 的语义域与 CMT 的源域及目标域概念可基本匹配，却从未明示概念映射中存在其他概念介入的可能性，更不必提及隐喻自动检索、筛选与获取流程中跨域映射的具体构建方法。同样，MIP（VU）只是关注隐喻性词汇的判断，自然不涉及概念映射的构建过程。换言之，以上技术和原理终归无法基于语言隐喻自动生成相应的概念结构。

认知语言学框架内的隐喻分析方法主要采用自上而下的研究路径。具体而言，研究者首先确定已预设的概念隐喻，然后从中寻找对应的语言证据（Chilton，1996；Koller，2004）。这种研究路径在 CMT 盛行初期成果丰硕、影响深远，然而在研究方法上先天不足（李福印，2004；刘正光，2005），其最大问题在于研究者只利用有限的语言证据对概念进行过度化概括（Deignan，2005），结果是研究者基于特定的语言隐喻诱导出多项不同层级的概念隐喻。比如，隐喻性词汇 defend、position、maneuver 可形成 athletic contest、war、game、chess 等多种系统性隐喻概念。总之，隐喻自上而下研究路径的弊端在于研究者在没有充分考虑其他概念映射的条件下直觉性选择了其中单个概念映射，而其他映射条件完全可能更好地描述隐喻性词汇。

为了解决上述问题，本研究将穷尽性检索主题语义域辖域的隐喻性词汇，并在参照《重要隐喻目录》（Lakoff, et al., 1991）、Metalude 隐喻语料库（Goatly, 2005）和柯林斯 COBUILD 英语语法丛书《隐喻》（Deignan, 1995）的基础上，结合 Wmatrix 在概念层面检索信息的强大优势，构筑自上而下与自下而上研究路径的统一体。在该模式指引下，研究者需要考虑源域、目标域、概念映射中可能介入的其他概念、备选概念映射模式及概念映射形成的抽象层级。从理论上讲，这种方法增加了概念构建过程的透明度，但又难免会涉及研究者的直觉（Semino, et al., 2004）。由此，本研究将借助词典和在线语料库等辅助性工具，进一步降低技术研究中的主观因素。

二 话语模式

传统的认知隐喻研究通常考察隐喻性语言与相对恒定的概念隐喻之间的匹配问题。换言之，在多数研究中，隐喻的话语形式和系统性特征仅视为隐喻思维常规形式存在的证据，并不是直接的研究对象。因此，传统的隐喻研究思路其实忽略了对概念隐喻在话语模式层面的特定形式、功能和影响的系统研究。

相关研究表明，隐喻的概念结构在自然语篇中的分布并非无章可循，在特定的话语区块可呈现"隐喻簇""隐喻框架""隐喻场景""隐喻网络"和"隐喻标记"等多样化的文本形式（textual patterning）和概念映射特征（Semino, 2008）。比如，交际者可持续借助相同、相关甚至相互不兼容的隐喻概念来表征相同的主题，也可选择相同的隐喻概念谈论不同的主题。特别在口语交际中，透过话语模式可以揭示双方共享彼此语言隐喻的方式及隐喻使用的肇始、发展与全面放弃的过程（Cameron，2003，2007）。毫不夸张地说，隐喻的选择与使用在很大程度上取决于话语模式的具体表征方式，可揭示隐喻的局部及个体使用与特定语境中语篇事件之间的关联，而研究相应的话语模式可以透视交际者在具体语篇事件环境中通过引入、发展、挑战、调整甚至拒绝隐喻来达成相应的修辞目的及满足其受众的需求，有助于研究者获取相应的交际功能、充分挖掘交际者使用隐喻的初衷及隐喻使用之后对受众的影响。然而与CMT不同的是，隐喻的话语模式不仅只是实现宽泛的语篇功能，根据具体语境具有多样化、灵活性和动态性特征。当然，在单个或多个具体语篇事件中，隐喻的话语模式相对稳定，通常以系统性隐喻或语篇隐喻得以表征（Cameron & Stelma，2004）。因此，为了探讨语篇中隐喻的具体运作机制，系统考察其话语模式就显得尤为重要。本研究提出的隐喻研究范式的目标之一就是通过考察语篇构建过程中的具体话语模式来深入挖掘相同主题方向上隐喻选择与使用的表现程度，最终旨在探明隐喻在话语模式维度的语义表征规律和形式变异特点。

三 交际功能

Halliday（1978：89 - 109）认为，语言与社会之间是辩证关系。语言在受控于社会结构的同时，反过来又能促使社会结构得以保留与传承。因此，语篇通常被定义为某种现行的语义潜势（meaning potential），可以从语言系统里表征一系列具有特定动机的不同选择。由此，语言在宏观上的三种主体功能显然已成为当今语言学界的普遍共识：在概念层面，语言可表征、构建社会和文化现实；在人际关系层面，语言可组构社会关系和身份；在语篇层面，语言可构建文本，并能表征在不同情境与文化环境中语言文本与非语言文本间的关系（Halliday & Hasan，1985：23）。以上三个层面相互联合，共同赋予了语言使用的多维度功能。隐喻语言作为语言层面的特定属性,能以不同的话语模式相互组构,理应同时包含这三种功能(Goatly,1997:148-67)。Steen(2008)以话语分析为主导,提出了由语言、思维和交际构成的隐喻三维模型,并指出当代隐喻理论和研究更多关注隐喻在语言和思想层面上的本质和功能,对隐喻与交际的关注较少。其中,隐喻的语言功能在于弥补语言系统中的词汇(或其他形式)的空缺,称为命名功能;隐喻的概念功能为无法直接通达、至少需要部分间接理解的概念提供概念框架,称为框架化功能;隐喻的交际功能则是对交流信息中特定所指或话题提供新的、选择性视角,成为视角变换功能。通过对话语交际中隐喻使用的刻意程度分析,Steen 提出隐喻刻意使用是一种相对有意识的话语策略,可产生特别的修辞效果,更生动、更有效地实现说话人的修辞目标,无论是对比模式下的新异隐喻还是范畴化结果的规约隐喻,隐喻使用的刻意性均体现说话者试图通过隐喻的使用改变话语接受方对所涉话题的认识角度,使其由不同的概念域空间的比较产生新的认识。隐喻使用的刻意性及其修辞效果是隐喻在交际中最显著的表现。由此,基于两类语料库中隐喻的选择与使用在概念结构和话语模式两大维度上的差异性特征,本研究将进一步探究语篇中可实现的具体交际功能及其与特定形式之间的关联性特点。

四 行为表征

CMT 的倡导者(Lakoff & Johnson,1980;Lakoff,1987)始终认为,无论隐喻性概念的规约性程度如何,跨域映射始终是理解语言隐喻的核心手段。比如,理解句子"他攻击了我辩论中的每个弱点"*He attacked every weak point in my argument* 的前提条件是语用者可通过具体的"战争"概念来理解和思考抽象的"辩论"概念。然而,这种假设从未在实验研究中得到验证。如果说隐喻性语言是概念隐喻的唯一表征方式,这种说法在当前显然是无法立足的。囿于 CMT 语料真实性的负面影响,学界通常无法接受或证实大多源于 CMT 框架下心理语言学实验结论的信度与效度。CMT虽可阐释历时性语言变化，然而仅仅通过研究概念结构中的隐喻语言依然无法证实语用者在理解语篇文本时是否真正触及或使用概念隐喻？隐喻义与直陈义的概念理解与建构方式是否存在差异？隐喻处理是否必须介入跨域映射过程？这些议题在当前认知语言学界始终未得到令人信服的解答。当然，尽管当前部分代表性研究成果（如Murphy，1996，1997；Verwaeke & Kennedy，1996；Glucksberg，1998；Gibbs，1997；Glucksberg & McGlone，1999）在某种程度上已涉足行为及认知心理表征方面的核心议题，但研究结论往往众说纷纭、莫衷一是、缺乏共识。迄今为止，我们无法拒绝单凭隐喻性语言的相关证据来窥探概念隐喻在人类心智思维中真实的运作机制，因为语篇中的语言隐喻并非完全是概念隐喻的唯一表层实现方式。一言以蔽之，真实话语中的隐喻加工与理解过程依然缺乏行为及心理真实性探究。鉴于此，本研究在前人的研究基础上，立足于行为表征维度的眼动实验，从时空、局部及整体综合维度的眼动测量指标数据，力图打开不同层级经济语篇中隐喻阅读加工的"潘多拉"。

五 动态化批评性隐喻分析流程

基于对分析框架的具体论述，我们指出，动态化批评性隐喻分析范式立足于隐喻研究的四个核心维度，在实际操作过程中严格遵循从概念结构、话语模式、交际功能到行为表征的逻辑先后顺序。根据隐喻各维度的属性和构成要素，隐喻分析流程肇始于各类语篇中主题语义域的自动生成、提取和隐喻识别，继而获取隐喻疏密度、隐喻丰富性程度比值、源域共鸣值和隐喻类形比四类隐喻核心定量观测指标，通过系统参照《重要隐喻目录》（Lakoff, et al., 1991）等隐喻核心要素判定与分类标准对隐喻语言重新归类组合，构建概念映射，形成系统性隐喻架构，从而进一步析出隐喻簇、隐喻标记等话语模式的常规表征形式。另外，从理论上讲，隐喻的各类具体交际功能应与其话语模式的具体形式密切相关。然而相关研究表明，并非所有话语模式都承载了特定的、刻意性的语用功能。由此，我们在充分吸收隐喻话语基本模式的基础上，将适当考虑并结合其他学科分支及其相关研究成果来剖析隐喻在话语交际层面的具体内容，从而筛选出最具代表性且源自特定话语模式的隐喻功能。最后，为检验语篇分析过程中隐喻的选择与使用是否具有行为真实性，我们利用基于眼动追踪技术的心理学实验方法来管窥个体隐喻在线加工过程中的眼动行为模式与特征（图3-2）。

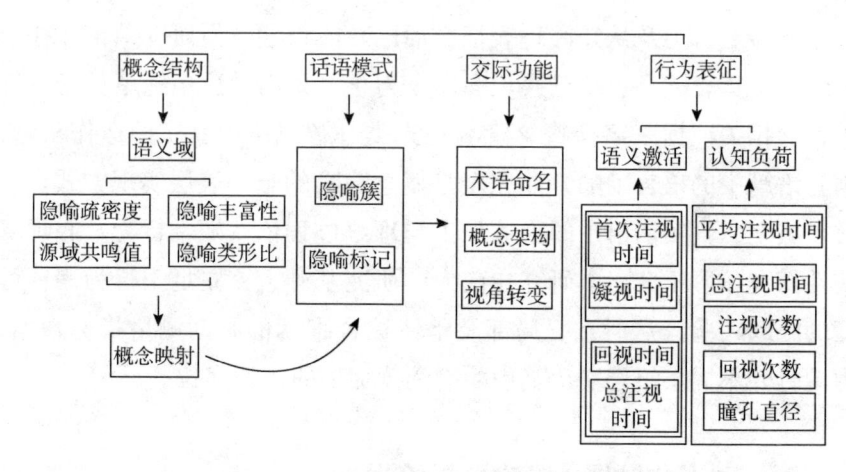

图3-2 以认知—语篇为导向的动态化批评性隐喻研究方法流程图（二）

第四节 本章小结

本章系统论述了跨学科背景下多维度综合性隐喻分析范式的构建与应用。通过融合认知隐喻理论、语料库语言学、心理语言学、批评话语分析、语篇动态分析和眼动追踪技术等理论与方法之间的学科优势，翔实阐述了以认知与语篇为导向的动态化批评性隐喻研究范式的构建过程和实际应用，阐释了构建该研究范式的可行性理据，确立了基于使用、语篇分析、动态化、社会与认知及行为表征的多维度综合性隐喻分析理念和方法，切实为下文开展经济隐喻的实证研究奠定了坚实的理论基础并提供了相应的分析框架。本书将此研究过程定性为

"分析框架"的核心理据在于动态化批评性隐喻研究范式在局部吸收概念隐喻理论主流观点的同时，也摒弃了认知隐喻理论的既定模型和组构形态，不仅整合了跨学科领域间能够相互兼容的重要知识和关键内容，同时也找到了能够相互对接的突破口，并通过拆解、内化与整合等方式成功提取到合适的研究层次。由此，本研究将动态化批评性隐喻研究范式具体应用于经济隐喻概念的纵向垂直比较研究中，聚集隐喻研究的四个基本维度，重在探究经济语篇中隐喻在相同主题、不同层级话语类型中的概念结构、话语模式、交际功能和行为表征四个重要维度内的语义表征规律、变异特点及互动关系。

第四章 研究方法

本章主要介绍研究方法，包括语料选取与构成、语料库建设方案、研究工具、隐喻识别方法、隐喻提取步骤、隐喻标注、信度检验与质量监控、隐喻定量分析值计算及论文研究过程的整体设计方案与流程。

第一节 语料选取与构成

本书的研究语料源自两类自建的经济话语专用语料库，分别为大众类经济刊物语料库（Popular Periodicals Corpus，PPC）和专业类经济学术刊物语料库（Research Article Corpus，RAC）。为了深度比较基于相同学科、不同层级语篇内容的隐喻选择和使用在四个维度的稳定性和变化性特征，本书将经济话语细分为经济、市场、货币和企业四个子主题方向。刊物样本观察后发现，PPC 排版在标题和专栏之间缺乏主题内容判定的信号词。同时，PPC 和 RAC 两类刊物均包含各类主题方向上的经济学元素，主题内容之间相互交织、不易做出泾渭分明的语例甄别。鉴于此，本研究在充分研读与分析具有代表性的主题文本及与隐喻识别小组协商讨论的基础上，将文本标题和关键词作为区分主题内容的实际标准。

具体而言，PPC 选取了 2016—2020 年间出版的《经济学人》（The

Economist)、《彭博商业周刊》(*Bloomberg Businessweek*[①])、《财富》(*Fortune*)、《福布斯》(*Forbes*)等四种大众类经济刊物中的191篇文章,分别隶属经济、市场、货币和企业四个不同主题方向,形符共计631710,均由专门从事经济和管理领域的相关专业研究人士及具有经济学学科背景的记者所撰写,受众群体为经济或商务活动中的实操者和关注当前世界经济与政治事务的普通公众(表4-1)。

表4-1　　　　　　　PPC 语料库的选取与构成

刊物名	主题方向	类型	时间跨度	篇数	形符总数/比例	平均形符数
经济学人	经济	周刊	2016—2020	36	168281;26.64%	4674
彭博商业周刊	市场	周刊	2016—2020	39	152619;24.16%	3913
财富	货币	月刊	2016—2020	74	161324;25.54%	2180
福布斯	企业	月刊	2016—2020	42	149486;23.66%	3559
合计	—	—	—	191	631710(100%)	—

RAC选取了2016—2020年间出版的《金融经济学杂志》(*Journal of Financial Economics*)、《商业研究杂志》(*Journal of Business Research*)、《经济动力学与控制杂志》(*Journal of Economic Dynamics and Control*)、《经济行为与组织杂志》(*Journal of Economic Behavior and Organization*)四种专业类经济、金融和经济管理学术刊物中的81篇文章,同样隶属经济、市场、货币和企业四个不同主题方向,语料选取与构成标准等同于PPC的操作流程,形符共计645023[②],主要以探讨和研究商务、经济、资本、货币流通、市场营销和管理等专业性学术问题为目标,其作者和读者群体为经济学或管理学等领域的专业研究人士(表4-2)。

[①] 2009年10月13日,美国《商业周刊》杂志官方网站正式宣布,彭博新闻社已成功收购《商业周刊》。至此,原《商业周刊》杂志正式更名为《彭博商业周刊》。

[②] 学术类经济语篇的构成要素与大众类经济刊物存在显著差异。本研究在收录和计算前者形符时,剔除了引文的出处(包括作者、年份及页码)、参考文献、注释以及掺杂数学计算公式和图表比例较高的段落(数理建模信息除外)。

表4-2　　　　　　　　　　RAC语料库的选取与构成

刊物名	主题方向	类型	时间跨度	篇数	形符总数/比例	平均形符数
金融经济学杂志	经济	月刊	2016—2020	20	160202；24.84%	8012
商业研究杂志	市场	月刊	2016—2020	19	157814；24.47%	8307
经济动力学与控制杂志	货币	月刊	2016—2020	23	165686；25.68%	7204
经济行为与组织杂志	企业	月刊	2016—2020	19	161321；25.01%	8491
合计		/	/	81	645023（100%）	/

虽然PPC和RAC在题材与主题上存在相似与关联，但两者的受众不同，因此在语篇的构建方式上也必然存在差异。具体来说，PPC旨在通过对专业科学知识和内容的转化，并在结构上进行再创造之后向大众普及和传播专业知识。与RAC相比，PPC常立足于企业或独立个案，最终延伸至国家或全球化背景来探讨实际问题，在信息阐述和视角选取方面通常存在一定的局限性；而RAC的表述立场相对肯定，研究内容可触及或源于政策制定者、技术人员、历史学家和社会学家等各个阶层，以证实其研究结论的科学性和稳定性（Skorczynska & Deignan, 2006）。

同时，我们也必须看到，在基于语料库的对比研究中，语料库能否真实反映语言事实之间的差异、能否得出客观、科学、准确的结论在很大程度上取决于研究者所选取的语料是否具有代表性以及不同语料库之间是否能够达到某种意义上的平衡。代表性一般指不同语料库在内容或主题上的相近性，而平衡性特指不同语料库在类别、规模、文体及目标等方面的一致性（柳超健、曹灵美，2017：39）。一言以蔽之，语料的选取范围直接决定了研究结果的使用范围（束定芳，2003：143）。有鉴于此，本研究在语料选取过程中，充分考虑了自建中小型专用语料库的建设和衡量标准（参见Sinclair, 1991），创建的语料库不仅包括影响全球金融与经济决策的文本内容，同时也涵盖了当前重要的国际时事报道。因此，语料样本的选取与构成具有代表性、针对性和实效性（Charteris-Black, 2004：139）。再者，两类语料库隶属相同学科的不同梯度，题材和时间跨度相同，语料规模相近，内容匹配，符合对比研究在语料代表性、平衡性和可比性等观测指标的基本要求（表4-3）。

表4-3　　　　　PPC 和 RAC 语料库可比性指标观测点

可比性 （观测点）	代表性 （是否达标）	平衡性 （是否达标）	可比性 （是否达标）
主题	是	是	是
梯度	是	是	是
时间跨度	不作要求	是	是
形符总数	不作要求	是	是
读者群体	是	是	是
作者群体	是	是	是

第二节　隐喻语料库建设方案

基于以上认识，本书将隐喻语料库的整体建设方案概述如下：

（1）整体设计原则。确立隐喻知识及内容的采集策略及语料收录原则；制定语言标注体系的原则和规范，选择标注集；设计质量监控体系，并建立以隐喻性词目和主题语义域为双重基本单位的语料检索方案。

（2）语料收集标准。按隐喻概念界定、研究目标组建及应用需求的标准，主要遵循两个基本收录原则：历时性与共时性并存，以确保语料收集的代表性和平衡性；题材与主题内容的多样化，以确保语言数据的灵活性和鲜活性。

（3）语料标注体系。在明确和通晓隐喻标注原则、内容、语言和方法等信息的基础上，将采用 Pragglejaz 隐喻研究团队（2007）小组讨论的方式，对主题语义域索引行中的节点词和邻近词项的隐喻判定重新进行商讨和后期排错；对每个标注文本在进行隐喻识别后出现的差异程度，均使用 Kappa 系数进行检验。

由此，隐喻语料库标注体系如下：Metaphor Model =（Code, Sentence、Word、Source、Target、Type、[Marker]、Convention、Function），分别指标码、隐喻句、隐喻性词汇、源域、目标域、隐喻类别、[标记语]、常规性、功能。

(4) 质量监控。制作详细的隐喻标注说明书，提供基于使用的大量可供参考的隐喻标注实例，并给予相应次数的试标；对词条信息采用多重人工核实和检验流程，严格控制语料信息更新。

第三节 研究工具

从理论上讲，本节将系统论述隐喻比较研究所涉语料库工具和眼动行为实验设备及相应数据提取和分析方法，至少包括硬件和软件的介绍及基本操作。鉴于本书第八章将详细论述眼动追踪实验的具体方法和流程，本节在介绍研究工具时，只论述在线语义域分析软件Wmatrix，暂不涉及眼动追踪实验等相关内容。

一 基于语义域的在线语料库分析软件：Wmatrix

本研究需要具体挖掘两类语料库中的隐喻使用在数量维度上的差异，因此首先必须选取一套科学、统一且易操作的隐喻识别程序对语料中的隐喻进行穷尽性识别、提取、计算和统计。考虑到目前全自动隐喻识别方法技术尚不成熟，本研究选用基于在线网络平台的语义标注工具Wmatrix，并参照MIP（VU）隐喻识别程序，对两类自建语料库中的隐喻进行检索与半自动识别，尽可能克服当前隐喻研究"局限于已知或预设的词汇索引，而无法识别这些检索项之外的隐喻类符"的技术缺憾（参见Koller, et al., 2008；孙亚，2012；孙毅，2013；柳超健、王军，2017）。

Wmatrix是一款在线语料分析软件，其设计理念源于英国兰卡斯特大学计算机语言研究中心主任Paul Rayson的博士论文。Wmatrix原为自然语言处理中用于自动搜寻研究问题的一种辅助工具，它整合了关键词和主题语义域分析功能，不仅能够用于观察研究文本及语言变体特征，也可观察特殊语言形式的使用；Wmatrix 的语义标注功能将索引行关键词分析功能延伸至语法范畴与概念层面的研究，被视为关键词分析的拓展。与其他语料分析工具相比，Wmatrix 具有以下四种优势：1）减少观察语料的总基数；2）挖掘词汇层面无法察觉的语义域；3）聚合多词汇单元；4）组合相同词目的形符（Rayson，2008）。

事实上，Wmatrix 的设计初衷并非用于隐喻研究，而是集合了频率列表、词汇索引生成、主题性分析及词性标注等其他语料分析软件中的多种常用功能。其特色在于内嵌的 USAS（UCREL Semantic Analysis System）可对文本中的词汇单元自动进行语义标注。该软件的语义域赋码集大致以《朗文多功能分类词典》（McArthur，1981）为基础，包括以下 21 个上位语义域（见附录1）。这些语义域可进一步细分为 200 多个次语义域。Wmatrix 通过对比观察语料库与参照语料库（如 BNC Sampler）中语义赋码的使用频率，可自动生成关键词及主题语义域。通过对参照语料库 BNC Sampler 语义域赋码的对数似然值统计分析（$df = 1$，$cv = 6.63$，$p < 0.01$），Wmatrix 词性标注的准确率达 97%—98%，语义域赋码的准确率达 91%—92%（Rayson，et al.，2004）。USAS 对每个词汇单元的标注都存在单个或多个语义赋码，分为首位与次位标注。影响赋码排序的主要因素包括词性标注、词频、语境和邻近词汇。利用 Wmatrix 进行隐喻识别的基本假设是 USAS 对文本中词汇单元标注的语义域能够大致对应概念隐喻的源域或目标域（Hardie，et al.，2007；Koller，2009）。因此，在确定候选源域之后，就可以利用软件提取该语义域中的所有形符。

显然，Wmatrix 的语义域自动赋码功能为判定主题语义域所属词目是否为隐喻义项提供科学有效的数据支撑，为进一步研判源域和目标域的类型提供了可靠的理论假设。与 Lakoff 团队制定的《重要隐喻目录》（The Master Metaphor List）（Lakoff，et al.，1991）、Goatly（2005）创建的 Metalude 在线交互隐喻语料库、Deignan（1995）收集的柯林斯 COBUILD 英语法丛书《隐喻》相比，Wmatrix 所覆盖的语义域在分类上更全面、更详细。基于此,利用语义域标注工具 Wmatrix 并结合 MIP(VU)剔除"噪音隐喻"的识别方法有助于研究者突破已知或预设检索项的束缚,能够最大限度地获取文本中的源域及相应词表,因而能够在更开放的语料中获取更全面的隐喻形符及其相应的话语模式(参见孙亚,2012;孙毅,2013;柳超健、王军,2017)。

二 MIP(VU)隐喻识别程序

基于五步隐喻识别法(Steen,1999),Pragglejaz 团队(2007)提出了 MIP(Metaphor Identification Procedure)(隐喻识别步骤),切实为隐喻研究者提供了一套可在不同语篇中识别隐喻性词汇的具体程序,具体方法如下:

> (1)通读语篇文本,从整体上理解语篇意义;
> (2)确定语篇文本中的词汇单位;
> (3)确定语篇中每个词汇单元的语境意义,即该词汇单元所指代的实体、关系或是属性。需要考虑上下文。确定词汇单元在其他语境中是否存在更为基本的意义。基于我们的研究目的,基本意义被确定为更具体的(其中包括人类最基本的感官),与身体动作相关的,更准确,历史更悠久。基本意义并不一定是词汇单元中最常见的意义。如果在其他语境中存在更基本的意义,确定该语境意义是否可以通过与基本意义的比较来获取。
> 如果某个词汇单元同时满足以上三个条件,可判定为隐喻性词汇。

图 4-1 MIP 隐喻识别步骤

MIP 是 Pragglejaz 团队历时 6 年的重大研究成果,切实为隐喻研究提供了一套清晰并易操作的识别程序,其信度和效度都已得到实证检验。然而,MIP 在界定概念结构和意义等方面(如死隐喻、隐喻、转喻及多词汇单元等)所提供的理论基础并不充分,充其量只是主观臆断上的一种规定。此外,MIP 只关注语篇中的隐喻性词汇,涉猎的隐喻识别范围并不全面。之后,Steen 课题组提出了一种在跨域映射视域下识别所有隐喻相关词汇的规则,并且对 MIP 的每一个识别步骤作了细化和补充，拓展了隐喻识别的范畴，即为 MIP 的修正版本 MIPVU。其识别范围包括直接隐喻、间接隐喻、回指隐喻和隐喻信号词（Steen, et al., 2010: 38-41）。

1) 将隐喻词汇单元进一步细分为"间接隐喻"（标注为 MRW, indirect）和"直接隐喻"（标注为 MRW, direct）和。比如，We investigate the pricing incentives when companies choose pricing *strategies* that *target* consumers who make purchase decisions across firms 中的 strategies 和 target 是间接隐喻词汇单元，因为 strategies 和 target 在句中都能够成功激活与其基本义（physical fighting）完全不相同的所指对象（business activity），隐喻的产生依赖于语境义和基本义的比较。由此可见，间接隐喻词汇单元的识别方式与 MIP 识别程序基本保持一致。当然，概念结构中的跨域映射也并非只局限于语言隐喻以间接的方式呈现，在句子 Your Riders has a cast of five pouting male actors in an attempt to make a western with good demographics. The effect is rather *like* an extended advertisement for Marlboro Lights 中，源域 effect 的呈现方式是直接的。与间接隐喻相比，直接隐喻词汇单元的语境义和基本义之间不存在明显的比较关系，但通常可遵循以下识别步骤：

a. 找到文本中的所指对象（local referent）和主题转换（topic shift）。

——可将与文本中内容"冲突"（incongruous）（Cameron, 2003; Charteris-Black, 2004）的词汇单元作为寻找所指对象和主题转换的线索。

b. 检验与文本内容相冲突的词汇单元是否可以通过某种形式的比较与整体所指或主题框架融合。

——可将标记（flag）某种相似性或映射的词汇单元作为线索（Goatly, 1997）。

c. 检验语义比较隶属非字面意义（non-literal）还是跨域性质。

——凡隶属不同且相互冲突的概念域之间建构了可进行相互比较的跨域映射，均可纳入隐喻概念范畴（Cameron, 2003: 74）。

d. 检验语义比较是否可视为非直白话语的某种形式，涉及文本中主要的所指对象或主题。

——可以是对相冲突的话语形式（源域）和文本中的某些要素（目标域）所建立的概念映射的暂时描写（provisional sketch）。

若能同时满足 b、c、d，则该词汇单元可判定为直接隐喻词汇单元。

2）当词汇单元用于某种词汇与语法（lexico-grammatical）的替代、省略或通过跨域映射来解释以替代或省略等现象所传递的直接或间接意义时，可将这部分词汇单元标注为隐性隐喻词汇单元（标注为 MRW，implicit）。

3）当词汇单元用于预示对比形式或概念映射时，将其标注为隐喻信号词（MFlag）。比如，预示比喻和类比等结构的信号词 like、as、more、less、more/less…than、than；比较意义的信号词 compare、comparison、comparative、same、similar、analogy、analogue；复杂心理概念的信号词 regard as、conceive of、imagine、think、talk、behave as if、as if。此外，MIPVU 将 sort of、kind of 等语义上更宽泛的"间接性"词汇排除在外，无法判定这些信号词究竟是指示词汇单元的隐喻性还是指向话语的其他层面。

总之，在自动化隐喻识别程序尚未成熟的背景下，国内外学界涉足认知隐喻理论或隐喻与话语的研究课题中采用 MIP（VU）进行隐喻识别的趋势方兴未艾。

第四节 隐喻识别和提取步骤

一 Wmatrix 的基本操作方法

首先，将所选语料库中的纯文本文档（.txt）（编码 UTF-8）上传至 Wmatrix 4[①]网络平台，其内嵌的标注精灵（tag wizard）可自动对

[①] 英国兰卡斯特大学（Lancaster University）官方宣布，自 2023 年 3 月 1 日起，第四代在线语义域标注工具 Wmatrix 4 终止服务。目前第五代在线平台 Wmatrix 5（https：//ucrel-wmatrix5.lancaster.ac.uk）已正式投入使用。本书在语料分析阶段 Wmatrix 5 尚未投入使用，因此整个语料处理环节依然基于 Wmatrix 4。

第四章 研究方法

文本进行词性和语义标注，自动生成词频列表、词性频率列表和语义域频率列表（图4-2和4-3）。

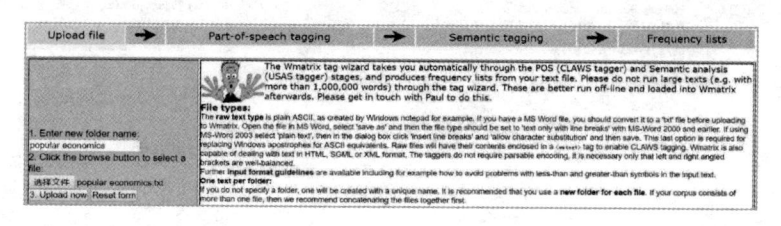

图4-2　Wmatrix文本上传界面

图4-3　经济语料库语义域标注频率

本书的研究语料均来源于英美国家主流的大众类和专业类经济学刊物，隶属于典型的商务与经济话语的书面语体。因此，本研究选取了Wmatrix内嵌的BNC Sampler Written[①]作为参照语料库（图4-4），并将对数似然值设定为默认临界值6.63，左右跨距分别为5，自动生成较参照语料库在内容与使用频率方面呈现突显性与典型性"主题语义域"（图4-5）。

如图4-4所示，以对数似然值（LL）为排序规则，经济语料库中位居前10的主题语义域分别为Z2［地名］、I1.1［金钱与付款］、I1［金钱：总称］、I2.1［商务：总称］、I2.2［商务：销售］、G1.1［政府］、N3.2+［尺寸：大］、I1.2［金钱：债务］、Z1［个人名字］和N5［数量］。此外，我们也可以通过Wmatrix的"主题语义域云

---

① 作为BNC子库的BNC Sampler Written是Wmatrix4自带的参照语料库之一，形符总量达1,000,000。

· 77 ·

图4-4 内嵌参照语料库选择界面

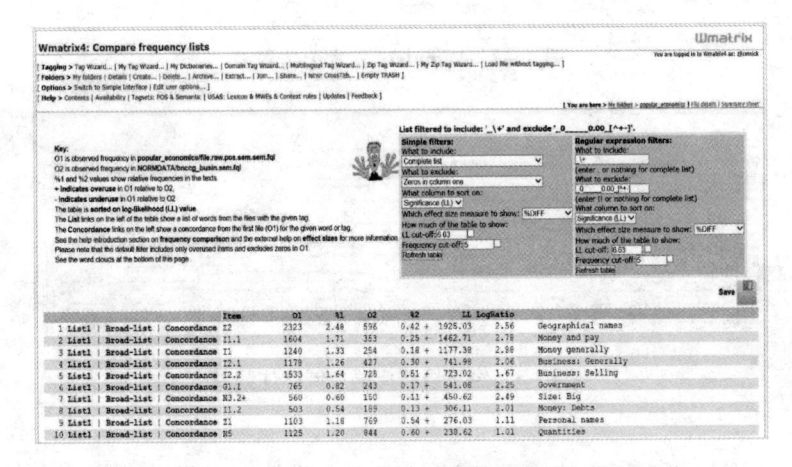

图4-5 经济语料库前10位"主题语义域频率列表"

(key domain cloud)"获取该语料库中主题语义域的全部种类和使用频率的整体比较情况。不难发现，这些语义域在图中具备较高的辨识度（图4-6）。必须指出，LL反映了观察语料库与参照语料库之间在语义域使用差异上的显著性程度。比值越大，则显著性程度越高。"+"表明语义域在研究语料库中的使用频率高于参照语料库；O1和O2分别指语义域在研究语料库及参照语料库中的频率；%1和%2分别指语义域在两类语料库中的相对频率数值。相关研究发现，绝大多数主题语义域能够基本覆盖研究文本的主旨内容，具有典型性，但无法完全等同于目标域，研究中还必须从主题语义域中进一步筛选能够概括文本主题的语义域（参见Koller, et al., 2008；柳超健、王军，2017；陈朗，2018）。我们以经济语篇中的I1.1［金钱与付款］与I1.2［金钱：债务］为例：从理论上讲，两者具有语义代表性，能够大致对应目标域。然而，以目标域为导向的隐喻识别涉及大量重复性的人工检索，且可得出的有价值的结论非常有限（Koller, et al., 2008；Koller, 2009）。鉴于此，本研究在充分考虑先前基于 Wmatrix 进行相关研究的经验基础上，建立了以同步确定候选源域及其相应词表为基础的操作方法。

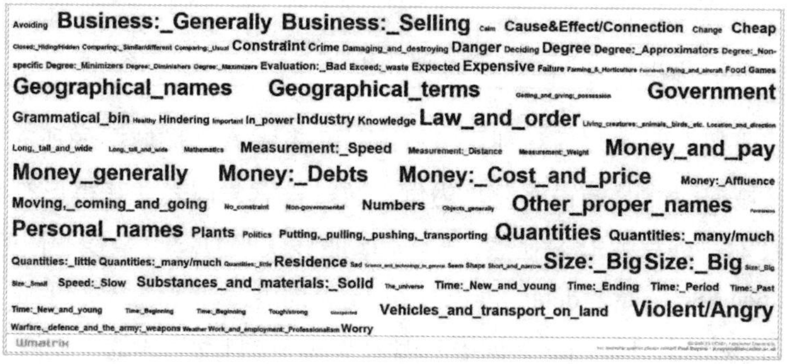

图4-6 经济语料库"主题语义域云"

本研究在界定候选源域上，额外增设了判定标准，即如果主题语义域符合以下其中某项标准（参见 Krennmayr, 2011；柳超健、王军，2017），可直接确定为候选源域：1）与主题语义域内容或话题完全相背离的语义域（如 S9 [宗教与超自然]、K4 [戏剧、剧院与表演]、A10 - [关闭、隐藏]）；2）带有显性源域标签或特征：通常是具体的、有形的、熟悉的、常见的语义域（如 M6 [地点与方位]、S7.3 [竞赛]、W2 [光明]）；3）在认知隐喻前期研究中，已被学界广泛接受并使用的源域（如 G3 [战争、防御与军队；武器]、I1.3 [金钱：花费与价格]、I1.2 [金钱：债务]）；4）明显低于对数似然值基本标准的语义域（如 L2 [生物体：动物、鸟等]、W4 [气候]、M4 [航行、游泳]）。限于篇幅，本研究涉及的隐喻识别主要以上述4类标准中的12个语义域为基础（表4-4）。

表4-4 候选源域使用频率一览

Item	O1	%1	O2	%2	LL	Item	O1	%1	O2	%2	LL
S9	104	0.27	1106	0.11 +	56.25	G3	305	0.78	1128	0.11 +	596.70

续表

Item	O1	%1	O2	%2	LL	Item	O1	%1	O2	%2	LL
K4	18	0.05	269	0.03 +	3.98	I1.3	56	0.14	976	0.10 +	6.50
A10 −	41	0.11	683	0.07 +	5.90	I1.2	120	0.31	1117	0.11 +	83.00
M6	514	1.32	11645	1.18 +	5.50	L2	9	0.02	1727	0.18 −	80.41
S7.3	2	0.01	9	0.00 +	3.34	W4	6	0.02	379	0.04 −	6.83
W2	4	0.01	0	0.00 +	26.13	M4	18	0.05	458	0.05 −	0.00

确定候选源域之后，利用 Wmatrix 可获取该语义域中的所有词汇。以语义域 I1.2 [金钱：债务] 为例，通过检索，词表共获得形符数 99，类符数 21，词目数 15。显然，Wmatrix 能够获取 I1.2 [金钱：债务] 中类似 spending, pay, debt, owe, footing 等词语，却无法检索到 costs, liability, settled, blow up 等词语。因为 Wmatrix 自动生成的主题语义域只可覆盖词汇单元的首位标注，即只能检索首位语义域中的所有形符，因而必然会遗漏次位语义域中符合条件的词汇。比如，costs（I1.3；I1.2）虽隶属于 I1.2 [金钱：债务] 范畴，却没有位列于主题域词表中，其原因是该词目的首位标注是 I1.3 [金钱：花费与价格]，而 I1.2 [金钱：债务] 是其次位标注。为了能够在不考虑语义标注顺序的条件下将该语义域中的所有词项检索出来，研究中需要借助 Wmatrix 内嵌的全方位扫描功能①（broad sweep）（Hardie, et al. 2007）。使用该功能之后，共获得 I1.2 [金钱：债务] 的形符数 131，类符数 32，词目数 23。

二 MIP (VU) 隐喻识别应用举例

我们发现，在确立源域选择标准方面，部分具有代表性的基于 Wmatrix 的隐喻研究范例（包括 Wmatrix 软件开发者 Paul Rayson 的研究团队）依然沿袭了早期语料库隐喻研究的语料处理方式，即首先预设语料库中可能存在的源域，又或是先于小语料库中对隐喻进行穷尽

---

① Wmatrix 全方位扫描功能须由软件开发者 Paul Rayson 在线激活开通后方可使用，否则操作者无法在 Wmatrix 平台界面中获取 Broad-list 功能键。

性识别，继而在大语料库中自动检索出其源域词汇。正如前文所言，这种语料处理方法的弊端在于只能在大语料库中识别出预设源域的词表或基于小语料库隐喻所得到的全部形符，但无法检索出这些源域词汇以外的更多隐喻形符。倘若我们依然采用这种语料处理方法，研究结论将无法精确计算出两类语料库中的隐喻疏密度、隐喻共鸣值等能够定量反映隐喻具体使用情况的相关数值，更无法充分说明两类语料库究竟在多大程度上体现出差异性。为了尽可能客观而精确地记录和统计语料库中隐喻使用的数据，本研究在参照《重要隐喻目录》（Lakoff, et al., 1991）、Metalude 在线隐喻语料库（Goatly, 2005）和柯林斯 COBUILD 英语语法丛书《隐喻》（Deignan, 1995）的基础上，对语义域词目的索引行逐一进行筛选，并严格遵循 MIP（VU）隐喻识别程序对候选源域或目标域索引行中的节点词和邻近项词汇单元进行隐喻义判断。下文以 Pragglejaz 团队（2007：3-13）所选语篇样本中的隐喻性词汇单元 dynasty 为例，具体展示 MIP 隐喻识别方法和步骤。

For/years/, Sonia Gandhi/has/struggled/to/convince/Indians/that/she/is/fit/to/wear/the/mantle/of/the/political **dynasty**/into/which/she/married/, let alone/to/become/premier/.

> a）语境义：在该语境中，dynasty 指代 Gandhi 家族，尤指其家族不同成员在印度政界发挥的重要作用，并在相当长一段时期统治这个国家。
> b）基本义：该词汇为界定某个政权时期的专有名词，一般指君主制皇室家族，其权力实行世袭的政权组织形式。
> c）语境义VS基本义：该词汇的语境义和基本义隶属不同的概念域，两者之间存在显著差异（sufficient distinctness），且对语境义的理解可以通过两个意义的对比得以实现，即可通过君主制社会中皇室家族成员继承王位的方式来理解民主社会中家庭成员获得权力的方式。
> 判定结果：隐喻性词汇

图 4-7 隐喻识别举例

同理，我们以主题语义域列表中位列第 8，且内容与使用频率方面呈现突显性与典型性的语义域 I1.2［金钱：债务］为例（参见柳超健、王军，2017）。

```
                                        504 occurrences.                              Extend context
s waged a campaign to rein in    debt      levels.Finally,this has st.   1 More | Full
with their efforts to control    debt      Investors who had hoped for   2 More | Full
c strategy aimed to stimulate    spending  and investment through vigorou 3 More | Full
  currency drop,every dollar     spent     on Japanese goods translated i 4 More | Full
asily quit,without enormous      loss      of status.As a result,thei    5 More | Full
sed by the central bank.But      pay       deals have instead reflected p 6 More | Full
an to increase their software    spending  by over 22% this fiscal year, 7 More | Full
a port in a storm.Singapore      owes      its existence,and its prospe  8 More | Full
asala bonds rupee-denominated    debt      issued outside India.Singapo, 9 More | Full
h adequate provisions for bad    loans     despite worries about their  10 More | Full
```

图 4-8　语义域 I 1.2 前 10 位索引行

根据"常用源域和目标域"的分类和"源域"判定方法，可确定图 4-6 中 I1.2 ［金钱：债务］隶属源域范畴，共获得 504 个索引行。我们以其中前 10 个语义域为例。不难发现，节点词和邻近词都涵盖与主题"经济"相关的词汇单元。按照 MIP 隐喻识别判定标准，owe 为节点词中的隐喻性词汇，在索引行中的语境义与其基本义可形成对照，具有显著差异，而且对语境义的理解可通过语义相互对比得以实现。此外，邻近词项中检索出多个隐喻性词汇，包括名词（storm, campaign, strategy）、短语动词（vein in）、动词（control, stimulate, translate, wage）和复合词（rupee-dominated）。这些词汇单元的语境义与基本义在语义层面存在明显差异，而且基本义大多与身体体验或感官认知密切相关，都可通过与基本义的对比进行理解。在隐喻计数统计中，鉴于节点词和邻近词具有完全独立的词汇单元，本研究计数的基本方法与 MIP 保持一致，即语义域 I1.2 ［金钱：债务］的隐喻统计数量为 10（节点词 1，邻近词 9）。

按照上述隐喻识别和提取步骤，本研究对 PPC 和 RAC 两类语料库中基于 Wmatrix 自动生成的索引行进行逐一处理。

第五节　隐喻标注

一　标注原则

隐喻的标注原则是确保隐喻标注和隐喻语料库建设过程科学、规范的前提,对隐喻研究的各个阶段和不同层级均有重要的制约作用。早期相关研究已对通用或专用语料库标注的外部信息和结构特征有过较为翔实的论述(参见 Leech,1993,1997;何婷婷,2003;Sinclair,2007)。此外,随着现代计算科学技术的迅猛发展,Leech(1993)在标注原则中提到的语料处理技术在当前背景下不再是难点问题。因此,本研究提出的标注原则主要针对隐喻标注的内容与模式,暂不探讨如何利用计算机程序对语料进行数据存储等技术性问题(柳超健、王军、曹灵美,2018)。

1) 强制性原则:主要针对标注广度,即隐喻标注必须涵盖4个基本要素:隐喻性词汇、源域、目标域和概念映射。从理论上讲,隐喻标注至少可以从词汇、语法、语义、语用以及语篇等层面进行。然而,"语料的标注和语料的利用始终是一对矛盾体。从用户的角度来看,语料标注越详尽越好,而标注者则还需考虑标注的可行性。因此,任何标注模式都是在二者之间求得的一种妥协的产物"(丁信善,1998:8)。

2) 选择性原则:隐喻语料库既可以隶属能够代表语言全貌建成的通用语料库,也可以是出于某种特定研究目的开发的专用语料库。显然,不同的研究目的将导致两种类型的语料库在标注方面产生差异。因此,在遵循强制性原则的基础上,可适当根据研究目的对隐喻语言进行不同维度的选择性标注(表4-5)。

表4-5　　　　　　隐喻标注的选择性原则列表

标注层面	标注内容		备注
元信息标注	语料来源、文本模式、类型、领域、作者、标注者、标注时间、定标时间及定标地点等		强制性
语法标注	隐喻性词汇单元的词性(特指词性层面的隐喻类型)		强制性
语义标注	规约性	常规隐喻、新奇隐喻、历史隐喻	选择性
	层级性	隐喻性程度	选择性
	间接性	间接隐喻、直接隐喻、回指隐喻	选择性
	标记语	基于 Goatly(1997,2011)的分类	选择性
语用标注	隐喻的交际功能(Steen, et al., 2010)		选择性

3) 一致性原则:不管采用哪种标注手段,都应遵循一致性原则,

即"对同种语言现象，不论是词性、短语类型、句类、句型、句式，还是语体、语义、语用，所做的标注都应一致，而不能此处为此，彼处为彼，前后不一，自相矛盾"（张宝林，2013：130－131）。同理，在隐喻标注中，针对相同的隐喻概念，不论是语义层面的隐喻规约性，还是语用层面的隐喻功能，标注者之间都应达到某种程度上的一致性。因此，在隐喻标注之前，不仅要严格制定标注者的选择标准，还要切实选取或提出一套科学、严密的隐喻标注模式和流程，尽可能缩减标注者之间的差异，确保隐喻标注的信度与效度。对于标注结果仍有疑虑的标注案例，必须通过小组讨论的方式加以解决。若存在无法解决的案例，也应明确告知用户标注的置信区间等相关信息。

4）折衷性原则：Leech（1993：275）认为语料库标注方案不具有"真值性"，即不存在所谓的"标准"模式。因此，任何标注模式都不能作为第一标准。即使存在，也只能通过大量实践和比较才能得到（转自何婷婷，2003：76）。鉴于目前学界尚未制定国际通用的隐喻标注模式，隐喻语料库建设单位在标注过程中应注重实用性，并最大限度地为使用者提供便利。在增强语料使用灵活性的同时，还应系统分析与比较各种标注模式，取长补短，并结合自身的研究目的，制定较为折衷的标注方案。

二 标注模式

关于隐喻标注模式的选择，本研究在结合隐喻语言特点的基础上，主要考虑以下两个因素：语料使用的简易性与灵活性。随着网络技术的日益革新，现代数字化语言标记形式也经历了由 GML、SGML、HTML 到 XML 的演变。XML 即为可扩展性标注语言，是目前最常见的通用语言标注格式。与 SGML 等早期模式相比，XML 的特点是不使用预设标签，也不注重文本格式呈现，但更关注对数据结构的定义与描写。用户可基于不同需求来定义不同领域内的标记语言，因而具有更强大的文件传送与处理能力。本研究选取 XML 作为标注语言主要基于以下三个既定事实：

1) XML 遵循特定的语法规则，可确保每个文档形式的完整性。比如，XML 的基本结构是层级成对标签，即每个元素必须包含起始标签（start tag）与结束标签（end tag），并注明属性及其数值。这种强制性的语法规则在很大程度上能够简化 XML 相关应用程序的开发，而不必参照 DTD 对文件结构进行确认。因此，XML 可使隐喻语料更严谨，语料观察更直观，语料检索更方便，从而能够最大限度地确保隐喻标注的系统性和完整性。

2) XML 虽有严格的定义方法和规则集，但其文档主要以基本内嵌（nested）结构中的某个核心集为基础。当语料库因为添加不同层级的信息使原来的结构变得复杂时，这些基本结构就可以代表复杂的信息集合，不需要改变自身结构。这样，标注者需要为内部结构的复杂化程度付出的努力就更少。隐喻的核心内容是源域到目标域的跨域映射。在隐喻标注过程中，标注者可选择以隐喻的基本标注为基础，并依据不同程度的研究目的，选择性地进行层级标注。在通用隐喻语料库标注中，为了确保标注工作的全面性和系统性，标注者也无需过多考虑因为标注内容或层级基数庞大而造成的相关问题。

3) XML 具有可扩展性。首先，除了 XML 模式中定义的数据类型之外，开发者可自行创建 DTD，并应用于多种"可扩展"的标志集。其次，通过使用某些附加标准，可对 XML 的核心功能进行扩展。比如增加样式、链接和参照能力。XML 的扩展内容为其他可能产生的标准提供了坚实的基础（李薇等，1999：24）。隐喻作为人类最常规的认知模式和思维方式，长久以来被学界视为自然语言处理研究中最棘手的问题之一。不可否认，隐喻的识别、理解与生成是一个动态变化的发展过程。因此，在标注中，能够表征其形式的语言格式也必然不是恒定不变的。XML 恰好能够为隐喻标注提供一个表征结构化信息的方式，并允许用户自定义任意标记形式，以满足或改变不同标注内容的需求。这种方法可突破以往 HTML 只可描述文本格式的束缚，而且至少在数量方面极大提高了隐喻标注的效率。

三　标注方法

隐喻识别是隐喻标注的起点和基础，其效度将直接影响隐喻标注的质量。隐喻标注的本质是在隐喻识别的基础上，通过使用某种特定的符号代码，使隐喻在语言、概念及交际层面的信息显性化的过程。现有的语料库标注方法主要包括人工标注、人工标注＋机器辅助、机器标注＋人工辅助及机器全自动标注。本研究倡导在隐喻识别阶段采用"人工标注＋机器辅助"；在隐喻标注阶段以"机器标注＋人工辅助"或"机器全自动标注"为宜。选用这两种标注方法主要源于以下三个方面的考量：

1）概念隐喻的特殊性与复杂性。尽管 Lakoff 等学者提出的跨域映射论为隐喻研究提供了基本理论框架，但隐喻的心理真实性问题向来受到学界的质疑与挑战（如 Gibbs，1994；Vervaeke & Kennedy，1996；Murphy，1997；Kövecses，2011）。因此，在自然发生的话语中，对隐喻的理解须采用多元化与跨学科的研究方法。比如，可选取语料库方法来观察隐喻的共时与历时变化；可采用语篇分析法来挖掘隐喻语言的概念结构与认知功能；可基于心理学与行为学方法来研究或验证人类心智对隐喻的认知表征。

2）隐喻识别的方法论与技术性问题。语言隐喻与概念隐喻的关系极其复杂且两者易融合（conflated），但语言形式毕竟只是表层结构，终究无法完整地表征其概念系统（Steen，2007：175）。语言隐喻的识别是概念映射构建的基础，然而在实际研究中对两者的识别需要独立的方法论。从研究现状来看，现有的隐喻识别程序或集中于识别隐喻性词汇，或缺乏系统且易操作的方法来指导隐喻在概念层面的识别，又或是对两者识别的关系问题含糊不清。这些问题在很大程度上将影响隐喻形式化与模型化的准确性与科学性，不利于隐喻自动识别的发展。此外，从目前隐喻自动识别研究的个案来看，在语料标注规模及标注对象方面依然受到限制，整体标注不具有代表性。

3）隐喻标注的指向性问题。隐喻标注阶段并不涉及文本中的每个词汇单元或句子，这是由隐喻语料库的特点决定的。在隐喻识别之后，必须借助人工手段对隐喻性词汇与涉及隐喻概念映射的句子进行筛选、校对与补充。因为从隐喻语料库建库的目标来讲，不涉及隐喻概念内容的相关标注就会显得毫无意义。当然，该阶段的任务可通过开发相关计算机程序，并通过手工录入信息的方式来实现计算机对目标语料的自动筛选。比如，张冬瑜等（2015：1574-1586）在归纳情感隐喻语料库理论框架的基础上，通过对词条信息进行多重人工检查及严格控制信息更新的方式，设计了情感隐喻的录入界面，极大提高了隐喻标注的效率。由此可见，机器录入不仅是为了提高标注效率，减轻标注者的记忆负担，也是为了保证语料标注赋码上的一致性。

四 标注内容

基于上述隐喻的标注原则、标注模式和标注方法，下文将从非语言信息、语法形式、概念结构和语篇功能4个主体层面探讨隐喻标注的内容，包括元信息标注、语法标注、语义标注和语用标注。

1）元信息标注

隐喻语料库的元信息标注主要是记录语料库中文本的非语言信息，包括文本的外部信息（如语料来源、文本模式、类型、领域、作者、出版时间、标注阶段、首标时间、定标时间等）和文本的内部结构特征（如标题、段落、文献、伴随口语的次级语言特征等）。这些信息通常置于文件头部，并通过某种特定的符号编码与文本建立关联。根据XML格式，将标注内容置于尖括号内，并注明属性及参数值。此外，每项标注内容必须包含独立的起始标签与结束标签。具体标注格式如下：

以上标注内容是用户获取隐喻语料库基本信息的重要窗口。具体来讲，"它可以帮助用户按照元信息标注参数检索出所需要类别的批量文本或对于整个研究最具有某种显著意义的一些特定文本，也可以

```
<annotator team= "…" name= "…"></annotator>
分别表示"标注者起始标签、标注团队、标注者、标注者单位、标注者结束标签"
<annodate initial_notated= "…" lastmod= "…"></annodate>
分别表示"标注时间起始标签、首标时间、定标时间、标注时间结束标签"
<corpus source= "…" discourse= "…"></corpus>
分别表示"语料起始标签、语料来源、类型、语料结束标签"
```

图 4-9 元信息标注格式

用来确定某些元文本参数之间准确的统计学数据，进而研究它们之间的相关性"（陈虹，2012：40）。当然，隐喻语料库开发者需要根据不同的研究目的或公开程度来合理选取相应的元信息进行标注。

2）语法标注

语法标注有时也被称为词类赋码或词性标注，是指对语料库文本中的每个词汇单元添加某种标签或记号来表明词性（Leech, 1997：2）。这是一种最基本的语料标注方法，也是自然语言处理中相对比较成熟的一种自动标注技术。隐喻语料库中的语法标注主要是针对隐喻性词汇而言的。因此，在标注之前，需要通过某种隐喻识别程序来获取语料库中的隐喻性词汇，然后通过计算机软件的自动标注技术对这些词汇进行词性标注，被标注的词汇单元将对应于不同的隐喻类型。具体标注格式如下：

```
<s n= "45" >Container<w NN>group Tiphook yesterday <w VBD>said it was still
<w JJ>confident of <w VBG>winning its <w JJ>joint £643 million <w NN>bid for
Sea Containers even though the <w NN>battle has <w VBN>swung <w IN>towards
James Sherwood's ferries-to-trailers combine.
<s n= "46" >…
```

图 4-10 隐喻语法类型标注格式

以上文本中 <s n = "45"> 和 <s n = "46"> 分别表示句序，尖括号内的字母组合代表该词的词性，即隐喻在语法层面的类型。比如，<w NN> 表示 group 是一个普通名词，<w VBN> 表示 swung 是动词的过去分词。因此，这两个词的隐喻类型分别归类为名词性隐喻与动词性隐喻。

3）语义标注

正如通用或专用语料库标注过程，语义标注同样是隐喻语料库标注的核心部分。通常情况下，隐喻的语义标注主要包含以下六个方面：

a. 基本元素

本研究采用英国兰卡斯特大学 Paul Rayson 开发的在线语义域标注工具 Wmatrix 进行文本中的隐喻识别：程序步骤包括获取主题语义域、确定候选源域及源域词汇、识别隐喻形符、确定目标域与构建概念映射（柳超健、王军，2017：17-19）。在概念映射构建环节，本研究还参考了目前主流的隐喻语料库 Master Metaphor List、ATT-Meta data bank 和 Metalude。当然，在标注过程中，如果无法在上述隐喻语料库中检索到相应的基本概念映射，标注者也可自定义额外的词汇范畴。具体标注格式如下：

```
<view>
<mapping>LIFE IS A JOURNEY</mapping>
<metuw>road</metuw>
<source domain>journey</source domain>
<target domain>life</target domain>
<source>MML</source>
<original literature>more than cool reason</original literature>
</view>
```

图 4-11　隐喻基本元素标注格式

以上文本的首行 < view > 表示隐喻界定和识别的开始，</view >表示隐喻界定的终止；< metuw >、< source domain >、< target domain >、< mapping >分别对应于隐喻的基本要素 journey、journey、life 和 LIFE IS A JOURNEY；< original literature > 表示该隐喻源于专著《超越冷静

的思维》(*More Than Cool Reason*)(Lakoff & Turner 1989);<source>表示该概念映射的主要参考依据来源于隐喻语料库 Metaphor Master List。

b. 规约性

正常情况下,在词汇单元产生隐喻意义时,人们无法有意识地感知其隐喻性,因为绝大多数隐喻表达式都是高度规约化的。然而,隐喻的规约性并非静止不变,是程度上的问题。隐喻规约性差异将产生不同的隐喻类别,其中最常见的有常规隐喻、新奇隐喻和历史隐喻(etymological metaphor)。历史隐喻的基本意义通常不会出现于现代英语用法中,因此识别历史隐喻相对简单。常规隐喻和新奇隐喻的本质区别在于隐喻义是否已高度词汇化,或隐喻义是否与非隐喻义被同时收录于词典中(Semino,2008:19)。当然,也有学者认为两者的分界点可通过量化的标准进行划分(Deignan,2005:40)。通常情况下,隐喻的规约性程度越高,识别难度也就越大。总之,隐喻的规约性是语料库用户透视隐喻概念的一个重要视窗。具体标注格式如下:

```
<view>
<conventionality>conventional metaphor</conventionality>
<conventionality>novel metaphor</conventionality>
<conventionality>etymological metaphor</conventionality>
</view>
```

图 4-12 隐喻规约性标注格式

c. 层级性

隐喻具有层级性(gradability),即概念的隐喻性程度存在差异。通常情况下,源域和目标域所共享的语义特点越多,隐喻程度就越弱。比如,海洋绿洲的隐喻性要低于心智"绿洲"的隐喻性。语义回响值是衡量隐喻性程度的基本指数,可通过观察语料库中隐喻使用的实际情况来获取。当不相关的概念被引入、激活或响应语境中的隐性概念时,相应的语义回响值就会增大(Hanks,2006:31)。

隐喻的层级性从本质上讲是隐喻性程度的体现。隐喻性程度越高，其显性程度越低。鉴于目前尚未有可定性的计算方法来界定隐喻性，本研究暂选用从 -5 到 5 的数值区间。数值越大，则隐喻性程度越高。隐喻性程度对于揭示隐喻使用者及隐喻接受者的认知行为具有重要意义。具体标注格式如下：

```
<view>
<metaphoricity>5</metaphoricity>
</view>
```

图 4 - 13　隐喻层级性标注格式

d. 间接性

隐喻的间接性（indirectness）、规约性与隐喻的功能存在相关性（Semino, 2008：31 - 32），可影响受话者的心智模型（Krennmayr, 2011：273）。因此，可基于概念识解的间接性特征对隐喻进行标注。

隐喻的间接性特征在语言层面可分为间接隐喻、直接隐喻和回指隐喻。间接隐喻是最具有原型意义的隐喻类型，即源域的概念结构（如 high wage）通过间接方式来表征目标域；而直接隐喻无须借助间接概念进行概念转换与表征，最常见的形式为明喻；回指隐喻主要涉及隐喻概念的间接回指，即在概念结构中可重新获取所指概念的隐喻性（Steen, et al., 2010：33 - 40）。具体标注格式如下：

```
<view>
<indirectness>indirect metaphor</indirectness>
<indirectness>direct metaphor</indirectness>
<indirectness>explicit metaphor</indirectness>
</view>
```

图 4 - 14　隐喻间接性标注格式

e. 话语标记语

某些隐喻通常伴有明确的话语标记（marker）或调节语（tuning device）(cf. Goatly，1997；束定芳，2001；Cameron & Deignan，2003)，因此可将这类标记语作为隐喻识别的文本线索。鉴于 Goatly（1997：172 – 199）对隐喻话语标记语做了迄今为止最为详尽的分类：包括显性标记语、强调词、弱化修饰词、元语言、拟态词等，本研究在对不同语料进行比对过程中主要参考上述分类标准，按字母顺序分别对每个类别的隐喻标记语进行标注，并记录其序号和内容。具体标注格式如下：

```
<metsignal>
<metsignal N="11">
<signal>literally, something of</signal>
<sigclass>L</sigclass>
</metsignal>
```

图 4 – 15　隐喻标记语标注格式

f. 语用标注

隐喻是人类认知外部客观世界的基本推理机制，其基本功能是能够让我们通过简单、具体、显性的经验结构来理解与表征复杂、抽象、隐性的经验结构。然而，如果从语篇视角来研究隐喻的认知功能，还需要探讨言语交际中更为具体的问题（Semino，2008：30）。比如，为什么某种特定的隐喻概念与语法结构只出现于某类特定的文本或语篇中？这类问题通常与隐喻对现实的表征相关。具体来说，隐喻具有评价、说服、解释、突显、掩盖、表达情感或信仰等表征功能。

当然，在相同类别的语篇中，经常出现几种功能共现的情况。从语言交际的视角看，隐喻的交际功能则主要体现在隐喻使用的刻意性（deliberateness）问题（Steen，2008），即"语用者是否刻意引导受话者必须借助某个事物来理解另一事物，或是受话者在接收到刻意性隐喻之后，是否改变了对当前话语的某些固有观点"（Krennmayr，2011：

152)。具体标注格式如下:

```
<view>
<metfunction>persuasion</metfunction>
<communication>deliberate</communication>
</view>
```

图 4-16　隐喻语用标注格式

第六节　信度检验与质量监控

　　如上文所述,本研究在隐喻识别阶段采用的是半自动识别法,即在 Wmatrix 软件实现主题语义域自动标注之后,将使用 MIP(VU)隐喻识别程序对主题语义域索引行中的词汇单元逐一进行识别。由于后期整个过程(使用字典除外)基本是由人工完成的,难免会受到内省、直觉等个人主观因素的影响。为了尽可能确保隐喻识别的信度,本研究效仿了 Pragglejaz(2007)以小组讨论形式对主题语义域索引行中的节点词和邻近搭配词项的隐喻识别判定结果进行商讨和后期排错(troubleshooting),并对 PPC 和 RAC 语料库中的每一个文本进行隐喻识别后出现的差异程度,均使用 SPSS 软件中的 Kappa 系数进行计数,从而确定隐喻性节点词和邻近搭配词是否可以纳入本研究中。本研究中的隐喻识别者除了笔者本人之外,还包括三名专门从事认知隐喻研究的高校教师,他们在认知语言学领域已取得了较好的研究成果,能够熟练运用语料库语言学的技术手段和心理语言学的研究方法,可为本研究的顺利实施提供强有力的技术支持。研究小组两人一组,首先须单独分别对两个语料库中的索引行进行穷尽性识别,整理出意见不合、举棋不定的词汇单元由两名成员共同讨论。对于小组成员之间无法达成共识的词项,则必须在两个小组之间进行协商。倘若最后依然存在特殊词项，也需要具体清晰地标注隐喻识别的置信区间。

本书中的kappa值用于检验小组成员之间隐喻识别的一致性程度。kappa的计算结果为-1—1区间，但通常落在0—1范围内，可分为5个不同级别（表4-6）：

表4-6　　　　　　kappa值区间和一致性程度

kappa值区间	一致性程度
0.0—0.20	极低（slight）
0.21—0.40	一般（fair）
0.41—0.60	中等（moderate）
0.61—0.80	高度（substantial）
0.81—1	完全（almost perfect）

第七节　隐喻定量分析方法

一　词汇单元界定

1）独立词汇单元

从理论上讲，词典中所有独立的标题/中心词/词目（headword）都可视为独立的词汇单元。本研究中标注的隐喻性词类研究只关注名词、动词、形容词、副词和部分介词，而冠词、情态动词、助动词、动词不定式及代词等语法功能词均不纳入隐喻识别研究范围。因此，本研究隐喻性名词、动词、形容词、副词和部分介词计数为1个词汇单元，暂不考虑其他词类。

2）多词汇单元

与具有词性标签的独立的词汇单元相比，多词汇单元通常至少由两个词构成，根据不同情况可拆分成为不同的词汇单元，也可视为一个整体的词汇单元。

a. 短语动词（Phrasal verbs）

短语动词结构通常后续1个或2个词（介词或副词），构成look

up，get out of，turn on，get on with，put up with 等动词搭配形式，只能指称单一的行为、过程、事态或关系（Steen, et al., 2010：28），且整体意义并非是构成义项的简单相加。典型的短语动词不可分解，否则就会失去实际意义。比如，take off 和 set up 的语义并非局部义项的整合，因此不需要对动词搭配中义项的隐喻性逐一判断，计数为1个词汇单元。

b. 聚合词（Polywords）

聚合词通常为在语义和形式层面（无派生）固定不变且不能分解的简短表达式，如 on top of, of course, even if, at least, all right 等。即使聚合词至少由两个词构成，但也被视为独立词汇单元（Nattinger & DeCarrico, 1992：38 - 39），计数为1个词汇单元。

c. 复合词（Compounds）

Steen 团队（2010）按拼写规则将复合词细分为3类：即词形结构上拼写为一个独立词汇单元的词（如 snowflake, loudspeaker）；由带连字符的两个独立单元的词汇构成的新词（如 pitter-patter, hunter-gather）；两个相互独立的词汇构成的新词（如 power plant, jet lag）。由此，我们将前两类复合词计数为1个词汇单元；若第三类复合词在词典中已高度规约化，且在语篇中只存在一种指称关系则计数为1个词汇单元，其他情况可计数为2个词汇单元。

d. 经典习语（Classical idioms）

虽然习语的搭配和用法相对固定，约定俗成，如 have a bee in one's bonnet, be tired to someone's apron strings, not have a leg to stand on 等，但相关心理实验研究表明词汇的隐喻性可在独立的词汇单元层面得以实现（Gibbs, 1994）。因此，对习语的理解和处理要求存在不同的选择。本研究在参考 MIP（VU）基本处理方案的基础上，充分考虑到"大多数习语在某种程度上都可拆解"这一语言事实，特将习语意义是否具有可拆解性作为评判词汇单元数量的标准，即若意义可拆解，则将所有词目都纳入词汇单元的计数范围；若不能拆解，则计数为1个词汇单元。

e. Fixed collocation（固定搭配）

两个或多个词之间搭配是程度问题，可细分为完全固定搭配（聚合词）和半固定搭配（如 skating a claim, suffering many blows）。固定搭配多数是可以拆解的，可根据每个词目的意义获得所指意义。因此，本研究将可拆解性作为评判词汇单元数量的标准，即若意义可拆解，则将所有词目都纳入词汇单元的计数范围；若不能拆解，则计数为 1 个词汇单元。

3）特殊词汇单元

本研究在确立候选源域的界定标准时，尚未对封闭词（又名"功能词"或"语法词"）进行系统分类和专门探讨。不难发现，Wmatrix 将包括介词在内的封闭词类均列入语义域 Z5［语法集合］。考虑到 Z5 中的部分词汇在语义上具有典型性和突显性，本研究在对封闭词等特殊词汇单元的处理问题上将作进一步区分。基本主张为：封闭词的隐喻性取决于该词的语义内容（semantic content）能否足以明示和界定其语境义和基本义之间存在显著差异。以介词为例，如果该词类语义界定清晰，且可衍生出诸多高度抽象化和规约化的隐喻意义，则被纳入隐喻识别范畴。比如，His economic strategy aimed to stimulate spending and investment ***through*** vigorous monetary easing 中介词 through 的基本义为"功能词：从一端通往另一端，或穿过"，但句子中的语境义为"用于指示'方式'或'策略'等"。其次，包含抽象语法意义的封闭词将不被纳入隐喻识别范畴。比如，定语从句中表示抽象空间的关系代词；用于指代时间、地点等介词搭配的词项。再次，本研究还删除了 Z［名称和语法词］辖域内的所有语义域种类，包括 Z0［不匹配的专有名词］、Z1［人名］、Z2［地名］、Z3［其他专有名词］等。

二 基本义确定

利用 MIP（VU）进行隐喻识别的关键步骤在于通过比较词汇单元的基本义和语境义来确定隐喻性义项。研究者在对基本义和语境义进行判断时，需要严格遵循权威词典所提供的释义。因此，词典选择和使用对基本义的确定至关重要。

MIP（VU）在确定词汇单元基本义的主要判定方法为将词典中的第 1 项作为基本义的参考义项，所使用的工具是基于当代英语语料库编纂而成的《麦克米伦高阶英语词典》（*Macmillan English Dictionary for Advanced Learners*）（下称 MED）（Rundell & Fox，2002）。MED 经过系统加工的语料容量达 2 亿有余、基本涵盖了现代英语文本中涉及不同语篇、题材、主题的语料，可应用于一般意义上的语言分析（Pragglejaz，2007：16）。MED 是当代大型通用词典中最关注隐喻意识的重要词典，也是目前为止为数较少能将隐喻引入词典结构的学习词典，可以直接为经济话语中隐喻的使用规律和特点提供全面、系统的引证和描写。当然，对于某些特殊词汇单元，倘若 MED 无法提供其基本义和语境义的相关确切信息，可将较早出现的词义确定为基本义。此外，本研究还选择了基于历史主义原则编纂而成的《牛津英语词典》（*Oxford English Dictionary*）（下称 OED）作为隐喻识别的辅助工具。OED 的显著特点及优势在于依据年代进行义项排序，不仅提供了详细的词源学信息，同时也为不同义项下的引例标注了年代，这为研究者进一步确定词汇的基本义提供了重要线索和依据（Pragglejaz，2007；Steen，et al.，2010；武继红，2016）。

同时，我们也必须意识到，学习者词典中的义项顺序在一般情况下是按照义项使用频率高低排列，使用频率最高的义项最先排列。当多个义项无法确定其使用频率高低的情况下，词典编纂的基本原则为将词汇的基本义置于第一个义项。然而，使用频率最高的义项无法完全等同于最基本的义项。以本研究中已被识别为隐喻性词汇的 campaign 为例，该词的语境义为 MED 中的第一个义项 a series of actions intended to produce political or social change，而第二个义项 a series of actions by an army trying to win a war 才是该词的基本义，因为该词义能让我们联想到与身体体验和感官体验相关的行为。因此，我们不能简单地以词典中的第一个义项作为判断词汇单元基本义的唯一标准。本研究在进行大规模隐喻识别过程中发现,有相当数量的词汇单元其词典中的第一个义项为使用频率最高的义项,而不是该词的基本义。真正的基本义则位于词典中的2,3位,甚至是更靠后的位置。正如 Wmatrix 的全方位扫描功能(可将次位语义域中所有符合条件的词汇检索出来),本研究的基本处理规则为:即使该词汇单元的基本义并非词典义项排列中的第一位,也同样纳入隐喻的范畴。

三 特殊语言现象处理

除了系统论述词汇单元和基本义的界定问题之外,MIP(VU)还对死隐喻、一词多义、转喻、比喻等特殊语言现象进行了专门探讨。

1)死隐喻(dead metaphor)

英语中也存在某些具有隐喻性根源,但在现代语言使用中已被高度规约化的隐喻表达。比如,pedigree(族谱)通常被视为法语词 pied de grue(鹤脚)的隐喻拓展性用法,原因在于"鹤脚"和"族谱图"之间存在某种意象上的相似性基础,然而这种相似性无法在现代言语交际者之间达到完全互明。因此,pedigree 通常被归类为典型的"死隐喻"(Lakoff,1987)。此外,某些词语的隐喻根源在现代用法中虽然已高度规约化,或者说已不在现代英语中广泛使用,但如果该词汇依然能够保留活跃的隐喻基础,在其他语境中存在更加基本、现行的语义,并且其语境义和基本义之间的显著差异足可通过相互比较得以理解,则可判定为隐喻性词汇单元。比如,动词 comprehend 的原始隐喻意义 take hold(抓住)虽被归类为死喻,但该词从身体动作 take hold(抓住)到心理行为 comprehension(理解)的隐喻映射过程是活跃的,comprehend 依然被判定为隐喻性词项。本研究在"死隐喻"词汇单元的判定原则上将遵循 MIP 的处理方法对隐喻词汇进行计数。

2)一词多义(polysemy)

研究表明,英语中的大量词汇(尤其是高频词)都存在一词多义现象(Sinclair,1991),但并非所有的多义词都属于隐喻性用法,因而无法轻易地从诸多备选语义中选出其基本义。换言之,"隐喻并非一词多义语言现象的唯一触发机制"(Pragglejaz,2007)。比如,lead a happy life 和 life on earth 中的 life 虽隶属相同词汇的不同相关意义,但大多数人认为两者之间并不存在隐喻关联。若单论这一点,MIP(VU)的本质是剔除非隐喻性的一词多义现象。虽然我们完全能够在非隐喻性的一词多义现象中识别出诸多相关意义,却不建议简单地将其视为基本义。鉴于此,本研究对一词多义在隐喻性词汇单元判定问题上拟作进一步的区分,即将隐喻性多义词的词汇单元纳入计数范围,同时剔除非隐喻性一词多义的词汇单元数量。

3) 转喻(metonymy)

虽然 MIP 明确提出了用于区分隐喻和包括转喻在内的诸多比喻性语言(figurative language)的规则,但未涉足清晰、科学、统一且易操作的转喻识别方法。关于隐喻和转喻的界定、融合以及两者间基础性地位相争等问题长久以来一直是学界争论的焦点(王军,2019),其中诸多关键性的议题也未达成共识,但我们至少可从以下几个视角来论述两者的关系:隐喻主要是用一种概念来比拟另一种概念,但需要在这两个不同的概念域之间建立关联。人类在认知领域对两者产生了相似性联想。因此,两种表面上似乎毫无关联的事物被相提并论,形成了一个不同概念之间相互关联的认知方式;而转喻的本质是一种"邻近性"(continuity)和"突显性"(prominence)的关系。如果说隐喻是涉及不同认知域之间的映射,那么转喻则是在相邻近(continuity)或相关联的不同认知域中,用一个相对突显的事物去替代另一个事物(赵艳芳,2001:115-116)。这种替代关系表现为"部分代整体""容器代内容""材料代物品""制造者代产品""地点代机构""地点代事件"等(Ungerer & Schmid,2006:116)。由于在隐喻计数问题上遵循"界限清晰"的基本原则,本研究对隐转喻现象暂不做单独讨论,并将"转喻"单独归类。

4) 明喻(simile)和类比(analogy)

从严格意义上讲,明喻和类比是 Steen 团队(2010)在对直接隐喻和隐喻信号词进行识别研究过程中新增加的研究对象，在 MIPVU 隐喻识别程序中被标注为 MRW，direct 和 MFlag。由于 MIP 只涉及文本中词汇单元的隐喻性判断，而并未探讨隐喻性词汇的归类问题。因此，MIP 无法识别明喻和类比等比喻性语言。隐喻信号词在文本中的主要功能是预示隐喻的出现，不涉及隐喻性词汇单元的识别。由此，本研究将明喻和类比划入"直接隐喻"的范畴。

5）拟人（personification）

本研究在判定主题语义域词汇过程中，发现拟人现象具有较高的使用频率，主要被列入 I2［商业］、Z2［地名］、G1.1［政府］、Z3［其他专有名词］等语义域中。Lakoff & Johnson（1980：33 - 34）将拟人归入隐喻范畴，认为这类隐喻通过人类动机、特点以及活动使我们能够理解各种非人类实体的经历。另外，使用"拟人"可掩盖言语者的观点，给人以客观的直觉（Caballero，2003：164）。本研究中所检索到的语料的基本特征为：主语为无生命体征的实体或抽象概念，如"政府""国家""公司""组织机构""目标"等，而动词则赋予了其动作、行为、思想、情感等生命体征，如 **China** has other weapons at its disposal…/**Europe** picked the wrong businesses…/Both **Luxembourg and Amazon** deny wrongdoing…/**The IMF** expects the workforce to start shrinking…/**The company** has hired formerly homeless people…/**The government** is considering changing the rules…/**American media** sprang into action to…/**Many nations** were forced to adopt…/**Target** announced it would accelerate the rollout…/**Inflation** starts to drag on growth…等。

需要特别指出的是，本研究检索出的大量具有生命特征的词汇，如"吞咽""深呼吸""成熟""饥饿""雇佣"等，既属于"拟人"语义范畴，也可归入"人类"基本概念域。为了避免因概念重叠而导致隐喻词汇重复计数的可能性，本研究采用 Lakoff & Johnson（1980：33 - 34）的隐喻分类标准，将"拟人"纳入"人类隐喻"的不同次级概念映射范畴进行词汇单元计数。

四 隐喻定量值计算

本研究在隐喻定量值计算方法上析出隐喻密度值、隐喻丰富性程度比值、源域共鸣值和隐喻类符/形符比值四类观测指标，分别用于衡量隐喻使用的疏密程度、丰富性程度、产出性程度和隐喻局部丰富性程度（图4-17），旨在从数量维度探明PPC和RAC语料库中的隐喻使用究竟在多大程度上具有家族相似性或差异性。

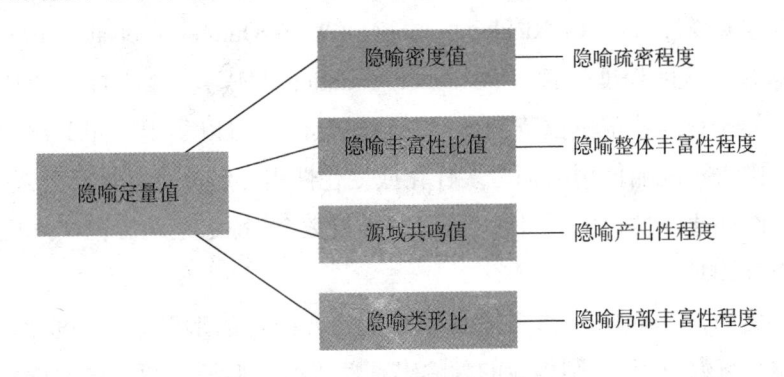

图4-17 隐喻定量值计算示意图

1) 隐喻密度值

标准化类符/形符比（或类形比）（Standardized Type-Token Ratio，STTR）是衡量文本中词汇密度的常用方法，是目前测量词汇密度的常用方法（梁茂成等，2010：9-10）。其基本计算方法为：首先须精确统计出不同文本中每1000词（基本参考值，也可根据文本的实际长度进行适当调整）的类符/形符比，继而将所得到的若干类符/形符比值进行均值处理。其次，目前隐喻界对隐喻密度统计的普遍共识为特定单位数量范围内的隐喻性词汇单元使用情况（如Cameron & Stelma，2004；Semino，2008；Littlemore, et al.，2013）。倘若依然以每千字为基本计数单位，本研究中隐喻疏密度（Metaphor Density，MD）的数学意义应该是统计出PPC和RAC两类语料库在不同主题方向的每1000形符数中所承载的隐喻性词汇单元数量（隐喻形符）。因此，本研究中的隐喻性词汇

单元数量应当对应于 STTR 计算公式中的类符数,其计算公式为:

隐喻密度值(MD) =隐喻形符数/(特定主题方向文本的形符总数/1000)

比如,已知 PPC 语料库在市场主题方向上的总形符数为 212,412,隐喻形符数为 16343,则相应的隐喻密度值为 9.94%。

2)隐喻丰富性比值

除了统计出两类语料库在各自不同主题方向上的隐喻密度值,本研究还需进一步明确和界定各类隐喻概念域究竟在多大程度上具有词汇变化性或多样性特征(Lexical Variation)(Wolfe-Quintero, et al., 1998),即隐喻丰富性程度比值(Metaphor Variation, MV)。该指标主要通过隐喻类符数与特定单位范围内的总形符数之比得以实现。相关比值越大,则表示隐喻使用的词汇多样化或变化性程度越高,其计算公式为:

隐喻丰富性比值(MV) =隐喻类符数/(特定主题方向文本的形符数/1000)。

比如,已知 RAC 语料库在经济主题方向上的形符数为 160,202,隐喻类符数为 211,则相应的隐喻丰富性比值为 1.32。至于概念域种类的丰富性程度,本研究可通过观察 Wmatrix 的主题语义域列表直接获取。

3)源域共鸣值

同时,为了更好地分析特定语料库中不同类型隐喻概念域究竟在多大程度上具有产出性及普遍性特征,本研究特别借鉴了 Charteris-Black(2004:89)提出的"源域共鸣值"(Resonance of Source Domain, RSD)概念。该指标主要通过隐喻类符总数与隐喻形符总数的乘积值得以实现。源域共鸣值越大,则表示特定语料库中隐喻的产出性程度越高,其计算公式为:

源域共鸣值(RSD) =隐喻类符数 × 隐喻形符数

比如,已知 RAC 语料库在企业主题方向上的路程隐喻 JOURNEY metaphor 共计包括 bump、derail、race、train 四类隐喻类符,倘若 bump 使用频率出现 11 次,derail 出现 7 次,race 出现 5 次,train 出现 3 次,则路程隐喻的源域共鸣值为(1+1+1+1) × (11+7+5+3) =104。

第四章 研究方法

4）隐喻类符[①]/形符比值

此外，为了观察不同主题方向上次概念映射辖域内关涉每种隐喻类符在特定数量隐喻形符中的使用频次，即次概念域隐喻的丰富性程度，研究中还需要计算隐喻类符/形符比值（或隐喻类形比）（Metaphor Type-Token Ratio，MTTR），其计算公式为：

隐喻类符/形符比值（MTTR）＝隐喻类符数/隐喻形符数

比如，在 PPC 市场主题方向上的次概念域"机器"中，研究者从 34 种隐喻类符数中共计获得隐喻形符数为 876，则相应的隐喻类形比为 3.88%，即该主题方向上关涉次概念域隐喻使用丰富性程度比值为 3.88%。

第八节 研究方法整体流程

综合以上关键性定义与观测指标并结合具体分析框架，本书研究方法的整体流程如下（图 4-18），隐喻指标的产出和定量统计过程将在本书核心章节中具体阐述。

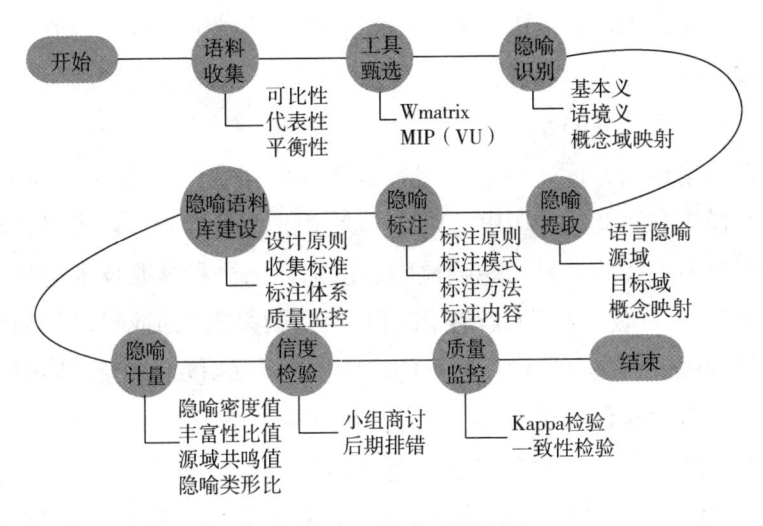

图 4-18 研究方法整体流程

[①] 本研究对隐喻类符的统计不包括隐喻性词汇的派生词。

第九节　本章小结

　　本章主要论述研究方法，分别从语料选取与构成、隐喻语料库建设方案、研究工具、隐喻识别、语料提取步骤、隐喻标注、信度检验与质量监控、隐喻计数与统计方法和研究方法的整体流程方案设计等9个方面做了翔实说明。

　　在语料选取与构成方面，我们重点论述了隐喻比较研究中对于语料的代表性、平衡性和可比性等观测指标的基本要求，选取过程充分考虑了自建中小型专用语料库的建设和衡量标准，同时涵盖影响全球金融与经济决策的文本内容及当前重要国际时事报道。另外，两类语料库隶属相同学科的不同梯度，题材和时间跨度相同，语料规模相近，内容匹配，符合对比研究在语料代表性等观测指标的基本要求。

　　在隐喻语料库建设方案方面，初步提出了语料库设计原则、收集标准、标注体系和质量监控等重要事项和基本框架，特别指出在明确隐喻标注原则、内容、语言和方法等信息的基础上，重点核查主题语义域索引行中节点词和邻近词项的隐喻判定，并对每个标注文本在进行隐喻识别后出现的差异程度，均使用Kappa系数进行检验。

　　在隐喻识别方面，特别介绍了基于在线语义域标注工具Wmatrix的基本操作方法及结合MIP（VU）隐喻识别程序在较大规模可比经济隐喻语料库中实施半自动隐喻检索、识别、标注和提取技术的强大优势，在某种程度上克服了当前隐喻研究"局限于已知或预设的词汇索引，而无法识别这些检索项之外的隐喻类符"的技术缺憾。同时，作为隐喻语料库建设的重要环节，本章尝试性提出了"强制性""选择性""一致性""折衷性"隐喻标注的基本原则，论证了XML在隐喻标注中的优势及可行性，倡导隐喻标注宜采用"人标机助"与"机标人助"并用的理念，并明确指出隐喻标注的本质是在隐喻识别的基础上，借助某种特定的符号代码使隐喻在语言、概念及交际层面的信息显性化的过程。此外，在标注的覆盖度方面，本章还专门针对隐喻标注内容作了翔实说明，并建议采用"基本标注+选择性标注"的方案。

在信度检验和质量监控方面，提出"以 Pragglejaz（2007）隐喻识别小组讨论的方式为基础对节点词和邻近词项的隐喻识别判定结果进行深入商讨和后期排错"的方案。对于隐喻识别后出现的差异程度，均使用 Kappa 系数进行计数，以此确定隐喻性节点词和邻近词项的最终归属问题。

在隐喻定量计数和统计方法上，重点对词汇单元、基本义界定和特殊词处理方案进行了具体介绍，翔实论述了隐喻密度值、隐喻丰富性比值、源域共鸣值和隐喻形符/类符比值四个隐喻常规定量观测指标在本研究中的特定含义和详细的运算公式。最后，基于隐喻比较研究中的所涉关键问题并结合多维度隐喻分析框架，本章以工作流程图的形式对本书研究方法的整体设计方案予以了全景式勾勒与呈现。

第五章 经济隐喻概念结构垂直比较分析

本章聚焦对 PPC 和 RAC 两类语料库中隐喻在概念结构维度的具体表征方式展开纵向垂直比较分析，以探明基于相同学科辖域、不同层级语篇类型与特定主题方向上，隐喻使用的语义表征规律和变异性特征。具体而言，我们首先选取语义域索引行总频数、节点词隐喻总频数和毗邻项隐喻总频数等隐喻与话语研究中的常用观测与统计指标，重在对 PPC 和 RAC 语料库中所涉隐喻使用进行宏观层面的定量比较，进而以在线语义域标注工具 Wmatrix 自动检索后获取的主题语义域为立足点，在参照《重要隐喻目录》（Lakoff, et al., 1991）、Metalude 在线交互隐喻语料库（Goatly, 2005）和柯林斯 COBUILD 英语语法丛书《隐喻》（Deignan, 1995）等隐喻核心要素判定与筛选标准的基础上，按照经济学学科的不同主题方向，就 PPC 和 RAC 两类语料库中隐喻在概念结构维度的具体表征方式进行系统的定量与定性垂直比较研究。

第一节 隐喻整体定量比较

如表 5-1 所示，基于 Wmatrix 自动检索程序，本书在 PPC 和 RAC 两类语料库中共计获得形符总数分别为 633710 个和 645023 个，其中，主题语义域的 LL 值在"1"以上（含本级）的语义域索引行频数和未被列入主题语义域频率列表的语义域索引行频数之和分别为 631289 个和

641742个（误差率为0.38%和0.51%）。节点词索引项的隐喻形符总频数为23341个和19102个，占语义域索引行总频数的比例为3.7%和2.98%，节点词在跨距（+5——-5）之间的毗邻词项的隐喻形符频数为38082个和27488个，分别占6.03%和4.28%。Wmatrix内嵌的LL值能够反映观察语料库与参照语料库之间在语义域使用差异上的显著性程度，但在实际操作中，主题语义域须配合全方位扫描功能及后期人工筛选后方可等同于隐喻概念域（误差除外）。基于此，本书在考察两类语料库中隐喻概念域及隐喻类符的丰富性程度的问题上，暂不以Wmatrix初步生成的LL值作为定量观测指标。另外，语义域突显程度的使用频率LL值在"1"以下的语义域在Wmatrix中将不被列入主题语义域频率列表。

表5-1　　　　　　　PPC和RAC隐喻总频数宏观比较

Wmatrix 基本观测指标	PPC 语料库	RAC 语料库
语义域索引行总频数	631289	641742
节点词隐喻形符总频数	23341	19102
毗邻词隐喻形符总频数	38082	27488
节点词隐喻类符总频数	3142	2661
毗邻词隐喻类符总频数	6516	4014

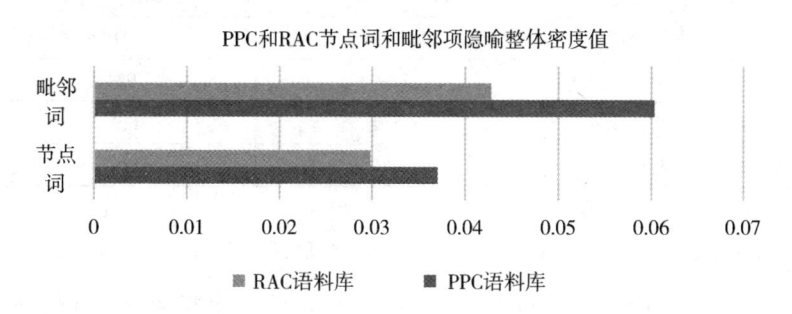

图5-1　PPC和RAC节点词和毗邻项隐喻整体密度值比较

本书主要以目前国际上具有代表性的书面语和口语隐喻密度值研究为基本参照来判定隐喻疏密度研究结论的信度与效度。比如，荷兰阿姆斯特丹大学 Steen 教授与其博士生通过制定 MIPVU 隐喻识别程序，就 BNC 语料库中基于不同题材类型的隐喻密度值开展语言、概念和功能三个维度的定量比较。研究显示，新闻、学术、日会话和小说四种语篇中的隐喻密度值分别为 16%、18%、7.8% 和 11.8%（Steen, et al., 2010），该系列数值被视为当前国际上现存基于大型可比语料库得出的有关隐喻密度值统计最具代表性和权威性的参考依据之一（参见陈朗，2017）。此外，Cameron（2003）研究发现，课堂教育话语的隐喻密度为每千词 14—27 个形符，即隐喻使用数量维持在 1.4%—2.7% 的区间范围。MacArthur & Littlemore（2011）在探讨非英语本族语者与英语本族语者的日常对话时，同样基于 MIPVU 隐喻识别方法，得出该类型话语的隐喻密度值处于 6.3%—10.6% 之间。本研究中 PPC 和 RAC 两类语料库的整体隐喻密度值（节点词与毗邻词项隐喻密度值之和）分别为 9.73% 和 7.26%（图 5-1）。尽管学界关于隐喻密度值计算的定义域相对宽泛，若参照国际标准，PPC 和 RAC 整体隐喻密度值至少处于该值的合理区间，可为本书研究结论的信度与效度提供基础性保障。

表 5-2　　　　　　　PPC 和 RAC 隐喻定量值宏观比较

Wmatrix 基本观测指标	PPC 语料库	RAC 语料库
节点词源域共鸣值均值	262785	191020
毗邻词源域共鸣值均值	175190	95449
节点词隐喻丰富性比值	134.61	139.30
毗邻词隐喻丰富性比值	171.10	146.02

在隐喻产出程度指标上，PPC 的整体源域共鸣值均值（AVG_{RSD1} = 437975）略高于以 Charteris-Black 为代表的经济隐喻整体源域共鸣值均值（AVG_{RSD2} = 401643）（参见 Charteris-Black, 2004；2008），未呈现显著性差异，但 PPC 的整体源域共鸣值均值明显高于 RAC 对应值（AVG_{RSD3} = 227259）。由此，PPC 整体隐喻产出程度值显著高于 RAC 对应值。隐喻丰富性程度指标统计结果显示，两类语料库隐喻使用的

整体丰富性程度指标分别为305.71（PPC）和285.32（RAC），该组数据的纵向差异情况与隐喻疏密程度指标的变化趋势基本保持一致。以上隐喻定量数值在同类层级性经济隐喻话语研究中具有重要参考价值。

第二节　基于不同主题方向的隐喻定量比较

基于PPC和RAC隐喻使用的宏观定量比较数据，本节将进一步对两类语料库在不同主题方向上的隐喻使用变化情况作深入比较。我们首先对PPC和RAC中的主题语义域相关数值进行组内和组间比较，分别涉及不同主题方向和相同主题方向上主题语义域的类型和使用频次，旨在从数量维度明晰以不同层级语篇主题内容为参照标准来考察隐喻密度值等定量值的具体变化情况，并以此为初步试验性研究，为下文深度比较和分析两类语料库中隐喻概念结构实现方式的变异和使用规律奠定基础。

一　主题语义域比较

Wmatrix检索后显示，PPC语料库在不同主题方向上自动生成的主题语义域种类数量分别为经济（216）、市场（242）、货币（157）、企业（254），RAC语料库的主题语义域分别为经济（186）、市场（323）、货币（168）、企业（227）。数据统计整理后显示，PPC和RAC在各个主题方向上所涉基本概念域类别（含次级概念映射）与Lakoff团队制定的《重要隐喻目录》、Goatly开发的Metalude在线交互隐喻语料库和柯林斯COBUILD英语语法丛书《隐喻》等国际权威隐喻语料库和隐喻分类标准研究中的基本语义域契合度指数处于87.25%—93.64%和82.75%—89.15%的数值区间，这表明PPC和RAC的隐喻概念域类型和语义信息覆盖度高，RAC的隐喻选择与使用相对于PPC而言同样具有典型性和普遍性。限于篇幅，我们仅以PPC在货币、经济主题方向和 RAC 在经济主题方向排名前 20 位的主题语义域种类为例，简要概述两类语料库在主题语义域类型方面的组内与组间比较情况。

（一）PPC 主题语义域类型

如图 5-2 所示，PPC 在货币方向上的主题语义域包括 I1.1［钱和支付］、Z99［无法匹配］、I2.2［商务：销售］、I2.1［商务：整体］、I1［钱：整体］、I1.2［钱：债务］、N3.2+［尺寸：大］、I1.3［钱：消费和价格］、A13［程度］、Y2［信息技术和计算］、N5［数量］、A9［获得和给予：财物］、I1.1+［钱：富有］、X2.2［知识］、A9+［获得和财物］、N3.2+++［尺寸：大］、Z3［其他合适名字］、A15-［危险］、A6.1［比较：相似或区别］、G2.2+［伦理］。

	Item	O1	%1	O2	%2	LL	LogRatio	
1 List1 Broad-list Concordance	I1.1	3989	2.70	2654	0.27+	7936.66	3.30	Money and pay
2 List1 Broad-list Concordance	Z99	7640	5.16	22165	2.29+	3251.00	1.17	Unmatched
3 List1 Broad-list Concordance	I2.2	2112	1.43	2738	0.28+	2671.54	2.34	Business: Selling
4 List1 Broad-list Concordance	I2.1	2032	1.37	2634	0.27+	2570.59	2.34	Business: Generally
5 List1 Broad-list Concordance	I1	1802	1.27	3515	0.36+	1625.65	1.81	Money generally
6 List1 Broad-list Concordance	I1.2	901	0.61	1318	0.14+	1018.76	2.16	Money: Debts
7 List1 Broad-list Concordance	I1.3	714	0.48	1254	0.13+	664.04	1.90	Money: Cost and price
8 List1 Broad-list Concordance	N3.2+	696	0.47	1606	0.17+	448.05	1.50	Size: Big
9 List1 Broad-list Concordance	A13	103	0.07	0	0.00+	416.26	10.40	Degree
10 List1 Broad-list Concordance	Y2	529	0.36	1126	0.12+	384.10	1.62	Information technology and computing
11 List1 Broad-list Concordance	N5	1691	1.14	6385	0.66+	361.72	0.79	Quantities
12 List1 Broad-list Concordance	A9	85	0.06	11	0.00+	278.29	5.66	Getting and giving; possession
13 List1 Broad-list Concordance	I1.1+	195	0.13	239	0.02+	258.85	2.42	Money: Affluence
14 List1 Broad-list Concordance	X2.2	129	0.09	87	0.01+	254.85	3.28	Knowledge
15 List1 Broad-list Concordance	A9+	2246	1.52	10082	1.04+	240.44	0.54	Getting and possession
16 List1 Broad-list Concordance	N3.2+++	189	0.13	247	0.03+	237.38	2.32	Size: Big
17 List1 Broad-list Concordance	Z3	1154	0.78	4809	0.50+	172.33	0.65	Other proper names
18 List1 Broad-list Concordance	A15-	194	0.13	370	0.04+	163.24	1.78	Danger
19 List1 Broad-list Concordance	A6.1	68	0.05	32	0.00+	158.54	3.80	Comparing: Similar/different
20 List1 Broad-list Concordance	G2.2+	189	0.13	405	0.04+	135.92	1.61	Ethical

图 5-2　PPC 货币主题方向排名前 20 位主题语义域

PPC 在经济主题方向上的主题概念域源自 I2.1［商务：整体］、I1.1［钱和支付］、I2.2［商务：销售］、I1［钱：整体］、Z99［无法匹配］、G1.1［政府］、I1.2［钱：债务］、I1.3［昂贵］、N3.2+［尺寸：大］、I1.3［钱：消费和价格］、A13［程度］、N3.8［测量过程：速度］、Z2［地理名字］、N5［数量］、T1.3［时间：间隔］、I1.3-［便宜］、X2.2［知识］、I4［工业］、X6［决定］、N3.2+++［尺寸：大］（图 5-3）。

（二）RAC 主题语义域类型

如图 5-4 所示，RAC 语料库主题语义域的使用频数整体上低于 PPC 数值，主要源于 A2.2［因果或联系］、N3.1［测量：整体］、A9+

第五章 经济隐喻概念结构垂直比较分析

	List	Type	Concordance	Item	O1	%1	O2	%2	LL	LogRatio	
1	List1	Broad-list	Concordance	I2.1	1787	1.31	2634	0.27+	2198.59	2.26	Business: Generally
2	List1	Broad-list	Concordance	I1.1	1627	1.19	2654	0.27+	1814.79	2.12	Money and pay
3	List1	Broad-list	Concordance	I2.2	1457	1.07	2738	0.28+	1394.43	1.91	Business: Selling
4	List1	Broad-list	Concordance	I1	1480	1.08	3515	0.36+	1042.97	1.58	Money generally
5	List1	Broad-list	Concordance	Z99	5230	3.83	22165	2.29+	1000.40	0.74	Unmatched
6	List1	Broad-list	Concordance	G1.1	1385	1.01	3542	0.37+	870.73	1.47	Government
7	List1	Broad-list	Concordance	I1.2	723	0.53	1318	0.14+	716.34	1.96	Money: Debts
8	List1	Broad-list	Concordance	I1.3+	219	0.16	64	0.01+	629.59	4.60	Expensive
9	List1	Broad-list	Concordance	N3.2+	718	0.53	1606	0.17+	551.29	1.66	Size: Big
10	List1	Broad-list	Concordance	I1.3	599	0.44	1254	0.13+	502.44	1.76	Money: Cost and price
11	List1	Broad-list	Concordance	A13	120	0.09	0	0.00+	501.51	10.73	Degree
12	List1	Broad-list	Concordance	N3.8	305	0.22	340	0.04+	472.22	2.67	Measurement: Speed
13	List1	Broad-list	Concordance	S2	3081	2.25	14502	1.50+	387.52	0.59	Geographical names
14	List1	Broad-list	Concordance	N5	1546	1.13	6385	0.66+	323.19	0.78	Quantities
15	List1	Broad-list	Concordance	T1.3	1811	1.32	8327	0.86+	252.48	0.62	Time: Period
16	List1	Broad-list	Concordance	I1.3-	337	0.25	780	0.08+	246.58	1.61	Cheap
17	List1	Broad-list	Concordance	X2.2	112	0.08	87	0.01+	218.33	3.19	Knowledge
18	List1	Broad-list	Concordance	I4	291	0.21	674	0.07+	212.71	1.61	Industry
19	List1	Broad-list	Concordance	X6	79	0.06	37	0.00+	194.68	3.92	Deciding
20	List1	Broad-list	Concordance	N3.2+++	158	0.12	247	0.03+	183.84	2.18	Size: Big

图 5-3　PPC 经济主题方向排名前 20 位主题语义域

[获得和财物]、I1 [钱：整体]、I2.2 [商务：销售]、I2.1 [商务：整体]、Z99 [不匹配]、S1.1.1 [社会活动、状态和过程]、I1.1 [钱和支付]、A2.1+ [变化]、X2.2 [知识]、A1.5.2 [可用性]、A11.1+ [重要的]、I1.3 [钱：消费和价格]、S1.1.3 [参与]、S1.1.2+ [互惠的]、X4.1 [心理实体：概念实体]、A6.1- [比较：区别]、A13 [程度]、A1.5.2+ [可用的]。

	List	Type	Concordance	Item	O1	%1	O2	%2	LL	LogRatio	
1	List1	Broad-list	Concordance	A2.2	1579	1.90	4362	0.45+	1858.26	2.08	Cause&Effect/Connection
2	List1	Broad-list	Concordance	N3.1	411	0.50	413	0.04+	1013.48	3.54	Measurement: General
3	List1	Broad-list	Concordance	A9	207	0.25	11	0.00+	966.25	7.78	Getting and giving; possession
4	List1	Broad-list	Concordance	I1	1026	1.24	3515	0.36+	936.93	1.77	Money generally
5	List1	Broad-list	Concordance	I2.2	816	0.98	2738	0.28+	765.46	1.80	Business: Selling
6	List1	Broad-list	Concordance	I2.1	787	0.95	2634	0.27+	740.65	1.80	Business: Generally
7	List1	Broad-list	Concordance	Z99	3186	3.84	22165	2.29+	657.20	0.75	Unmatched
8	List1	Broad-list	Concordance	S1.1.1	654	0.79	2139	0.22+	652.37	1.87	Social Actions, States And Processes
9	List1	Broad-list	Concordance	I1.1	708	0.85	2654	0.27+	571.66	1.64	Money and pay
10	List1	Broad-list	Concordance	A2.1+	864	1.04	3939	0.41+	509.79	1.36	Change
11	List1	Broad-list	Concordance	X2.2	154	0.19	87	0.01+	481.41	4.37	Knowledge
12	List1	Broad-list	Concordance	A1.5.2	109	0.13	22	0.00+	438.76	5.85	Usefulness
13	List1	Broad-list	Concordance	A11.1+	653	0.79	2803	0.29+	427.65	1.44	Important
14	List1	Broad-list	Concordance	I1.3	403	0.49	1254	0.13+	414.85	1.91	Money: Cost and price
15	List1	Broad-list	Concordance	S1.1.3	79	0.10	0	0.00+	401.33	10.85	Participation
16	List1	Broad-list	Concordance	S1.1.2+	332	0.40	905	0.09+	396.27	2.10	Reciprocal
17	List1	Broad-list	Concordance	X4.1	484	0.58	1947	0.20+	351.80	1.54	Mental object: Conceptual object
18	List1	Broad-list	Concordance	A6.1-	842	1.02	4629	0.48+	339.25	1.09	Comparing: Different
19	List1	Broad-list	Concordance	A13	66	0.08	0	0.00+	335.29	10.59	Degree
20	List1	Broad-list	Concordance	A1.5.2+	160	0.19	220	0.02+	331.68	3.09	Useful

图 5-4　RAC 经济主题方向排名前 20 位主题语义域

不难发现，通过观察位居前列的高频次使用的主题语义域种类，并基于后期排错和筛选后获得的隐喻义，研究者可以较为直观地总结出产生隐喻较为密集或高频次使用的概念域种类，如因果关系、测量、变化、时间、程度、社会活动、状态和过程等候选隐喻，同时也包括政府、知识、信息科技和计算、伦理、钱和支付等候选源域隐喻。研究中我们还可以清楚地观察到语义域赋码为 Z99 [不匹配][1] 的高频率使用的主题语义域（频率为 7640；LL 值为 3251）。通过后期人工识别和小组排错节点词项发现，Z99 语义域中的诸多词项（如 bootstrap-based）（图 5-5）可为"人类语言系统（尤其是语言中的隐喻）填补词汇与其他形式的暂时空缺。换言之，隐喻性词汇具有经济术语的'命名'功能"（Steen，2008）。

```
                                    3 occurrences.
able shows bias-corrected slope estimates and  bootstrap-based  p -values based on the bootstrap procedure dis    1 More | Full
is highly significant under both standard and  bootstrap-based  inference procedures . There is also some evid   2 More | Full
h in industrial production and unemployment .  Bootstrap-based  bias correction produces little change in slop   3 More | Full
```

图 5-5　RAC 经济主题方向上"bootstrap-based"词汇索引行

总之，通过比较并描述 PPC 和 RAC 两类语料库在主题语义域指标上的分布与使用情况，我们能够较为直观地看到，无论在组内的不同主题方向上，还是在组间的相同主题方向上，PPC 和 RAC 主题概念域的语义类型和使用频数都呈现出较为显著的差异。为了进一步探明各类主题语义域中隐喻使用的真实比重，以下将对 PPC 和 RAC 在不同主题方向上的节点词和毗邻词项的隐喻密度值进行统计与分析，旨在从数量维度上考察语篇内容和语篇层级性因素是否与隐喻使用存在直接关联。

二　隐喻定量值比较[2]

图 5-6、图 5-7 显示了 PPC 和 RAC 语料库在经济、市场、货币和企业四个不同主题方向上主题语义域索引行在节点词和毗邻词项指标上隐喻密度值的比较情况。我们可以清楚地观察到基于相同专业辖域、不同层级类别的语料库在不同主题方向上隐喻密度值的整体变化趋势。首先，PPC 语料库在不同主题方向上节点词和毗邻词项的隐喻

---

[1] 针对检索过程中无法成功归类的词项，Wmatrix 的处理方式为均标注为语义域赋码 Z99 [无法匹配]。

[2] 不同主题方向上源域共鸣值等其他三类隐喻定量值的比较数据将与概念域比较分析部分整合，以避免重述。

密度值跨度区间分别为 1.84%—3.91% 和 4.17%—5.94%，RAC 语料库在不同主题方向上节点词和毗邻词项的隐喻密度值跨度区间为 2.02%—3.19% 和 3.25%—4.45%。因此，两类语料库数值均置于隐喻密度值研究的正常区间范围。其次，通过观察图中代表不同主题方向的折线图标识及相应的整体走势可以发现，在所有主题方向上，两类语料库的隐喻密度值平均值都表现出差异。具体而言，PPC 和 RAC 在毗邻词项上隐喻密度值平均值之间存在显著差异（$t = 2.594$，$df = 6$，$p < 0.05$，$d = 1.83$），在节点词项上隐喻密度值平均值之间不存显著差异（$t = 0.297$，$df = 6$，$p > 0.05$，$d = 0.21$）。

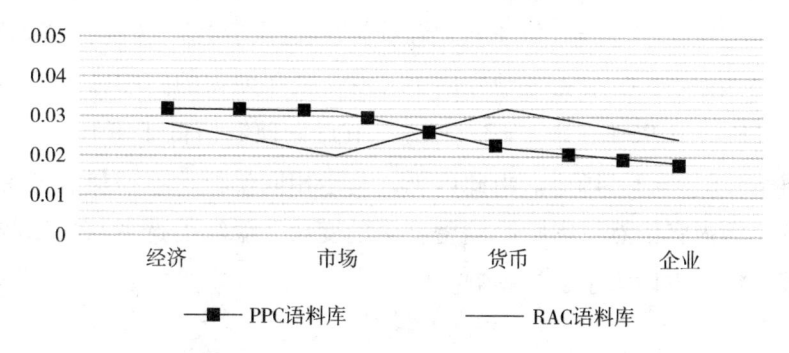

图 5-6　PPC 和 RAC 节点词隐喻密度总体比较

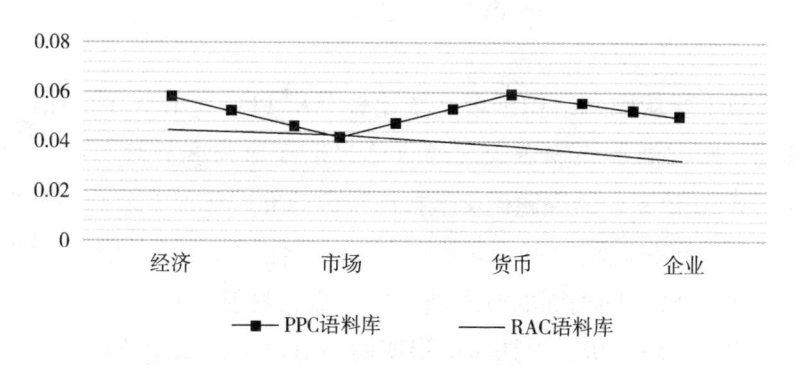

图 5-7　PPC 和 RAC 毗邻词项隐喻密度总体比较

最后，通过组内逐项观察不同主题方向上隐喻密度值差异后发现，在所有主题方向上，PPC 和 RAC 在毗邻词项的隐喻密度值均高于节点词项的对应值。PPC 和 RAC 在经济主题方向上各自均呈现出比其他主题方向更高的隐喻密度值（P_{MD} = 9.73%，R_{MD} = 7.26%），且在该主题方向上，PPC 隐喻密度值尤为突显，比 RAC 对应值高出 2.47%。通过组间逐项观察不同主题方向上隐喻密度值差异后发现，在经济主题方向上，PPC 节点词和毗邻项的隐喻密度值（P_{MD1} = 3.91%，P_{MD2} = 5.82%）均高于 RAC 对应值（R_{MD1} = 2.81%，R_{MD2} = 4.45%）。在市场主题方向上，PPC 毗邻词项的隐喻密度值略低于 RAC 对应值（P_{MD} = 4.17%，R_{MD} = 4.26%），节点词项数值高于 RAC（P_{MD} = 3.14%，R_{MD} = 2.02%）。在货币主题方向上，PPC 毗邻词项的隐喻密度值高于 RAC（P_{MD} = 5.94%，R_{MD} = 3.83%），节点词项数值低于 RAC（P_{MD} = 2.20%，R_{MD} = 3.19%）。在企业主题方向上，PPC 毗邻词项的隐喻密度值高于 RAC（P_{MD} = 4.96%，R_{MD} = 3.25%），节点词项数值低于 RAC（P_{MD} = 1.84%，R_{MD} = 2.44%）。由此可见，基于相同学科、不同层级梯度内容的主题内容依然可影响隐喻密度值的变化，隐喻的选择与使用频率直接受到隐喻话语主题的影响。

第三节　基于不同主题方向的概念域垂直比较分析

本节主要从概念结构维度系统比较分析 PPC 和 RAC 两类语料库在不同主题方向上隐喻概念域的具体表征规律与变异性特征，即将 PPC 和 RAC 语料中的主题语义域按照特定标准进行人工筛选和半自动隐喻识别，在获取相应概念域类型[①]和隐喻性词汇的基础上，就 PPC 和 RAC 中关涉不同类别的概念域及次级概念映射方式进行系统归类、统计和定性比较分析，以期深度探明两类语料中的隐喻使用究竟在多

---

① 事实上，本研究中关涉隐喻概念域类型的获取方式本质上与 Cameron（2010）所倡导的喻体分组（vehicle grouping）系属相同原理的隐喻识别过程，但本质区别在于 Wmatrix 语义域分析方法可在较大规模语料库中自动获取主题语义域，喻体分组方法首先需要基于特定的隐喻分类标准进行人工操作。因此，单论概念域类型的提取效率，前者优势明显。

大程度上可呈现出家族相似性或差异性。

在隐喻数值统计方面，本节将系统比较 PPC 和 RAC 两类语料库中不同概念域类型在语言层面具体实现方式（即隐喻性词汇或隐喻形符）的使用与分布情况以及每 1000 个形符数中所承载的隐喻形符数（隐喻密度值）、源域共鸣值及丰富性程度等如实反映语言隐喻使用的核心定量数值。必须指出，以下不同主题方向上关涉 PPC 与 RAC 基本概念域表征垂直比较的表格中所列隐喻性词汇的计数方法均已包含词汇单元的各种形态变化，同时还筛选了使用频次最高的形态作为代表性隐喻词汇进行罗列。比如，defend 包含 defended（11）、defends（8）、defender（6）、defend（6）、defending（4），那么表格中隐喻性词汇的相应标注形式为 defended（35）。

限于篇幅，本书进行语料比较分析时，主要以交替轮换方式呈现 PPC 和 RAC 两类语料库在不同主题方向上的相关语例。具体而言，在陈述次级概念映射范畴信息之后，我们将交替列举两类语料库中的隐喻性词汇，暂不会在正文部分穷尽性罗列各类次级概念域中所涉隐喻性词汇的翔实语例。具体来说，本书将基于可比隐喻语料库，以语料库类别为基础进行句子标注，并以句尾编码标注和语义赋码标注方式分别所指语例和隐喻性词汇。如果 RAC 中"健康状况"次级映射范畴内的语例标注格式为"S，R – E_3：S1.2.5+"，那么"S（Shared）"则代表该映射范畴内的隐喻性词汇在 PPC 和 RAC 中同时出现，"R"代表语料库类型为 RAC，"E（Economy）"[①]代表经济主题方向，"3"代表语例序号，"S1.2.5+"代表句中隐喻性词汇 robust 的语义赋码为"S1.2.5+"［健康］。如果"健康状况"次级映射范畴内的隐喻性词汇为 RAC 独有，则相应标注为"R – E_3：S1.2.5+"。如果语例中包含两个及两个以上的相关隐喻性词汇，语义赋码则按照词汇出现的顺序逐次标注。PPC 标注格式可以此类推。至于"如何呈现与

---

① 其他主题方向的形式为"M（Market）"代表"市场"、"C（Currency）"代表"货币"、"F（Firm）"代表"企业"。

比较次级概念映射范畴内容"的问题,本书将以字母符号①右上标的形式来区分两类语料所涉语例。以经济主题方向上的"人类隐喻"为例:如果"成长期"为 PPC 和 RAC 两类语料库共享的次级映射范畴,则标注为"成长期$^{(S)}$";PPC 和 RAC 中均未出现则标注为"成长期$^{(Z)}$";PPC 独有的范畴内容标注为"成长期$^{(P)}$";RAC 独有的内容标注为"成长期$^{(R)}$"。另外,所有 PPC 和 RAC 次级概念域中的完整语例均可在 Wmatrix 功能界面(图 5-8)通过语义赋码穷尽性自动获取。

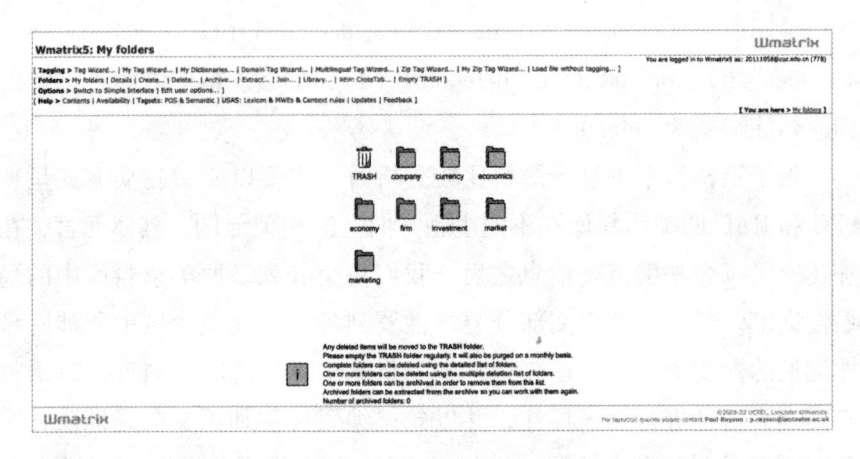

图 5-8 Wmatrix 语料库功能界面

一 经济主题方向

经济主题通常被定义为人类社会生产、流通、分配和消费等物质与精神资料,是社会物质资料的生产和再生产过程,可包括经济活动、经济关系和经济规律(Tucker,2014:34)。Wmatrix 数据统计后显示,PPC 和 RAC 在经济主题方向上共计获得主题语义域数分别为 97 和 123。在参照 MIP(VU)隐喻识别程序(Steen, et al., 2010)和重要

---

① 右上标字母符号"^{P}"(PPC)或"^{R}"(RAC)分别代表所涉概念映射内容仅出现于 PPC 或 RAC 语料库中,"^{S}"(Shared)代表所涉概念映射内容为两类语料库共有,"^{Z}"(Zero)代表两类语料库中均不存在相关概念映射内容。

隐喻目录（Lakoff, et al., 1991）等常用源域分类标准的基础上，本节将主题语义域进行后期排错与整合，重新归类如下：

（一）隐喻基本概念域使用整体比较

如表5-3所示，在经济主题方向上，PPC共计使用12类基本概念域，RAC共计使用11类基本概念域。从隐喻形符使用分布上看，人类隐喻基本概念域在两类语料库中均居首位。PPC和RAC中的移动、植物和运动等隐喻形符数虽趋于接近值，然而除战争隐喻之外，PPC基本概念域的隐喻形符数均高于RAC的对应值。PPC的主导性（overarching）隐喻为人类隐喻、灾害隐喻和机械隐喻，RAC的主导性隐喻为人类隐喻、机械隐喻和移动隐喻。游戏隐喻为PPC独有的基本概念域，隐喻形符数为701，总占比为4.28%。PPC在各类基本概念域的隐喻类符数和源域共鸣值指标上均高于RAC的对应值。在隐喻丰富性比值方面，除游戏和动物隐喻之外，RAC在其他基本概念域的数值均大于PPC的对应值。

表5-3 经济主题方向上PPC和RAC基本概念域分布情况

基本概念域	PPC语料库				RAC语料库			
	隐喻形符	隐喻类符	共鸣值	丰富性	隐喻形符	隐喻类符	共鸣值	丰富性
人类	2705	59	159595	45.85	1769	32	56608	55.28
灾害	2348	48	112704	48.92	1212	19	23028	63.79
机械	2079	45	93555	46.20	1535	30	46050	51.17
旅程	1593	40	63720	39.83	1053	22	23166	47.86
移动	1434	49	70266	29.27	1319	30	39570	43.97
建筑	1357	37	50209	36.68	998	24	23952	41.58
植物	1154	24	27696	48.08	1099	9	9891	122.11
容器	1063	22	23386	48.32	855	10	8550	85.50
战争	1002	27	27054	37.11	1247	21	26187	59.38
游戏	701	14	9814	50.07	0	0	0	0.00
动物	540	10	5400	54.00	206	8	1648	25.75
运动	396	8	3168	49.50	338	6	2028	56.33
总计	16372	383	646567	44.49	11631	211	260678	54.39

表5-4独立样本t检验结果显示，PPC隐喻形符使用的平均数（$M=1364.33$，$SD=717.09$）与RAC的对应值（$M=969.25$，$SD=537.36$）之间无显著差异（$t=1.53$，$df=22$，$p>0.05$）；PPC的隐喻形符数值高于RAC（$MD=395.08$），效应量接近0.2（$d=0.25$），如果参照Cohen（1988）的分类标准，该值属于较小效应量，差值约为PPC标准差的0.25倍；PPC隐喻类符使用的平均数（$M=31.92$，$SD=16.80$）与RAC的对应值（$M=17.58$，$SD=10.69$）之间存在显著差异（$t=2.49$，$df=22$，$p<0.05$）；PPC的隐喻类符数值显著高于RAC（$MD=14.33$），d族效应量中等（$d=0.41$），差值为PPC标准差的0.41倍；PPC隐喻丰富性比值的平均数（$M=44.49$，$SD=7.18$）与RAC的对应值（$M=54.39$，$SD=29.81$）之间无显著差异（$t=-1.12$，$df=12$，$p>0.05$）；PPC的隐喻丰富性数值低于RAC（$MD=-9.91$），d族效应量较小（$d=0.19$），差值约为RAC标准差的0.19倍。

表5-4　经济主题方向上PPC和RAC隐喻定量值独立样本t检验

	PPC（$n=12$）		RAC（$n=12$）		MD	t_1（22），t_2（22）t_3（12）
	M	SD	M	SD		
隐喻形符	1364.33	717.09	969.25	537.36	395.08	1.53
隐喻类符	31.92	16.80	17.58	10.69	14.33	2.49
隐喻丰富性比值	44.49	7.18	54.39	29.81	-9.90	-1.12

注：$p_1>0.05$；$p_2<0.05$；$p_3>0.05$。

正态分布假设检验[①]数据表明，在经济主题方向上，PPC源域共鸣值指标统计的Kolmogorov-Smirnov与Shapiro-Wilk检验结果均大于0.05的显著性水平，但其连续变量偏度绝对值大于1（Skewness=1.016），且直方图整体形状没有基本呈现钟形曲线（图5-9）。

[①] 本研究均依照此处呈现的判定方法进行对比数据的正态分布假设检验。限于篇幅，下文凡关涉正态分布假设检验的具体数据和步骤不再赘述，研究中将直接陈述检验结果。

基于上述综合数据①可以判定，PPC 源域共鸣值数据分布与正态对称分布没有显著差异，无法满足独立样本参数检验的基本要求。我们由此采用非参数检验方法，并确定单尾检验和数值为 0.05 的显著性水平。Mann-Whitney U 检验结果（表 5-5）显示，PPC 源域共鸣值的平均秩次（mean rank）及秩和（sum of ranks）（$MR = 15.33$，$SR = 184.00$）与 RAC 的对应值（$MR = 9.67$，$SR = 116.00$）之间存在显著差异（$U = 38.00$，$Z = -1.96$，$p < 0.05$）；PPC 的隐喻数值显著高于 RAC，r 效应量接近 0.50（$r = 0.4$），参照 Cohen（1988）的标准，属于中等效应量，这表明两者源域共鸣值之间的实际差异处于中等区间。

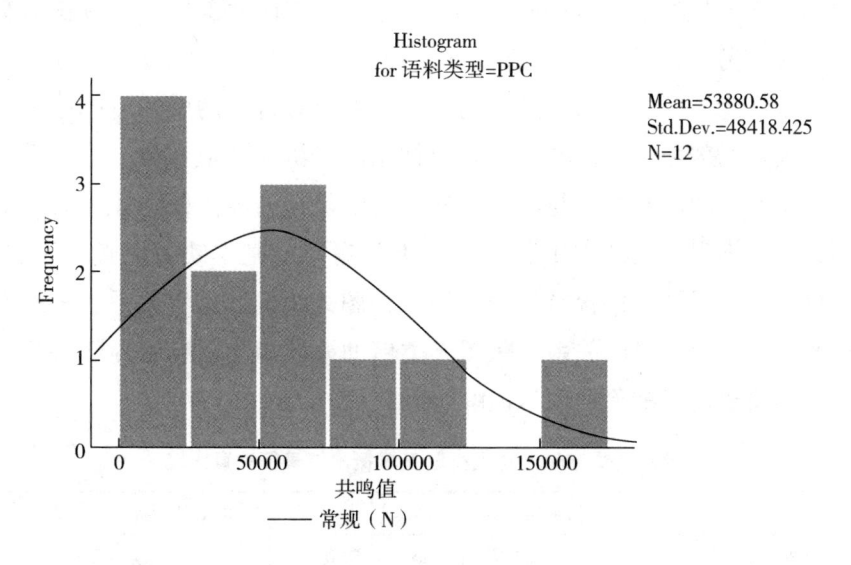

图 5-9　经济主题方向上 PPC 源域共鸣值正态分布假设检验直方图

---

① 正态分布假设检验可基于 SPSS 软件中的多种数据得以实现。秦晓晴、毕劲（2015：259-267）认为，通常情况下，偏度值和峰度值的绝对值不大于 1 时，即可判定数据基本上呈正态分布；倘若 Kolmogorov-Smirnov、Shapiro-Wilk 显著性检验结果大于 0.05 时，同样可认为数据呈正态分布。当然，某些案例中存在各类数据判定结果相互不一致的情况。因此，在解释数据是否符合正态分布时，最好将 Kolmogorov-Smirnov、Shapiro-Wilk 检验结果与偏度和峰度值、直方图等结合起来综合判断。倘若其中任何组别数据在综合判定之后依然不符合正态分布，则可判定两组比较数据无法进行参数检验。

表 5-5　经济主题方向上 PPC 和 RAC 隐喻定量值 Mann-Whitney U 检验

	PPC 语料库（$n=12$)		RAC 语料库（$n=12$)		U	Z
	MR	SR	MR	SR		
源域共鸣值	15.33	184.00	9.67	116.00	38.00	-1.96

注：$p<0.05$。

（二）隐喻概念结构表征方式比较

生命体（living organism）隐喻是人类与外部客观世界体验互动的自然结果，已广泛根植于不同民族的语言和文化中，蕴含着深厚的身体经验与文化基础（Kövecses 2003）。原始人典型的思维模式之一就是"体认"或"具身"（embodiment），即以人体作为衡量世间万物的基准（束定芳，2000：30）。当然，这种"身体化活动"的思维方式在经济学概念中同样适用。具体而言，当人类对自身的感知、体验和识解方式等局部性特征被映射至相对抽象的经济实体或现象，用于重构经济学概念的内部组织与经验结构、理解复杂的经济概念体系时，就构筑了经济学话语体系中关涉"人类隐喻"的基本映射模式。显然，这种映射关系同时包含经济隐喻源域的图式结构、衍生关系、概念特征和知识系统的对应关系，赋予人类借助源域概念固有的内部特征对经济学概念进行抽象推理与识解能力。

表 5-6　经济主题方向上"人类"基本概念域表征垂直比较

基本概念域	PPC 语料库		RAC 语料库	
	次概念域	隐喻类符	次概念域	隐喻类符
人类	生命周期	growth（92）recovery（73）cycle（61）revive（49）flourish（42）mature（38）birth（36）lifespan（34）decay（27）aging（26）dead（24）pregnant（20）infant（9）resurrection（6）breed（6）	生命周期	recover（114）grow（83）revive（76）cycle（71）evolve（62）maturity（54）infancy（25）shift（22）transition（9）birth（7）
	具身经验	head（102）body（76）backbone（43）breathe（41）skeleton（29）lean（13）swallow（12）metabolism（7）	具身经验	body（98）head（75）heart（63）blood（44）strength（31）inhale（22）face（20）nerve center（18）contraction（8）

第五章　经济隐喻概念结构垂直比较分析

续表

基本概念域	PPC 语料库		RAC 语料库	
	次概念域	隐喻类符	次概念域	隐喻类符
人类	健康状况	healthy（114）disease（76）strong（70）robust（63）ailing（60）symptom（52）suffer（52）immune（45）cure（43）hurt（36）bleeding（30）unscathed（22）feverish（21）scar（16）prescribe（15）drain（15）hot（14）diagnosis（12）mend（10）anemic（9）addictive（8）casualty（7）invigorate（7）congestion（6）	健康状况	strong（124）healthy（101）ailing（85）disease（56）robust（49）remedy（45）sick（44）surgery（22）well-being（20）dynamic（17）cure（15）contagion（9）susceptible（5）
	内在情感	tension（71）fragility（59）shock（56）jitter（42）fear（40）breakdown（35）sense（33）touch（12）sentiment（11）racked（9）woe（9）funk（8）	内在情感	/
共计[1]	2705/59		1769/32	

如表 5-6 所示，基本概念域"人类"是 PPC 和 RAC 经济主题方向共享的主导性概念域之一，同时也是根隐喻"经济是生物体"ECONOMY IS A LIVING ORGANISM 最典型的下义层级隐喻映射范畴。通常情况下，其源域是人类或与人类概念范畴相关的所有活动、事体、动作和状态等基本要素，触及人的生命周期、具身经验[2]、健康状况和内在情感表现。目标域是经济本体及经济现象，涵盖发展阶段、运营状态、物权关系和权力让渡等。众所周知，人类具有典型的生命体特征，自然经历从出生、成熟、衰老直至死亡等生命阶段。经济发展过程如同人类生命阶段[S]，同样经历婴儿期[S]、成长期[S]、成熟期[S]和衰退期[P]等演变发展过程（R-E₁）。人处于婴幼儿时期，身体和心

---

[1] 限于篇幅，本书无法穷尽性罗列各类次级映射范畴的隐喻类符。因此，以下表格中仅列举隐喻类符数量大于 5 的语例，但合计总数量时将对隐喻形符进行穷尽性计数。

[2] 整理和筛选主题语义域后发现，经济主题方向上的次概念域"具身经验"可检索出与人类肢体活动相关的隐喻性词汇，与下文基本概念域"移动"中的"行走"存在语义上的重叠。为避免重复计数，凡涉及此类隐喻性词汇，下文均纳入次概念域"行走"中，暂不考虑于人类隐喻中具体举例论述。

智等各方面机能尚未发育成熟，需要成人的照顾与保护。新兴经济体的起步阶段如同人类婴幼儿阶段$^{(S)}$，基础与竞争力相对薄弱，需要国家相应的政策扶持与保护（S，R－E_2）。人在生命阶段的呼吸、运动、代谢和生殖等具身经验$^{(S)}$可用于表征经济体特征及运行的具体状况。通常而言，人体机能可正常运行的前提是其组织细胞保持与环境因素进行能量和物质交换。经济运行过程如同新陈代谢活动$^{(P)}$，需要持续进行新旧更替才能促成经济稳步发展（P－E_3）。人类无法避免疾病，这是他们共同的认知基础。人类由此可凭借对健康$^{(S)}$和疾病$^{(S)}$的认知来理解经济运行机制等相对抽象的概念。经济运行平稳如同人体健康状况良好。人若身患疾病，需要医生处方、药品或手术等治疗方案来处理病症。经济发展中的问题如同人类疾病$^{(S)}$，必须依赖救治措施才能得以克服（P－E_4）。人体出现大出血后，若不及时救治，生命垂危。国家陷入经济危机如同生命遭受重创$^{(P)}$，若不及时采取补救措施$^{(R)}$，经济架构将面临崩塌（R－E_5）。人体机能在病情恢复后可能在创面遗留疤痕或导致某种组织缺损或功能障碍。经济遭受重创后可重新恢复，但无法完全避免或消除经济问题导致的负面影响（P－E_6）。经济体相当于具有知觉和意识的生命体，不仅身体上会受到疾病的侵袭，情感$^{(P)}$方面也极易受到外界影响，从而产生不同的情绪（P－E_7）。

（1）To understand the economics of the condition ST, consider what happens if the economy *evolves* in a standard multinomial tree with no upper or lower bound on the state space. （R－E_1：A2.1）

（2）As research on individual micro-level outcomes of participating in the sharing economy is still in its *infancy*, surprisingly little is known about the individuals who are at the heart of this phenomenon. （S，R－E_2：T3－）

（3）President Obama promised to boost the *metabolism* of American sluggish economy. （P－E_3：S1.2.5＋）

（4）His answer is to *prescribe* more of the same just as doctors of old, when their *patients* became more *ill*, prescribed more *bleeding*. More taxes; more government spending. （P－E_4：B3，B2－，B2－，Z4）

第五章　经济隐喻概念结构垂直比较分析

（5）…experiencing a crisis have imposed a tax on short-term capital inflows (a version of the Tobin tax) to **_remedy_** excessive short-term indebtedness. （R – E$_5$：X9.2 +）

（6）But despite help from the government, unemployment is rising, and firms are failing, causing damage that may **_scar_** the economy and slow the recovery. （P – E$_6$：B2 –）

（7）Finland's economic **_woes_** stand in contrast with the robust performance of its neighbor, Sweden, which kept the krona. （P – E$_7$：E4.1 –）

表5–7　　经济主题方向上"灾害"基本概念域表征垂直比较

基本概念域	PPC 语料库		RAC 语料库	
	次概念域	隐喻类符	次概念域	隐喻类符
灾害	普通灾害	collapse（76）damage（65）disaster（53）crash（51）wipe out（45）turmoil（42）destroy（40）havoc（37）hazard（30）engulf（29）catastrophe（25）pitfall（22）disruption（20）dent（18）destruction（16）tear up（11）fractured（14）wreckage（10）punctured（8）jeopardize（6）	普通灾害	collapse（104）turmoil（72）crash（36）disaster（32）crack（30）destruction（24）slash（14）
	核能灾害	overheat（47）radiation（24）reactor（18）meltdown（15）fallout（9）	核能灾害	/
	自然灾害	storm（82）hurricane（74）infection（62）upheaval（53）flood（32）pandemic（24）plague（21）exposure（19）shakeout（12）earthquake（12）famine（12）landslide（5）shockwave（5）	自然灾害	storm（127）magnitude（61）shockwave（36）epicenter（7）tremor（6）
	气体灾害	bubble（89）volatility（62）expand（47）burst（38）pressure（31）explosion（25）turbulence（23）evaporate（19）boil（15）momentum（5）	气体灾害	pressure（115）volatile（102）burst（61）speculative bubble（31）evaporate（29）boil（16）gas（7）
共计		2348/48		1212/19

· 123 ·

如表 5-7 所示，基本概念域"灾害"通常用于描述经济变化与发展过程中遭遇的各类问题，具体可细分为普通灾害、核能灾害、自然灾害和气体灾害四种次级概念映射范畴。倘若将不同类型的灾害及其破坏性特征局部映射至相对抽象的经济概念，就可形成该主题方向上的灾害隐喻，集中体现了"经济运行是灾害"ECONOMIC PERFORMANCE IS DISASTER 这则概念隐喻。Wmatrix 检索后发现，相比其他灾害类型，普通灾害的隐喻性词汇（如 damage，collapse）通常缺乏明确的指称对象，在不同语境中可具体指代经济发展的各类灾害（S，P-E_8）。原子核在发生裂变时，可释放出巨大的能量。如果温度过高，反应炉和核反应堆核心将被熔毁，引发核辐射泄漏，造成毁灭性后果。国家经济出现重大危机如同核裂变事故引发的严重后果[P]，造成不可逆性的经济破坏（P-E_9；P-E_{10}）。人类对地震的认知相对熟悉，即地震具有巨大破坏力，如房屋倒塌、桥梁断落、水坝开裂、铁轨变形等；地震通常还伴随冲击波和余震，对人类依然存有巨大威胁。因此，地震发生的每个阶段及特点都可被概念化并用于描述发生重大经济危机的场景或脚本（S，R-E_{11}；S，R-E_{12}）。气体是无形状、有体积、可压缩和膨胀的流体，是自然物质的基本存在形态。经济运行的基本规则和气体的这种固有属性之间存在相似的概念化和范畴化基础，隶属类质同构关系。因此，经济体的运行方式自然遵循气体运动的基本规则，同样具有运动性和可变性特征[S]。经济运行和经济环境通常具有不稳定性，如同自然物质分子向四周自由扩散挥发，最终转变成气态的过程（S，P-E_{13}）。经济体系彻底崩溃状态相当于气体在临界压力作用下发生分解反应并产生大量反应热，使气态物迅速膨胀挥发从而引发爆炸（S，P-E_{14}）。经济发展停滞不前相当于生物体感染由老鼠或昆虫等肆虐造成的瘟疫而无法正常生活（P-E_{15}）。

(8) To some it looked as if he was trying to protect his legacy, since, if financial ***turmoil*** erupts, he cannot be accused of failing to foresee it. (S, R-E_8: E3-)

第五章　经济隐喻概念结构垂直比较分析

（9） The global economy is growing and continues to do so, barring a European financial ***meltdown***. （P – E$_9$：Y1）

（10） If the flood of foreign capital intensifies, developing countries may be forced to choose between losing competitiveness, truly draconian capital controls or allowing their economies to ***overheat***. （P – E$_{10}$：Z99）

（11） Since the first reports on Thanksgiving, the Wall Street Journal and just about every other major media outlet is now reporting on the worldwide implications of this latest financial ***shockwave***. （S, R – E$_{11}$：E5 – ）

（12） If there's one thing that I've learned in my 30 – plus years in the capital markets, it's that the ***magnitude*** of the bust is often equal to, if not greater than, the magnitude of the boom. （R – E$_{12}$：N3.2）

（13） The first is between emerging markets, which are suffering from particularly ***volatile*** financial conditions, and advanced economies. （S, P – E$_{13}$：A2.1 + ）

（14） That beats the previous record, set in 2000, just as the New Economy bubble was ***bursting***. （S, P – E$_{14}$：A1.1.2）

（15） But she's pursuing policies that will afflict her country with the kind of economic stagnation that's ***plaguing*** so much of the rest of the world. （P – E$_{15}$：X7 – ）

表 5 – 8　　经济主题方向上"机械"基本概念域表征垂直比较

基本概念域	PPC 语料库		RAC 语料库	
	次概念域	隐喻类符	次概念域	隐喻类符
机械	力	elastic (96) balance (75) fuel (71) equilibrium (62) adjustment (60) leverage (60) bounce (56) gravity (42) drive (42) durability (37) lifting (33) catalyst (29) revert (26) buffer (24) squeeze (8) overtake (8) steam (6)	力	adjustment (142) equilibrium (86) elasticity (72) hysteresis (63) balance (58) leverage (47) force (42) bounce (40) generate (31) steam (24) gravity (22) nonstationary (16) frictionless (14) catalyst (9) resilient (8) barometers (6)

续表

基本概念域	PPC 语料库		RAC 语料库	
	次概念域	隐喻类符	次概念域	隐喻类符
机械	机器	mechanism (81) accelerate (74) engine (62) steer (58) damper (53) speed (42) pump (42) sputter (38) stuck (36) trigger (35) slowdown (32) overhaul (31) forge (30) machine (27) locomotive (26) gear (26) lever (19) brake (18) derail (15) on track (14) bumper (14) stalled (12) wheel (12) chugging (11) regulator (10) fix (9) kick start (9) fine-tuning (7)	机器	accelerator (112) mechanism (81) machine (67) steer (62) brake (55) engine (42) damper (39) top gear (37) wheel (34) forge (26) overhaul (22) drive up (18) tick over (5) safe valve (5)
共计	2079/45		1535/30	

如表 5-8 所示，基本概念域"机械"是经济学学科领域使用频次最高的建构模型之一，其中源自物理学的"力动能"和"机械运作"更是构成了当前经济学理论研究中的标杆或标准化概念。如果将力动能（force dynamics）和机器的启动、加减速、维修、保养等具体操作步骤映射至相对抽象的经济学概念，就形成了经济主题方向上的机械隐喻，主要体现了"经济是机械"ECONOMY IS MACHINERY 这则概念隐喻。其中，源域是机械，包括力的运行特点与机器的操作方式，目标域是经济及经济运行的规律。经济系统相当于人类的交通工具[S]。经济运行节奏可根据全球经济的整体气候布局调慢发展速度，这相当于驾驶过程中可根据路况进行减速（P-E$_{16}$）。通常情况下汽车行驶速度与其平衡性成反比；经济高速发展相当于汽车高速行驶。速度越快，整体平衡性越差（S, P-E$_{17}$）。引擎是汽车发动机的核心部分，其主要部件是气缸，也是整台汽车的动力源泉。经济运行的核心产业如同汽车发动机引擎，是促进经济发展的主要动力（S, P-E$_{18}$）。引擎缸内发生异常燃烧或声响故障需要及时维修，经济陷入低迷萧条如同引擎等核心部件出现问题（S, P-E$_{19}$），需要及时调整经济政策以减少损失（S, R-E$_{20}$；S, R-E$_{21}$）。阻尼器是提供摩擦阻力、耗减运动能量的装置，其功能相当于在不明全球化经济动向背景下企业

第五章 经济隐喻概念结构垂直比较分析

减少产出的干预行为，以降低成本、稳固经济效益（S，P – E$_{22}$）。在力学系统里，平衡是指物体同时受到几个外力的作用却依然保持静止或匀速直线运动状态。同理，经济系统中的平衡是指各种相互关联或对立的经济因素在限定范围的变动中，始终处于相对平衡和稳定的状态（S，R – E$_{23}$）；反之处于失衡状态（R – E$_{24}$）。重心原指地球对物体每个微小部分引力的合力作用点，是物体处于任何方位时所有支点的合力都必须通过的固定方位，即合力点。经济的重心相当于力学系统中各方引力的聚合点，是各国经济发展中最重要的部分（S，P – E$_{25}$）。

（16）Uncertainty over the direction of the economy is acting as something of a *__brake__* on the U. S. manufacturing at a time when global rivals are less constrained. （P – E$_{16}$：M3）

（17）Whereas *__acceleration__* was synchronized across much of the world in 2017, the global economy's expansion now looks increasingly *__unbalanced__*. （S，P – E$_{17}$：N3.8 +，E6 –）

（18）It's also unclear if the private sector has the ability to become the *__engine__* of economic growth after decades of government largesse. （S，P – E$_{18}$：O2）

（19）Most forecasts have the American economy *__chugging__* along at around 2% growth next year. （P – E$_{19}$：M1）

（20）Reducing firing costs during recessions exacerbates the short-run *__adjustment__* costs to this reform, while reduction in unemployment benefits is more beneficial. （S，R – E$_{20}$：A2.1 +）

（21）The government's commitment to *__overhauling__* the economy could weaken in 2018 if prices for Saudi crude exports head higher. （S，P – E$_{21}$：A1.1.1）

（22）Its main exports remain metals and energy commodities, so as the global growth outlook stagnates at best, a drop in exports could put a *__damper__* on the economy. （S，P – E$_{22}$：Z99）

（23）If a supply shock does not alter the long-run *__equilibrium__* rela-

· 127 ·

tions in the economy, the path back to that equilibrium will involve an erosion of the immediate increase in gross dividends. (S, R – E$_{23}$: A6.1 +)

(24) Even so, the share of each dividend in consumption will diverge almost surely to zero or one as time increases. So, the economy is **nonstationary**, and all the dynamic features are transitory. (R – E$_{24}$: Z99)

(25) He says that these street level traders are one of the drivers helping to reshape the global economy as the center of **gravity** shifts away from the West toward the East. (S, P – E$_{25}$: N3)

表5–9　　经济主题方向上"旅程"基本概念域表征垂直比较

基本概念域	PPC 语料库 隐喻类符	RAC 语料库 隐喻类符
旅程	step (103) road (74) path (72) forward (54) shift (45) impede (43) obstacle (42) destination (42) starting point (40) direction (36) march (35) barrier (32) navigator (36) tailwind (33) flat (30) shortcut (26) harness (24) travel (24) hike (22) tour (21) goal (19) drawback (18) surrounding (17) orientation (15) hedging (14) stumbling block (14) location (13) impaired (13) steep (12) hinder (12) route (12) downside (11) prevent (10) position (9) trip (9) pathway (9) distance (8) stifled (8) journey (7) undermine (5)	circular (92) stagnation (83) block (74) path (53) destination (46) positioning (42) relocation (40) reciprocal (33) surrounding (32) starting point (28) direction (26) crossroad (24) way (23) march (21) goal (21) obstacle (20) shift (17) end point (16) distance (13) march (12) hike (9) navigation (8)
共计	1593/40	1053/22

如表5–9所示，旅程隐喻源于路径意象图式（PATH image schema），是基于人类对空间运动的身体经验基础上形成的（Johnson, 1987: 34–37），主要涵盖以下实体对应关系：期望达成的目标对应目的地；达成目标过程中遭遇的挫折、阻碍、问题对应阻止道路前行的障碍物；达成目标的行动和策略对应旅程中前行的方式；取得的进展对应已走过的路程。不难发现，旅程隐喻至少突显了"移动"和"以目标为导向（goal-oriented）的行为"这两个重要构成要素。如果将旅程过程中实体之间的对应关系映射至相对抽象的经济概念，就形

成了经济主题方向上的旅程隐喻，主要要体现了"经济活动是旅程" ECONOMIC ACTIVITY IS A JOURNEY 这则概念隐喻。另外，经济运行过程是涉及特定目标的社会活动，那么该旅程隐喻还可具体拓展为"带有目标的经济行为活动是沿着某个特定的路径轨迹走向目的地" A PURPOSEFUL ACTIVITY IS TRAVELLING ALONG A CERTAIN PATH TOWARDS A DESTINATION（Lakoff & Turner，1989：26）。其中，源域涉及具体的行程及实体对应关系，目标域是具有特定目标的经济运行活动。国家的经济活动如同游客旅行。出行方向和目的地相当于国家经济建设的最终目标（S，P－E_{26}）。出行选择的主要方向和路径相当于开展经济活动选择的策略和方法（S，P－E_{27}）。前行过程中遇到的障碍物相当于经济发展中遭遇的问题和挫折（S，P－E_{28}）。避让障碍物或调整行程方向相当于国家调整经济政策（S，P－E_{29}）。旅程者驻扎原地相当于经济发展没有依照预定计划，停滞不前（R－E_{30}）。

（26）The World Bank said the challenge in the short term was to sustain growth through a soft landing, with the longer-term challenge to steer the economy ***toward*** a more sustainable path. （S，P－E_{26}：Z5）

（27）If a supply shock does not alter the long-run equilibrium relations in the economy, the ***path*** back to that equilibrium will involve an erosion of the immediate increase in gross dividends. （S，R－E_{27}：M3）

（28）At their rates of economic growth, disruptions in coal or natural gas supply could prove to be a major ***stumbling block*** to their economy. （S，P－E_{28}：A12－）

（29）China is trying to ***shift*** its economy away from an investment-led model that delivers diminishing ***returns***. （S，P－E_{29}：A2.1＋，M1）

（30）But she's pursuing policies that will afflict her country with the kind of economic ***stagnation*** that's plaguing so much of the rest of the world. （R－E_{30}：A2.1－）

表5-10　　经济主题方向上"移动"基本概念域表征垂直比较

基本概念域	PPC 语料库 次概念域	PPC 语料库 隐喻类符	RAC 语料库 次概念域	RAC 语料库 隐喻类符
移动	行走方式	lurch (122) tumble (74) faltering (52) leap (83) cripple (53) paralysis (43) knees (34) slip (83) walk (28) stride (24) pounding (14) stumble (25) hamper (21) leap (12) plunge (11) dash out (5)	行走方式	wobble (114) sluggish (90) stumble (75) topple (75) stagnation (81) limping (23) slip (63) tumble (62) free-running (12)
	流动状态	floating (113) flow (62) floating (55) liquid (43) flush (22) dampen (42) stagnant (43) current (12) stream (5) pump-priming (7)	流动状态	flow (146) float (134) liquidity (89) pump-priming (26) circulation (22)
	空间运动	slump (44) downturn (37) slide (26) upswing (23) recession (23) decline (21) fall (12) plummet (18) soar (12)	空间运动	rebound (75) soar (64) elevation (15) drop (54) sink (41) spike (36) rally (35) downturn (24) slump (22)
共计		1434/35		1319/23

如表5-10所示，经济活动的变化现象通常被概念化为位置的移动过程，具体表征为人类的行走方式、液体的流动状态和实体的空间升降情况，集中体现了"经济变化是移动过程"ECONOMIC CHANGE IS MOVEMENT 这则概念隐喻。其中，源域是位置移动过程，具体包括人类行走方式、液体的漂流状态和实体的空间运动三种次级映射范畴。正常人倘若身体虚弱或饮酒后行走，则可能步履蹒跚、举步艰难、无力站立，随时有跌倒的风险。经济建设与发展如同行人走路，倘若整体运行失去平衡，则经济重心不稳，预示经济体系遭到破坏或面临危机的风险（S，P-E$_{31}$）。同样，因腿部功能受限，某些残疾人行走时通常步伐踉跄，重心不稳，易于跌倒。经济运行出现问题相当于残疾人行走，随时可能面临经济效益亏损（S，R-E$_{32}$）。当然，经济发展如同某些完全丧失行走能力的人，处于完全瘫痪的状态（S，P-E$_{33}$）。经济发展也如同人行走时步伐受到外物撞击后受伤，处于停滞

的状态（P-E$_{34}$）。相反，如果经济运行迈步甚至跃步前行，则预示经济发展进入健康、稳定、高速的成长期（S，P-E$_{35}$）。

(31) Although he acknowledged that risks of economic ***faltering*** had further diminished, Mr. Draghi insisted that underlying inflation in the euro zone was still unduly low. （P-E$_{31}$：A7-）

(32) Without so much borrowing America's economy might well have only ***stumbled*** along in a state of permanent ***sluggishness***. （S，R-E$_{32}$：M1；R-E$_{32}$：N3.8-）

(33) CenturyLink shares are taking a ***pounding*** after the company announced a 26% reduction in its quarterly dividend. （R-E$_{33}$：A2.1+）

(34) These government blunders have ***paralyzed*** credit systems and are sending the U.S. and Europe into recession. （P-E$_{34}$：Z99）

(35) Trading volumes and profits have ***leapt***, as they often do early in a crisis, but are expected to fall dramatically. （S，P-E$_{35}$：M1）

液体最典型的特点是流动性、变化性和不稳定性。倘若将液体具有承载性的意象图式与流动性特点映射至相对抽象的经济变化概念，就形成了"经济活动是液体流动"ECONOMIC ACTIVITY IS THE LIQUID MOVEMENT这则概念隐喻。其中，源域是流体，包括"水"等原型概念及相关内在属性，目标域是经济本体及变化活动。18世纪的美国家庭中已有使用手动泵来获取家庭用水的记录。美国人总结出经验，使用少量水清除泵里面的空气，可保持水泵能正常抽水。当国民的"趋利本能"处于低迷状态时，增大政府投资力度相当于使用水泵取水，可以刺激整体经济的发展（P-E$_{36}$）。资产如同流水，具有漂浮性，其游动方向和价值走势无法确定（P-E$_{37}$）。空气湿度与大气压强具有相关性。通常情况下，空气湿度越大，大气压强越低。提高利率相当于增加空气湿度，对于降低通货膨胀压力具有抑制作用（P-E$_{38}$）。

(36) Proponents of the centrally planned ***pump-priming***, deficit-spending welfare state see the gold standard as the enemy of a healthy economy. （S，P-E$_{36}$：M2）

(37) Indeed, the asset becomes perfectly ***liquid*** when s = 1, as (ii) shows. The plot yields several observations. The most basic is that ***illiquidity*** can be economically significant. (R – E$_{37}$: O1.2, I1)

(38) In that situation, there's no need to raise interest rates to ***dampen*** inflation pressures or lower them to encourage companies to hire. (P – E$_{38}$: O1.2)

实体的上—下空间运动常用于描述经济的急剧变化趋势。具身哲学（Lakoff & Johnson, 1999）认为，方位空间和身体部位是人类形成抽象概念推理机制的两大主要来源，绝大多数隐喻概念是基于人类与客观世界互动的身体体验。与人类地面行走的具身经验及液体的流动浮游经验相比，如不计空气阻力，实体在空间运动中所触及的障碍物相对较少，移动速度相对较快。由此，经济活动的急剧变化可通过物体的空间的运动体验得以表征（P – E$_{39}$; R – E$_{40}$）。

(39) On the top of all of this, exports to Russia have plunged by a third in the past year, owing to an economic ***slump*** there as well as trade sanctions. (P – E$_{39}$: N5 –)

(40) A mainstream behavioral change through communication, education and economic ***elevation*** will finally lead to the adoption of CE culture in society. (R – E$_{40}$: N3.7)

表 5 – 11　经济主题方向上"建筑"基本概念域表征垂直比较

基本概念域	PPC 语料库 隐喻类符	RAC 语料库 隐喻类符
建筑	building (113) structure (101) foundation (82) shaky (66) construction (42) architecture (37) framework (34) stability (31) threshold (28) backbone (25) component (25) window (12) bridge (20) floor (18) stone (16) premise (12) infrastructure (12) shed (9) base (8) floodwall (8) pillar (7) door (7) elevator (6) wall (6) roof (5) fence (5) gateway (5)	build (83) structure (142) infrastructure (90) construct (64) platform (123) architecture (81) foundation (23) component (34) wall (78) gate (72) window (12) framework (53) shelter (12) base (6) precarious (29) instability (3) social pyramid (6) floor (8) threshold (5)
共计	1357/27	998/19

第五章　经济隐喻概念结构垂直比较分析

如表 5-11 所示，人类通常习惯将内部无高度组织结构的抽象事物比作简单、具体、有形的实体结构。倘若将建筑物、建造方式、质量及潜在风险等实体映射至经济及经济系统，就形成了经济主题方向上的建筑隐喻，主要体现了"经济系统是建筑物" ECONOMY IS BUILDING 这则概念隐喻。从理论上讲，建筑隐喻代表了各个国家、名族、区域搞基础建设的共同意志，能够传达相对积极的社会意义和较强的社会意识形态。其中，源域是建筑物及其特点，目标域是经济系统。国家搞基础经济建设相当于盖房子（S, P-E$_{41}$），搭平台（S, P-E$_{42}$），必须先要打地基、定结构，为后期的经济建设奠定坚实的基础（S, R-E$_{43}$）；如果根基不牢固，外加年代久远、风雨侵蚀，楼房就会出现摇晃，甚至完全倒塌的危险（P-E$_{44}$）。同理，缺乏坚实的经济基础而追求经济高速发展，经济在全球化贸易时代就有可能陷入彻底崩盘的后果（R-E$_{45}$）。门户是建筑物的正门或主要出入口。网络支付系统如同门户，是通向互联网信息资源并提供信息服务的主要应用系统（P-E$_{46}$）。金字塔是一种角锥体建筑物，其基座多为正三角形，侧面由多个三角形的面相接而成，顶部面积极小。个体卖家为分层销售网络的一部分，通常以某种社会金字塔的形式向其他独立卖家报告（R-E$_{47}$）。

(41) Population growth outruns the country's ability to ***build*** its economy and invest in ***infrastructure***. (S, P-E$_{41}$: H1; I2.1)

(42) Furthermore, sharing economy ***platforms*** are often cheaper than market alternatives. (S, R-E$_{42}$: M3)

(43) There is no doubt that the adoption of CE will require systemic change in the whole ***structure*** of the economy. (S, R-E$_{43}$: O4.1)

(44) This is certainly what the global economy has suffered these last few years, and it goes far in explaining the increasingly ***shaky*** nature of the economy. (P-E$_{44}$: M1)

(45) In this scenario, no matter how ambitious or justifiable their policy, the business of implementation remains ***precarious***. (R-E$_{45}$: A15-)

(46) Many of WeChat's services are free, making payments a key

gateway to cashing in on all this activity. （P－E$_{46}$：H2）

（47）Additionally, individual sellers are often part of a hierarchical sales network reporting up to other independent sellers in a sort of ***social pyramid*** to monitor, motivate and incentivize sellers. （R－E$_{47}$：H1）

表 5–12　　经济主题方向上"植物"基本概念域表征垂直比较

基本概念域	PPC 语料库		RAC 语料库	
	次概念域	隐喻类符	次概念域	隐喻类符
植物	生长周期	sprout（52）ripe（43）mature（36）branch（36）flourish（32）bloom（23）wither（22）wilt（21）germinate（2）	生长周期	infant（194）recovery（92）growth（93）aging（46）
	组成器官	root（176）branch（127）fruit（97）seed（84）shoot（14）stem（12）leaf（6）	组成器官	root（186）branch（57）seed（24）
	培植方法	cultivate（151）crop（42）sow（38）trim（23）prune（22）fertile（17）weed out（12）plough（6）plant（7）	成长环境	fertile（153）sow（38）
共计		1154/24		1099/9

如表 5–12 所示，植物隐喻同属根隐喻"经济是生命体"的次级映射范畴。如果将植物的不同特征局部映射至经济概念，并赋予人们通过掌握植物的百科知识来熟悉和理解经济话语中相对抽象的概念，就形成了经济主题方向上的植物隐喻，集中体现了"经济是植物" ECONOMY IS A PLANT 这则概念隐喻，主要激活了经济运行过程的自然性特点和组织性变化。通常情况下，源域是植物，具体包括生长周期、组成器官和培植方法。目标域是经济及各类经济现象与规律，涵盖经济的发展阶段、运营情况及物权关系等。植物的生长过程需要经历萌芽期、展叶期、开花期和结果期等生命阶段，这一映射特点表明经济运行同样会经历萌芽、增长、繁荣甚至萧条衰败的发展阶段（S，P－E$_{48}$）；植物的组成器官被映射至经济概念，通常具有固定的用法和意义。植物生命周期的延续首先须以播种为基础。种子是植物后期生

长繁育的前提和基础。经济发展伊始如同植物播种,首先需要遴选出优质"种子"资源。Wmatrix 语料检索后显示,"种子"的语义韵也常以贬义出现,隐喻化为经济危机产生的根源(S,P-E$_{49}$);种子落地,根是本源。它支撑着植物的枝叶,为其生长输送水分和养料,是植物茁壮生长、果硕花红的基础。因此,植物的根也常被隐喻化为经济事件或现象的根源或基础(S,P-E$_{50}$);植物的枝叶被喻化为分公司(S,P-E$_{51}$);植物的果实和花朵在经济概念中常被喻化为经济发展取得的成就或是经济活动的结果(S,P-E$_{52}$);植物的生长需要人类的呵护和打理,如日常浇水、施肥、除草、修剪等。将其相关概念映射至经济域,就如同开展经济活动需要人为干预和控制,采取必要措施确保经济运行发展顺利进行(S,P-E$_{53}$;S,P-E$_{54}$)。植物生长需要肥沃的土地;经济发展同样需要良好的经济环境(S,P-E$_{55}$)。

(48) Congo Brazzaville is on the right track and is ***ripe*** for new foreign economic development.(S,P-E$_{48}$:O4.1)

(49) Implicit and explicit government subsidies to the financial industry enrich bankers and sow the ***seeds*** of crisis, for example, but have done little to boost growth.(S,P-E$_{49}$:L3)

(50) The truth is that each of these operates as a ***branch*** office for the City of London, the square mile that is the epicenter of finance in London.(S,P-E$_{50}$:S5+)

(51) Laws like this, multiplied by dozens of Congresses are the ***root*** of our current economic troubles.(S,P-E$_{51}$:L3)

(52) …letting the tree reinvest its energy think of it as the horticultural equivalent of compounding interest into growing bigger and stronger faster, which may mean more ***fruit*** in the long term.(S,P-E$_{52}$:F1)

(53) The recovery ***ploughed*** ahead last year even as business investment decelerated and residential-construction investment shrank, thanks to rock-steady growth in personal consumption.(P-E$_{53}$:F4)

(54) The world economy is still growing briskly enough: this week the

IMF only slightly ***trimmed*** its forecast for world GDP growth for 2018, from 3.9% to 3.7%. (P – E$_{54}$: A1.1.1)

(55) This factor together with the self-enforcing nature of the safeguards provides ***fertile*** grounds for low transitional costs over time. (S, P – E$_{55}$: O4.1)

表5–13　经济主题方向上"容器"基本概念域表征垂直比较

基本概念域	PPC 语料库	RAC 语料库
	隐喻类符	隐喻类符
容器	within (323) outside (264) into (162) enter (102) access (95) territory (52) overlap (39) insider (8)	into (312) within (163) outside (114) size (97) enter (88) territory (72) expansion (26)
共计	1063/8	855/7

如表5–13所示，容器隐喻（CONTAINER metaphor）源于容器意象图式（参见 Lakoff & Johnson, 1980: 29; Johnson, 1987: 21），是根植于人类身体经验最基本的意象图式之一。在 CMT 辖域，容器隐喻隶属实体隐喻（ontological）的子范畴，通常借助有形的物质和实体来识解和架构不同层级的抽象经验和概念（Lakoff, 1980: 25）。容器意象图式是三维概念，具体表现为人类的身体以皮肤作为分界面，将内在的身体部分和外在的世界区分开来；人类身体如同容器，我们可自由将物体放置其中，也可从内部取出。容器隐喻同样由内部、外部和分界面（boundary surface）三部分构成，在不同语篇中对容器隐喻的甄别与应用研究可强化突显"里面"和"外面"在概念层面的显性比较，并且能够进一步明晰两者之间的区分。同理，容器隐喻在经济话语中的运用充分体现了"经济体是容器"ECONOMY IS CONTAINER 这则概念隐喻。其中，源域是容器或容器空间容纳力，目标域是经济体或经济系统。具体而言，经济体通常被概念化为具有边界且可测量的容器，经济系统中的各类政策、规律、战略规划方案、经济要素及具体的经济交易活动被框定为容器所存储的内部事物。因此，经济域实体的对应关系可表现为以下多个方面：经济体或经济系统在空间维

度是有界区域或容器（R-E$_{56}$）；经济交易活动可以"进入"或发生于这个有界空间范围（S, P-E$_{57}$; S, P-E$_{58}$），或者可以从空间内部"走"出来（S, P-E$_{59}$）；同理，资金如流水，同样可以自然流入（S, R-E$_{60}$）或人为因素注入经济系统这个容器中（S, P-E$_{61}$）。

（56）While firms are large as they employ a continuum of workers, firms are still of measure zero relative to the aggregate ***size*** of the economy. (R-E$_{56}$: N3.2)

（57）The increased usage and proliferation of businesses ***entering*** the gig economy has meant more employment options for individuals wishing to participate in the gig economy. (S, P-E$_{51}$: M1)

（58）Currently, transactions ***within*** the shadow economy have to be made face to face… (S, P-E$_{52}$: Z5)

（59）Juxtaposing the two propositions, we can conclude that the notion of liquidity studied here is the same whether one regards the supply shocks as coming from ***outside*** the economy or as arising within it. (S, P-E$_{53}$: M6)

（60）This simple double entry book-keeping shows that the net cash ***flow into*** the economy produced by government spending is zero, nada, nothing. (S, P-E$_{54}$: Z5)

（61）No one doubts that a certain amount of liquidity needs to be ***injected into*** the economy. (S, P-E$_{55}$: Z5)

表5-14　经济主题方向上"战争"基本概念域表征垂直比较

基本概念域	PPC 语料库	RAC 语料库
	隐喻类符	隐喻类符
战争	war (140) hit (122) strategy (78) destroy (72) invading (62) deployed (54) knock down (53) launch (44) campaign (43) enemies (43) surrender (36) blow (24) retreat (24) smash (22) victim (21) ground (21) peace (21) subdued (20) threat (17) fightback (14) attack (14) protect (13) launch (12) force (11) shatter (5) weapon (5) fight (3)	hit (133) war (90) struggle (84) impact (76) wipe out (75) batter (66) fire (54) fight (52) shoot (51) assault (46) battlefield (43) tear apart (41) defeat (40) struggle (39) conquer (37) target (33) withdraw (33) retreat (32) weapon (22) blow (9) retaliation (7)
共计	1002/27	1247/21

如表 5-14 所示，经济本体及现象同时可通过对立双方的冲突（包括肢体冲突或争斗）得以表征，体现了"经济活动是冲突"ECONOMIC ACTIVITY IS CONFLICT 这则概念隐喻。其中，源域是涉事双方的冲突行为，具体包括参与者、场所、工具、策略等，目标域经济本体及现象。冲突隐喻的概念映射通常具有严格的实体对应，主要体现在：经济活动是争斗或冲突；商人是冲突双方；经济交易行为是袭击、挑战、击败、防御等具体行为。具体实施的经济策略是参与者为击败对手所采用的方法。事实上，冲突隐喻在语义上蕴含更具体、更复杂的下义映射范畴战争隐喻（Semino，2008：232）。战争隐喻通常涉及参战人员和武器，其实体对应与冲突隐喻具有相似性，主要表现在：商业行为是战争（S，P-E_{62}；S，P-E_{63}）；涉事双方是参战者（S，P-E_{63}）；竞争对手是敌人[Z]；经济制裁是军事挑衅或战斗（S，P-E_{64}；S，P-E_{65}）；利益是战利品[Z]；双方妥协是和平交易[Z]；商务人士的具体经济行为是策略与武器（S，R-E_{66}；S，P-E_{67}）。

（62）But in apple orchards this spring, it's easy to find signs that the trade ***wars*** are delaying the transition of an industry that's been dominated by family-owned operations... （S，P-E_{62}：G3）

（63）..., any decision to hold off from raising rates may become tougher to explain to investors, since the Fed doesn't want to damage its credentials as an inflation ***fighter***. （S，P-E_{63}）

（64）In 2017 the FTC ***launched a task force*** on economic liberty to campaign against unnecessary licensing. （S，P-E_{64}）

（65）In the year since the Trump administration launched its tariff ***offensive***, the country's trade partners have retaliated by hiking duties on apples, cherries, ginseng, sorghum, and soybeans. （S，P-E_{65}）

（66）..., an agent incentive to take a particular trading ***strategy*** is not necessarily increasing with the number of other agents doing the same. （S，R-E_{66}）

（67）This pressure has triggered the Fed to unleash some of its biggest

weapons to keep banks flush and markets functioning smoothly. （S，P－E$_{67}$）

表 5－15　　经济主题方向上"游戏"基本概念域表征垂直比较

基本概念域	PPC 语料库	RAC 语料库
	隐喻类符	隐喻类符
游戏	race（74）player（52）trump（41）end game（37）strategy（32）stake（32）cooperative game（24）playing field（22）enigma（20）chess piece（9）win（9）juggle（5）loser（5）participant（5）	/
共计	701/14	0/0

如表 5－15 所示，Wmatrix 语料检索后发现，经济主题可通过游戏理论中的基本概念或具体的游戏名称得以表征，主要体现了"经济是游戏"ECONOMY IS GAME 这则概念隐喻。其中，源域是游戏及其规则，目标域是经济本身及经济运行规律。经济活动通常被概念化为游戏过程（P－E$_{68}$），国家或商人作为活动参与者通常被概念化为游戏玩家（P－E$_{69}$）或参与选手（P－E$_{70}$）。游戏过程中不免存在对抗与竞争，最终目的是为了击败竞争对手；商业行为如同游戏竞技过程，最终目的是获得经济利益（P－E$_{71}$）；商人采用特定商业手段获得经济利润相当于玩家在游戏过程中使用计谋策略[①]击败竞技对手（P－E$_{72}$）；赌博游戏是概率事件；经济建设与发展过程中对于机会的把握如同赌博游戏，也是偶发性事件的概率问题。因此，商业决策者需及时把握机会，在关键时刻果断提出并严格执行国家或区域经济发展政策及相关规定（P－E$_{73}$）。

（68）In short, the digital economy turns business into a Moneyball ***game***, in which leveraging data leads to global scale development and higher

---

① Wmatrix 将隐喻性词汇 strategy（策略）同时纳入语义域［游戏］和［战争］范畴；将 player（选手）纳入语义域［运动］和［游戏］范畴。由此可见，经济主题的隐喻语义域之间存在泾渭不分明的"一词多域"重叠现象。同样，Ritchie（2003）在系统阐释"论辩"表征方式时提出 defend，position，maneuver，strategy 等词目可同时归类于战争域和游戏域。本研究将采用 Koller（2004）的分类方法，将以上重叠词汇分别归入对应的语义域，但在当前主题方向上不再重复计数。

profitability. (P – E$_{68}$: K5.1)

(69) Even as China's achievements inspire awe, there is growing concern that the world will be dominated by an economy that does not ***play*** fair. (P – E$_{69}$: K1)

(70) More specifically, a subject observed the past actions of economy ***participants*** in aggregate form and not the individual histories of the people in her group. (P – E$_{70}$: S1.1.3)

(71) It is as if the markets are challenging long-held assumptions about the economic ***benefits*** of low energy prices, or asserting that global economic growth is so anemic that… (P – E$_{71}$: S1.1.3)

(72) Briefly put, Macro is the name of all the actions during a strategy game relating to the mindset of the player, the economy of the match, and the overall ***strategy*** that a player has. (P – E$_{72}$: X7 +)

(73) Especially in a weak economy, the ***stakes*** are far too high to let this opportunity slip away and hamstring American businesses looking to expand into emerging markets. (P – E$_{73}$: I1)

表 5 – 16　　经济主题方向上"动物"基本概念域表征垂直比较

基本概念域	PPC 语料库	RAC 语料库
	隐喻类符	隐喻类符
动物	fledging (77) gallop (46) feet (20) bullish (31) wild (23) spawn (16) skittish (12) monster (8) dog (5) toe (5)	spurred (42) fledging (21) pig (21) bolt (18) breed (12) monster (11) whale (7) finger (5)
共计	540/10	206/8

如表 5 – 16 所示，经济语篇中的动物隐喻就是通过动物的性情状态、运动方式等来具体描述经济活动的内部运作机制、性质和运行状态等。标注语料库显示，人类隐喻和植物隐喻中共有的成长周期和人类干预等次级隐喻映射特征并未在动物隐喻中共现。动物隐喻体现了"经济活动是动物" ECONOMIC ACTIVITY IS ANIMAL 这则概念隐喻。其中，源域是动物，包括性情特点和生活方式，目标域是经济及经济

运行情况。雏鸟刚从卵壳孵出时，身体尚未完全发育，绒羽较少，腿足软弱，没有独立生活的能力，需要留在巢内由亲鸟来喂养。将雏鸟的早期特征映射至经济系统，就形成了处于起步或发展初期的新兴经济。这种经济运行体如同刚孵化的雏类动物，自身各方面条件尚未成熟，特别需要国家和政府的保护和扶持（S，P-E_{74}）；马最显著的特点是奔跑速度快。将马的奔跑方式映射至经济域中，就形成了"马"隐喻，用于描述腾飞的经济发展状态（S，P-E_{75}）；特定环境中马能够快速奔跑通常需要人的鞭策。生产线自动化的投资同样需要"鞭策"和外部因素的刺激（R-E_{76}）；人驾驭马的行为也通常被映射至对特定经济活动的限制和约束，而马挣脱缰绳被用来描述和形容经济运行和发展失去控制（S，P-E_{77}）。鱼、蛙等动物的繁殖方式为母体外独立发育的大量卵生；新资产运营模式的出现如同卵生繁殖，投入资本低，周转速度快，资本收益高，是以价值为驱动的资本战略（P-E_{78}）。

（74）The *fledgling* business enlivening the apartment today is called DingTalk, and its placement in this grimy flata dilapidated microwave and spaghetti-wired server rack attest to its startup authenticity is purposeful. （S，P-E_{74}：T3-）

（75）Earlier this year Beijing slowed its economy from a *gallop* to a run and tried to stave off a housing bubble with stricter lending rules. （S，P-E_{75}：L2）

（76）Past downturns have *spurred* investment in the automation of production lines, for example, says Mark Muro, a senior fellow at the Brookings Institution who's written extensively on the role of technology in economic development. （R-E_{76}：X5.2+）

（77）As the Times notes, these are safe assets spots leased to multinationals unlikely to *bolt* or default. （R-E_{77}：Z99）

（78）At the 2018 annual investor meeting for Berkshire Hathaway, Buffett acknowledged that the Internet, social media, and data revolutions have *spawned* an asset-light economy,…（P-E_{77}：S4）

表5-17　　　经济主题方向上"运动"基本概念域表征垂直比较

基本概念域	PPC	RAC
	隐喻性词汇	隐喻性词汇
运动	race（104） player（87） catch-up（83） run-up（72） compete（24） jockey（12） team up（9） rigged（5）	race（132） player（82） leave behind（55） compete（47） run-up（22） chess（12）
共计	396/8	338/6

如表5-17所示，倘若将不同运动的类型、方式、对象、内容及规则等信息局部映射至相对抽象的经济概念，就形成了经济主题方向上的"运动隐喻"（参见 Balbus，1975；Ching，1993；Semino & Masci，1996），主要体现了"经济运行是运动" ECONOMIC PERFORMANCE IS SPORT 这则概念隐喻。其中，源域是运动，具体包括不同的运动类型、方式、内容及规则等内容，目标域是经济体系及运行规则。比赛运动中必须要有选手参与，全球化经济背景下各成员国在以经济为主体指标的国力方面的竞争相当于运动比赛；各成员国相当于运动比赛选手（S，R-E$_{79}$），比赛将区分出不同选手的实力差异；实力强的选手无疑将领先于其他对手（S，P-E$_{80}$）；最终目标是在激烈的角逐中赢得比赛（S，P-E$_{81}$）；经济发展相对滞后的国家相当于比赛中暂时落后的选手，需要在后期紧跟其他国家的发展步调，甚至超越（P-E$_{82}$）；在跳跃运动中，经助跑后，选手们可获得水平速度，并为起跳获得垂直速度创造条件；在投掷运动中，助跑可使投掷者和器械获得一定的预先速度，并为后期发力和出手速度创造条件；同理，各成员国经济发展的起步阶段如同运动员在比赛中的助跑，该过程能够为后期经济的稳定发展乃至腾飞奠定坚实基础（S，R-E$_{83}$）。

（79）This will almost certainly change as India becomes a bigger ***player*** in the global economy. （S，R-E$_{79}$：K6）

（80）This year the French economy will ***race*** ahead by a mighty 4.2%, according to a forecast to be published next week by one leading French think-tank. (S, P - E$_{80}$: K5.1)

(81) The U. S. needs to stay reformist and nimble to ***compete*** in the global economy. (S, P - E$_{81}$: S7.3 +)

(82) That gives it plenty of scope to enjoy ***catch-up*** growth, unlike Japan's economy, which was still far smaller than America's when it reached the technological frontier. (P - E$_{82}$)

(83) Places that experience a rapid ***run-up*** in debt often endure a sharp slowdown in GDP. (S, R - E$_{83}$: T1.1.2)

二 市场主题方向

市场泛指商品交换的领域，是各方参与交换的多种系统、机构、程序、法律强化和基础设施之一，是社会分工和商品生产的产物，其本质是商品和服务价格建立的过程，可促进贸易及社会的资源分配（Kotler, 2000: 27）。市场主题方向主要包括市场活动、市场变化和市场行为三大要素。Wmatrix 数据统计后显示，PPC 和 RAC 在市场主题方向上获得主题语义域的数量分别为 128 个和 113 个。根据 MIP（VU）隐喻识别程序和《柯林斯英语语法丛书：隐喻》（Deignan, 1995）等源域分类标准的基础上，本节将主题语义域进行后期排错与整合，重新归类如下：

（一）隐喻概念域整体比较

如表 5-18 所示，在市场主题方向上，PPC 共计使用 10 类基本概念域，RAC 共计使用 9 类基本概念域。从隐喻形符使用分布上看，与经济主题方向相比，人类隐喻基本概念域在两类语料库中依然居于首位。值得关注的是，PPC 和 RAC 中的人类、机械、战争、灾害和动物等 5 类基本概念域的隐喻形符数趋于接近值，且其主导性隐喻均为人类隐喻、移动隐喻和机械隐喻。航海隐喻为 PPC 独有的基本概念域，隐喻形符数为 887，总占比为 7.95%。除容器和动物隐喻之外，PPC 在其余各类基本概念域的隐喻类符数和源域共鸣值指标上均高于 RAC

的对应值。在隐喻丰富性指标上，PPC 中仅有航海和动物隐喻的数值高于 RAC 的对应值。

表 5-18　市场主题方向上 PPC 和 RAC 基本概念域整体分布情况

基本概念域	PPC 语料库				RAC 语料库			
	隐喻形符	隐喻类符	共鸣值	丰富性	隐喻形符	隐喻类符	共鸣值	丰富性
人类	1899	46	87354	41.28	1929	29	55941	66.52
移动	1693	31	52483	54.61	1381	19	26239	72.68
机械	1642	35	57470	46.91	1732	26	45032	66.62
战争	1322	24	31728	55.08	1234	14	17276	88.14
灾害	1184	32	37888	37.00	1152	10	11520	115.20
建筑	946	22	20812	43.00	822	12	9864	68.50
航海	887	16	14192	55.44	0	0	0	0.00
容器	705	14	9870	50.36	852	16	13632	53.25
动物	453	10	4530	45.30	541	14	7574	38.64
游戏	425	14	5950	30.36	269	7	1883	38.43
总计	11156	244	322277	45.72	9912	147	188961	67.43

表 5-19 独立样本 t 检验结果显示，PPC 隐喻形符使用的平均数 ($M = 1115.60$, $SD = 520.37$) 与 RAC 的对应值 ($M = 991.20$, $SD = 616.42$) 之间无显著差异 ($t = 0.49$, $df = 18$, $p > 0.05$)：PPC 的隐喻形符数高于 RAC ($MD = 124.40$), d 族效应量较小 ($d = 0.10$), 差值约为 PPC 标准差的 0.1 倍；PPC 隐喻类符使用的平均数 ($M = 24.40$, $SD = 11.45$) 与 RAC 的对应值 ($M = 14.70$, $SD = 8.55$) 之间存在显著差异 ($t = 2.15$, $df = 18$, $p < 0.05$)：PPC 的隐喻类符数明显高于 RAC ($MD = 9.70$), d 族效应量中等 ($d = 0.43$), 差值约为 PPC 标准差的 0.43 倍；PPC 隐喻丰富性比值的平均数 ($M = 45.93$, $SD = 8.32$) 与 RAC 的对应值 ($M = 60.80$, $SD = 31.13$) 之间没有显著差异 ($t = -1.46$, $df = 10$, $p > 0.05$)：PPC 的隐喻丰富性比值低于 RAC ($MD = -14.86$), d 族效应量较小 ($d = 0.29$), 差值约为 RAC 标准差的 0.29 倍。

表5-19　市场主题方向上 PPC 和 RAC 隐喻定量值独立样本 t 检验

	PPC 语料库 ($n=10$)		RAC 语料库 ($n=10$)		MD	t_1 (18)，t_2 (18) t_3 (10)
	M	SD	M	SD		
隐喻形符	1115.60	520.37	991.20	616.42	124.40	0.49
隐喻类符	24.40	11.45	14.70	8.55	9.70	2.15
隐喻丰富性比值	45.93	8.32	60.80	31.13	-14.86	-1.46

注：$p_1>0.05$；$p_2<0.05$；$p_3>0.05$。

市场主题方向上 PPC 和 RAC 两组源域共鸣值指标（连续变量）不符合正态分布规律，无法满足独立样本参数检验的基本要求，我们由此采用 Mann-Whitney U 非参数检验方法。U 检验（表5-20）显示，PPC 源域共鸣值的平均秩次及秩和（$MR=12.10$，$SR=121.00$）与 RAC 的对应值（$MR=8.90$，$SR=89.00$）之间无显著差异（$U=34.00$，$Z=-1.21$，$p>0.05$）；PPC 的隐喻数值高于 RAC，r 族效应量较小（$r=0.27$），表明 PPC 与 RAC 源域共鸣值之间的实际差异处于较小区间。

表5-20　市场主题方向上 PPC 和 RAC 隐喻定量值 Mann-Whitney U 检验

	PPC 语料库 ($n=10$)		RAC 语料库 ($n=10$)		U	Z
	MR	SR	MR	SR		
源域共鸣值	12.10	121.00	8.90	89.00	34.00	-1.21

注：$p>0.05$。

（二）隐喻概念实现方式比较

表5-21　市场主题方向上"人类"基本概念域表征垂直比较

基本概念域	PPC 语料库		RAC 语料库	
	次概念域	隐喻类符	次概念域	隐喻类符
人类	生命周期	growth (83) infant (64) survive (50) recovery (37) aging (26) cycle (21) mature (20) decay (20) revive (17) nurture (15) immortalize (7)	生命周期	recovery (92) growth (87) birth (56) maturity (49) infant (35) aging (21) counter-cyclical (9)

续表

基本概念域	PPC 语料库		RAC 语料库	
	次概念域	隐喻类符	次概念域	隐喻类符
人类	具身经验	breathe (52) reproduce (41) co-head (36) stimulation (9)	具身经验	/
	健康状况	healthy (72) disease (54) ailing (52) cure (50) bleeding (45) sound (42) syndrome (40) cripple (33) pain (27) paralysis (25) diagnosis (25) ill (22) vibrant (17) infections (16) feeble (14) immunity (14) epidemic (12) excrescence (9) exuberant (5)	健康状况	weaker (102) treatment (72) pain (70) healthy (52) disease (50) strong (46) diagnosis (36) remedy (32) sick (19) sound (15) symptom (14) myopia (8) dislocate (6)
	内在情感	depression (67) breakdown (56) vulnerable (54) jitter (43) fragile (30) uneasy (24) worried (17) caution (15) twitchy (10) distress (5) fretting (5)	内在情感	shock (108) trust (51) concern (36) fragility (30) distress (21) unsettling (19) panic (15) succumb (12) disturbing (9)
共计		1899/46		1929/29

如表 5-21 所示，在市场主题方向上，人类隐喻依然是 PPC 和 RAC 语料库中占主导地位的基本概念域之一。"市场"通常被拟人化，集中体现了"市场是人" MARKET IS HUMAN 这则概念隐喻。源域是人类本身及与人类相关的活动、事体、动作和状态等要素，其中共享的次级映射范畴涉及生命周期[S]、健康状况[S]和内在情感[S]，具身经验[P]为 PPC 独有的次级映射范畴。目标域是市场，具体包括市场交易活动、变化过程和基本行为方式等。市场的建立与发展如同人类生命在不同阶段的循环过程（S, R-M$_1$）。市场的波动趋势也可与商业周期既定阶段的发展方向完全相悖（R-M$_2$）。呼吸是有机体与外界环境进行气体交换的过程，是生命得以延续的前提和基础。同理，新兴市场经济体的复苏必须获得充足的呼吸空间（P-M$_3$）。人类生命系统的器官、组织和细胞等在生理机能极度减缓后，通常能够回到正常的生命状态。股票市场如同人体生命系统，在经历价格波动、主体利益竞争、供求关系变化等因素影响之后，通过干预或自发调节可恢复至原

有的运行状态（S，P－M₄）。市场投资处于正常运行状态相当于人类生命体征健康状况良好（S，P－M₅）。市场运行出现问题如同人体患有某种疾病，需要依靠专业人士来判断问题根源及治理方法（S，P－M₆）。当有机体组织频繁接受外部刺激或存在微生物寄生情况下就容易在局部增殖生成赘疣组织。联邦政府或官员强制征收的巨额税款及附加费用如同人体局部组织的赘生物，是滋生经济腐败的温床（P－M₇）。市场营销管理出现问题如同人类患近视之疾，目光短浅，缺乏远见卓识（R－M₈）。市场具有人类心理或情感特点。在极端情况下，市场运营效率降低容易产生资产泡沫或金融困境（S，R－M₉）。

（1）Then, all houses on the market are vacant houses and given the assumed matching technology, vacancies rise and fall with prices and the volume of transaction in the seasonal ***cycle***. (S, R－M₁: M3)

（2）Second, investors switching behavior may engender fluctuations in these markets that are ***countercyclical*** to each other. (R－M₂: Z99)

（3）A weakening dollar has given a recovery in emerging－market economies room to ***breathe***. (P－M₃: B1)

（4）When investors leave the housing market and return to the stock market, stock markets ***recover*** and housing markets decline. (S, P－M₄: B2＋)

（5）In his classic, The Intelligent Investor, first published in 1949, Benjamin Graham, a Wall Street sage, distilled what he called his secret of ***sound*** investment into three words: margin of safety. (S, P－M₅: E6－)

（6）The consensus ***diagnosis*** of the ailing PDA market is that smartphones have been responsible for the demise. (S, P－M₆: B3)

（7）…it is meant to replace a monstrous ***excrescence*** of taxes, duties, surcharges levied by the center, the states and local authorities gives huge scope for corruption by officials and politicians. (P－M₇: Z99)

（8）This transition might be a result of management ***myopia*** or the desynchronization and discoordination of their business practices from other actors. （R – M₈：B2 – ）

（9） When the market is moderately inefficient, the dynamic interaction between strategic trading and market inefficiency may lead to consistent clustering to a technical strategy, which prolongs the market inefficiency and in extreme cases generates asset bubbles or financial *distress*. （S，R – M₉：E6 – ）

表 5 – 22　　市场主题方向上"移动"基本概念域表征垂直比较

基本概念域	PPC 语料库		RAC 语料库	
	次概念域	隐喻类符	次概念域	隐喻类符
移动	行走方式	stumble（94） tumble（82） wobble（75） lurch（72） topple（66） slide（47） slip（39）	行走	wobble（114） stumble（92） lurch（83） limping（32）
	流动状态	float（127） flow（98） liquidity（82） ripple（66）	流动	flow（136） float（104） liquidity（94） circulation（43）
	空间运动	rebound（108） soar（101） drop（87） plummet（58） plunge（17）	升降	rebound（142） soar（64） recession（43） slump（39） drop（35） sink（30） fall（22） rally（21） downturn（14） dynamics（12） trajectory（11） bounce（11） spike（9）
共计		1693/16		1321/21

如表 5 – 22 所示，市场变化常被概念化为移动过程，具体表现为人的特定行走方式、液体的流动状态以及实体的升降运动被映射至相对抽象的市场概念上，主要体现了"市场活动是移动现象" MARKET ACTIVITY IS MOVEMENT 这则概念隐喻。其中，源域是移动过程，包括人类在地面上特殊的行走方式、实体在水中的漂流状态和在空中的上升和下落运动等，目标域是市场变化活动。人行走时，倘若步履踉跄、蹒跚而行，可能是因为道路崎岖不平，又或是因为触碰到了地面的障碍物，但这种失去重心平衡的行走方式可以在调整姿势后得到恢复。市场活动、经济发展等同样会遭遇人行走时阻碍其前行的事物，然而只需稍作调整，就可恢复到原先正常的

状态（S, P-M$_{10}$）；人走路稍有摇晃，或姿势异样，也可能是偶发性事件。只要后期恢复到正常的行走状态，就不会对身体其他方面造成损伤。同理，市场瞬息变幻，偶发性的负面市场运行状态并不会造成经济效益上的亏损（S, R-M$_{11}$）；然而，人也会因过度饮酒而引发失足跌倒，甚至出现无法继续行走的情况。市场运行过程中出现的棘手问题也正如因醉酒失去基本行走能力的人，在短时间内根本无法恢复至原先的市场状态（S, P-M$_{12}$）。此外，人类的肢体动作也可用于表征市场变化或交易行为；经济发展、市场运作如同行人走路；市场运行过程中出现重大问题或市场崩溃相当于行人走路出现跌倒的状况（S, P-M$_{13}$）。

（10）India, which is certainly large and not considered especially trade-dependent, is also seeing the economy ***stumble***. （S, P-M$_{10}$: M1）

（11）Financial markets ***wobbled*** in February, but only after reaching all-time highs. （S, R-M$_{11}$: M1）

（12）At this point, the economy, and the steel market, took another ***lurch*** downwards. （S, P-M$_{12}$: M1）

（13）The relationships between CRT scores, trading strategies and market ***dynamics***, as well as the dynamics of expectations, observed in our data… （S, P-M$_{13}$: X4.2）

液体最典型的特点是流动性，且具有容纳悬浮物体的能力。流动的事物通常处于变化状态，因此不易于控制。倘若将液体承载固体的意象图式及流动性特征映射至相对抽象的市场运行及变化，就形成了概念隐喻"市场是流体" MARKET IS LIQUID。流体隐喻常被概念化为市场的不稳定性，用于模型化市场运行的基本规律。其中，源域是流体，包括"水"、"血液"等原型词及流体本身的固有属性，目标域是市场运行与变化。市场汇率由于受到供求关系、货币政策、国际收支、国际政治等综合因素的影响，价格跌涨起伏频繁。汇价正如同漂浮于水面上的物体，其流动方向和走势难以充分确定（S, P-M$_{14}$）；石子投入平静的湖里，水面上会荡起阵阵涟漪，层层波及周边事物。

全球化市场经济危机的爆发，同样会引发涟漪效应，层层波及周边国家的经济运行。若涟漪效应得不到有效控制，部分初始危机往往会引发更严重的经济破坏（S，P－M$_{15}$）；流体虽具有承载固体的能力，但密度过大、质量过重的物体悬置液体表面，也会下沉。该意象图式的映射特点与人类基本的具身体验"更少是下"LESS IS DOWN 保持一致。市场销售业绩的大幅度下降如同悬浮于液体表面的物体垂直下沉，意为数量的急剧减少（S，P－M$_{16}$）。

(14) In industrial countries, remarkably little evidence exists to suggest that the volatility of ***floating*** exchange rates does in fact harm trade or investment. (S，P－M$_{14}$：M1)

(15) Fallout from the European debt crisis could have ***ripple*** effect beyond just the southern-tier countries. (S，P－M$_{15}$：O2)

(16) Even more shocking, the volume of beer sold in China—the world's biggest guzzler—fell by 3.6% last year, largely because of ***plunging*** sales of cheap brands. (S，P－M$_{16}$：Z99)

移动隐喻的次级映射范畴"空间环境中的上升和下降运动"通常用于描述市场的快速变化情况。与人类在地面的行走经验、固体在流体中的悬浮体验相比，物体在升空与下降过程中所触碰的障碍物相对较少。而物体移动的难易程度可以直接影响移动对象的选择（Charteris-Black 2004）。由此，市场经济价值的急剧变化可通过空中的自由运动进行描述[S]。这种变化可通过市场贸易急剧上升（S，P－M$_{17}$），商品价格反弹（S，P－M$_{18}$），价格呈抛物线（R－M$_{19}$）和价格骤降（S，P－M$_{20}$），价格暴跌（S，P－M$_{21}$）等现象得以具体表征。

(17) By October 22nd, the next trading day, the market had ***soared*** by nearly 10%. (S，P－M$_{17}$：N5＋)

(18) The ***rebound*** in commodities has helped sentiment towards emerging markets and pushed up inflation expectations. (S，P－M$_{18}$：M1)

(19) In this paper, we report a laboratory experiment consisting of 35

sessions, in which traders make forecasts of the future price ***trajectory***. (R-M$_{19}$: M6)

(20) Options markets have been pricing in an immediate ***drop*** of 4% in the pound. (S, P-M$_{20}$: O1.2)

(21) When markets ***plummet***, they are often blamed for deliberately exacerbating the fall to reap bigger returns. (S, P-M$_{21}$: M1)

表5-23　市场主题方向上"机械"基本概念域表征垂直比较

概念域	PPC语料库		RAC语料库	
	次概念域	隐喻类符	次概念域	隐喻类符
机械	力	leverage (73) balance (70) tight (66) elasticity (58) adjustment (56) steam (47) buffer (45) fuel (32) revert (31) gravity (28) bounce (24) resilient (22) buffer (13) catalyst (6)	力	elastic (112) adjustment (81) fuel (76) cushion (54) hysteresis (53) buffer (46) constraints (41) steam (37) overtake (30) forge (18) tighten (14)
	机器	mechanism (67) accelerator (54) engine (48) damper (43) overhaul (36) locomotive (34) operate (32) brake (32) sputter (30) drive up (30) gridlock (29) stringent (25) downshift (23) lever (20) drag down (18) speed (12) carting (12) wielding (10) squashing (10) tighten (6) derail (5)	机器	mechanism (126) adjustment (92) accelerate (64) derail (45) on track (40) stuck (38) fix (36) forge (32) wheel (29) steer (25) lever (24) downshift (22) sputter (20) stalled (14) speed (9)
共计	1642/35		1732/26	

如前文所言，经济学借鉴了物理学等自然科学的概念，用于经济学学科的模型构建。牛顿经典力学中的"力"和"机器"构成了当前经济话语研究中最典型的两个概念。如表5-23所示，将力动能和机器的具体操作过程映射至抽象的市场概念，就形成了市场主题方向上的机械隐喻，体现了"市场运行是机械"这则概念隐喻。其中，源域是机械，包括力动能的运作过程和机器的操作方法，目标域是市场及市场运行变化规律。市场相当于人类的交通工具。市

场运行应根据实际情况，进行适当操作与调节以达到最佳状态（S，P－M_{22}）。市场运行规则如同使用机械，遵循正确的操作步骤是机械处于最佳工作状态的基础和前提（S，P－M_{23}）。机械启动运行通常需要达到动平衡。为确保人员安全与保障生产的正常运行，机器运转达到特定时产后需进行动平衡校正。国家之间的市场贸易行为如同机械运行。如果经济贸易经常出现逆差现象，国民生产收入便会外流，国家整体经济实力转弱。因此，在对外贸易中，应设法保持进出口基本平衡，略有结余（S，P－M_{24}）。弹性物体因外力产生形变后具有可控范围内的恢复力。市场价格的波动变化如同弹性物体的张弛度，能够反映市场需求量的变化程度，企业可根据自身情况，决定产品的市场定位。因此，价格弹性是企业决定产品提价或降价的主要依据（S，R－M_{25}）。汽车弹簧缓冲器属于高弹性、高韧度橡胶制品，用于安装在汽车悬挂系统的螺旋弹簧处，主要对汽车起到缓冲与避震作用。强劲的经济基础如同汽车缓冲器，是有效缓冲市场崩溃的关键因素（S，R－M_{26}）。

(22) In this country the dominant theme is to let the market ***operate*** freely enough to let buyers and sellers determine if a product is worth buying. (S，P－M_{22}：A1.1.1)

(23) When insurance and banking regulators moved in, they made matters worse by dumping huge bond holdings before a new market ***mechanism*** had been established. (S，P－M_{23}：O2)

(24) What is more, the countries whose trade ***balances*** have ***adjusted*** the most, Brazil and Indonesia, are among the best recent performers. (S，P－M_{24}：O4.1，A2.1＋)

(25) We set the ***elasticity*** of substitution between tradable goods produced in Home and Foreign, *T*, equal to 6, consistent with recent estimates provided by Imbs and Mejean. (S，R－M_{25}：A2.1＋)

(26) It implies that strong economic fundamental is the key for an effective ***buffer*** against market crashes. (R－M_{26}：M3)

表 5–24　市场主题方向上"战争"基本概念域表征垂直比较

基本概念域	PPC 语料库 隐喻类符	RAC 语料库 隐喻类符
战争	protect（83） defend（77） hit（72） target（64） war（60） batter（55） damage（53） withdraw（45） struggle（41） combat（38） trigger（34） retreat（32） wipe out（30） fight（29） impact（29） attack（27） rally（27） fire（26） assault（24） battlefield（22） shoot（18） defeat（15） tear apart（7） ceasefire（6）	hit（126） attack（93） struggle（84） impact（76） fight（72） battlefield（63） batter（61） war（52） shoot（51） assault（46） target（33） weapon（22） withdraw（33） blow（9）
共计	1322/24	1234/14

如表 5–24 所示，市场及市场行为被概念化为交易双方的斗争或肢体冲突，具体表现为战争中相对熟悉的实体概念被系统映射至抽象的市场行为，体现了"市场贸易是战争" MARKET COMMERCE IS WAR 这则概念隐喻。其中源域是战争，具体包括战役、士兵、指挥官、武器、作战策略等，目标域是市场活动。该隐喻映射的实体对应物具体表现为：商务经济人士或参与者是战士；市场交易行为是战争；市场及消费者是各家不同经济实体须争夺的领地；市场资源是战争中必备的武器；战争的目的是为了生存并争夺更多领地，即消费者和市场占有率。此外，战争中也可寻求政治联姻以达到壮大整体军事实力的目的。对敌作战中，在充分了解敌军战况的前提下，须合理制定军事策略。同理，商业行为的前提是掌握市场规律和对手的重要信息，进而通盘谋划、详细部署周密的商业策略（S，R–M_{27}）。遇到战况不佳的情况，优秀的指挥官将及时下令调整作战策略。必要时，还应撤退部队转移，以换取更有利的战机。市场贸易如同军事行动，在重要关头应及时调整商业策略，撤出资金，保存经济实力，以换取更有利的商机（S，P–M_{28}）。作战中，应及时选定目标，充分利用武器击败敌人。贸易战中，应迅速锁定竞争对手的弱点，寻找机会，赢得商机（S，P–M_{29}）。受到作战环境及心理各种内外因素的影响，战场上射击目标时很可能出现首击未中的战况。市场贸易行为如同战场上的射击行为，受到国内外商业环境中干扰因素的影响，也可能会出现投资

未果、交易失败，最终未达到预期目标（P-M$_{30}$）；在作战的某个时机，为了考虑全局，有时须付出代价，集中火力痛击敌人。贸易竞争中的某些重要时刻，为了彻底击溃对手，偶尔也需要牺牲局部利益，集中力量以获取全局的胜利（P-M$_{31}$）。

（27）China's decision to opt for a relatively conciliatory ***strategy*** can be explained in three ways.（S, R-M$_{27}$: X7+）

（28）On April 26th his administration denied reports that it was poised to ***trigger*** America's ***withdrawal*** from the agreement.（S, P-M$_{28}$: A2.2, M2）

（29）In its retaliation, China has already used tariffs to ***hit*** sensitive ***targets***.（S, P-M$_{29}$: E3-, X7+）

（30）…the revenues in the fourth quarter would ***undershoot*** expectations by up to 10%.（P-M$_{30}$: Z99）

（31）Is there a point at which China might ***lash out*** against America, even at the cost to itself?（P-M$_{31}$: N5+）

表5-25　　市场主题方向上"灾害"基本概念域表征垂直比较

基本概念域	PPC 语料库		RAC 语料库	
	次概念域	隐喻类符	次概念域	隐喻类符
灾害	普通灾害	collapse (84) disaster (72) havoc (42) damage (43) hazard (35) tear up (31) engulf (29) turmoil (26) destroy (24) crash (21) destruction (16) dent (12) wipe out (11) disruption (7)	普通灾害	collapse (144) disaster (102) turmoil (76) havoc (32)
	自然灾害	shock (72) storm (39) hurricane (37) upheaval (28) wave (25) erupted (12) earthquake (6)	自然灾害	storm (107) upheaval (74) shockwave (36)
	气体灾害	pressure (63) volatile (42) bubble (34) evaporate (30) explosion (26) boil (24) turbulence (22) burst (20) erupted (20) landfall (11) gas (8)	气体灾害	speculative bubble (73) evaporate (45) volatility (28)
共计		1184/32		1152/10

如表5-25所示，在市场主题方向上，灾害隐喻通常将不同类型

的灾害及其破坏性特征映射至相对抽象的市场运行、市场变化和市场行为，用于描述市场价值受损、市况走势低迷下滑等负面行情，具体细分为普通灾害、自然灾害和气体灾害三种次级映射类型，集中体现了"市场运行是灾害"MARKET PERFORMANCE IS DISASTER 这则概念隐喻。与经济主题方向相比，不同类型灾害隐喻的选择与使用同样反映了市场运行质量的优劣及市场价值的受损程度，同时揭示了隐匿于隐喻概念背后相关利益集团操控市场的真实目的及意识形态。与自然灾害语义域相比，普通灾害的源域性词汇同样缺乏明确的指称对象，但在具体语境中可指代市场运行中的灾害类型（S，P－M_{32}；S，P－M_{33}）。人类对飓风危害的认知相对熟悉。飓风过境时常伴有狂风暴雨天气，可引发海面巨浪，严重威胁航海安全；同时飓风登陆后所带来的暴风雨天气也可摧毁庄稼、建筑设施等，造成人民生命和财产的巨大损失。市场运行及价值出现重大危机相当于人类面临飓风巨浪等极端气候威胁（P－M_{34}）。气体的基本特征是无形状、挥发性和不稳定性。如果将气体等无形状物质的特性映射至无形的市场运行过程，就构成了"气体隐喻"，其中共享的认知基础是人类对气体的认知和对市场行为的认知之间存在清晰的同质意象图式。气体分子间的吸引力相对较小，并且在做着永不停息的无规则的运动。分子运动到空气中，表现出强烈的挥发性。市场运行和变化相当于气体的挥发运动，具有变化性和不可预测性（S，P－M_{35}）。气泡是自然界常见的现象，是指液体内的小团空气，在形成后其形状和体积极易发生变化，直至破裂消失。房地产价格脱离实际价值现象如同气泡，表面繁荣、实则虚浮不实，无法维持长久（S，R－M_{36}）。

（32）The resulting ***turmoil*** in commodity markets led a number of hedge funds to speculate widely. （S，P－M_{32}：E3－）

（33）Those loans wreaked ***havoc*** in world financial markets where they were sold in bundles. （S，P－M_{33}：A1.7－）

（34）Property prices in the US have already dropped by almost a third from their peak, as the crisis spread from lower-paid sub-prime borrowers to

engulf the entire housing market. （P – M$_{34}$：Z99）

（35）The funds nearly tenfold gain on the stock, which it started buying in 2016, has all but ***evaporated***, but Brown has been adding to its position. （S, P – M$_{35}$：O1.3）

（36）Requirements to have relatively high down payments when taking up a mortgage to buy a house may reduce the size of housing ***bubbles***, which influence the business cycle. （S, R – M$_{36}$：O2）

表 5 – 26　　市场主题方向上"建筑"基本概念域表征垂直比较

概念域	PPC 语料库	RAC 语料库
	隐喻类符	隐喻类符
建筑	collapse（114） foundation（92） building（83） structure（73） shaky（76） crash（72） floor（62） stability（74） architecture（73） window（72） construction（32） tear down（43） bridge（32） infrastructure（6） premise（11） cornerstone（12） roof（12） rotten（41） ceiling（12） platform（11） backbone（8） house（5）	build（133） architecture（121） construct（104） structure（81） infrastructure（69） premise（65） framework（56） gate（52） wall（48） shelter（33） component（32） tear down（27）
共计	946/22	822/12

如表 5 – 26 所示，如果将有形的建筑物实体、构筑方式、建设质量、潜在风险等内容映射至相对抽象的市场概念，就形成了市场主题方向上的"建筑隐喻"，体现了"市场是建筑物"MARKET IS BUILDING 这则概念隐喻。其中，源域是建筑物及其相关特征，目标域是市场及其交易、变化和行为等。市场经济建设如同建造楼房，必须先要打地基，搭建框架，为后期的经济发展奠定基础（S, P – M$_{37}$）；楼房在完成框架搭建的基础上，需要添砖加瓦，开窗造门，完善楼房各部分细节；市场经济建设落实到具体细节方面，相当于楼房建设的细节完善环节，需要提出各种具体政策和措施，以确保经济持续发展（S, P – M$_{38}$；S, P – M$_{39}$）；如果楼房结构本身根基不稳固，再加上外力的常年侵蚀，就会造成楼房坍塌的可能性；市场经济建设在初期缺乏坚实的基础建设，后期的经济发展也会出现崩盘的情况（S, R – M$_{40}$；

第五章　经济隐喻概念结构垂直比较分析

S, P-M$_{40}$; S, R-M$_{41}$)。

(37) When people try to shoehorn these issues into the free-market ***framework***, what ends up happening is that one side of these trade-offs gets ignored. (S, P-M$_{37}$: X4.2)

(38) We weighed the multiple risks, such as the potential disruption to counterparties, other financial institutions, the markets and the market ***infrastructure***. (S, P-M$_{38}$: I2.1)

(39) By pushing back the deadline several times, Congress expanded the ***window*** in which the market would be enticing buyers and borrowing demand from future months. (S, P-M$_{39}$: H2)

(40) Time to ***tear down*** this ***rotten*** edifice and ***build*** a new housing market that works. (S, R-M$_{40}$: A1.1.2; S, P-M40: A1.1.2; S, P-M40: H1)

(41) The market ***crash*** that resulted from those undisclosed risks left huge holes… (S, R-M$_{41}$: A1.1.2)

表5-27　市场主题方向上"航海"基本概念域表征垂直比较

概念域	PPC 语料库	RAC 语料库
	隐喻类符	隐喻类符
航海	anchor (74) boat (62) floating (47) shore (45) steer (45) storm (42) wave (42) sinking (39) plunge (39) coaster (32) sail (21) paddle (13) stern (9) cruise (9) wading (5) docked (5)	/
共计	887/16	0/0

如表5-27所示，Wmatrix语料检索后发现，与语义域G8［水］相关并涉及船只航行方式的词目也常用于描述市场的运行情况。Charteris-Black & Ennis (2001) 认为，航海隐喻的使用主要反映了英国英语的区域性心理 (geo-psychological) 特征，是对昔日大英帝国在海上建立霸主地位的怀旧体现。具体而言，将船只在海上的航行方式及航

· 157 ·

海的气候条件等内容映射至市场的交易、变化和行为等抽象概念上，就形成了市场主题方向上的"航海隐喻"，体现了"市场活动是航海活动"MARKET MOVEMENT IS NAUTICAL MOVEMENT 这则概念隐喻。其中，源域是船出海及相关特征，目标域是市场活动。受到政策等各种不可控因素的影响，市场经常处于波动变化之中；市场交易者相当于舵手；驾驭市场的能力相当于舵手操舵驾船的能力（P-M_{42}）；市场运行过程中遇到的各种问题相当于航海过程中遇到的风浪（P-M_{43}）；船体在浪潮中出现上下颠簸的情况相当于市场的变化波动（P-M_{44}）；遇到巨浪等不利于航海出行的极端气候条件下应及时返航靠岸；市场前景如同航海的未来状况，在前景尚未明朗时，首先应集中力量支持目标实体对象（P-M_{45}）；船只靠岸后应抛锚停泊，稳住船身；市场开拓如同抛锚停船，必须要具备明确、固定的市场定位（P-M_{46}）；市场价值暴跌相当于骤然注入水中而被淹没（P-M_{47}）；市场经济重新兴起如同船只扬帆起航（P-M_{48}）。

（42）Every day that goes by with no significant policy decisions from the Asian giant causes the market to lose confidence in its ability to ***steer*** its ship. （P-M_{42}：M4）

（43）The tight trading ranges over the past few weeks makes the market more vulnerable to a ***wave*** of selling. （P-M_{43}：W3）

（44）The stock market indices continue to ***float*** upwards, totally ignoring any negatives in the U.S. （P-M_{44}：M1）

（45）In recent months, we've taken steps to ***shore*** up the housing market, including measures to help struggling homeowners avoid foreclosure and to keep their homes. （P-M45：M4）

（46）The old European ***anchor*** of the UK market has started slipping away from RIM during the Apple-Samsung surge of the past 12 months. （P-M46：M4）

（47）Wood notes that high-fliers like Netflix, a high-conviction holding for ARK, have held up well in the market ***plunge***. （P-M_{47}：M1）

(48) Indeed, as much as tax-cut giddiness may fill the markets ***sails*** for a while, there are long-term factors that are likely to keep stocks moored. （P – M$_{48}$：M4）

表 5 – 28　　市场主题方向上"容器"基本概念域表征垂直比较

概念域	PPC 语料库	RAC 语料库
	隐喻类符	隐喻类符
容器	within（183）into（102）outside（94）expansion（65）enter（47）access（45）territory（42）overlap（29）	into（212）within（163）outside（94）enter（88）size（37）territory（22）overlap（9）
共计	705/8	852/7

如表 5 – 28 所示，容器意象图式（隐喻）是人类对客观世界进行概念化和范畴化强有力的认知表征工具，是对抽象事物进行推理与识解的基本途径。容器隐喻的基本功能是将事体的"内部"和"外部"概念进行显性比较，可进一步突显两者的区别。在市场主题方向上，容器隐喻主要被用于概念化市场交易活动的空间化概念，集中体现了"市场是容器"MARKET IS CONTAINER 这则概念隐喻。其中源域是容器，目标域是市场变化、交易及行为特征。当"市场"被概念化为"容器"时，"市场"被赋予了空间特性，消费者可自由出入（P – M$_{49}$）；容器内部空间的容纳力有限，都有相应的界定范围，因此容器内部的实体能够占据到的空间或体积也是限定的；市场内部的空间范围相当于容器的内部空间，市场活动人员（如业主、租户等）相当于容器里的物体，他们相互争夺，宣誓对空间的"主权"（S，P – M$_{50}$）；容器里的实体占据相应的容纳空间后，通常竭力阻止外部事物进入相关区域，因此具有排他性。市场内部空间也具有排他性，具体表现为市场活动人员力争市场特定区域的所有权，设置障碍，以阻止竞争对手进驻市场（S，P – M$_{51}$）。另外，当市场被喻化为熊的专属领地或形成区块交叉重叠时，同样赋予了市场空间容纳的能力（S，P – M$_{52}$；S，R – M$_{53}$）。

(49) And it is working on fixing its tax laws so foreigners can ***access*** that market without paying through the nose for it. （P – M$_{49}$：M1）

(50) Focusing on a single market endangers future ***expansion*** because other businesses can lock down neighboring markets before you get there. (S, P – M$_{50}$: N3.2 +)

(51) Even more than Phone Gap itself, the ability to compile apps in the cloud will lower the barrier for ***entry*** into the mobile market considerably. (S, P – M$_{51}$: M7)

(52) The speed at which the market entered bear ***territory*** is also unprecedented, as is the world's response to the virus. (S, P – M$_{52}$: M7)

(53) Third, and most importantly, we take the first step in are search program on market innovation at the intersections and ***overlaps*** between markets. (S, R – M$_{53}$: N5.2 +)

表5-29　市场主题方向上"动物"基本概念域表征垂直比较

基本 概念域	PPC 语料库 隐喻类符	RAC 语料库 隐喻类符
动物	bull (114) bear (62) gallop (43) rein (33) claw (32) black sheep (25) trot (22) inertial dinosaur (17) fledging (9) skittish (6)	bearish (92) pet project (84) bull run (76) fledging (71) hunter (69) feet (65) wild (63) beast (58) brutish (53) predator (44) gallop (35) spurred (31) tail (12) toe (6)
共计	453/10	541/14

如表5-29所示，在市场主题方向上，通常将市场本身及交易过程中的具体类型与特定动物及其行为联系起来，形成"市场是动物"MARKET IS ANIMAL这则概念隐喻。换言之，动物隐喻就是通过动物的状态、性情、运动方式等来具体描述市场及市场活动的内部运作机制、性质和运行状态等。"牛"和"熊"是股市里由来已久的两种独特的动物性隐喻，用于指称股市交易者。"熊"指预测股票和证券下跌之人，因此，"熊市"（bear market）喻指经济低迷、股票市场下跌的行情，也称持续性空头市场，是延续时间相对较长的大跌市(S, P – M$_{55}$: L2)。该隐喻义源自于习语"to sell the bearskin before one has caught the bear"（在逮住熊之前扬言要卖熊皮）。在股市行业，部分

非法交易者假装抛售尚未购买的股票,其目的是制造股票大单压盘,即利用大笔资金将股价压制在一个较低的位置,以便日后以低位吸筹,降低自身买入成本。该非法行为也被业界称为"bear trap"(空头陷阱);相反,"牛"及其相关派生词(如 bullish, bull run)指预测或期望股票价格上涨的交易者。"牛市"得名源自牛攻击对手的方式。牛攻击对手时,通常将牛角朝天,威力十足。当牛的这种攻击方式被映射至股票市场,投资者就能保持"牛"的架势,心态乐观,信心十足($S, P-M_{56}: L2$)。动物或禽类等依赖爪子匍匐爬行的速度通常较慢。股票证券等价值的回升如同动物匍匐爬行,速度较慢($S, P-M_{57}: L2$)。动物的天然习性在未经人类驯服之前,其野性通常难以驾驭。金融市场如同未经驯服的野性动物,变幻莫测,难以预测($S, P-M_{58}: L2$)。

(54) That would guarantee suffering through every serious correction and ***bear market*** that comes along. ($S, P-M_{55}: L2$)

(55) The most ***bullish*** market participation sees unemployment dropping below 7% within the year. ($S, P-M_{56}: I2.1$)

(56) Lo and behold, share prices ***clawed back*** a bit of ground in the three days of trading before the new-year holiday, which began on February15th. ($P-M_{57}: A9+$)

(57) Savings have piled up as ***skittish*** emerging-market central banks stockpiled foreign-exchange reserves and as the share of income flowing to the savings-prone rich grew. ($R-M_{58}: E6-$)

表 5-30　市场主题方向上"游戏"基本概念域表征垂直比较

基本概念域	PPC 语料库	RAC 语料库
	隐喻类符	隐喻类符
游戏	race (101) play the game (74) end game (53) rule (53) enigma (23) casino (14) spinners (15) two-stage (22) backward induction (11) bet (9) magician (7) juggle (7) seesaw (6) domino (5)	score (82) race (44) player (32) pitcher (29) enigma (13) win (12) juggle (9)
共计	425/14	269/7

如表 5-30 所示，市场主题同样可通过游戏理论和游戏名称得以表征，集中体现了"市场活动是游戏" MARKET ACTIVITY IS GAME 这则概念隐喻。其中，源域是游戏及游戏规则，目标域是市场变化和市场行为。游戏隐喻的概念映射通常具有严格的实体对应，主要体现在：游戏过程对应于市场行为；商人对应于游戏玩家；游戏输赢结果对应于市场竞争的盈利和亏损；游戏规则对应于市场规则；游戏策略对应于市场商业策略。游戏的本质是对战与竞争；市场行为中的涉事双方通常被概念化为游戏玩家或参与者，目的是获得积分，击败对手。市场竞争如同游戏竞技过程，最终目的是获得经济利益（R-M_{59}）；市场具有阶段性特点。投资者须按照市场的阶段性规则行事，不能逆流而上（P-M_{60}）。赌博游戏是不确定的概率事件。市场投资行为过程中对于机会及胜算的把握如同赌博游戏，也是偶发性事件的概率问题。因此，商业决策者或投资者应审时度势，在危急关头果断执行相关政策及规定（P-M_{61}）。另外，市场也通常被喻化为各种游戏、球类运动选手，包括板球投手（P-M_{62}）、棒球投手（R-M_{63}）、魔术师（S, R-M_{64}）、多米诺骨牌（R-M_{65}）等。

(58) We investigate the relationships between average normalized ***scores*** of market ***participants*** and market outcomes. (S, R-M_{59}: K5, S1.1.3)

(59) This explains why well-informed investors are not willing to ***bet*** against the trend when the market is on the early ***stage*** of booming. (S, R-M_{60}: Z99, T1.2)

(60) The Chinese stock market has started to mature. Since its launch in the early 1990s it has often been likened to a ***casino*** populated by mom-and-pop investors. (P-M_{61}: K5.2)

(61) Their new outfit, which became the Professional Darts Corporation, attracted the attention of Barry Hearn, a promoter with a knack for turning pub games into money-***spinners***. (P-M_{62}: I4)

(62) Using a baseball analogy, were in the ninth inning of the bull

market, but we are dealing with a very bad ***pitcher***, says Delisle meaning this thing could go for a long time before the bull strikes out. (R – M$_{63}$: O2)

(63) …such ideas as intervening in currency markets or imposing tariffs on cars imported from Europe. But his most important role has been that of market ***magician***. (S, R – M$_{64}$: K4)

(64) Another fruitful context for studying cascading changes, is the stock market which has inbuilt systemic properties, whose behavior can produce ***domino*** effects on a global scale. (R – M$_{65}$: K5.2)

三 货币主题方向

货币是商品交换的产物，是在交换过程中从商品世界中分离出来、固定地充当一般等价物的商品，是财产所有者与市场关于交换权的契约，主要行使价值尺度、流通手段、贮藏手段、支付手段和世界货币五大职能。货币主题方向具体包括货币交易、资本运行和资产转移等（Rukeyser，1999：23-26）。利用 Wmatrix 自动检索程序，PPC 和 RAC 共计获得主题语义域的数量分别为 128 和 113。根据 MIP (VU) 隐喻识别程序和《柯林斯英语语法丛书：隐喻》（Deignan，1995）等常用源域分类标准，我们将主题语义域进行人工筛选与整合，重新归类如下。

（一）隐喻概念域整体比较

如表 5-31 所示，在货币主题方向上，PPC 共计使用 11 类基本概念域，RAC 共计使用 10 类基本概念域。从隐喻形符使用的分布上来看，PPC 和 RAC 中位居榜首的基本概念分别为移动隐喻和形态隐喻。PPC 中的移动、形态、容器、战争、建筑和动物等 6 类基本概念域的隐喻形符数高于 RAC 的对应值，唯有 PPC 和 RAC 中的灾害和人类等隐喻形符数趋于接近值。PPC 的主导性隐喻为移动隐喻、形态隐喻和容器隐喻，RAC 的主导性隐喻为形态隐喻、移动隐喻和灾害隐喻。动物隐喻为 PPC 独有的基本概念域，隐喻形符数为 315，总占比为

2.4%。另外，PPC 在各类基本概念域的隐喻类符数指标上均高于 RAC 的对应值。PPC 的各类源域共鸣值除旅程和游戏隐喻之外均高于 RAC 的对应值。在隐喻丰富性比值方面，PPC 中的形态、战争和动物隐喻的数值高于 RAC 的对应值。

表 5-31　货币主题方向上 PPC 和 RAC 基本概念域整体分布情况

基本概念域	PPC 语料库 隐喻形符	PPC 语料库 隐喻类符	PPC 语料库 共鸣值	PPC 语料库 丰富性	RAC 语料库 隐喻形符	RAC 语料库 隐喻类符	RAC 语料库 共鸣值	RAC 语料库 丰富性
移动	2370	44	104280	53.86	1764	27	47628	65.33
形态	2229	36	80244	61.92	1980	34	67320	58.24
容器	1694	26	44044	65.15	1207	16	19312	75.44
战争	1504	32	48128	47.00	1125	24	27000	46.88
灾害	1332	26	34632	51.23	1446	22	31812	65.73
机械	1110	22	24420	50.45	1355	18	24390	75.28
建筑	863	28	24164	30.82	547	15	8205	36.47
旅程	819	20	16380	40.95	986	17	16762	58.00
人类	739	15	11085	49.27	855	12	10260	71.25
动物	315	7	2205	45.00	0	0	0	0.007
游戏	158	13	2054	12.15	366	6	2196	61.00
总计	13133	269	391636	48.82	11631	191	254885	60.90

表 5-32 独立样本 t 检验结果显示，PPC 隐喻形符使用的平均数（$M=1193.91$，$SD=716.21$）与 RAC 的对应值（$M=1057.36$，$SD=593.27$）之间不存在显著差异（$t=0.47$，$df=20$，$p>0.05$）：PPC 的隐喻形符数高于 RAC（$MD=136.55$），d 族效应量较小（$d=0.09$），差值约为 PPC 标准差的 0.09 倍；PPC 隐喻类符使用的平均数（$M=24.45$，$SD=10.68$）与 RAC 对应值（$M=17.36$，$SD=9.50$）之间无显著差异（$t=1.65$，$df=20$，$p>0.05$）：PPC 的隐喻类符数高于 RAC 对应值（$MD=7.09$），d 族效应量较小（$d=0.30$），差值约为 PPC 标准差的 0.3 倍。

表 5-32　货币主题方向上 PPC 和 RAC 隐喻定量值独立样本 t 检验

	PPC 语料库 ($n=11$)		RAC 语料库 ($n=11$)		BX] MD	$t_1(20)$, $t_2(20)$
	M	SD	M	SD		
隐喻形符	1193.91	716.21	1057.36	593.27	136.55	0.47
隐喻类符	24.45	10.68	17.36	9.50	7.09	1.65

注：$p_1 > 0.05$；$p_2 > 0.05$。

货币主题方向上 PPC 和 RAC 两组源域共鸣值和隐喻丰富性比值指标（连续变量）不符合正态分布规律，无法满足独立样本参数检验的基本要求，我们由此采用 Mann-Whitney U 非参数检验方法，并确定单尾检验和数值为 0.05 的显著性水平。U 检验结果（表 5-33）显示，PPC 源域共鸣值的平均秩次及秩和（$MR=12.73$，$SR=140.00$）与 RAC 的对应值（$MR=10.27$，$SR=113.00$）之间无显著差异（$U=47.00$，$Z=-0.89$，$p>0.05$）；PPC 的隐喻数值高于 RAC，r 族效应量较小（$r=0.19$），表明 PPC 与 RAC 源域共鸣值之间的实际差异处于较小区间；PPC 隐喻丰富性比值的平均秩次及秩和（$MR=9.00$，$SR=99.00$）与 RAC 的对应值（$MR=14.00$，$SR=154.00$）之间存在显著差异（$U=33.00$，$Z=-1.81$，$p<0.05$）；PPC 的隐喻数值高于 RAC，r 族效应量较小（$r=0.19$），表明 PPC 与 RAC 隐喻丰富性比值之间的实际差异处于较小区间。

表 5-33　货币主题方向上 PPC 和 RAC 隐喻定量值 Mann-Whitney U 检验

	PPC 语料库 ($n=11$)		RAC 语料库 ($n=11$)		U	Z
	MR	SR	MR	SR		
源域共鸣值	12.73	140.00	10.27	113.00	47.00	-0.89
隐喻丰富性比值	9.00	99.00	14.00	154.00	33.00	-1.81

注：$p_1 > 0.05$；$p_2 < 0.05$。

（二）隐喻概念表征方式比较

如表 5-34 所示，货币、资本、资金等最显著的特点是交易过程中价值尺度的体现，价值的波动变化可引发市场运行风云变幻。

由此，经济报道者最主要的任务应该是为商人和交易者随时提供国际资本市场货币等价值的走势与变化情况。在世界经济话语体系中，货币、资本等价值的变化通常被概念化为事物的移动变化过程。当人体特定的行走方式、液体①的流动形状和特点，气体的转化模式与来源和空间方位上的升降活动映射至抽象的货币/资本等概念时，就形成了货币/资本等主题方向上的移动隐喻，主要体现了"货币/资本的价值变化是移动过程"CHANGES IN THE VALUE OF CURRENCY OR CAPITAL IS MOVEMENT 这则概念隐喻。其中，源域是事物的移动过程，目标域是货币或资本的价值变化与交易过程等。Wmatrix 语料检索后显示，市场主题方向上关涉移动隐喻的部分隐喻性词汇共现于货币主题中。人行走在光滑的道路表面通常步伐缓慢，平稳有序。虽可"如履薄冰"，却也出现失足跌倒的状况；人的这种行走方式也常用于概念化市场经济的逐渐恶化、资本的缓慢流失及货币的逐渐贬值（S，P–C_1）。人若踌躇，通常表现出犹豫、迟疑、原地顿足、徘徊等行为；资本净入额度停滞不前如同人丧失信心，内心悬而未决，踌躇不前（P–C_2）。匍匐爬行，通常速度缓慢；货币缓慢升值如同人或动物匍匐于地面，缓慢前行（P–C_3）。人行走时若身体歪斜，脚步不稳，可能失去平衡而不慎摔倒，偶尔翻滚于地面，但不会造成重大伤害；如果货币或资本出现人的"翻滚"或就地摔倒的状况，则预示其价值、价格、销售额、利润等突然下跌或正在遭受某种程度的损害，但只要采取适当措施，终将可恢复至正常的状态（S，P–C_4；R–C_5）。"软着陆"是相对于"硬着陆"方式而言的，是指航天飞行器经专门减速装置处理后，能以特定的速度安全着陆的方式；货币的安全运营相当于飞行器安全着陆，即通过国家经济政策引导，货币领域采取相应措施，达到货币资本安全稳定的目的（P–C_6）。

---

① "移动"的次级概念"流动"均已包含"液态"语义域中的隐喻性词汇。因此，本表格仅列举"液态"隐喻性词汇时，以上动态性隐喻词汇，也不单独统计计数。

表 5-34　　货币主题方向上"移动"基本概念域表征垂直比较

概念域	PPC 语料库		RAC 语料库	
	次概念域	隐喻类符	次概念域	隐喻类符
移动	行走方式	stumble（64）wobble（57）tumble（45）sluggish（39）faltering（35）slump（32）creep（17）slip（15）stride（11）stall（6）	行走方式	lurch（83）wobble（64）stumble（62）stagnation（31）slide（26）return（15）lag behind（9）
	流动状态	float（87）infusion（62）injection（56）liquidity（45）inflow（43）plunge（40）tide（27）gush（23）pool（23）drip（21）drain out（19）flush（15）trickle（13）dry up（12）steam（12）dampen（11）go under（10）drain out（6）spurt（6）	流动状态	flow（136）circulation（102）illiquid（72）float（60）outflow（54）convergence（51）current（45）liquidity（44）plunge（42）saturation（36）cascade（22）dilution（8）injection（8）dive（6）
	空间运动	drop（74）downward（55）plummet（45）free fall（39）lowering（31）upturn（28）upward（28）nosedive（11）take off（10）soft land（9）descent（7）touch down（7）surge（6）decline（5）shoot up（5）	空间运动	rebound back（105）soar（84）upward（40）drop down（34）plummet（25）descent（7）
共计		2370/44		1746/27

（1）On average, these have done best: systematic investors have seen the value of their assets **_slip_** by only 2.1% this year.（S, P-C$_1$: M1）

（2）Their net imports of capital will also **_falter_**, forcing countries that live beyond their means to cut spending.（P-C$_2$: A7-）

（3）But even if the currency does **_creep_** upwards, private firms fear that this is too long-term an approach-and that, in the short term, they are still all bust.（P-C$_3$: M1）

（4）His global macro view was that the Bank of England would no longer be able to support its own currency and that it would **_tumble_** relative to the deutsche mark and French franc.（S, P-C$_4$: M1）

（5）…, expected increases in inflation in the boom countries lead to increased demand in the countries in a **_slump_** and vice versa, so that there exists a pull toward the steady state. （R – C$_5$: N5 – ）

（6）The yuan's future pivots around this question: will China be able to restrain market forces and guide the currency to a ***soft landing***, or will the dam break and mild depreciation turn into a rout? （P – C$_6$: M1）

流体隐喻常用于概念化货币或资本的不稳定性，用于表征经济投资、资本运行流通等基本规律和运行过程。其中，源域是液体，包含水等液体原型范畴词汇及液体本身的固有属性，目标域是货币、资本、投资活动的运行与变化。货币、资本流通如同流动的液体（S, P – C$_7$; R – C$_8$），能够在不同位置之间相互流通[S]、漂浮[S]、转移[R]，汇聚[R]，可用于表征资本所有权的转移（R – C$_9$）。从逻辑上讲，水流的速度能够决定出水量的大小。速度越慢，水量越少；资本、货币流通如同流水，速度越慢，流通数量越少（P – C$_{10}$）；巨额资金的投入或消耗相当于湍急流水，瞬时迸发（P – C$_{11}$）；若无障碍或人工干预，流水通常沿某个特定方向移动，出水具有持续性（P – C$_{12}$）。若将水注入封闭的容器中就能够蓄水，水量具有稳定性；为某个项目运作或成立公司而投入较大数额资金如同在特定容器中的注水过程（S, P – C$_{13}$）。液体在特定的温度环境中将干涸消失。流通货币干涸如同资金在特定投资环境中遇到瓶颈而不复存在（S, R – C$_{14}$）。当货币资本缺乏流动性时也易造成货币无法立即兑现的现象（R – C$_{15}$）。货币收敛如同溪流汇聚，具有趋向性、集聚性和统一性（R – C$_{16}$）。

（7）And that the rise in the top marginal tax rate on capital gains will stop the ***flow*** of capital out of one investment and into another. （S, P – C$_7$: M4）

（8）This study addresses ***current*** capital investment practice and the decision rationales used by local governments. （R – C$_8$: T1.1.2）

（9）The models in this literature, in particular, and in monetary theory more generally, are typically concerned with changing the amount of money in ***circulation*** and the effect this has on allocations. （R – C$_9$: I 2.2）

（10）There are worrying indications that this ***trickle*** of deposits has started to swell in recent days. （P - C_{10}：N5）

（11）Even if a ***gush*** of development funds is released, aid pipelines, and America's in particular, are notoriously long and twisted. （P - C_{11}：M1）

（12）Taylor Wolfe and Asmar are using their growing ***pool*** of capital to try to revamp the activist playbook by replacing confrontation with collaboration and putting sustainability at the forefront. （P - C_{12}：W3）

（13）But most in the field argue that what social investing needs is the momentum that accompanies big ***infusions*** of capital. （S，P - C_{13}：F2）

（14）When funding liquidity ***dries up***, banks start by reducing their most liquid assets, such as cash and excess reserves at the central bank. （S，P - C_{14}：O4.5）

（15）Some countries in our sample could be affected by capital controls and their currency options might be rather ***illiquid***. （R - C_{15}：I1）

（16）While the results provide evidence of weak convergence for all sessions, we only find evidence of strong ***convergence*** to the unified currency regime for session 4 in the Baseline treatment. （R - C_{16}：A6.1 + ）

在数学抽象函数曲线图上，线头方向朝上通常代表数值的增加，朝下代表数值的减小。如果将实体等向上或向下移动的视觉经验（空间概念域）投射至相对抽象的经济话语（价值概念域），我们依然能够获得相同的经验结构。具体来说，移动隐喻的次级映射范畴"向上升起和向下降落运动"通常用于描述货币或价值的变化情况，即事物的空间移动方向决定了货币或资本价值的表征（S，P - C_{17}；P - C_{18}；R - C_{19}）。

（17）On Friday, it hit a four-year ***low*** against the American currency, and it is now at a three-year low against the euro. （S，P - C_{13}：N3.7 - ）

（18）But even if the currency does creep ***upwards***, private firms fear that this is too long-term an approach-and that, in the short term, they are still all bust. (P – C$_{18}$: M6)

(19) We forecast the ***downward*** trend in capital expenditure as measured against sales volumes to continue over our forecast period as spending on expansion declines. (R – C$_{19}$: M6)

表 5 – 35　　货币主题方向上"形态"基本概念域表征垂直比较

概念域	PPC 语料库		RAC 语料库	
	次概念域	隐喻类符	次概念域	隐喻类符
形态	固态	erosion (52) tighten (38) freezing (34) mass of (29) round (26) squeeze (25) block of (22) rotten (22) crumble (21) decay (21) lump (20) stockpile (20) hard (17) sizeable (12) massive (11) firm (21) hefty (15) bulk (5) ware (5) deposit (5) entity (5)	固态	storable (104) weight (66) tangible (53) size (42) entity (40) ware (38) lump (34) consolidate (30) reserve (27) solid (25) deposit (24) mass of (22) volume (21) tough (9) absorb (8) bulk (8) tender (7) concretize (7) substance (6) deposit (6) dry (6) round (6)
	气态	evaporate (106) inflate (64) bubble (57) volatile (56) pressure (55) moisture (51) deflation (48) dispersion (44) erupt (43) diffuse (35) expand (18) turbulence (9) boil over (6) explosion (6) gas (5)	气态	volatile (145) bubble (85) deflation (76) burst (70) expansion (66) dissipate (62) inflation (55) frothy (43) explosive (40) diffusion (21) erupt (7) vapor (7)
共计		2239/36		1980/34

如表 5 – 35 所示，固体是自然物质存在的基本状态，具有特定的体积和形状。与其他形态相比，固体是具有较为坚硬质地的宏观物体。Wmatrix 语料检索后显示，货币与资本常被概念化为固体形态。将固体的不同形状、体积、尺寸、重量、容纳力、不易分割等特点局部映射至相对抽象的货币/资本概念，就形成了该主题方向上的"固态隐喻"，主要体现了"货币、资本是固体"CURRENCY OR CAPITAL IS SOLID 这则概念隐喻。其中，源域是固体及其特征，目标域是货币、资本。固体的轮廓与形貌通常具有清晰的边界，固态隐喻赋予了货币/资本同样具有边界特点和三维立体空间特征[S]，即货币、资本同样具

有形状（S，R－C$_{20}$）、尺寸规模（R－C$_{21}$）、看得见（R－C$_{22}$）、可堆砌（P－C$_{23}$）、可存储（R－C$_{24}$）。固体在不受外力作用的条件下，形状和重量均不易发生改变。因此，固态资产及货币通常被视为最恒定不变或安全可靠的财产（R－C$_{25}$）；如果自然界物质在水力、风力、冰冻、重力等外力作用下，其表层结构日久将被剥蚀、分离，甚至破损等导致总质量减少的现象。同理，货币或资本交易在通货膨胀、利率急剧波动等外部经济因素影响下易引发价值亏损现象，这相当于物质受外力作用发生侵蚀现象（P－C$_{26}$）。液体①的基本特性是遇冷凝结，使物体受冻凝结。冻结的物体坚硬无比、难以分割。同理，资本交易过程中如果出现产权违规等法律问题，所涉资产通常将被法院冻结、无法正常流通，直至交易终止（P－C$_{27}$）。

（20）This is similar to the inflationary policy via **_lump_** sum transfers of a uniform currency in Levine. (S，R－C$_{20}$：I1.1)

（21）NAV is the net asset value, used to scale for how large the outflows are relative to the **_size_** of the investment fund. (R－C$_{21}$：N3.2)

（22）While this is partly due to construction, as capital investment is **_tangible_** in nature, a higher tangibility ratio can be a proxy for the firm's ability to raise external debt. (R－C$_{22}$：A11.2＋)

（23）Such legerdemain makes sense if you can put **_stockpiled_** capital losses to use, absorbing gains occurring elsewhere, for example, from the sale of a vacation home or from capital gains distributions thrown at you by your actively managed funds. (P－C$_{23}$：Z99)

（24）As a result, households want to economize on money balances. They respond by investing in the other liquid, **_storable_** asset. (R－C$_{24}$：Z99)

（25）But with a less restrictive mandate, the strategy may provide ad-

---

① "移动"的次级概念"流动"已包含"液态"语义域中的隐喻性词汇。为避免重复计数，基本概念域"形态"仅罗列固态和液态两类次级映射范畴中的隐喻性词汇。

ditional investment performance gains because it relaxes the constraint on currency ***weights***. （R－C$_{25}$：N3.5）

（26）The controls should slow the ***erosion*** of China's foreign-exchange reserves, which are down to MYM 3trn from MYM 4trn in 2014. （P－C$_{26}$：A1.1.2）

（27）Even setting aside the withdrawal ***freeze***, the funds poor performance will be a piece of evidence for those who argue that most investors are better off putting their money in a diversified index. （P－C$_{27}$：O4.6－）

货币与资本还可通过其他形态的物质转化成气态的方式得以表征，这一过程主要体现了"货币或资本是气体"CURRENCY OR CAPITAL IS GAS 这则概念隐喻。其中源域是气体及其自然特征，目标域是资本或货币的交易活动。气态是物质三类主要形态中最易变化、最不稳定的形态。Wmatrix 语料检索后发现，气态形式的货币或资本通常是由物质的其他形态转化而来的，用于描述曾经拥有的财富是在某种经济现象或市场活动发生之后所遭受的损失，主要强调"自然状态已发生变化"这一事实。在自然环境中，液态水受热后上升到空气，转化成水蒸气，同时将出现水分汽化和水汽扩散两个蒸发过程，但物质量最终会出现严重亏损；航空公司经济（文本中特指现金）如同自然环境中的液态水，"蒸发"之后将造成严重的经济缺失。若不及时采取补救措施，将引发更为严重的经济损失（S，P－C$_{28}$）。物体的内部分子结构在充斥空气的情况下，分子运动的平均动能和分子间距增大，物体的原始物质密度随之发生改变，最终导致物体体积扩大；纸币膨胀如同物体的原始密度发生变化而导致体积扩大，具体表现为纸币的发行量已远超商品流通中货币的需求量，从而引发纸币贬值、物价上涨等负面经济效应（S，P－C$_{29}$）。液体或固体成分可以在没有达到沸点的情况下转变成气体分子，向四周自由散发，自由移动；资金的浮游性特点如同气体具有挥发性，无法准确捕捉其具体漂移方向，状态极不稳定（S，R－C$_{30}$）。气体在液体表面或内部均可形成球形或半球状的气体水泡。当气泡聚合于液体时可形成泡沫，其形状和体积极易发生变化，破裂后消失；股票等有价证券的贬值如同稳定性极低的泡沫（R – C$_{31}$；S，R – C$_{32}$）。气体对于固体和液体表面的垂直作用力是形成压力的基本条件。气体在高温作用下可迅速膨胀而产生强气压。在封闭空间里，当压力高于空间所能承受的压力时就可形成压力爆炸；由货币政策引发的通货膨胀如同压力的形成（P – C$_{33}$），在特定条件下极易发生爆炸（R – C$_{34}$）。气体分子通过扩散运动弥漫于其他气体中；因为气体分子的不规则运动比较激烈，所以扩散比较明显。资本扩散如同气体，但其不规则运动可通过寻租等市场干预手段得到削弱（P – C$_{35}$）。

(28) If cash continues to ***evaporate*** at its present rate, even the strongest airlines will need to raise money. (S, P – C$_{28}$: O1.3)

(29) Acquirers are paying more, but they are doing so painlessly, since their own shares, which serve as their currency in stock-swap transactions, are as ***inflated*** as those of their prey. (S, P – C$_{29}$: N3.4 +)

(30) We identify a common risk factor in the currency ***volatility*** returns by sorting currencies on the slope of their implied volatility term structure. (S, R – C$_{30}$: A2.1 +)

(31) Her main concern was not that equity prices are ***frothy*** but that weak inflation might persist. (R – C$_{31}$: O4.1)

(32) The latter investigates the interaction between monetary policy and asset prices and shows how asset price ***bubbles*** are related to liquidity in the economy. (S, R – C$_{32}$: O2)

(33) If a central bank were, for example, tempted to conduct too loose monetary policy in the long run, this would lead to a ***pressure*** on inflation and thereby to more trend-following behavior, … (P – C$_{33}$: N3.5)

(34) When the asset price ***bursts***, it causes a severe banking crisis and the inefficient liquidation of a bank's productive assets. (R – C$_{34}$: N5)

(35) Government attempts to steer the ***diffusion*** of capital are undermined by lobbying and rent-seeking. (S, P – C$_{35}$: M1)

表 5-36　货币主题方向上"容器"基本概念域表征垂直比较

概念域	PPC 语料库	RAC 语料库
	隐喻类符	隐喻类符
容器	enter（114）insider（83）internal（62）warehouse（55）outside（54）plough into（46）out（42）move into（39）stay out（37）center（35）external（31）container（28）upside（23）surrounding（20）around（18）inner（15）surface（15）vision（12）access（10）bottleneck（10）size（9）scale（9）tank（6）onto（5）input（5）off（5）	inside（138）outside（86）capacity（74）interior（61）closed（54）move into（42）territory（32）entry（32）interior（28）overlap（25）outsider（21）package（21）access（12）outlet（8）fringe（7）shaped（5）
共计	1694/26	1207/16

　　如表 5-36 所示，容器隐喻在货币主题中的运用主要体现了"货币或投资活动是容器"CURRENCY OR INVESTMENT IS CONTAINER 这则概念隐喻。其中，源域是容器，目标域可覆盖货币、资本或投资活动。货币及投资活动被概念化为具有边界辖域的容器，经济交易活动中涉及的各种政策、方案、要素以及参与各类具体交易活动的国家、机构、联盟组织乃至个人被隐喻化为容器内的事物。Lakoff & Turner（1989：56）甚至认为，容器隐喻在概念层面具有不可或缺性（conceptual indispensability）。因此，在谈论和理解货币、资本、投资及联盟组织等相关概念时，如果不借助由容器隐喻衍生出的诸如 in/out 等介词隐喻构式，该主题方向上的抽象概念根本无法得以充分表征。关于不同国家在对待欧元使用的问题上，已加入欧元组织的国家和地区常被西方主流媒体概念化为"进入欧元区"（enter the euro）（S, P-C$_{36}$）或"内部区域"（S, P-C$_{37}$），未参与的国家和地区被隐喻化为"驻守在外"（staying out）。由此，使用容器隐喻可明确区分甚至突显不同的利益阵营和政治立场。不难发现，货币或投资活动之间的实体对应关系至少可表现在以下多个方面：货币（包括资金、资本等）或投资活动是有界（封闭）区域或容器；经济交易活动可以发生（R-C$_{38}$）或直接"投进"这个有界空间里（P-C$_{39}$），也可止步于外部空间范围（S, P-C$_{40}$）。货币本身如同容器，内部是密封的，不易受到

外界因素的干扰，通常给人以安全感。资金如同流水，投资者将其注入货币这个容器里以寻求保护（S，P – C_{41}）。

（36）We replace Germany with the euro area in January 1999, while countries that join the euro area drop out of the sample upon ***entry into*** the single currency.（S，P – C_{36}：M7）

（37）Those ***inside*** the euro fear that easing up on potential entrants would undermine the single currency.（S，P – C_{37}：M6）

（38）When asked to summarize these sources, the PE investors considered almost 48% of their ***closed*** deals to be proprietary in some way.（R – C_{38}：A1.1.1）

（39）Because there are fewer dependent children and old people, households have more money left for savings, which can be ***ploughed into*** investment.（P – C_{39}：Z5）

（40）The second area of dispute is the future of sterling ***outside*** the single currency.（S，P – C_{40}：M6）

（41）That, in turn, has led to an increase in the relative value of the Japanese yen as investors have ***moved into*** the currency for protection.（S，P – C_{41}：T2 +）

表 5 – 37   货币主题方向上"战争"基本概念域表征垂直比较

概念域	PPC 语料库	RAC 语料库
	隐喻类符	隐喻类符
战争	batter（89）defend（83）hit（80）confrontation（63）combat（52）impact（50）withdraw（48）blow（48）attack（46）damage（41）reversal（38）retreat（36）drag down（36）fight（32）assault（26）target（26）weapon（24）battlefield（24）respite（22）win（20）victory（20）wipe out（19）support（19）lose（18）conquer（15）trigger（13）fleet（10）mission（10）rally（8）smash（7）charge（5）protection（5）	war（134）battle（103）attack（88）fight（82）impact（74）hit（62）target（60）defend（44）shoot（43）damage（40）force（38）smash（35）ground（32）battlefield（30）struggle（26）beleaguered（20）strategy（18）winner（15）safeguard（23）retreat（18）threaten（15）fightback（12）blow（8）victim（5）
共计	1504/32	1125/24

如表5-37所示，货币交易、资本运行、资产转移等市场行为常被隐喻化为涉事双方的斗争或肢体冲突（physical combat）。倘若将战争或冲突语义域中相对熟悉的实体概念局部系统映射至相对抽象的货币、资本等概念，就形成了该主题方向上的"战争隐喻"，体现了"货币/资本的交易活动是战争"CURRENCY/CAPITAL TRADING IS WAR这则概念隐喻。其中，源域是战争或肢体冲突，具体包括战争或肢体冲突形式、士兵、指挥官、武器、作战策略等，目标域是货币交易、资本运作等。战争隐喻映射过程中的实体对应可呈现以下基本表征方式：货币交易者或参与人员是战士$^{(Z)}$；货币及资本的交易行为是战争$^{(S)}$；交易竞争中经济利益是各家不同经济实体争夺的领地$^{(S)}$；货币的汇率等是战争中必备的武器$^{(P)}$；战争的终极目的是为了生存并争夺更多利益，即利润和市场占有率$^{(S)}$。Wmatrix语料检索之后具体表现为：货币交易竞争行为相当于敌我双方发动战争（S,P-C$_{42}$）；竞争者之间是敌我关系（S,P-C$_{43}$）；货币交易过程中须支持并保护有利于我方效益的政策，消灭有损我方利益的事物（S,P-C$_{44}$；R-C$_{45}$）；货币交易中为了获得最大利益，会率先采用突袭战略，率先抢占市场份额（S,P-C$_{46}$）；战争中难免会出现人员伤亡、财物损毁；货币交易及货币系统本身也难免遭受市场中各类不可控因素的冲击（S,R-C$_{47}$），甚至会面临被彻底击垮的威胁（P-C$_{48}$）。

(42) Fidelity Investments, known for its stable of actively managed funds, intensified a price ***war*** among indexers when it introduced four no-fee index mutual funds in 2018. (S, P-C$_{42}$: G3)

(43) Experience demonstrates ad nauseam that stable currencies enormously aid economic development and that currency instability is an insidious ***enemy*** of economic progress. (S, P-C$_{43}$: S1.2.1-)

(44) In the Asian financial crisis, the IMF ***supported*** punishingly high interest rates to ***defend*** the region's currencies and ***combat*** inflation. (S, P-C$_{44}$: S8+, S8+, S8-)

(45) Thus, using information technology acted as a simple ***safeguard***

investment to ensure maintenance of knowledge levels even when the supplier operates in a market with a high attrition rate. （R－C$_{45}$：A15＋）

（46）Mr. Fernandez stressed that Argentina could withstand any speculative ***attack*** on the currency. （S，P－C$_{46}$：E3－）

（47）As explained here and here, globalization with its transnational production sharing and cross-border investment has mitigated the ***impact*** of currency values on trade flows. （S，R－C$_{47}$：A2.2）

（48）This problem is made in Germany, which lacks the sustained economic recovery and investment sex appeal necessary to attract capital and bolster the ***battered*** euro. （P－C$_{48}$：E3－）

表5-38　货币主题方向上"灾害"基本概念域表征垂直比较

基本概念域	PPC 语料库		RAC 语料库	
	次概念域	隐喻类符	次概念域	隐喻类符
灾害	普通灾害	disaster（83）collapse（64）turmoil（52）damage（42）havoc（36）buffeted（34）engulf（27）pitfall（19）disruption（11）agitation（6）	普通灾害	collapse（104）crash（77）turmoil（42）disaster（33）engulf（26）hazard（22）havoc（18）disruption（16）dent（15）wreckage（10）
	核能灾害	overheat（56）meltdown（25）fallout（24）nuclear（11）	核能灾害	/
灾害	自然灾害	storm（92）shockwave（76）flood（64）hurricane（52）wave（46）erupted（34）earthquake（34）tremor（24）erosion（15）tragedy（14）landfall（12）shakeout（11）	自然灾害	flood（72）hurricane（68）upheaval（54）storm（47）erupted（42）turbulence（49）shockwave（52）exposure（34）earthquake（23）epicenter（20）magnitude（19）pandemic（15）
共计	1332/26		1446/22	

如表5-38所示，倘若将不同类型的灾害及相应的破坏性特征局部映射至相对抽象的货币交易、资本运行和资产转移等经济概念，用于描述货币价值下滑、货币通货膨胀、价值受损、货币交易走势低迷等负面经济行情，就构成了货币主题方向上的"灾害隐喻"，集中体现了"货币价值变化是灾害" THE CHANGE OF CURRENCY VALUE

IS DISASTER 这则概念隐喻，可具体细分为普通灾害、自然灾害和核灾害三种次级映射类型。与其他主题方向相比，使用不同类型的灾害隐喻反映了货币与资本运行的受损程度，同样可揭示隐匿于隐喻概念背后相关利益集团操控货币运营的真实意图及意识形态。"吞食"是指不咀嚼而直接咽下的饮食方式，通常用于描述瞬间大量进食的过程。经济危机对货币系统的影响如同"吞食"过程，可在短时间内造成巨大损失（$P-C_{49}$）。洪水是由暴雨等自然因素引起的江河湖海水量迅速增加或水位迅猛上涨的水流现象，是世界上最严重的自然灾害之一。巨额经济损失如同洪灾暴发，具有极大的破坏性（$P-C_{50}$）。核爆炸或在非防护设施中进行核反应堆后，通常存有部分残留的放射性物质被推至大气层中。待爆炸和冲击波过后，残留元素以尘埃下落，属于高度危险的放射性物质。中美两国之间的贸易摩擦如同核爆炸试验，其过程无论对国家本身还是全球经济秩序都将产生灾难性后果（$P-C_{51}$）。侵蚀是水流或风等外生过程作用的自然结果，其活动可改变地壳土壤和岩石的原始位置，引发沉积现象。当前人类活动已造成全球侵蚀速度急剧增加，过度侵蚀已成为全球最严重的环境问题之一。中国外汇储备流失如同自然界侵蚀现象，采取相关经济管制等补救措施能减缓货币储备流失带来的巨大损失（$P-C_{52}$）。震级是表征地震强弱的量度，是划分震源放出能量大小的等级。通货膨胀率上升所产生的回报率下降幅度相当于震级大小，由债券的流动性决定（$R-C_{53}$）。

(49) Rising yields have not so far spread beyond Italy's borders, but further increases could mean that crisis **engulfs** the euro zone again. ($P-C_{49}$: Z99)

(50) During hurricanes Harvey and Irma, wind and water damaged almost 1.8 million homes, causing uninsured **flood** losses of as much as MYM57 billion. ($P-C_{50}$: W4)

(51) Weakness in part reflects the **fallout** from the trade war between China and America, two of Germanys biggest trading partners. ($P-C_{51}$:

E3 –)

（52） The controls should slow the ***erosion*** of China's foreign-exchange reserves, which are down to MYM3trn from MYM4trn in 2014. （P – C$_{52}$：A1.1.2）

（53） In addition, the ***magnitude*** of the decline in the rate of return from an increase in inflation is determined by the liquidity of bonds. （R – C$_{53}$：N3.2）

表5–39　　货币主题方向上"机械"基本概念域表征垂直比较

概念域	次概念域	PPC 语料库 隐喻类符	次概念域	RAC 语料库 隐喻类符
机械	力	leverage（80）balance（56）fuel（50）equilibrium（43）adjustment（36）elasticity（35）gravity（32）drive（30）overtake（30）motive（25）steam（22）bounce（20）squeeze（16）lifting（11）	力	equilibrium（92）elastic（78）leverage（74）adjustment（62）cushion（51）bounce（32）constraints（45）clamp down（9）
机械	机器	mechanism（77）accelerating（62）engine（51）fixed（49）damper（36）locomotive（28）ratcheted up（27）convertible（12）	机器	fixed（107）gear（89）maintenance（78）stringent（75）tighten（72）bumper（65）bolster（62）machine（55）regulator（47）blip（42）sophisticated（17）
共计		1100/22		1355/18

如表5–39所示，货币主题方向上的机械隐喻同样包括"力动能"和"机械"两种次级概念映射范畴。其中，源域是机械，包括力的运作特点和机械的操作方式，目标域是货币及货币价值的变化情况。棘轮通常指外缘或内缘上具有刚性齿形表面或摩擦表面的齿轮，是组成棘轮机构的重要构件。这种啮合是由棘爪推动作步进运动，只能单方向旋转，无法倒转。货币资本如同人类交通工具[S]。投资指数基金可以追踪目标行业指数作为参照，调整实施被动投资管理的节奏相当于驾驶交通工具过程中进行速度调节（P – C$_{54}$）。货币资本运行及投资交易相当于遵循机械运动中的棘轮效应[S]，具有不可逆性，即资本运

行方式易于向上而难于向下调整（R-C$_{55}$）。齿轮组合的传动装置具有方向性[P]。资金运营如同齿轮传动，具有特定的目标群体和方向（P-C$_{56}$）。螺母锁紧的机械工作原理就是利用摩擦力让螺母与螺栓之间进行自锁，使螺柱本体上的小槽与周围的小槽相对固定，能够防止松动。约束银行资本相当于螺母紧锁机械原理，能够有效控制风险资本的急剧扩张，促进银行业务体系与资本架构的合理调整，优化银行资本的合理配置，最大限度提高资本的使用效率（R-C$_{57}$；P-C$_{58}$）。

(54) Since then, the flight to index funds has ***accelerated***, and Miller and Baltimore-based Legg Mason have parted ways. (P-C$_{54}$: N3.8+)

(55) The government has been fighting on a number of fronts to slow the tide of cash outflows. It has ***ratcheted up*** capital controls to limit investments in financial markets abroad. (R-C$_{55}$: N5+)

(56) Two years later, in the financial crisis, the funds ***geared*** toward older investors suffered big hits because of their heavy stock holdings, sparking congressional hearings. (P-C$_{56}$: O2)

(57) While losses on the security holdings of investment funds lead to outflows, banks capital constraints ***tighten*** when they suffer losses on their security holdings. (R-C$_{57}$: A1.7+)

(58) Not everyone agrees that the debt brake has led to a ***squeeze*** on capital spending. (P-C$_{58}$: M2)

如表5-40所示，如果将具体、有形的建筑物、建造方式、质量及潜在风险等内容局部映射至相对抽象、虚拟的货币或资本概念，就形成了货币或资本主题方向上的"建筑隐喻"，主要体现了"货币/资本是建筑物"CURRENCY/CAPITAL IS BUILDING这则概念隐喻。其中，源域是建筑物及相应特点，目标域是货币交易或资本运行等市场活动。货币或资本运作如同构筑楼房，具有建筑物的基本框架结构（S，R-C$_{59}$）；楼房的屋顶通常是建筑物的最高处；资本投资在立体空间上穿越"房屋顶部"则预设其数量已达到最高点（S，P-C$_{60}$）；货币如同楼房，经过风雨等外界事物的长年侵蚀，局部结构会自然老化甚至破损（P – C$_{61}$），因此需要使用维修材料对其进行结构的加固和支撑（P – C$_{62}$）。楼房的外墙通常环绕内部建筑物，具有保护内部事物的功能；货币墙如同建筑物外墙，对货币或资本的交易、运行及转移行为也具有相应的保护作用（R – C$_{63}$）。

表 5 – 40　　货币主题方向上"建筑"基本概念域表征垂直比较

概念域	PPC 语料库 隐喻类符	RAC 语料库 隐喻类符
建筑	collapse（64） foundation（45） construction（42） structure（40） framework（40） component（38） stability（34） build（33） window（33） stone（31） bridge（30） undermine（28） infrastructure（26） architecture（26） threshold（24） backbone（24） shaky（23） premise（23） bolster（21） roof（21） cornerstone（20） fall down（18） hallway（18） solid（10） gate（8） flat（7） beam（5） rock of（5）	structure（90） infrastructure（74） build（67） wall（65） architecture（65） platform（63） construction（62） gate（62） roof（60） framework（53） component（51） precarious（12） window（12） floor（11） stability（7）
共计	863/28	547/15

（59）The ***structure*** of the currency and monetary instruments declaration regime, hinges on the existence of a physical object.（S, R – C$_{59}$：O4.1）

（60）As a result, capital investment has gone through the ***roof***.（S, P – C$_{60}$：H2）

（61）Today, America is the world's biggest debtor, which could ***undermine*** the dollar's role as an anchor currency.（P – C$_{61}$：S8 – ）

（62）The dollar also fell against the Swiss franc, a traditional safe haven, until the Swiss National Bank intervened in the market to ***bolster*** the American currency.（P – C$_{62}$：S8 + ）

（63）If Beijing opens the currency ***wall*** and the markets are not ready, flows of investment cash could—and probably will—lead to a catastrophe.（R – C$_{63}$：H2）

如表 5 – 41 所示，我们知道，旅程隐喻源自以人类对空间概念和身体经验的感知为基础的路径意象图式。从理论上讲,旅程隐喻的基本构成元素至少可包括起点、终点、工具、路径和方向等概念。如果将旅程中的实体概念局部映射至相对抽象的货币、资本等概念上,就形成了该主题方向上的"旅程隐喻",集中体现了"货币或资本交易活动是旅行"CURRENCY OR CAPITAL TRADING IS JOURNEY 这则概念隐喻。其中,源域是旅程及其基本构成元素,目标域是货币、资本等具体交易活动。货币、资本交易等商业活动通常被喻化为游客出行[S],首先需要明确旅程的道路和方向,货币体制形成的整体趋势和目标相当于道路和方向（S, P-C_{64}）。货币投资交易的艰难历程相当于行程中遭遇的障碍（P-C_{65}）。游客出行通常遵循特定的节奏步伐,后经济危机时期,各国同样需要设定自己的资本运作步骤,适当时机可进行相应调整（R-C_{66}）。成功的投资交易活动相当于行程取得的进展（P-C_{67}）。月利率的上升将影响需支付股息的股票买入,投资者可改变投资方向,将资金撤出（S, P-C_{68}）。为了避免外汇风险,交易双方可实行预约性买卖,即双方通过外汇买卖协议,约定在未来特定时间,须按照约定汇率进行外汇实际交割,这种提前约定远期汇率的货币交易相当于旅行者提前规划出行路径（R-C_{69}）。外汇交易可通过在投资市场上持有优质证券的多头头寸或结合卖出空和交易金融衍生品来对冲和降低风险,这种以保值措施来规避风险的商业操作相当于出行者在旅途中采取的临时自我防范保护措施（R-C_{70}）。

表5-41　货币主题方向上"旅程"基本概念域表征垂直比较

概念域	PPC 语料库 隐喻类符	RAC 语料库 隐喻类符
旅程	road (74) path (52) step (50) forward (43) back (35) course (32) ground (32) barrier (26) progress (22) destination (22) end point (20) pace (20) shift (19) navigation (19) outbound (17) direction (15) transfer (15) crossroad (14) ahead (9) on board (7)	forward exchange (102) regression (64) reverse (52) position (46) speed (42) transfer (36) orientation (31) march (30) turn (29) direct (25) speed (22) course (18) departure (16) relocation (16) journey (14) back (12) accessibility (5)
共计	819/20	986/17

第五章　经济隐喻概念结构垂直比较分析

(64) The single currency ***direction*** has mostly been influenced by cross currency plays. (S, P – C$_{64}$: M6)

(65) ..., there is nothing stopping the government from dismantling other ***barriers*** to investment. (P – C$_{65}$: S8 –)

(66) During the post – crisis period, the adjustment ***speeds*** for capital and R &D; expenditures are approximately 0.55 and 0.24, respectively. (R – C$_{66}$: N3.8 +)

(67) Ideally, your family and friends would have deep enough pockets to invest more cash if needed, provided they are happy with the ***progress*** you made with their initial investment. (P – C$_{67}$: A5.1 +)

(68) As interest rates rose in the last two months of the year, causing dividend – paying stocks to fall out of favor, investors ***reversed course*** and pulled money out. (S, P – C$_{68}$: M6, M6)

(69) To convert deltas into strike prices and implied volatilities into option prices, we employ spot and ***forward exchange*** rates from Barclays and Reuters. (R – C$_{69}$: M6)

(70) Each column reflects the performance of the equity portfolio with FX exposure ***hedged*** using one of ten alternative currency ***hedging*** schemes. (R – C$_{70}$: A10 –)

如表5-42所示，通常情况下，当"人类"基本概念域中的生命特征局部映射至相对抽象的货币或资本概念，赋予其生命周期、健康状况、社会关系等，就形成了货币主题方向上的"人类隐喻"，体现了"货币是人"CURRENCY IS HUMAN这则概念隐喻。其中，源域是与人类相关的活动、事体、动作和状态等要素，目标域是货币与资本，具体包括货币的产生、交易与资本运营等投资行为。货币资本的形成与发展过程如同人类经历不同的生命阶段[S]。有机体早期阶段至少包括母体内的孕育期及分娩之后的婴儿期。新货币问世的早期阶段相当于人类生命体的孕育期和婴儿期[P]，生命体征尚未发育齐全，需要得到国家及国际货币组织的扶持（S, P – C$_{71}$）。倘若新货币在政治与经济条件成熟之前过早投入交易使用,如同人类分娩孕周不足的早产儿,存在影响经济发展的潜在风险(P-C$_{72}$)。健康、强韧的货币资本金融体系$^{(S)}$相当于人类健硕的身体素质(R-C$_{73}$)。国家货币系统出现危机如同人患传染病$^{(R)}$,可引发周边邻国也产生货币危机,具有传染性和扩散性(R-C$_{74}$)。人类发展无法脱离社会关系而独立存在。货币的生存与发展如同社会环境中的人类,需要寻找其他货币类型或金融组织,形成依附关系$^{(S)}$,强化共性支付(R-C$_{75}$)。

表5-42 货币主题方向上"人类"基本概念域表征垂直比较

概念域		PPC 语料库		RAC 语料库	
	次概念域	隐喻类符	次概念域	隐喻类符
人类	生命周期	growth(76) born(52) aging(48) revive(24) premature(16)	生命周期	recovery(69) growth(53) mature(31) aging(26) sturdy(9)
	健康状况	strong(53) weak(66) illusion(45) robustness(32) forte(29) debole(14)	健康状况	robust(74) regress(33) exacerbate(14) contagion(11)
	社会关系	bond(47) merger(36) allies(28) chain(12)	社会关系	portfolio(52) pair(27) tie up(8)
共计		739/15		855/12

(71) A new cryptocurrency is **born** almost daily, often through an initial coin offering (ICO), a form of online crowdfunding. (S, P-C$_{71}$: B1)

(72) The Euro is a "sickly and **premature** baby which will cost jobs." (P-C$_{72}$: T4+)

(73) Fourth, we present a series of additional tests that highlight the ***robustness*** of DCF currency hedging to different OOS periods. (R-C$_{73}$: S1.2.5+)

(74) In addition, models with two or more risky assets would permit examination of the endogenous evolution of relative liquidity, such as ***contagion*** and flight-to-quality effects. (R-C$_{74}$: B2-)

(75) An alternative approach involves the construction of a separate

currency ***portfolio***, which can then be combined with a fully hedged underlying asset portfolio to aid diversification. （R – C$_{75}$：I2. 1）

表 5 – 43　　货币主题方向上 "动物" 基本概念域表征垂直比较

基本 概念域	PPC 语料库	RAC 语料库
	隐喻类符	隐喻类符
动物	fledging（64）flock（48）cage（16）jaw（14）unleashed（12）nest（10）curbing（5）	/
共计	315/7	0/0

如表 5 – 43 所示，动物最突显的内在特征可包括凶猛、危险、暴力、野性、难以驯服等。如果将动物的身体移动方式、外形、听觉、饲养、攻击等具体方式局部映射至抽象的货币及资本概念，就形成了该主题方向上的 "动物隐喻"，集中体现了 "货币或资本交易是猛兽" CURRENCY OR CAPITAL TRADING IS ANIMAL 这则概念隐喻。将猎物撕咬在嘴里，猎物通常失去动弹能力，无法挣脱。通货紧缩对经济造成的破坏如同猛兽撕咬猎物，短时间内很难摆脱其负面影响（P – C$_{76}$）。人类通常使用拴链等工具来确保狗等动物在人类可控范围之内，防止意外事件发生；美联储释放流动性相当于人类放开动物拴链，提高货币供应量，增加社会流动资金（P – C$_{77}$）。人类驯养动物是为了满足各种需要，以弥补野生动物资源的不足。抑制困扰公共股本的代理成本如同人类对动物进行驯养，以提高货币的整体回报率（P – C$_{78}$）。缰绳是扎住马上唇的绳索或皮带、附带交织而成的手柄。骑手通过缰绳来控制马的速度和行走方向，传出人与马沟通的信号；操控马的缰绳如同抑制通货膨胀，以吸引证券投资者（P – C$_{79}$）。群羊在乌云密布的天气环境常成群聚集于某地以躲避风雨；在经济衰退的环境中投资者集中选择某些优质股票的行为如同群羊聚集躲避风雨，以降低投资风险（P – C$_{80}$）。

（76）Once deflation has an economy in its ***jaws***, it is very hard to shake off. （P – C$_{76}$：Z99）

（77）That is why in the past week America's Federal Reserve has ***unleashed*** a huge amount of liquidity. Foreign central banks have joined in. （P –

C_{77}: A1.7 -)

(78) The liberal use of debt juices up headline returns but it also helps ***tame*** the agency costs that dog public equity. (P - C_{78}: E3 +)

(79) On the one hand, the emphasis the authorities place on controlling public debt and ***curbing*** inflation makes it an attractive place for bond investors. (P - C_{79}: A1.7 +)

(80) Generally speaking, during the pre-recession years, the more cash a company held, the higher a valuation it earned suggesting that investors ***flocked*** to those stocks as clouds gathered. (P - C_{81}: M1)

表 5 - 44　货币主题方向上"游戏"基本概念域表征垂直比较

基本概念域	PPC 语料库	RAC 语料库
	隐喻类符	隐喻类符
游戏	race (34) score (22) end game (17) strategy (15) cooperative game (14) player (13) enigma (13) playing field (12) scorecard (12) archrival (10) face-off (6) roller coaster (5) seesawing (5)	race (114) player (62) score (43) participant (35) game (33) stake (12)
共计	158/13	366/6

如表 5 - 44 所示，Wmatrix 语料检索后同时发现，货币主题同样可通过游戏理论的基本概念或具体的游戏名称得以表征，主要体现了"货币交易是游戏"ECONOMY IS GAME 这则概念隐喻。其中，源域是游戏及相关规则，目标域是经济及运行规律。竞技游戏的基本特征是对战与竞争。因此，国家或经济参与者常被概念化为游戏玩家或竞争对手（R - C_{81}；P - C_{82}），商业竞争的开端概念化为游戏比赛中的开球（P - C_{83}）。游戏竞技的目的是通过积分赢得比赛；商业行为如同游戏竞技过程，最终目的是获得经济利益（P - C_{84}）。商人采用特定商业手段获得利润相当于玩家在游戏过程中使用计谋策略[①]击败对手（S，

---

① Wmatrix 将隐喻性词汇 strategy（策略）同时纳入语义域［游戏］和［战争］范畴；将 player（选手）纳入语义域［运动］和［游戏］范畴。由此可见，经济主题的隐喻语义域之间存在泾渭不分明的"一词多域"重叠现象。同样，Ritchie（2003）在系统阐释"论辩"表征方式时提出 defend, position, maneuver, strategy 等词目可同时归类于战争域和游戏域。本研究将采用 Koller（2004）的分类方法，将以上重叠词汇分别归入对应的语义域。

P – C$_{85}$)。过山车机动游乐的基本构造至少包含爬升、滑落、倒转。整个过程的体验跌宕起伏、惊险无比；股民的心理如同体验过山车游戏，在体验股价高低起伏的同时，也享受着如过山车般的刺激与眩晕（S，P – C$_{86}$)。跷跷板游戏是在狭长的木板中间装上轴，架在支柱上，两人对坐两端，轮流用脚蹬地，使一端跷起，另一端下落，如此反复游戏以取乐；股市的跌涨遵循跷跷板游戏效应，即相同名称所代表的两种产品被分置于跷跷板两端，当一种上来时，另一种就要下去（P – C$_{87}$）。

（81）In fact, there is no impact of initial investment on the future investment, and the strategic impact of one ***player***'s investment on the other is zero under both information structures. （R – C$_{81}$：K6）

（82）The number also eclipses its ***archrival***, Alibaba, which this year has taken part in 52 deals that are worth MYM25.6 billion. （P – C$_{82}$：7.3 +）

（83）…daily roulette-wheel spin to determine which news story will make you most jittery. What it be：a ***face-off*** with Iran? High-stake talks with North Korea? Trade spats between the U. S. and its allies? The crumbling of the European Union? （P – C$_{83}$：K5）

（84）Step one：Find cheap sector funds using the Forbes Best ETFs for Investors 2017 ranking, available online. This ***scorecard*** incorporates stock-lending revenue in the cost formula. （P – C$_{84}$：K5）

（85）The investment games under EA and EL don't admit dominant ***strategy*** equilibria. However, they both admit a unique Nash equilibrium. （S，P – C$_{85}$：K5.1，X7 +）

（86）Charles Schwab shareholders have ***ridden a roller coaster*** in 2019, its shares are down nearly 11% in the past 12 months, even though…（P – C$_{86}$：Z99）

（87）Although share prices in China matter little to the real economy, ***seesawing*** stocks feed fears among investors that…（P – C$_{87}$：K6）

四 企业主题方向

企业是指商品经济范畴内按照某种特定组织规律有机构成的经济实体。企业以营利为目的,通过提供产品或服务换取收益,以实现企业投资人、客户、员工、社会大众利益最大化(Tucker,2014:93)。企业主题方向主要包括企业的运营、规划、决策和监督等内容。Wmatrix 软件自动检索后统计显示,PPC 和 RAC 共计获得主题语义域的数量分别为 128 和 113。在参照 MIP(VU)隐喻识别程序和 Metalude 在线交互隐喻语料库(Goatly,2005)等常用源域分类标准的基础上,我们将主题语义域进行后期筛选与整合,重新归类如下。

(一)隐喻概念域整体比较

如表 5-45 所示,在企业主题方向上,PPC 和 RAC 分别共计使用 10 类隐喻概念域。从隐喻形符使用分布上看,人类隐喻基本概念域在两类语料库中均居首位。PPC 中的人类、战争、建筑、旅程和动物等 5 类基本概念域的隐喻形符数高于 RAC 的对应值,RAC 的其余概念域隐喻形符数均高于 PPC,其中唯有容器、戏剧和游戏等隐喻形符数在两类语料库中趋于接近值。PPC 的主导性隐喻为人类隐喻、战争隐喻和建筑隐喻,RAC 的主导性隐喻为人类隐喻、容器隐喻和战争隐喻。PPC 在各类基本概念域的隐喻类符数和源域共鸣值指标上均高于 RAC 的对应值。在隐喻丰富性比值方面,PPC 中仅有旅程隐喻的数值大于 PPC 的对应值。

表 5-45 企业主题方向上 PPC 和 RAC 基本概念域整体分布情况

基本	PPC 语料库				RAC 语料库			
概念域	隐喻形符	隐喻类符	共鸣值	丰富性	隐喻形符	隐喻类符	共鸣值	丰富性
人类	2058	55	113190	37.42	1548	29	44892	53.38
战争	1667	50	83350	33.34	1281	34	43554	37.68
建筑	1375	41	56375	33.54	982	28	27496	35.07

续表

基本概念域	PPC 语料库				RAC 语料库			
	隐喻形符	隐喻类符	共鸣值	丰富性	隐喻形符	隐喻类符	共鸣值	丰富性
容器	1235	35	43225	35.29	1339	18	24102	74.39
旅程	999	29	28971	34.45	712	24	17088	29.67
机械	840	34	28560	24.71	1082	20	21640	54.10
戏剧	820	21	17220	39.05	910	13	11830	70.00
动物	645	21	13545	30.71	525	15	7875	35.00
运动	342	14	4788	24.43	510	9	4590	56.67
游戏	183	12	2196	15.25	289	5	1445	57.80
总计	10164	312	391420	32.58	9178	195	204512	47.07

表 5-46 独立样本 t 检验结果显示，PPC 隐喻形符使用的平均数（$M=1016.40$，$SD=581.37$）与 RAC 的对应值（$M=917.80$，$SD=407.70$）之间不存在显著差异（$t=0.44$，$df=18$，$p>0.05$）；PPC 的隐喻形符数高于 RAC（$MD=98.60$），d 族效应量较小（$d=0.09$），差值约为 PPC 标准差的 0.09 倍；PPC 隐喻类符使用的平均数（$M=31.20$，$SD=14.59$）与 RAC 的对应值（$M=19.50$，$SD=9.30$）之间不存在显著差异（$t=2.14$，$df=18$，$p>0.05$）；PPC 的隐喻类符数高于 RAC（$MD=11.70$），d 族效应量中等（$d=0.43$），差值约为 PPC 标准差的 0.43 倍；PPC 源域共鸣值的平均数（$M=39142.00$，$SD=35974.55$）与 RAC 的对应值（$M=20451.20$，$SD=15099.94$）之间不存在显著差异（$t=1.52$，$df=12$，$p>0.05$）；PPC 的源域共鸣值高于 RAC（$MD=18690.80$），d 族效应量较小（$d=0.30$），差值约为 PPC 标准差的 0.3 倍；PPC 隐喻丰富性比值的平均数（$M=30.82$，$SD=7.29$）与 RAC 的对应值（$M=50.38$，$SD=15.42$）之间存在显著差异（$t=-3.63$，$df=13$，$p<0.05$）；PPC 的隐喻丰富性比值低于 RAC（$MD=-19.56$），d 族效应量较大（$d=0.73$），差值约为 RAC 标准差的 0.73 倍。

表 5-46　企业主题方向上 PPC 和 RAC 隐喻定量值独立样本 t 检验

	PPC 语料库 ($n=10$)		RAC 语料库 ($n=10$)		MD	t_1 (18), t_2 (18) t_3 (13)
	M	SD	M	SD		
隐喻形符	1016.40	581.37	917.80	407.70	98.60	0.44
隐喻类符	31.20	14.59	19.50	9.30	11.70	2.14
隐喻丰富性比值	30.82	7.29	50.38	15.42	-19.56	-3.63

注：$p_1>0.05$；$p_2>0.05$；$p_3<0.05$。

正态分布假设检验结果表明，在企业主题方向上，PPC 和 RAC 两组源域共鸣值指标（连续变量）的偏态值和峰度值的绝对值均大于1，且 Shapiro-Wilk 显著性检验结果小于 0.05，即认为数据分布与正态分布没有显著差异，因而无法满足独立样本参数检验的基本要求。由此，我们采用 Mann-Whitney U 非参数检验方法，并确定单尾检验和数值为 0.05 的显著性水平。表 5-47 非参数检验结果显示，PPC 源域共鸣值的平均秩次及秩和（$MR=12.10$，$SR=121.00$）与 RAC 的对应值（$MR=8.90$，$SR=89.00$）之间无显著差异（$U=34.00$，$Z=-1.21$，$p>0.05$）；PPC 的隐喻数值高于 RAC，r 族效应量较小（$r=0.27$），这表明两者源域共鸣值之间的实际差异处于较小区间。

表 5-47　企业主题方向上 PPC 和 RAC 隐喻定量值 Mann-Whitney U 检验

	PPC 语料库 ($n=10$)		RAC 语料库 ($n=10$)		U	Z
	MR	SR	MR	SR		
源域共鸣值	12.10	121.00	8.90	89.00	34.00	-1.21

注：$p>0.05$。

（二）隐喻概念表征方式比较

如表 5-48 所示，当"人类"基本概念域中的生命体特征局部映射至相对抽象的企业或公司概念，赋予企业生命周期、社会地位、合作伙伴、血缘或联姻关系等，就形成了企业主题方向上的"人类隐喻"，集中体现了"公司是人"COMPANY IS HUMAN 这则概念隐喻。其中，源域是与人类相关的活动、事体、动作和状态等要素，目标域

表5-48　企业主题方向上"人类"基本概念域表征垂直比较

基本概念域		PPC 语料库		RAC 语料库	
	次概念域	隐喻类符	次概念域	隐喻类符
人类	生命周期	growth (93) cycle (72) thriving (59) recover (57) cyclical (44) survival (42) vibrant (32) premature (30) decay (21) aging (19) mature (16) infancy (16) flourish (14) reborn (12) dead (10)	生命周期	cycle (142) recovery (86) revive (84) grow (73) aging (66) born (44) birth (37) lifespan (35) infant (32) mature (19) defunct (16) decay (15) shift (7)
	社会关系	parent (45) brother (42) unified (34) stakeholder (34) branch (32) merge (30) giant (28) holding (27) matching (25) joint (23) white knight (21) raider (19) marriage (17) sister (14) group (12) association (12) affiliated (9) gather (9) allies (8) bilateral (8) network (7) member (7) coalition (6) league (6)	社会关系	parent (105) tie (78) stakeholder (56) interlinked (50) divorced (37) serve (22) packed (11)
	行为情感	depression (77) vulnerable (48) breakdown (42) interaction (40) brash (35) bone up (32) hire (32) negotiate (27) appetite (24) binge (22) scoop up (12) skittish (9) racked (8) dogging (5) desperation (5) tense (5)	行为情感	mood (85) subjective (62) emotional (47) jitter (50) sentiment (46) susceptible (32) shock (30) assessments (26) concerned (9)
共计		2058/55		1548/29

是企业，具体包括企业的运营、规划和决策等内容。这种映射关系不仅包含源域的图式被映射至目标域的图式上，同时还涉及源域中的关系、特征和知识表征，这样我们就可以按照源域的意象图式对目标域进行推理（Lakoff & Turner 1989：63）。企业主题方向上人类隐喻的实体对应关系如下：企业如同人类生命体[S]，需要经历出生[S]、成长[S]、成熟[S]、衰老[S]和死亡[S]等生命历程（R-F$_1$）。人类处于婴幼儿时期，需要成人的特殊照顾与保护。处于起步阶段的新生企业或公司相当于婴幼儿[S]，其基础设施和区域竞争力相对薄弱，无法承受高速运营发展模式，需要国家给予相应的政策扶持与保护，以避免来自

国内外同行的竞争（S, P-F₂）。"人类"基本概念域中的血缘和亲情关系⁽ˢ⁾也可映射至企业概念，用于描述企业之间的主体地位和所有权关系。与人类复杂的社会关系相比，企业等组织机构之间的关系相对简单，通常只有"父母"⁽ˢ⁾、"兄弟"⁽ᴾ⁾、"姐妹"⁽ᴾ⁾、"孩子"⁽ᶻ⁾等几个最重要的家庭亲属称谓被映射至企业的主体地位或所有权关系（控股）等概念中（S, R-F₃: S4）。企业之间的兼并、收购、分裂等运营过程如同人类的婚姻等关系，同样面临匹配⁽ᴾ⁾、结婚⁽ᴾ⁾、蜜月⁽ᶻ⁾、分离⁽ᴿ⁾等社会关系（P-F₄; P-F₅）。当企业被赋予有机体的行为、知觉、动机及意识功能⁽ˢ⁾之后，其行为已兼具人类及社会属性（S, R-F₆; P-F₇）。这种属性至少体现在两个方面：一是企业被表征为情感上相对脆弱⁽ˢ⁾，易于受外界影响而产生不同情绪的被动实体⁽ˢ⁾，体现了企业的"情绪性本质"（White, 1997: 237）（R-F₈）；二是企业被表征为理性的发号施令者⁽ˢ⁾，在市场竞争中具备分析⁽ᶻ⁾、评价⁽ᴿ⁾、判断⁽ᶻ⁾、决策⁽ᴾ⁾及谈判⁽ᴾ⁾等能力（S, P-F₉; R-F₁₀）。

（1）We assume a return of 90% for firms that go ***defunct***, which allows for the fact that many companies have tangible assets or patents that they sell at the time of firm failure. （R-F₁: T2-）

（2）Start with the ***infant*** mewling and puking in the nurses' arms. That, broadly speaking, is the fossil-fuel industry. （S, P-F₂: T3-）

（3）When attacked firms are unlisted subsidiaries of listed firms, we consider cyberattacks as having occurred in their listed ***parent*** firms. （S, R-F₃: S4）

（4）The traditional way of ***matching*** buyers and sellers has been for dealers to take in the risk. （P-F₄: A6.1+）

（5）By ***marrying*** influencer marketing with high-quality MYM25 athletic shorts, Francis has built the Nike of Gen Z without spending billions on Jordan-style endorsements or glitzy storefronts. （P-F₅: S4）

（6）Companies can and often do ***serve*** the social good by pursuing their business objectives. （S, R-F₆: S8+）

第五章 经济隐喻概念结构垂直比较分析

(7) Beijing has been trying to slow the corporate borrowing **binge**, but such efforts will be paused while the country focuses on getting through an outbreak that has claimed the lives of 1, 110 people. ($P - F_7$: F2 + +)

(8) In comparison to the existing studies, we provide evidence of **mood** distortions at both the firm level and aggregate level. ($R - F_8$: E1)

(9) State media have also played cheerleader, saying that big state-owned insurance companies were primed to **scoop up** undervalued stocks. (S, $P - F_9$: M2)

(10) Implicit in product value and quality perceptions are **assessments** that the firm consistently delivers on its duty and promises regarding the product. ($R - F_{10}$: X2.4)

表5-49　企业主题方向上"战争"基本概念域垂直表征比较

基本概念域	PPC 语料库 隐喻类符	RAC 语料库 隐喻类符
战争	protect (92) defensive (76) battle (62) combat (59) hit (55) rally (51) trigger (50) attack (46) defeat (44) damage (42) war (42) retreat (40) battlefield (38) impact (36) wipe out (35) lose (32) strategy (32) batter (30) fire (29) fight (27) blow (26) shoot (24) assault (24) tear apart (24) struggle (22) charge (21) conquer (20) withdraw (20) target (18) weapon (18) mission (17) flagship (16) fleet (16) ceasefire (15) defiant (15) smash (15) monitor (13) cushion (12) command (12) warrior (12) expansion (10) win (10) casualty (10) compromise (9) enemy (8) victim (8) conflict (7) retreat (7) ground (5) peace (5)	war (114) battle (102) attack (82) fight (77) impact (64) hit (62) target (58) protect (54) threat (53) aggressive (51) expansion (51) win (48) cushion (48) blast (46) strategy (45) fire (42) slam (41) warfare (40) wipe out (36) monitor (32) command (30) blow (26) strike (24) conflict (22) combat (21) launch (19) arms (17) victim (15) ground (13) struggle (12) rally (10) soldier (9) loser (7) kill (6) defeat (5)
共计	1667/50	1281/34

如表5-49所示，企业竞争行为通常被隐喻化为企业之间的肢体冲突或争斗，具体表现为战争中相对熟悉的实体概念被局部映射至抽象的企业竞争行为，体现了"企业竞争是战争" COMPETITION

· 193 ·

AMONG ENTERPRISES IS WAR 这则概念隐喻。其中，源域是战争，具体包括交战双方士兵、指挥官、武器、作战策略等，目标域是企业竞争行为。"战争"基本概念域突显了企业及员工为获得经济效益作出的个人牺牲及身体上的挣扎，同时也暗含企业为达成有价值的长远利益而暂时承受压力与障碍的必要性。Wmatrix 检索分析后表明，企业主题方向上的战争隐喻沿袭了战争发生的逻辑先后顺序，大体上分为防御、进攻和争斗三个方面。战争隐喻概念映射的基本实体对应关系如下：企业间的竞争是战争或冲突行为$^{(S)}$；企业或员工是战士$^{(S)}$；企业领导团队是指挥官$^{(P)}$；对手企业是敌人$^{(Z)}$；市场份额是企业行为中争夺的领地$^{(S)}$；社会关系是战争中必备的情报和武器$^{(Z)}$。企业在市场竞争中如同战场上的战士，肩负使命，必须完成任务（$P-F_{11}$）。企业竞争的目的是击败对手（$P-F_{12}$；$S, R-F_{13}$），争夺与扩张更多领地，即消费者和市场占有率（$S, R-F_{14}$）。对敌作战中制定正确合理的军事策略是获胜的前提。同理，企业间竞争首先是知己知彼、通盘谋划、详细部署周密的商业策略（$S, P-F_{15}$）；历代兵家作战讲究军事情报优先原则，因此作战过程中及时掌握敌方动态显得尤为重要。企业竞争也需要监视并掌握对手企业运营等方面的重要信息（$R-F_{16}$）；优秀的指挥官应审时度势，根据战况遵循或及时调整作战策略，包括进攻、防守、争斗、撤退、等待有利战机等。企业竞争的具体运营如同军事行动，在重要关头应及时调整商业策略，或注资、观望、撤资，以保存经济实力，换取更有利商机（$S-F_{17}$）。战场上出现桀骜不驯、公然反抗的叛逆者不可避免；企业如同反叛者，如果没有服从国家意志，通常会受到制裁或惩罚（$P-F_{18}$）。

(11) He said he loved Belong anywhere, and he truly felt it would be the company's ***mission*** for the next 100 years. （$P-F_{11}$：X7+）

(12) The brand ***conquered*** the market by making flavors similar to those of rivals but promising better nutritional value. （$P-F_{12}$：X9.2+）

(13) Last, if the impact of an attack reveals only idiosyncratic information about the target, we would expect industry ***competitors*** to benefit

from the ***attack***. (S, R – F_{13}: E3 –)

(14) To capture national investment activity, we use net firm ***expansions*** versus contractions and net firm starts versus closures from the Business Economic Dynamics data. (S, R – F_{14}: N3.2 +)

(15) Finally, clarity of expression in a company's ***strategy*** and vision is measured using the Flesch Kincaid score. (S, P – F_{15}: x7 +)

(16) In this paper, we explain the tendency toward dispersed ownership by modelling, the trade-off between the gains from ***monitoring*** by a large shareholder and those from managerial initiatives. (R – F_{17}: X2.4)

(17) A lower ratio of net worth to total assets means that the firm has less of a ***cushion*** to cope with adversity. (R – F_{19}: H5)

(18) Few thinks America will act on the threat of imposing secondary sanctions on ***defiant*** firms, but even fewer care to find out whether Mr. Trump is bluffing. (P – F_{20}: S8 –)

表 5 – 50　企业主题方向上"建筑"基本概念域表征垂直比较

基本概念域	PPC 语料库	RAC 语料库
	隐喻类符	隐喻类符
建筑	collapse (84) foundation (62) building (53) structure (48) shaky (46) crash (46) floor (42) cornerstone (39) construction (35) bridge (35) architecture (32) window (31) backyard (29) infrastructure (28) demolish (27) home (25) brick wall (24) locked in (22) towering (22) ruins (20) back door (20) pillar (18) rotten (17) component (15) premise (15) platform (14) door (13) roof (13) entrance (13) falling (12) bridge (12) house (11) ceiling (11) shelter (10) key (9) backbone (9) indoor (7) threshold (6) framework (6) crash (5) topple down (5)	build (123) structure (81) component (73) wall (68) construct (64) architecture (58) infrastructure (52) framework (51) gate (47) cornerstone (38) base (34) shaky (32) floor (30) premise (30) foundation (28) shelter (26) crash (24) instability (22) window (21) tear down (19) roof (16) door (14) backbone (12) threshold (9) pillar (7) gateway (5) lumpiness (5) fence (5)
共计	1375/41	982/28

如表 5 – 50 所示，如果将建筑物的构筑方式、形体结构、框架设计、施工材料、潜在风险等映射至相对抽象的企业概念，就形成了企

业主题方向上的"建筑隐喻",体现了"企业是建筑物"COMPANY IS A BUILDING 这则概念隐喻。其中,源域是建筑物及其相关特征,目标域是企业的整体运营、管理和服务等。"建筑隐喻"具有预设稳定性、目标性和展望性概念功能,可反映特定群体的共同愿望,因此具有较强的积极意义。楼房建造之前须先打好地基,搭建整体框架;公司、企业等实体机构的建立和强盛如同建造楼房,也须事先搭建整体框架($S, P-F_{19}$; $S, R-F_{20}$)。楼房在完成框架搭建的基础上,需要确立内部组构,完善各部分细节;企业建设落实到具体的运营与管理细节方面,相当于楼房建设细节完善环节,需要提出各种具体政策和措施,以确保经济持续发展($R-F_{21}$);如果楼房结构根基不稳固,再加上外力的常年侵蚀,楼房就有摇晃坍塌的可能性;如果企业运营在初期缺乏坚实的基础建设,后期的整体运行也会出现倒塌的情况($S, P-F_{22}$)。初步完工的楼房表层虽具有极佳的强度与硬度,但表面处理粗糙,缺乏平整度和光滑度。公司投资的起伏跌宕如同不同阶段楼房表层结构的建造水平,外立面呈块状颗粒形,因此缺乏稳定性和持续性($R-F_{23}$)。楼层在建造过程中通过使用混凝土材料,其强度、硬度、表面密实度均能得到大幅提升;企业巩固市场领先地位如同楼房内部加固,需要持续提升自我竞争力($P-F_{24}$)。

(19) The question is whether innovation – intensive firms with different debt-equity *structures* display differences in their firm valuation. ($S, P-F_{19}$: O4.1)

(20) Section 3 reviews Gibrats model and develops a general *framework* for firm growth processes. ($S, R-F_{20}$: X4.2)

(21) The growth rate of a firm's sales is decomposed in an unobserved common macroeconomic component and in a residual that I interpret as an idiosyncratic firm-level *component*. ($R-F_{21}$: O2)

(22) The *collapse* of Lehman Brothers Inc. in September 2008 and the ensuing anguish over the possibility of government bailout sent financial markets to the verge of shutdown. ($S, P-F_{22}$: A1.1.2)

(23) Another possible interpretation of the jump property is the ***lumpiness of firm investment***. ($R-F_{23}$: Z99)

(24) Huawei, meanwhile, is piling up record sales, entering markets, surpassing Apple Inc. as a phone maker, and ***cementing*** its position as a leading global supplier of telecom gear. ($P-F_{24}$: A7+)

表 5-51　　企业主题方向上"容器"基本概念域表征垂直比较

基本概念域	PPC 语料库	RAC 语料库
	隐喻类符	隐喻类符
容器	into (172) input (123) within (114) outsider (95) without (82) enter (70) output (64) capacity (56) container (72) out of (65) fringe (58) view (53) access (46) size (40) contract out (25) walkout (24) outsourcing (24) external audit (23) overlap (22) outside bidder (19) outplacement (17) outlet (16) bottleneck (14) scale (12) vision (10) surface (10) shaped (8) closed (8) outer (7) bottle (5) tank (5) package (5) pipeline (5) expansion (5) ware (5)	within (127) into (93) input (81) enter (74) interior (65) outsider (62) capacity (46) expansion (43) inside (39) size (54) surface (41) output (44) out of (41) onto (36) territory (29) fringe (22) closed (18) contract out (15)
共计	1235/35	1339/18

如表 5-51 所示，容器隐喻在不同话语中的识别与应用研究通常使"内部"和"外部"这两个概念得到进一步的强化和明晰，同时起到概念化和范畴化不同实体（如国家、机构、联盟组织等）的作用。此外，容器隐喻具有空间限定、边界等物理特性及收纳、承载、安全保护内部事务等特殊功能，人们常用容器映射来界定限制范围的情况、权利、地位等。因此，容器隐喻的介入引发了"内部"和"外部"在概念上的差异，直接导致团体组织或个人面临共同抵制容器以外事物的压力（Chilton, 1996: 50-51）。在企业主题方向上，企业通常被规约化为容器，属于企业的人和事相当于"内部"，未加入企业的相当于"外部"。因此，倘若我们以上述研究脉络进行分析与推理，其结论至少应该是"容器隐喻常用于表征公司或企业之间的冲突或竞争，企业双方随时都会受到'外部对手'不同程度的威胁，而这种威胁甚

至可以被隐喻化为对方进入自己所属领地的可能性"。Wmatrix 检索后发现，容器隐喻在企业主题方向上的使用并没有刻意突显这种"内外差异"而引发的负面恶意竞争或恶化职场关系等。相反，在很多语境下，容器隐喻的使用反倒是为了喻化企业内外关系的正常运行，或是企业间的正常合作关系。由此，在诸多语境中，容器隐喻的使用甚至能够转移受话者的理解视域及方式，可以让受话者按照源域脚本的方式来理解文本。在资本市场高度发达的今天，独立的外部审计已经成为公司企业内部必要的制度安排，对提高企业经济资源配置的效率发挥了重要作用（$P-F_{25}$）。审计的工作安排虽然由公司内部统筹部署，但具体的审计工作通常由公司之外的专门机构负责；按照法律规定，招标人与潜在投标人之间相互控股或参股、相互任职或工作的，或是与招标人存在利害关系、有可能影响招标公正性的，均不得参加投标。由此，投标者通常是招标单位以外的企业法人（S, $P-F_{26}$）；边缘企业通常在行业中处于次要和补充地位，市场占有率相对较低。因此这样的企业在市场中并非处于强势未知，只能在外部边缘位置（$R-F_{27}$）；现代市场经济提倡合作共赢，因此企业间的相互合作显得尤为重要。合作能够弥补单方公司在运营中的困难，相互融合，资源互补。因此，诸如零部件和内部生产项目的"外包"能够让双方互利共赢（S, $P-F_{28}$, $R-F_{29}$）。

（25）As part of a settlement with the FTC, Facebook agreed to submit to an ***external audit*** of its privacy policies and practices every two years for the next 20 years. ($P-F_{25}$: I2.1)

（26）The ***outside bidder*** most likely to meet Ford's and the unions' requirements is Tata Motors. ($P-F_{26}$: I2.2)

（27）Limit pricing refers to the pricing by incumbent firm (s) to deter or inhibit entry or the expansion of ***fringe*** firms. ($R-F_{27}$: B1)

（28）Now they make only 35%, instead ***outsourcing*** parts and ***interior*** production to other companies. ($P-F_{22}$: I2.2; S, $R-F_{28}$: H2)

（29）Charities might also be forced, like councils, to ***contract out*** some of their services to private firms if this produced better value. (S, R-F$_{29}$: Q1.2)

表 5-52　企业主题方向上"旅程"基本概念域表征垂直比较

基本概念域	PPC 语料库 隐喻类符	RAC 语料库 隐喻类符
旅程	forward (82) road (74) path (52) step (43) shift (36) hinder (25) obstacle (24) disrupt (22) drawback (21) undermine (19) destination (18) starting point (16) block (16) direction (14) navigator (13) journey (12) penetrated (12) snuck (12) rocky (11) steep (11) highway (10) positioning (10) surrounding (9) relocation (9) towards (8) reciprocal (7) hike (7) speed (6) route (6)	derail (42) oppose (33) setback (30) resistance (30) prevention (28) direct (27) shift (26) navigate (23) hedging (22) barrier (22) fray (20) disruptive (19) destination (16) harness (16) towards (14) hike (14) tour (13) impede (12) orientation (12) obstacle (10) speed (9) goal (9) avenue (7) departure (5)
共计	999/29	712/24

如表 5-52 所示，企业的建立与运营常被概念化为"旅程"，即通过空间的概念来表征时间意义上的方向性移动过程，并且遵循"源头—路径—目标"基本意象图式（Johnson，1987）。企业主题方向上旅程隐喻的映射内容主要包括起点、终点、路径、障碍、伴侣、目标、方向等基本元素之间的实体对应关系。当旅程基本概念域中实体的意象图式映射至相对抽象的企业概念域时，必须以某种特定方式与企业概念域的内在结构保持一致。这种一致性既规定了跨域映射中旅程概念的内容，也对其他符合企业概念域的衍生与拓展附加了条件限制，其目的是确保企业概念意象图式结构的完整性。这种映射关系至少包括：企业建立的初始阶段相当于游客出行的起点（S, P-F$_{30}$）。企业为市场运营活动设定的目标导向相当于游客的出行方向（S, P-F$_{31}$），长期时间导向对企业绩效具有重要影响（R-F$_{32}$）。游客出行选择的道路可能布满荆棘，崎岖不平，偶尔也出现不可预测的障碍。游客出行的道路相当于企业运营选择的不同经营策略和方法（S, P-F$_{33}$）；企业经营过程中出现的财政等问题相当于游客出行中遇到的障碍；游客选择避让障碍物或转移行程方向相当于企业运营过程中具有风险意

识 (S, P-F$_{34}$)。游客圆满完成旅程、抵达终点相当于企业实现成功运营、创造经济效益 (S, R-F$_{35}$)。

(30) Our chart, which takes the first detailed news reports of a spin-off as its ***starting-point***, shows that of recent break-ups, only Honeywell, which filed listing documents for … (S, P-F$_{30}$: Z99)

(31) The coefficients of home and foreign tariffs are again positive and significant, thereby suggesting that the low and high productivity Chinese firms adjust their export product scope in the same ***direction*** in response to tariff cuts. (S, P-F$_{31}$: M6)

(32) Although top management relational action and long-term temporal ***orientations*** appear to affect firm performance, external constituent orientation seems to be ineffective. (R-F$_{32}$: M6)

(33) The ***path*** has been ***rocky***, however, for a company that once led the charge against bland American beer and that has prided itself on its progressive management. (S, P-F$_{33}$: M3, W3)

(34) Start-up firms should emphasize their marketing aspects via trademarks as well as their research orientation via patenting to raise external financing and overcome their financial ***obstacles***. (S, P-F$_{34}$: S8-)

(35) …the fact that most of the important export ***destinations*** for Chinese firms are developed countries that typically have low import tariffs in the beginning year of our sample. (S, R-F$_{35}$: M6)

表 5-53　企业主题方向上"机械"基本概念域表征垂直比较

概念域	PPC 语料库		RAC 语料库	
	次概念域	隐喻类符	次概念域	隐喻类符
机械	力	leveraged (43) balance (36) fuel (32) trigger (31) adjustment (26) steam (24) steer (22) elasticity (21) buffer (19) gravity (19) squeeze (16) revert (15) drag (2) gear (4)	力	equilibrium (126) leverage (55) elasticity (32) slack (29) stringent (24) drag (22) generate (19) gravitate (12)

续表

概念域	次概念域	PPC 语料库 隐喻类符	次概念域	RAC 语料库 隐喻类符
机械	机器	mechanism (62) engine (48) fix (34) accelerate (32) damper (32) derail (29) locomotive (28) operate (25) track (24) speed (22) brake (22) tightening (20) slow down (18) bounce back (16) lever (12) forge (10) pump (10) overhaul (8) drive up (8) wheel (7)	机器	accelerator (102) gear (74) blip (61) regulator (42) machine (37) steer (32) sputter (28) engine (25) bumper (23) maintenance (16) moderate (11) fix (7)
共计		840/34		1082/20

如前文所言，牛顿经典力学中的次概念域"力"和"机器"构成了当前经济话语研究中最典型的两个概念。由此，如果将力动能和机器的具体操作过程映射至相对抽象的企业机构等概念，就形成企业主题方向上的机械隐喻，主要体现了"企业运营是机械"COMPANY PERFORMANCE IS MECHANISTIC 这则概念隐喻。其中，源域是机械，包括力动能的运作过程和机器的操作方法，目标域是企业的运营与管理。如表5-53所示，企业相当于汽车等人类交通工具[S]，引擎是发动机的核心部件，是整台汽车工作的动力源泉。企业运营的核心相当于发动机引擎，是企业发展的主要动力（S，P-F_{36}）。良好的企业运营效率如同汽车行驶在快车道，有助于企业快速产生经济效益（P-F_{37}）。汽车行驶过程中若受到车轮制动器等外力的牵制，则无法正常提速甚至出现抛锚问题。企业的过度风险投资及收购行为如同车轮制动器对汽车行驶造成的影响，可阻碍企业的正常运营甚至直接拖垮整个企业（S，P-F_{38}）。杠杆在力学中被视为一种简单机械，是指在力的作用下能绕着固定点转动的硬棒。使用杠杆时，为了省力，通常使用动力臂比阻力臂长的杠杆，以达到借力的效果。同理，将借贷货币追加到现有投资资金其实就是运用了杠杆定理。合理运用杠杆原理有助于企业加速发展，提升运营效率。当然，企业也面临到期无法偿还贷款的风险，即涉及借款成本大于资产收益或资产价值将下降的风险，

导致亏损,成为负债企业（S, P-F$_{39}$）。材料受力后,在保持固定的变形下,其内应力可随时间增加而减少。企业财务松弛如同不同材料受力后的状态,喻化为超过企业现有运营和债务需要的流动资金和无风险借贷能力。保持较高的财务松弛程度有利于企业把握投资、提高经济效益（R-F$_{40}$）。

(36) His company is running out of the ***engines*** it depends on to power its workhorse Atlas V rocket, which could strand the rockets and ULAs revenues on the ground. (S, P-F$_{36}$: O2)

(37) Tapping that market, he says, will put his company on a fast ***track*** to a billion members and a MYM1 billion valuation. (P-F$_{37}$: N3.8+)

(38) While Immelts biggest industrial divestiture, plastics, may have been his best deal, his biggest acquisition looks like his worst and it's still ***dragging*** the company down. (S-F$_{38}$: M2)

(39) With this smaller sample, we also find that younger and less ***leveraged*** firms are more likely to be targets. (S, P-F$_{39}$: M2)

(40) Additionally, foreign firms with financial ***slack*** can expand overseas when asset prices in host counties are low, thereby encouraging cross-border investment. (R-F$_{40}$: O4.4)

表 5-54 　　企业主题方向上"戏剧"基本概念域表征垂直比较

基本概念域	PPC 语料库	RAC 语料库
	隐喻类符	隐喻类符
戏剧	performance (52) producer (44) theatre (42) play (39) producer (37) actor (31) scene (30) drama (30) staged (28) finale (28) rehearse (26) star-studded (16) skit (14) choreography (12) drill (12) unveil (11) showman (10) audience (6) cast (5) showman (5) show business (5)	performance (123) cast (81) actor (72) scenario (52) producer (48) script (44) dramatic (42) scene (41) entertainer (35) dress rehearsal (21) theatricality (20) exhibit (10) stage (6)
共计	820/21	910/13

如表 5-54 所示,企业的运营与管理过程常被喻化为"戏剧",源于 K4［戏剧,剧场和演艺界］主题概念域。如果将"戏剧"中的

相关概念局部映射至相对抽象的企业运营与管理，就形成了企业主题方向上的"戏剧隐喻"。其中，源域为戏剧本身及相关概念，目标域为企业的运营和管理等。戏剧是由演员将某个故事或情境以对话、歌唱或动作等方式展现出来的艺术。戏剧至少包含"演员""剧本""情境""舞台（场地）"和"观众"等基本元素。"演员"是戏剧中的核心元素。作为角色代言人，演员必须具备扮演的能力。通过演员扮演，剧中角色才能得以呈现。企业在市场中运行的主体是企业本身，企业运营如同戏剧演员角色扮演（S，R-C_{41}），首先必须具备企业角色的扮演能力（S，R-C_{42}）。戏剧表演的前提是具备为戏剧表演所创作的剧本，而成功的剧本依赖于场景选择。企业运行的先决条件如同剧本场景创作过程，需要选择合适的投资项目和投资环境（R-F_{43}；R-F_{44}）。戏剧表演中也常涉及编舞或舞蹈艺术。汽车制造企业重新设计装配线的布置如同编舞过程，需要统筹合理安排冲压、焊接、油漆和总装等各道工艺（P-F_{45}）。成功的戏剧表演离不开观众的评估。同理，成功的企业运营同样需要客户的支持（P-F_{46}）。

（41）These strategies rely on different ***actors*** who use SMT with various aims. （S，R-F_{41}：K4）

（42）Bosworth and Rogers show that trademarks have a positive impact on the ***performance*** of firms in service industries while other traditionally used intangible assets do not. （S，R-F_{42}：K4）

（43）These measures represent ***scenarios*** in which the managers firm knowledge is better than their macroeconomic knowledge. （R-F_{43}：K4）

（44）Patent activity represents a strong metric of a firm's level of development, particularly given the paucity of financial information for private firms. Following Denes, we use ***scripts*** to download and extract patent data from the United States Patent and Trademark Office. （R-F_{44}：K4）

（45）Car firms need to be pioneers in operating factories under new health protocols, from redesigning the ***choreography*** of assembly lines to providing health tests for workers. （P-F_{45}：K4）

(46) Facebook wasn't adding many users in key ad markets, so it needed to figure out how to wring more money from its existing ***audience***. (P-F$_{46}$: k1)

表 5-55 企业主题方向上"动物"基本概念域表征垂直比较

基本概念域	PPC 语料库	RAC 语料库
	隐喻类符	隐喻类符
动物	bull (64) bearish (52) hunter (47) bear trap (46) gallop (42) bull run (41) rein (40) predator (35) runaway (32) trot (30) wolf (29) dinosaur (28) dogged (25) sheep (23) tiger (9) pet project (9) brutish (8) beast (6) squirrel away (6) foxy (5) horsing around (5)	hunt (72) bullish (54) tail (47) prey (42) appetite (35) predatory (35) bearish (28) watchdog (24) gallop (22) dogged (20) fledging (20) brute force (17) pig out (9) fish (5) beast (5)
共计	645/21	525/15

如表 5-55 所示，将动物的性情状态、捕食方式等信息局部映射至相对抽象的企业概念，用于具体描述经济活动的内部运作机制、性质和状态等。标注语料库统计后显示，人类隐喻和植物隐喻中共有的成长周期和人类干预等次级隐喻映射特征并未在动物隐喻中共现。动物隐喻体现了"企业是动物"COMPANY IS ANIMAL 这则概念隐喻。其中，源域是动物，包括性情特点和生活方式，目标域是企业运营。Wmatrix 语料检索中发现，人类的狩猎行为常被映射至企业交易者或公司企业本身等，形成语义上更加宽泛的"狩猎隐喻"，具体包括试图收购其他企业行为（S, P-F$_{47}$）和企业通过特定方式吸引消费者的行为（S, P-F$_{48}$）。恐龙身型庞大，能量消耗巨大，对环境变化适应能力差。由此，将恐龙的基本特征映射至企业概念，喻指企业内部结构系统或生产机器过于陈旧，无法适应现代企业生产能力（S, P-F$_{49}$）。狗在英美文化中虽是友好、可爱、忠诚的动物，但同时也包含"纠缠"等负面含义。由此，知名企业也会被接班人等话题所困扰（S, P-F$_{50}$）。老虎属于独来独往的捕食型猛兽，每次食肉量最多可达 30 公斤，而后的几天时间里可以不用进食。"老虎型企业"继承了老

第五章 经济隐喻概念结构垂直比较分析

虎的食肉方式,因此企业效益过于单一,虽然业务稳定,但缺乏持续稳定的现金流($S,P-F_{51}$)。狼是一种凶猛的动物,具有三大基本特性:一是敏锐的嗅觉;二是不屈不挠、奋不顾身的进攻精神;三是群体协作意识。由此,企业的"狼性文化"是对工作和事业的"贪性"和永无止境的拼搏精神($P-F_{52}$)。将小鱼放在小水池或者鱼缸里,那么小鱼在这相对有限的水域里自然就会显得身型庞大;某些企业如同有限水域中的小鱼,只能在地方性或区域性经济增长中发挥重要的作用($R-F_{53}$)。

(47) The bottom line is that Chewy is incredibly ***predatory***, and they're willing to lose money to grow their volume, says the industry veteran. ($S,P-F_{47}:L2$)

(48) But Gymshark is ***hunting*** younger shoppers, leveraging human-scale heroes to attract more than 2 million TikTok followers, compared to Nikes 1.3 million and Adidas zero. ($R-F_{48}$)

(49) Now, with car sales collapsing, a ***dinosaur*** business that employs 10m people directly faces a moment of truth. ($P-F_{49}:L2$)

(50) Foxconn, the world's largest contract electronics manufacturer and one of Taiwan's best-known firms, is among the firms ***dogged*** by speculation about succession. ($P-F_{50}:E6-$)

(51) It is here that India poses a special threat, not at least because of its prowling, hungry home-grown ***tiger*** company. ($S,P-F_{51}:L2$)

(52) China's largest technology company has thrived on what some employees and outsiders call its ***wolf*** culture. ($P-F_{52}:L2$)

(53) …they may play a significant role in the growth of the local or the regional economy, i.e., these firms may act like a big ***fish*** in a small pond. ($R-F_{53}:L2$)

如表5-56所示,如果将不同运动的类型、方式、规则等信息局部映射至抽象的企业概念,就形成了企业主题方向上的"运动隐喻",主要体现了"企业运营是运动"RUNNING A COMPANY IS DOING

SPORT 这则概念隐喻。其中，源域是运动，包括规则、方式及类型等，目标域是企业及企业运营活动。在商业运作中，企业之间的竞争如同竞技运动（R-F$_{54}$）；商务人士相当于赛场中的竞争对手（S，P-F$_{55}$），商业领地是有界空间，相当于每位参赛选手的比赛场地（P-F$_{56}$）；部分企业在激烈的商业竞争中不可避免地会"受伤"（P-F$_{57}$）；企业之间虽然存在明显的竞争关系，但彼此如果可以组建团队，优势互补，通力合作，就能够创造更大的企业效益（R-F$_{58}$）；比赛中，当比分或士气暂落后于对手时须迎头追赶，争夺赛事主动权。企业竞争相当于运动比赛。企业落后于竞争对手时，须迎头追击，争夺商业支配权方可反败为胜（R-F$_{59}$）。

表 5-56　　企业主题方向上"运动"基本概念域表征垂直比较

基本概念域	PPC 语料库 隐喻类符	RAC 语料库 隐喻类符
运动	race（64）archrival（32）end game（26）jockey（24）team（22）stake（20）strategy（18）tournament（26）dive（19）vying for（15）ground（13）winner（10）play station（7）business coach（5）	race（102）compete（91）play（77）team（64）rival（62）hurt（60）challenger（55）coach（33）contenders（17）
共计	342/14	510/9

（54）For a small company competing in a cut-throat ***race*** to commercialize autonomous vehicles, Auroras emphasis on soft skills might seem like a costly distraction. （S，P-F$_{54}$：K5.1）

（55）***Contenders*** including LinkedIn and enterprise-cloud specialist Workday have built A.I., enabled tools that they say can help human managers better recognize or track employee's skills. （R-F$_{55}$：S7.3+）

（56）For 37 years the company has shrewdly reinvented itself to match the moment, but it isn't used to fighting on unsettled ***ground*** against the likes of IBM, Oracle, SAP, and Salesforce.com. （P-F$_{56}$：M6）

（57）While the positive effect of globalization dominates for unconstrained firms, higher borrowing costs and tougher competition especially **hurt credit-rationed producers**. (S, P – F_{57}: B2 –)

(58) Second, the middle-out strategy implies that SMT is used by middle managers to improve collaboration at the ***team*** level. (R – F_{58}: S5 +)

(59) There's more and more opportunity in food. But Dollar General isn't the only chain ***vying*** for produce-aisle domination. (R – F_{59}: S1.1.2 +)

表 5 – 57　　企业主题方向上"游戏"基本概念域表征垂直比较

基本概念域	PPC 语料库 隐喻类符	RAC 语料库 隐喻类符
游戏	race (44) player (27) end game (23) stake (22) strategy (20) cooperative game (18) score (14) play station (14) roller – coaster (12) stage (10) juggle (5) rolling the dice (5)	score (112) playing out (42) leapfrogged (37) juggle (11) board games (8)
共计	183/12	289/5

Wmatrix 语料库检索后发现，企业运营同样可通过游戏名称或概念得以表征，主要体现了"企业运营是玩游戏"ECONOMY IS PLAYING GAME 这则概念隐喻。其中，源域是游戏及相关规则，目标域是企业运行。如表 5 – 57 所示，企业本身或企业员工常被概念化为游戏玩家（P – F_{60}）；游戏过程中存在对战与竞争，游戏的最终目的是击败对手玩家而获得分数（S, R – F_{61}）。企业商业行为如同竞技游戏，商人采用特定计策获得利润相当于游戏玩家使用策略击败对手玩家（R – F_{62}）；跳背游戏中，跳跃者须分开两腿从背弯站立者身上跳过；企业之间的相互竞争如同跳背游戏，双方中必有一方超越领先（R – F_{63}）。企业运营过程相当于掷骰子，经营效益起伏不定，变化不断（P – F_{64}）。

(60) His ambition, instead, is to get big: to turn his budding shampoo company into a major ***player*** in the MYM850 million high-end hair-care market. (P – F_{60}: K6)

(61) We examine this relation by estimating regressions in which the

dependent variable is the natural log of the number of retail or mutual fund shareholders and the independent variables include the company name fluency *score* and other firm characteristics. (S, R – F$_{60}$：K5)

(62) At any point in time, a startup must *juggle* multiple tactics concurrently to accommodate all the permutations of user predispositions. (R – F$_{62}$：K5.2)

(63) Since then, with savvy acquisitions and tech enabled operations, TreeTown has *leapfrogged* past competitors to become the country's largest tree producer and one of its biggest nurseries. (R – F$_{63}$：K6)

(64) LEAVING LAS VEGAS? CAESARS ENTERTAINMENT is *rolling the dice* on the Strip once again, having recently broken ground on a green, LEED-certified behemoth of a convention center. (P – F$_{64}$：K6)

第四节 本章小结

本章在微观层面上选取了隐喻密度值、隐喻丰富性比值、源域共鸣值和隐喻形类比值作为隐喻定量观测指标，隐喻性词汇、基本概念域和次级概念映射范畴作为隐喻定性分析指标，重在对PPC和RAC语料库中所涉隐喻在概念结构维度的具体表征方式展开纵向垂直比较研究，最终旨在明晰绪论部分所设定的第一和第二个研究问题中关涉"隐喻疏密度""隐喻产出性情况""隐喻丰富性情况""隐喻表征方式"等关键性议题。在所有主题方向上，纵然在隐喻使用频率趋于相同的前提下，两者隐喻性词汇使用的丰富性程度依然可呈现出较为显著的差异，又或是在两者隐喻使用频率存在较大差异的情况下，其隐喻性词汇使用的丰富性程度依然可呈现出相似甚至相同的实例。一言以蔽之，本研究所涉经济话语隐喻性词汇使用的丰富性程度和隐喻疏密度之间不存在直接关联。

具体而言，隐喻语言和隐喻语义域确实广泛充斥于基于相同学科辖域、不同内容梯度或语篇层级性的PPC和RAC经济话语中，即隐喻的选择与使用具有典型性和普遍性。对隐喻密度值、整体隐喻丰富性比值及源域共鸣值等隐喻系列定量观测指标的分类与统计可呈现出不同类型的隐喻选择与使用究竟在多大程度上可以具体描述与表征经济学学科辖域抽象概念与话语在不同维度的实际产出情况。不同主题方向的语篇内容对隐喻使用的影响较为明显。由此，对 PPC 和 RAC 在不同主题方向上的隐喻使用进行量化与比较可更直观地管窥隐喻密度值随不同主题变化继而发生变化的全貌，即隐喻密度值等定量指标受到主题内容和语篇层级性的双重影响。

RAC 中关涉科学隐喻概念的词汇单元使用频率更高，相应的概念表征形式也更多样化，这反映了隐喻概念在专业知识辖域内具有特定的认知组构方式。与隐喻在普通层级的使用频率相比，RAC 的特定隐喻语言使用频率更高，这表明 RAC 对专业领域的知识传播更倾向于特定隐喻的表征方式。PPC 和 RAC 虽共享经济话语中的绝大多数隐喻概念，但两者在语言层面的实现方式依然存在明显差异。另外，在不同主题方向上，尤其关涉隐喻实现方式的侧重点，两者的隐喻使用同样呈现显著差异。

PPC 的源域类型和使用数量均高于 RAC，相同源域类型可同时出现于两类语料库中，但是语言层面的实现形式差异较大。RAC 中科学隐喻的高频度使用，集中反映了学科领域高层次、专业化内容以及科学知识传播过程中借助隐喻概念呈现的稳定性特征。PPC 除了使用科学隐喻，同时也高频度使用非科学隐喻类符。隐喻概念从专业化向大众化的演变与传播过程，体现了隐喻使用在纵向垂直方向的变异特点，绝非只是对专业经济话语的机械性转述、抑或对科学概念的静态镜像复制，而是专业性科学隐喻概念的再创造过程，其本质是科学知识在传播中的话语重构，体现了更高层级和更稳定的专业概念内容。

第六章　经济隐喻话语模式垂直比较分析

如前文所言，以认知和语篇为导向的动态化批评隐喻研究框架始终将隐喻本体作为阐释和分析工具来明晰语篇与话语中隐喻语义的系统性与连贯性问题，并以此揭示隐匿于特定话语模式背后的思想、情感、态度和文化价值等。本章将继续秉承这一理念，并将其应用于不同内容层级的经济语篇话语模式维度，重在分析与比较 PPC 和 RAC 两类语料库中关涉隐喻概念性、系统性与连贯性议题的具体语篇表征方式，预期通过考察语篇中特定文本形式的建构方式来深度考察不同主题方向上隐喻选择与使用的定量表现程度，最终旨在探明两类语料库中的隐喻概念在话语模式维度各自的语义表征规律和形式变异特点。

相关研究表明，隐喻概念结构在自然语篇中的分布并非杂乱无序，在特定的话语区块通常呈现多种类型的文本形式和概念映射方式（Goatly，1997，2011；Cameron，2003；Semino，2008；Steen, et al.，2010）。事实上，这种话语模式的变异现象归根结底是隐喻概念与隐喻性词汇在特定话语区域或片段的配对问题，即两者之间不同的排列与组合方法可直接影响隐喻话语模式的呈现方式和使用类型。比如，相同或迥异源域内的隐喻性词汇可成"簇"共现于毗邻语篇中（cluster）；基于相同源域的语言隐喻能以叙事方式构建与目标域主题相关的独立或复合事件场景（scenario）；单个源域或多个源域之间可相互联结来实现语篇内外的语义连贯，并且与指定的目标域话题及其内部的重要元素建立关联（frame）；不同概念隐喻之间也能以概念网络交织的表征形式对目标域进行主题描述，以更直观的方式呈现隐喻概念之间的联结性和层次性（network）；隐喻的出现也可同步伴随能够预设隐喻使用的调节机制或话语标记（marker）。不可否认，通过全面观察这些浮游于语篇表层的特殊文本形式，不仅可以深度剖析隐喻在概念层面的系统性和连贯性的布局特征，同时也表明，隐喻概念及其具体的实现方式在语篇中所呈现的变异性形式确实有章可循，而这些既定的文本事实无疑有助于研究者透过形式的视窗来窥察隐喻概念的语篇组构方式及相应的交际功能，并可充分挖掘交际者选择与使用特定隐喻类型的初衷及隐喻使用之后对受话者产生的影响。鉴于上述话语模式在内容上存在交互重叠，本章将基于 Semino（2008）和 Cameron & Maslen（2010）的研究成果，在系统比较与分析 PPC 和 RAC 语义域样本的基础上，选择 PPC 和 RAC 语料库中的隐喻簇和隐喻标记作为典型性话语形式进行比对。由此，以下将立足于隐喻与话语研究背景下的相关理论与方法，首先对两类文本形式的理论基础与代表性研究成果进行简要概述与评析，以明晰每小节研究的着力点，然后通过具体语例分析与讨论，预期对两类话语模式进行系统比较分析。

另外，在研究方法上，我们主要采用定性和定量研究相结合的方式对各类隐喻话语模式的语例[①]进行均衡抽样分析，并将分析过程分为前导性试验研究和系统性语例分析两个阶段。其中，定量分析用于对目标主题词的自动检索、隐喻话语模式的计算与统计；而定性分析则用于观察目标主题词汇所涉隐喻概念之间的系统性和连贯性特点。前导性试验研究阶段主要选取了 PPC 和 RAC 中具有较高突显性程度的概念域作为分析对象，最终目的在于有效确立用于后期隐喻话语模式分析研究的共享主题词。具体来说，首先分别在两类语料库中截取 Wmatrix 列表中位居前 20，且通常具有较大 LL 值的主题语义域作为观察对象，初步判定两类语料库中共享的主题语义域内容与所选语料的

[①] 本研究对隐喻标记话语模式进行对比分析时，充分借鉴了 Goatly（1997）关于隐喻标记语的相关研究成果，特将标记语列表中的词汇直接应用于两类语料库的穷尽性检索的任务中，因此不需要增设前导性试验研究来获取相应的主题词。

主题方向是否直接相关；如果两者具有关联性，则穷尽性检索该语义域范畴内使用频率较高的候选词汇，并通过观察部分以这些词汇作为节点词及其邻近词项的相关信息，同时参照基于 Wmatrix 语义域标注工具的半自动化隐喻识别步骤来识别索引行中对应的隐喻性词汇并获取隐喻性词汇所在的语篇位置。如果索引行中存在隐喻性词汇单元，则通过 Wmatrix 的拓展语境功能（extended context）推断出所在话语区块是否蕴含基于某种或某几种隐喻概念使目标域内部固有的不同概念结构得以系统构建的隐喻话语模式，即语篇中为实现隐喻系统性与连贯性特征所采用的不同话语表征方式。限于篇幅，我们无法穷尽性分析两类语料库在不同主题方向上所涉隐喻话语模式的全部语例。为确保研究语料的代表性和研究结论的客观性，在系统性语例分析阶段，我们将在不同话语模式中各自选取 PPC 和 RAC 中共享的代表性主题及相应的关键词，并基于 Wmatrix 软件对所选词汇进行穷尽性检索，获得以节点词及邻近项词汇为主导信息的索引行，并通过分析所涉语例进一步探明两类语料库在不同话语模式中所呈现的共性与差异。

第一节　隐喻簇

一　基本概念与分析理据

　　隐喻簇是局部型话语模式中具典型的类别之一。研究者发现，语言隐喻在真实话语中具有普遍性，但其分布规律极不均匀（unevenly spread），具有间歇性和局部性特征，即隐喻的出现频率在某些片段中几乎"缺席"，而在其他区块又集中涌现甚至完全爆发（burst of metaphors）（参见 Corts & Pollio, 1999；Corts & Meyers, 2002；Cameron, 2003；Koller, 2003；Cameron & Low, 2004），形成隐喻簇，即语言隐喻在毗邻语篇中成簇共现的语言现象（Kimmel, 2010）。言语者通常需借助隐喻簇等文本形式来处理语言与概念层面难度较大的主题信息。由此，对隐喻簇的研究可直接触及言语交际活动中与特定修辞性目标密切相关的战略性位置（Cameron & Stelma，2004；Dorst，2018）。

不可否认，自然语篇中的隐喻使用从某种程度上而言确实具有普遍性特征，但这种普遍性程度远非如 CMT 所秉持的笼统观点，即"隐喻充斥于人类日常的语言和思维概念系统"（Lakoff & Johnson，1980；Lakoff，1987；Gibbs，1994）。尽管基于大型可比语料库的隐喻识别研究表明，语篇中隐喻语言的平均使用频率约为每 1000 字出现 3—18 次（Cameron，2003；Steen, et al.，2010），然而该数值对于隐喻簇量化标准来说不具有绝对参考价值，原因在于隐喻簇的分布特点是在某个区块集中爆发，其隐喻密度必将显著高于普遍意义上的隐喻使用平均值（Cameron & Stelma，2004；Semino，2008）。尽管学界已将隐喻簇定义为两个及两个以上源自不同类型的源域在毗邻语篇中成簇共现的语言现象，但若以此为标准仍然无法对隐喻簇进行精准量化，因为对隐喻簇的界定与定量分析的核心问题在于科学确立隐喻簇的基本分析单位及在特定语篇中对隐喻性词汇的"正常密度"进行计算和统计方法等标准的设定问题，即如何清晰划分语篇中隐喻簇的起点和终点（参见 Cameron，2003；Kimmel，2010）。

当前国外学者对隐喻簇的界定研究主要采用定量统计及语料库分析法，通过观察和记录特定语言单位在统计学意义上的出现频次和演变规律进行界定，其中主要包括累计频率表（Cameron，2003）、Dis-Vis 视觉统计分析图（Cameron & Stelma，2004）、泊松分布（Corts & Pollio，1999）、居中移动平均线（Corts & Meyer，2002）和基于语料库的定量分析（Koller，2003；Kimmel，2010）。国内学者主要以借鉴并融合选用国外多种隐喻识别方法为主，常用于考察汉语中隐喻簇的出现频次和语言特征及基于特定英汉语篇类型的混合隐喻对比研究（刘星，2015）。

有鉴于此，本节在充分参考上述研究的基础上，将隐喻簇的界定和量化标准归纳如下：一是将句义的完整性作为隐喻簇判定的前提条件；二是将隐喻簇定性为语言集合单位；三是隐喻簇的分析过程皆以句子为最小语言单位；四是从句中允许出现没有隐喻性词汇的语言区块（但只允许出现一个区块）；五是以转换话题的首个隐喻性词汇为隐喻簇的起点，直至最后一个包含隐喻性词汇的句子为终点。

二 样本数据处理

本书对隐喻簇的语例分析主要基于经济主题方向上的语义域。如图 6-1、图 6-2 所示，PPC 和 RAC 中位居前 20 名的共享主题语义域数量共计 8 种，若参照语料选取与构成标准，在语义上与主题内容直接相关的语义域仅为 I2.1［商务：普遍性］和 I2.2［商务：销售］。通过穷尽性检索 I1.2 和 I2.2 语义域中的词汇列表后显示，PPC 与

			Item	O1	%1	O2	%2	LL	LogRatio	
1 List1	Broad-list	Concordance	I2.1	1787	1.31	2634	0.27 +	2198.59	2.26	Business: Generally
2 List1	Broad-list	Concordance	I1.1	1627	1.19	2654	0.27 +	1814.79	2.12	Money and pay
3 List1	Broad-list	Concordance	I2.2	1457	1.07	2738	0.28 +	1394.43	1.91	Business: Selling
4 List1	Broad-list	Concordance	I1	1480	1.08	3515	0.36 +	1042.97	1.58	Money generally
5 List1	Broad-list	Concordance	Z99	5230	3.83	22165	2.29 +	1000.40	0.74	Unmatched
6 List1	Broad-list	Concordance	G1.1	1385	1.01	3542	0.37 +	870.73	1.47	Government
7 List1	Broad-list	Concordance	I1.2	723	0.53	1318	0.14 +	716.34	1.96	Money: Debts
8 List1	Broad-list	Concordance	I1.3+	219	0.16	64	0.01 +	629.59	4.60	Expensive
9 List1	Broad-list	Concordance	N3.2+	718	0.53	1606	0.17 +	551.29	1.66	Size: Big
10 List1	Broad-list	Concordance	I1.3	599	0.44	1254	0.13 +	502.44	1.76	Money: Cost and price
11 List1	Broad-list	Concordance	A13	120	0.09	0	0.00 +	501.51	10.73	Degree
12 List1	Broad-list	Concordance	N3.8	305	0.22	340	0.04 +	472.22	2.67	Measurement: Speed
13 List1	Broad-list	Concordance	Z2	3081	2.25	14502	1.50 +	387.52	0.59	Geographical names
14 List1	Broad-list	Concordance	N5	1546	1.13	6385	0.66 +	323.19	0.78	Quantities
15 List1	Broad-list	Concordance	T1.3	1811	1.32	8327	0.86 +	252.48	0.62	Time: Period
16 List1	Broad-list	Concordance	I1.3-	337	0.25	780	0.08 +	246.58	1.61	Cheap
17 List1	Broad-list	Concordance	X2.2	112	0.08	87	0.01 +	218.33	3.19	Knowledge
18 List1	Broad-list	Concordance	I4	291	0.21	674	0.07 +	212.71	1.61	Industry
19 List1	Broad-list	Concordance	X6	79	0.06	37	0.00 +	194.68	3.92	Deciding
20 List1	Broad-list	Concordance	N3.2+++	158	0.12	247	0.03 +	183.84	2.18	Size: Big

图 6-1 经济主题方向上 PPC 前 20 位主题语义域列表

			Item	O1	%1	O2	%2	LL	LogRatio	
1 List1	Broad-list	Concordance	A2.2	1579	1.90	4362	0.45 +	1858.26	2.08	Cause&Effect/Connection
2 List1	Broad-list	Concordance	N3.1	411	0.50	413	0.04 +	1013.48	3.54	Measurement: General
3 List1	Broad-list	Concordance	A9	207	0.25	11	0.00 +	966.25	7.78	Getting and giving; possession
4 List1	Broad-list	Concordance	I1	1026	1.24	3515	0.36 +	936.93	1.77	Money generally
5 List1	Broad-list	Concordance	I2.2	816	0.98	2738	0.28 +	765.46	1.80	Business: Selling
6 List1	Broad-list	Concordance	I2.1	787	0.95	2634	0.27 +	740.65	1.80	Business: Generally
7 List1	Broad-list	Concordance	Z99	3186	3.84	22165	2.29 +	657.20	0.75	Unmatched
8 List1	Broad-list	Concordance	S1.1.1	654	0.79	2089	0.22 +	652.37	1.87	Social Actions, States And Processes
9 List1	Broad-list	Concordance	I1.1	708	0.85	2654	0.27 +	571.66	1.64	Money and pay
10 List1	Broad-list	Concordance	A2.1+	864	1.04	3939	0.41 +	509.79	1.36	Change
11 List1	Broad-list	Concordance	X2.2	154	0.19	87	0.01 +	481.41	4.37	Knowledge
12 List1	Broad-list	Concordance	A1.5.2	109	0.13	22	0.00 +	438.76	5.85	Usefulness
13 List1	Broad-list	Concordance	A11.1+	653	0.79	2803	0.29 +	427.63	1.44	Important
14 List1	Broad-list	Concordance	I1.3	403	0.49	1254	0.13 +	414.85	1.91	Money: Cost and price
15 List1	Broad-list	Concordance	S1.1.3	79	0.10	0	0.00 +	401.33	10.85	Participation
16 List1	Broad-list	Concordance	S1.1.2+	332	0.40	905	0.09 +	396.27	2.10	Reciprocal
17 List1	Broad-list	Concordance	X4.1	484	0.58	1947	0.20 +	351.80	1.54	Mental object: Conceptual object
18 List1	Broad-list	Concordance	A6.1-	842	1.02	4629	0.48 +	339.25	1.09	Comparing: Different
19 List1	Broad-list	Concordance	A13	66	0.08	0	0.00 +	335.29	10.59	Degree
20 List1	Broad-list	Concordance	A1.5.2+	160	0.19	220	0.02 +	331.68	3.09	Useful

图 6-2 经济主题方向上 RAC 前 20 位主题语义域列表

RAC 中使用频率和相对频率较高的主题词为 economy：420（0.34）/274（0.33）、business：208（0.16）/57（0.07）、recession：81（0.06）/29（0.03）、commercial：122（0.08）/34（0.03）。下文以 RAC 中使用频率和相对频率最高值的主题词 economy 为例进行样本数据处理。

```
                                                    274 occurrences.                                         Extend context
others must be an endogenous property of any  economy ; however , to the extent that liquidity is d    1 More | Full
s higher , monetary policy is tight , or the  economy is in a recession . Finally , evidence of a c    2 More | Full
nition is set in the context of an endowment  economy without explicit trade , I show that it is co    3 More | Full
ctual liquidity experienced by agents in the  economy who need to trade . To fix notation , I desig    4 More | Full
tasset zeroas the medium of exchange for the  economy and focus on the liquidity of asset one . The    5 More | Full
```

图 6 - 3　经济主题方向上 RAC I2.1 [商务：普遍性] economy 前 5 位索引

如图 6 - 3 所示，主题词 economy 在限定宽度内（Wmatrix 软件 100 单位为例）的 5 行索引信息中，邻近项皆已成功识别出隐喻性词汇单元。为了进一步核实并获取在特定话语区块或片段中的其他潜在隐喻性词汇单元及其语义联结方式，我们通过 Wmatrix 拓展语境功能截取了首行索引中的完整区块信息：

This line of reasoning has led to recent investigation of the consequences of systematic **fluctuations** $^{A2.1+}$ in **liquidity** ^{I1} for the pricing of assets. Yet **viewing** $^{X2.1}$ **liquidity** ^{I1} as an **exogenous** ^{Z99} risk factor raises some important issues. Ultimately, the willingness of some agents to **accommodate** ^{H4} the trades of others must be an **endogenous** ^{Z99} property of any economy; however, to the extent that **liquidity** ^{I1} is determined by the primary state variables that determine prices and discount rates, it does not **represent** $^{Q1.1}$ a separate **exposure** $^{A15-}$ to investors, and hence cannot be priced (R - E).

上述以 economy 为主题词的话语区块包含 87 个形符。基于 MIPVU 隐喻识别程序，共获得 10 个隐喻性词汇单元，即隐喻形符使用频率为 11.49%，该数值明显高于经济主题方向的整体隐喻密度值。参照 Wmatrix 语义赋码列表后发现，这些隐喻形符分别隶属 A2.1、I1、X2.1、Z99、H4、Q1.1、A15 - 等 6 种不同语义域类型，能以概念之间的不同组构形式和信息分布来诱发语义内部的隐性联合，从而框定共现于相同话语区块的不同从句中。由此,该类型的隐喻组合现象可以被界定为混合隐喻簇的使用。具体而言,该话语片段内容是关于流动资本波动对资产定价产生的影响。因此,隐喻的产生理应围绕"资本""价格""经济"等目标域本身或目标域概念的相关层面进行语义表征与拓展。若单从语义域类型上看,以上部分隐喻性词汇源自相同的源域,语义之间的关联度(connectedness)较为显性。比如,fluctuations 和 liquidity 出自源域概念"液体",前者喻指物质的移动方式,后者喻指物质的存在状态,两者语义关系平行推进,语义内部相互关联,互为补充,共同表征同一个目标域的相同本体"资本的运作方式"。当然,对于某些源于不同语义域范畴的隐喻性词汇,我们很难觉察它们之间存在某种形式或语义上的关联。比如,accommodate 源自"建筑",endogenous 源自"有机体的内部机制",前者喻指社会关系中的适应能力,后者喻指经济实体的内部特性,两者的语义关系显然无法实现兼容,形式上相互冲突,然而两者置于同一句子中,用于共同表征相同目标域的不同本体:"经济运行主体"和"资本的运作方式"。当然,如果在相同索引行宽度限制范围内暂时无法识别出隐喻性词汇单元(如图 6-4 所示),我们同样需要通过拓展语境功能来获取主题词所在位置的完整话语区块信息,并基于 MIPVU 隐喻识别程序判定在该片段中是否存在隐喻簇话语模式。

图 6-4 经济主题方向上 PPC I2.1 [商务:普遍性] economy 前 5 位索引

三 分析与讨论

以下对 PPC 和 RAC 隐喻簇话语模式的比较分析将以定量和定性研究相结合为基础,定量法用于统计隐喻簇语言与隐喻簇个数的使用频率，包括隐喻簇所涉语言隐喻数量、隐喻簇数量、混合隐喻所涉语言隐喻数量、混合隐喻簇数量及相关数值总占比等指标，定性法主要用于阐释隐喻簇的特定结构类型，包括单纯隐喻簇（同源域—同目标域）、分散隐喻簇（异源域—同目标域型）和冲突隐喻簇（异源域—异目标域）。

（一）使用频率

通过穷尽性检索并逐项观察 PPC 和 RAC 两类语料库中分别以 economy、economic、economies、business、recession、commercial 和 commerce 为主题词[①]的索引行及该主题词所在位置的话语区块信息，同时基于 MIPVU 隐喻识别程序分类统计后获得以下数据信息（表 6-1）：首先，PPC 与 RAC 语料库中均存在单纯隐喻簇和混合隐喻两种隐喻簇话语模式，隐喻簇所涉语言隐喻总占比分别为 62.68% 和 42.14%，混合隐喻所涉语言隐喻总占比分别为 56.24% 和 31.68%。这些统计数值表明，隐喻簇现象在大众类和专业类经济语篇中同样普遍存在。

表 6-1　PPC 和 RAC 隐喻簇所涉隐喻语言使用频率比较

	语言隐喻总数	隐喻簇所涉语言隐喻总数	混合隐喻所涉语言隐喻总数	隐喻簇语言隐喻总占比	混合隐喻语言隐喻总占比
PPC	16372	10262	9208	62.68%	56.24%
RAC	11631	4901	3685	42.14%	31.68%

再者，隐喻簇个数统计后显示（表 6-2），PPC 和 RAC 隐喻性词汇单元数的最小值都为 2，最大值分别为 12 和 11，其中包含 2—4 个隐喻词的隐喻簇个数总占比为 64.2% 和 61.7%，包含 5—7 个隐喻词的隐喻簇个数总占比为 25.68% 和 28.72%。两者在包含 10 个以上隐喻词项比例上皆相对较小，仅为 1.95% 和 2.7%。另外，在混合隐喻簇个数统计方面，两者包含 2—4 个隐喻词的混合隐喻簇个数在该类型隐喻个数的总占比分别为 58.5% 和 57.6%。当隐喻性词项数量超过 4 个时，该隐喻簇类型的整体比例分别为 41.5% 和 42.4%，可直接判定

[①] 定性分析部分所涉检索对象将拓展至主题语义域中与经济直接相关的词汇。

为混合隐喻簇。

表6-2　　　　　PPC 和 RAC 隐喻簇所涉使用数量比较

隐喻性词汇单元数量	PPC 语料库			RAC 语料库		
	隐喻簇总数量	混合隐喻总数量	混合隐喻占比	隐喻簇总数量	混合隐喻总数量	混合隐喻占比
2	45	24	53.3%	32	18	56.3%
3	86	56	65.1%	63	39	62.6%
4	34	27	79.4%	21	15	71.4%
5	29	20	69.0%	20	16	80.0%
6	23	19	82.6%	25	16	64.0%
7	14	12	85.7%	9	9	100%
8	17	17	100%	11	7	72.7%
9	4	4	100%	2	2	100%
10	2	1	50%	4	2	50%
11	1	1	100%	1	1	100%
12	2	2	100%	0	0	0
合计	257	183	71.2%	188	125	66.5%

鉴于经济语篇内部的层级性和话语组构方式等因素差异，PPC 和 RAC 语料库无论在隐喻簇的语言隐喻使用数量上，还是在隐喻簇的使用个数上均存在某种程度的差异性，但两者的混合隐喻簇总占比趋于接近值，且整体数据统计结果与 Quinn（1991）、Shen & Balaban（1999）、Kimmel（2010）、刘星（2015）、黄华星，刘星（2015）等关于隐喻簇的研究结果基本保持一致，该结果表明尽管在不同层级内容的经济学语篇中隐喻簇依然是普遍存在的隐喻与话语现象。

（二）结构类型

在分析与比较两类语料库中隐喻簇的不同结构类型时，本书重在关注隐喻簇所涉源域与目标域之间的概念映射关系，即充分考虑毗邻语篇中隐喻性词汇、源域及目标域各自之间的概念联结程度问题（conceptual connectedness），包括隐喻簇所涉句子及句群之间的语义关系，可细分为单纯型、离散型和冲突型三种类型。

单纯隐喻簇仅包含单个源域和单个目标域概念，涉及两个及两个以上出自相同源域的隐喻性词汇单元成簇共现于毗邻语篇中，且共同映射至单个目标域语义范畴不同层面的话语现象。由于源自同一隐喻概念域，这些隐喻词汇在语义上具有与生俱来的相关性，内部结构连贯，概念联结程度最高，可形成互补或重叠关系，常绕指目标域意义中的某个核心概念进行隐喻拓展，理论上说，可诱发显性的连贯与衔接方式。单纯隐喻簇所涉句子或整体从句之间主要以平行推进方式进行陈述，包含并列推进和层级推进两种模式（参见 Goatly，1997：265；刘星，2015；董素蓉、苗兴伟，2017）。

单纯隐喻簇的并列推进模式是指语篇中的单个源域概念衍生出多种隐喻性词汇，词项彼此共现，语义互补，从句之间或句子内部结构以并行罗列呈现方式，共同趋向同一目标域进行意义拓展的簇类型。例（1）中仅出现一个源域概念。其中，隐喻性词汇 overheating、accelerating、inflation 都源自"经济运行是机械做功"这则概念隐喻，但表达了机械的不同侧面：其中，overheating 表示机械做功时产生的热量；accelerating 指出机械的速度；inflation 体现机械的内部体积；"机械"最基本的特征就是做功时产生的热量、速度及体积。例（2）中同样只出现一个源域。其中 liquidity、erode、illiquid 都源于"市场经济是流体"这则概念隐喻，但描述了经济运行的不同侧面：liquidity 和 illiquid 表示经济运行所呈现的不同状态；erode 指出，经济运行时遭受破坏。显然，以上两例都是将句子中的语言隐喻共同映射至同一目标域的不同层面，这些词汇语义上连贯互补，结构协调，相关联概念得以集中表达，隐喻语言共存强化了语篇的阐释力。再者，例（1）通过"to + v – ing, to + v – ing"构式对经济运行的不同结果进行多维度描述，例（2）通过并列连接描述了经济运行的流体形态，分句之间的语义关系都属于并列推进式，是典型的单纯隐喻簇。另外，从理论上讲，单纯型隐喻簇还应存在这样一种情况，即单个源域概念衍生出的多种隐喻词汇是用于描述同一目标域的同一侧面，这些词项之间依然彼此共现，语义互补协调，共同表征相同目标域进行意义拓展。

语料分析后表明，PPC 和 RAC 中均未检索出类似语例。

（1） Many policymakers think the economy is close to ***overheating***, pointing to ***accelerating*** wages and forecasts of higher ***inflation***. （P－E$_1$：Z99，N3.8＋，I1.3＋）

（2） ***Liquidity*** tends to ***erode*** during economic recessions, and considerably markets are more ***illiquid*** during both the Great Depression and the recent financial crisis. （R－E$_2$：I1，A1.1.2，I1）

例（3）中的隐喻性词汇 vulnerable、slowdown、weakness、bounce-back、confidence 源于相同的源域概念"情感"，主要激活了结构隐喻"经济是生物体"，语言隐喻之间语义连贯互补，整个句子通过"脆弱—懈怠—虚弱—恢复—信心"的人类情感图式完整诠释了生物体情感变化的发展过程。例（4）中的 strategy、strain、tensions、overwhelming、intense、rival 均出自概念域"冲突/战争"，主要激活了结构隐喻"竞争是冲突"，语言隐喻语义连贯互补，句子基于抽象空间和显性逻辑关系描述了经济领域竞争的本质问题。例（5）中的 downturns、shift、returns 均源自概念域"移动"，语言隐喻语义连贯互补。基于因果关系，该句子运用经济运行的移动意象图式描述了投资者对经济行为的预测与偏好。不难发现，例（3）—（5）各句的隐喻性词汇均出自同一个源域概念，但与并列推进式的区别在于单纯隐喻簇层级推进式的语言隐喻随着句子内容（含信号词）的披露呈现出包括事件发展的时间顺序、因果、转折等内在逻辑关系。

（3） Yet the German economy suddenly looks ***vulnerable***. In the short term it faces a ***slowdown***. It only narrowly avoided a recession at the end of 2018. Temporary factors, such as tighter emissions standards for cars, explain some of the ***weakness***, but there is little sign of a ***bounce-back***. Manufacturing output probably fell in January. Businesses are losing ***confidence***. （P－E$_3$：S1.2.5－，N3.8－，S1.2.5－，Z99，E6＋）

（4） And, all the while, China's ***strategy*** for modernizing its economy is adding further ***strain***. At the heart of these ***tensions*** is one simple, ***over-***

whelming fact: firms around the world face ever more ***intense*** competition from their Chinese ***rivals***. (P – E$_4$: X7 + , N3.5, E6 – , X9.2 + , N5 + , S7.3 +)

(5) …they can save more to hedge against possible future ***downturns*** in the economy. To hedge against such an unfavorable ***shift***, investors prefer holding stocks that have higher covariance with economic uncertainty. This is because an increase in economic uncertainty will increase the ***returns*** on these stocks due to positive intertemporal correlation. (R – E$_5$: N5 – , M2, M1)

由此可见，就单纯隐喻簇而言，PPC 和 RAC 语料库中都存在并列推进和层级推进两种结构类型，且都倾向于使用选择词汇化程度较高的隐喻语言，因此，两者并未表现出明显区别。然而，学界当前关涉隐喻簇定量研究结论的分歧尚未得到解决，即部分学者指出语篇中隐喻簇绝大多数都是语义连贯、易于理解的单纯隐喻簇，通常都是围绕主题中的根隐喻展开的（如 Corts & Meyers, 2002; Low, 2008），而其他学者则提出了相反的结果，即单纯隐喻簇只占隐喻簇的少部分比例，政治、教育等话语中的绝大部分隐喻簇都是以混合隐喻的形式存在（如 Shen & Balaban, 1999; Kimmel, 2010; 刘星, 2015）。本书基于语料库实证数据，明晰了经济话语中单纯隐喻簇和混合隐喻在隐喻簇整体数量中的使用比例，为进一步论证"语篇中隐喻簇多数都是以混合形式存在"的事实提供了新的佐证。此外，不同内容层级语篇中的隐喻簇分布比例也存在较大差异，PPC 语篇中混合隐喻的使用数量明显高于 RAC 对应值。

分散隐喻簇包含多个不同类型的源域和单个相同的目标域，是指两个及两个以上数量的不同源域类型在同一句子、句群或毗邻语篇中成簇共现，共同映射至单个目标域语义范畴的话语现象。这些彼此分散的源域表面上隶属不同概念域，形式上表现为隐喻性词汇单元之间的混合、互不协调或兼容，甚至相互矛盾，但在共同表征相同目标域意象时依然可形成认知互补和概念细化的关系，句子或从句语义连贯，概念联结程度较高，同样可围绕目标域语义中的某几类核心源域概念进行隐喻拓展，依然表现出较强的连贯与衔接方式，因此隶属混合隐喻簇。同理，分散型隐喻簇依然可分为并列推进和层级推进两种模式。

分散隐喻簇的并列推进模式指的是多组源域概念向单个目标域不同层面的跨域映射，隐喻语言之间语义连贯互补，隐喻簇从句内部语义并列推进的簇类型。根据常用源域和目标域分类标准，例（6）中共识别出单个目标域"货币"，分别对应四个源域类型。根据两者之间的隐喻映射关系，可将该隐喻簇分解成四组隐喻概念表达式："货币收益是力学现象""货币收益是逆向移动""货币是液体"和"货币运营是机械调节过程"。第一个概念隐喻体现在 persistence 一词中，属于力学概念；第二个词指向 return，通常和物体方位移动相关；第三个词属于液体状态；第四个词源于机械用语。这四个隐喻性词汇形式上虽属于不同的源域概念，但语义之间相互关联，能够与句中唯一的目标域构成对应关系。比如，液体具有移动性和方向性；机械和力同属物理学概念，与牛顿经典力学相关。换言之，多个源域概念的加入使目标域的意象具有多样性。另外，序数信号词的标注使得句子语义信息的呈现层次分明。例（7）中同样识别出单个目标域"经济"，可分别对应三个源域类型"机械""移动""速度"。基于两者之间的隐喻映射关系，可将隐喻簇分解成三个隐喻概念表达式："经济运行是机械现象""经济是流体"和"经济运行是空间移动"。同理，这些隐喻性词汇之间语义连贯，概念互补或重叠，句子基于连词形成并列结构，共同映射至单一的目标域概念，形成对应匹配关系。当然，分散型隐喻簇在形式上是多个隐喻性词汇共现于同一个句子中，但其意义并不是几个隐喻概念的简单相加，解构隐喻簇及整个句子的意义还需要涉及更复杂的抽象推理机制。

(6) We consider three increasing sets of variables for z_t. The first, denoted z_t, 1, includes the lagged excess **return** to capture any **persistence** in monthly returns as well as (lagged) vol. The second (z_t, 2) adds several common bond-related forecasting **instruments**, including the stochastically detrended short-term interest rate, the term spread, the default

spread, and the commercial paper-to-Treasury spread. Results in Table 5 illustrate that many break-and *volatility-adjusted illiquidity* measures remain statistically significant predictors of stock returns upon including additional return-forecasting variables. (R – C$_6$: M1, T2 + +, O2, Z99, I1)

(7) After almost nine years of mostly *sluggish* expansion, the U. S. economy has *shifted* into a higher *gear* and is creating jobs at a record *pace*. (P – E$_7$: N3.8 – , M2, O2; N3.8)

分散隐喻簇的层级推进模式指的是多组源域概念向单个目标域的跨域映射，隐喻性词项之间语义连贯互补，隐喻簇内的从句之间语义按照某种逻辑关系逐层推进的簇类型。根据常用源域和目标域分类标准，例（8）中共识别出单个目标域"货币"，分别对应"机械""力""人类""空间"这四个源域类型，构成四类概念隐喻："货币竞争是力现象""货币价格失去控制是人类行为""调整货币利率是机械行为""通货膨胀是上方位"；例（9）中同样识别出单个目标域概念"商务与经济"，分别对应"人类""力学""方位"源域，可分解成"经济是人""经济是机械"和"经济是容器"。同理，例（8）—（9）中各自的源域概念尽管出自不同的概念域，但这些概念域本身具有关联，语义连贯，概念互补或相互细化，句子基于语义内部的逻辑关系形成因果等关联结构，共同映射至单一的目标域概念，形成对应匹配关系。

(8) Even before the *slowdown*, the IMF predicted that in 2023 core inflation will be only 2.5% hardly a sign of *runaway* prices. In any case, higher German inflation would be welcome, as a way to resolve *imbalances* in competitiveness within the euro zone that would elsewhere *adjust* through exchange rates. The risk is not of *overheating* but of Europe slipping into a low-growth trap as countries that need to gain competitiveness face an inflation *ceiling* set too low by Germany. (P – C$_8$: N3.8 – , A1.7 – , A6.1 – , A2.1 + , Z99, H2)

(9) We consider two alternative scenarios, assuming that reforms are

either implemented in the aftermath of a large adverse productivity shock that temporarily ***depresses*** the economy or in normal times, assuming that the economy is at the steady state. This allows us to explore how business ***cycle*** conditions affect the ***dynamic*** response to market reform. To assess the role of external borrowing constraints an important feature of the crisis in the euro area ***periphery*** we also consider the case in which the ***deregulating*** economy faces international financial ***autarky***. (R - M_9: E4.1 -, M3, X5.2 +, A11.1 -, A1.7 -, Z99)

从理论上讲，每个隐喻概念都能"自成体系，形成许多隐喻，强调和说明事物的某一侧面"（陈道明，2000：116），而冲突隐喻簇中包含了多种不同类型的源域和目标域，可同时形成多组源域和多组目标域之间的概念映射关系。这些不同的源域类型表现为多种概念域间的"混合"，所涉隐喻语言在内容及逻辑关系上相互冲突，语义缺乏连贯性，形式与意义"脱节"而引发"譬喻不伦"，因而在传统修辞学和文体学中向来被冠以"使用不当的语言"之恶名（Kimmel，2010：98）。另外，目标域意义的不同层面照样无直接关联，且缺乏共享的意象或认知基础，概念联结程度最低，通常围绕不同目标域语义中的某几类核心源域概念进行隐喻拓展，表现出极其隐性的连贯与衔接方式，隶属混合隐喻簇。这种源于相互冲突矛盾的不同语义域类型的喻体词项之间的"混合"现象已超越认知隐喻的解释范畴，是当前国内外隐喻研究的新动向。

（10）Even though the trade ***war*** is ***dampening*** business ***sentiment***, consumer confidence rose in the second half of 2018. This divergence between business and consumer sentiment represents a major break from the past, signaling a new growth ***trajectory powered*** by consumer spending. To that end, stimulus measures the government introduced earlier this year were ***calibrated*** to reinforce this trend by cutting income taxes and banks' reserve requirements without encouraging a return to massive lending booms. (P - C_{10}: G3, O1.2, E1, M6, A1.1.1, N3.1)

(11) The high end of the range means that at least some members think the central bank will need to hike rates to a level that's restrictive ***cooling off*** the economy to ***quell*** inflation before shifting to neutral. (P – E$_{11}$: O4.6 –, T2 –)

根据常用源域和目标域分类标准,例(10)和例(11)中识别出多个源域和多个目标域概念。其中,例(10)的混合源域词汇包括 war、dampen、sentiment、trajectory、powered、calibrated,例(11)的混合源域词汇包括 cooling off、quell,这些隐喻性词汇在语义层面上的矛盾主要体现在:例(10)是贸易行为,却将商业情绪"浇灭","增长的轨迹可以由消费提供动力","刺激措施可以被测量"。例(11)是商业行为,却将经济"降温",将通货膨胀"镇压"。从直陈义角度看,"战争"和"浇灭","轨迹"和"动力","措施"和"测量","经济"和"降温","通货膨胀"和"镇压"之间显然缺乏相似的意象实体,而语用者刻意将其中两个互不协调或兼容的、缺乏逻辑关联的源域词目来表征经济贸易、消费和刺激手段等事件变化的特定方面。这些表面上看似"不伦"的比喻,在特定的语境中依然是语义连贯且易于理解。

第二节 隐喻标记

一 基本概念与分析理据

隐喻标记通常被定义为共现于喻体语境中的词和短语,或基于相似、匹配及类比等修辞手段,能以非规约性方式所指或类联接(colligate)隐喻本体的话语单位(Goatly,1997:172)。学界对隐喻标记的关注由来已久,然而因研究视域和目标迥异,各家在称谓上始终无法归一,如模糊限制语(hedges)(Glucksberg & Keysar, 1993)、隐喻标记(metaphorical markers)(Goatly, 1997)、调节装置(tuning devices)(Cameron & Deignan, 2003)、信号词(signaling)(Wallington, et al., 2003; Semino, 2008)、元交际标记(meta-communicative markers)(Pramling，2006）和标记（flaggings）（Steen，et al.，2010）等术语①。隐喻标记可在不同程度上预示隐喻存在的可能，有助于隐喻自动识别、阐释与理解研究。隐喻标记无疑成为隐喻研究领域的重要议题（Skorczynska & Ahrens，2015）。文献梳理后发现，现有研究重在关注隐喻标记的类别、功能与特定语篇之间的关联。

首先，在隐喻标记类属上，国内外部分学者都曾做过不同程度的罗列与分类（如 Miller，1993；束定芳，2000；Wallington，et al.，2003；Pramling，2006），若单论系统性和覆盖度，Goatly（1997）的隐喻标记分类无疑是目前最详尽、最具体的（表6-3）。

表6-3　　　　　　　　　　Goatly 隐喻标记列表

标记语类属	隐喻标记语
1. Explicit markers	metaphor/-ically, figurative/-ly, trope
2. Intensifiers	literally, really, actually, in fact, simply, fairly, just, absolutely, fully, completely, quite,
3. Hedges and downtoners	thoroughly, utterly, veritable, regular
4. Semantic metalanguage	in a/one way, a bit of, half - ..., practically, almost, not exactly,
5. Mimetic terms	not so much...as..., ...if not
6. Symbolism terms	in both/more than one sense/s, mean (-ing), import
7. Superordinate terms	image, likeness, picture, parody, caricature, model, plan, effigy,
8. Copular similes	imitation, artificial, mock
9. Precision similes and other comparisons	symbol (-ic/-ically), sign, type, token, instance, example (some) (curious, strange, odd, peculiar, special) sort of, kind of like, as material verb + likex, the y ofax, y'sx;
10. Clausal similes	noun-adj, the x equivalent of
11. Perceptual processes	as if, as though
12. Misperception terms	seemed, sounded, looked, felt, tasted, + like/as though/as if
13. Cognitive processes	delusion, ilusion, hallucination, mirage, phantom, fantasy, unreal
14. Verbal processes	believe, think, regard, unbelievable, incredible
15. So to speak	say, call, refer to, swear
16. Orthography	
17. Modals + Verbal Processes	" "! white space
18. Modals	could say, might say
19. Conditionals	must, certainly, surely, would, probable/-ly, may, might, could, possible/-ly, perhaps,
20. As it were	impossible/-bility
	if ...could, would, might, imagine, suppose

---

① 本书主要考虑"隐喻"和"标记"须同时体现于概念的原则，故采用 Goatly（1997）的英文术语 metaphorical markers。

其次，隐喻标记的功能研究主要涉及隐喻的阐释与加工处理。比如，Glucksberg & Keysar（1993）曾指出，模糊限制语可减少语篇中可被感知的隐喻性，原因是该话语标记可降低隐喻在文本层面进行识别所必备的隐含阐述程度。Goatly（1997）发现隐喻的共现文本和语境可同时影响受话者的隐喻阐释，而缺乏文本或语境线索都可能直接导致隐喻的误判。换言之，在喻体语境中使用隐喻标记可减少读者或听者在阐释和理解隐喻时需付诸的认知加工努力，文本的理解与处理的优劣将取决于隐喻标记的类型。隐喻标记的显性程度越低，听者的隐喻处理需付诸的努力就越大。Cameron & Deignan（2003）则认为，调节装置可通过"调音"不同的隐喻性语言来满足听众或读者的需求。由此，调节装置可根据不同语境实现多种话语功能。比如，弱化隐喻的潜在力度（strength of a metaphor）或阻止隐喻从字面义被受话者理解。

再次，部分学者提出，隐喻标记与隐喻的规约性程度（conventionalization）之间不存在直接关联，而是与语篇、题材、主题及发话者局部语用策略密切相关（Cameron & Deignan, 2003; Wallington, et al., 2003; Steen, 2007; Skorczynska, 2010）。比如，Low, et al.,（2008）通过考察三场学术报告中的隐喻使用，指出隐喻标记的使用或缺失与不同层级的语篇形式化程度（discourse formality）相关；Wallington, et al.,（2003）同样证实了书面语体中的隐喻标记比口语语体具有更高的显性化和预测性程度，并将差异直接归因于隐喻的使用频率和隐喻类型；Partington（2006：282-286）指出，相比以政治简报为代表的口头即兴演讲文本，隐喻标记 *sort of* 和 *kind of* 在报刊中更频繁地用于预示隐喻；Skorczynska & Ahrens（2015）的研究视域另辟蹊径，认为不同语篇类型的交际目标可直接决定隐喻标记的产生和使用。研究表明，系动词明喻、言语过程和情态动词/条件句这三个隐喻标记类别在语篇中占据绝大部分比例。此外，根据不同语篇类型的交际目标，系动词明喻和言语过程可用于不同的修辞目的，但在任何类型的语篇中，条件句标记常用于预示隐喻表达的可能性。

不可否认，Goatly（1997）的隐喻标记分类列表无疑是目前最详尽、最系统的，但重新审视后发现，该列表也不免存在两大问题：一是隐喻标记列表的分类标准存在功能、语义、语法等不同层面的内部分歧与无法兼容的现象。例如，显性标记语、加强词、模糊限制语等是以功能标准区分的，重在关注标记或预设隐喻之后产生的语用功效；语义元语言、模仿术语、感知过程等具有明显的语义偏向；而情态动词、条件句和系动词比喻词标记隶属语法范畴；二是Goatly尚未充分描述隐喻标记分类列表的语料库建设问题。换言之，Goatly 的分类列表研究依然建立在语料随机选取的基础之上，并未明确隐喻标记语料的选取与构成标准问题。尽管如此，该分类列表依然可视为今后开展基于可比语料库进行隐喻标记及隐喻话语研究的起点，也可为隐喻研究者在大数据背景下迅速自动检索候选隐喻标记提供直接准入，进而大幅度提升在不同语篇类型中识别带有特定标记隐喻性词汇的效率。

二　样本数据处理

本节以上述 Goatly（1997）的隐喻标记分类为研究基础和分析理据，从中抽取使用频次较高的 16 种隐喻标记（参见 Wallington, et al., 2003；Skorczynska & Piqué, 2005；Skorczynska, 2010；Skorczynska & Ahrens, 2015）（表 6-4）为检索对象，并基于 Wmatrix 在词汇层面的索引行检索功能（图 6-5），采用自上而下的方法穷尽性获取 PPC 和 RAC 语料库在不同主题方向上以各类候选隐喻标记为节点词的索引行信息，同时立足于 MIPVU[①]，通过逐项观察节点词左侧毗邻词及节点词和毗邻词之间的语义关系，剔除相关"噪音"隐喻标记，获得相应的使用频数和标准化频率（单位：每千字），以此展开隐喻标

[①] Steen 隐喻研究团队（2010）特别指出，MIPVU 的优势之一在于可识别绝大部分隐喻信号（flag），并将其纳入直接隐喻（direct metaphor）的范畴，即隐喻的概念映射在语言形式层面可通过 like、as、seem 等信号词得以显性化和直接表征。

记的分类比较研究。

表6-4　隐喻标记检索列表（按隐喻标记类属英语首字母顺序排列）

隐喻标记类属	隐喻标记
分句比喻词（Clausal similes）	as if
系动词比喻词（Copular similes）	like, as
显性标记语（Explicit signals）	metaphor
强化词（Intensifiers）	just, really, literally
拟态语（Mimetic terms）	model
情态词和条件句（Modals and conditionals）	may, could, would
上义术语（Superordinate terms）	sort of, kind of
象征形式（Symbolism forms）	symbol
言语过程（Verbal processes）	say, call

```
Frequency list                    Concordance
                                              Enter your word here: string
Word only (Sorted by: Frequency; Word)   Word   Create concordance
                   279 occurrences.                                     Extend context
ndon art advisory , said the market    would  either stay flat or decline over the   1 More | Full
e . This fall , Target announced it    would  accelerate the rollout of its urban-   2 More | Full
ts suburban emporia . Kohls said it    would  continue shrinking stores ( leasing    3 More | Full
Even if the market eased a bit , it    would  still be historically tight . Unempl   4 More | Full
2018 , youll hire people you never     would  have hired in 2008 . Sackett is rais   5 More | Full
began producing original content ?     Would  Spotify finally realize its profits    6 More | Full
fy finally realize its profits , or    would  it spark a devastating record-label    7 More | Full
s suppliers . To him , the platform    would  become irrelevant without the inclus   8 More | Full
also unlikely that the music labels    would  want to lose access to Spotifys 170    9 More | Full
s broad cyclical exposure . Another    would  be Las Vegas Sands , which has very   10 More | Full
```

图6-5　PPC市场主题方向上候选隐喻标记would前10位Wmatrix词项

三　分析与讨论

表6-5和表6-6分别呈现了PPC和RAC在不同主题方向上16种被检索隐喻标记的使用频数与标准化频率。首先，与无标记隐喻（unmarked）词汇数量相比，两类语料库在各个主题方向上隐喻标记的使用频率区间（0.085%—0.128%，0.059%—0.091%）均显著低于其他书面语体中隐喻使用频率的区间（5.69%—12.73%）。其次，组间整体比较结果显示，PPC在使用频数和标准化频率两个指标上的

数值均大于 RAC 相应数值。组内整体比较结果显示，PPC 和 RAC 在经济主题方向上的两项数值均高于各自在其他主题方向上的数值。其中，隐喻标记使用频次和标准化频率最大值均为经济主题方向上的系动词比喻标记 as（45，0.2670）（35，0.2126），PPC 对应指标的最小值为企业主题方向上的象征形式 symbol（1，0.0041），RAC 对应数值的最小值为货币主题方向上的强化词 literally（1，0.0032）（不包括计数为零的隐喻标记）。在不同主题方向上，系动词比喻词、言语过程标记及情态句和条件句标记均为两类语料库中使用频率和标准化频率较高的隐喻标记类别。拟态语 model 在 RAC 中的两项数值均位居前三甲，然而 PPC 中只在货币主题方向上检索出 2 例，数值相对偏低（2，0.0120）。其他类别隐喻标记未表现出显著共性特征，只在数量上呈现出不同程度的差异。需要特别指出的是，两类语料库中虽可同时检索出显性标记语 metaphor 和强化词 literally 等目标检索词语例，然而这些词的右跨距毗邻词项经研究小组成员识别后被判定为非隐喻性词汇，基于隐喻标记预设的候选隐喻性词汇视被为"噪音"隐喻标记，因此相应的使用频次和标准化频率计数均为 0。

表 6-5　　PPC 不同主题方向上隐喻标记使用频率列表

（按首字母顺序排列）

隐喻标记	经济 频数	经济 频率	市场 频数	市场 频率	货币 频数	货币 频率	企业 频数	企业 频率
as	45	0.2670	29	0.1872	33	0.2034	26	0.1745
as if	2	0.0144	4	0.0282	2	0.0104	10	0.0646
could	16	0.0958	13	0.0878	41	0.2535	16	0.1096
call	18	0.1062	9	0.0620	4	0.0225	7	0.0463
just	10	0.0575	0	0.0000	6	0.0382	4	0.0254
kind of	5	0.0286	14	0.0908	1	0.0074	10	0.0699
like	35	0.2102	12	0.0784	30	0.1852	13	0.0842
literally	3	0.0173	1	0.0052	0	0.0000	0	0.0000
may	12	0.0692	5	0.0297	8	0.0472	4	0.0282
model	0	0.0000	0	0.0000	2	0.0120	0	0.0000

续表

隐喻标记	经济 频数	经济 频率	市场 频数	市场 频率	货币 频数	货币 频率	企业 频数	企业 频率
metaphor	4	0.0257	0	0.0000	3	0.0210	0	0.0000
really	3	0.0162	2	0.0156	0	0.0000	3	0.0194
say	20	0.1205	26	0.1714	13	0.0824	21	0.1372
sort of	8	0.0484	6	0.0397	5	0.0312	4	0.0261
symbol	4	0.0235	0	0.0000	0	0.0000	1	0.0041
would	31	0.1826	20	0.1296	22	0.1362	9	0.0635
合计	216	1.2831	141	0.9256	169	1.0506	128	0.8530

表6-6　　RAC不同主题方向上隐喻标记使用频率列表
（按首字母顺序排列）

隐喻标记	经济 频数	经济 频率	市场 频数	市场 频率	货币 频数	货币 频率	企业 频数	企业 频率
as	35	0.2161	18	0.1162	22	0.1341	13	0.0785
as if	0	0.0000	5	0.0314	8	0.0502	5	0.0312
could	12	0.0732	3	0.0176	6	0.0379	16	0.0961
call	5	0.0296	14	0.0861	4	0.0212	7	0.0428
just	4	0.0274	7	0.0456	7	0.0436	4	0.0242
kind of	0	0.0000	1	0.0076	0	0.0018	2	0.0104
like	8	0.0482	2	0.0102	2	0.0094	6	0.0342
literally	7	0.0411	4	0.0244	1	0.0032	0	0.0000
may	10	0.0594	4	0.0245	12	0.0732	3	0.0172
model	21	0.1289	16	0.1004	18	0.1116	12	0.0734
metaphor	5	0.0322	6	0.0351	6	0.0332	0	0.0000
really	0	0.0000	0	0.0000	1	0.0083	0	0.0000
say	16	0.0978	11	0.0712	15	0.0902	11	0.0683
sort of	0	0.0000	0	0.0000	0	0.0000	2	0.0130
symbol	0	0.0000	2	0.0121	7	0.0439	5	0.0321
would	25	0.1587	10	0.0637	14	0.0852	11	0.0652
合计	146	0.9126	102	0.6461	124	0.7470	95	0.5866

限于篇幅，本节无法对 PPC 和 RAC 在所有主题方向上的隐喻标记进行逐类描述与比较。鉴于两类语料库在经济主题方向的隐喻标记使用数值均高于其他主题方向数值，下文将选取经济主题方向作为代表性研究语料进行隐喻标记比较分析。

Mann-Whitney U 检验结果显示（表6-7），PPC 中隐喻标记使用频数的平均秩次及秩和（$MR=18.00$，$SR=288.00$）与 RAC 相应数值（$MR=15.00$，$SR=240.00$）之间存在显著差异（$U=104.000$，$Z=-0.909$，$p<0.05$）：PPC 的使用频数显著高于 RAC 数值，r 族效应量为0.23，属于中等效应量，表明两者使用频数之间的实际差异处于中等区间；PPC 中隐喻标记标准化频率的平均秩次及秩和（$MR=17.78$，$SR=284.50$）与 RAC 数值（$MR=15.22$，$SR=243.50$）之间存在显著差异（$U=107.500$，$Z=-0.775$，$p<0.05$）：PPC 的标准化频率显著高于 RAC，r 效应量为0.19，属于中等效应量，表明两者标准化频率之间的实际差异同样处于中等区间。

表6-7　经济主题方向上 PPC 和 RAC 隐喻标记使用频次和标准化频率 Mann-Whitney U 检验

	PPC 语料库（$n=16$）		RAC 语料库（$n=16$）		U	Z
	MR	SR	MR	SR		
使用频数	18.00	288.00	15.00	240.00	104.000	-0.909
标准化频率	17.78	284.50	15.22	243.50	107.500	-0.775

注：$p_1<0.05$；$p_2<0.05$。

（一）显性标记语（*metaphor*）

如表6-6和表6-7所示，显性标记语 *metaphor* 在两类语料库中的使用频次和标准化频率相对较低，趋于接近值，分别为 PPC（4，0.0257）和 RAC（5，0.0322），是 RAC 中指标数值超过 PPC 为数不多的隐喻标记类型之一。顾名思义，显性标记语的典型性主要体现于"显性"两字，即该词字面义或形式本身可凭借显著、直截了当的呈现方式向受话者明示甚至警示语境中隐喻使用存在的可能性。换言之，*metaphor* 的出现可完全等同于"隐喻现象"，可随时引发受话者对隐喻

第六章 经济隐喻话语模式垂直比较分析

使用的联想，相比其他话语标记具有更大的预设性。毫不夸张地说，显性标记语的使用限制甚至直接阻断了受话者选择从字面义进行隐喻理解的可能性，可切实减少受话者在缺乏任何心理预设的前提下实施隐喻加工与理解需付诸的认知努力，终而可强化隐喻理解的方式和效率。

（1）Amending a famous metaphor※, Janet Yellen said that the Federal Reserve would **_keep refilling the punch bowl_** until the guests have all arrived. This week investors began to wonder if Jerome Powell, who will shortly succeed Ms. Yellen at the top of the Fed, might at last deem the party full. （P – E$_1$：O2）

（2）George Tulevski talked about how the next computing breakthrough will come from compelling carbon nanotubes to form themselves into useful structure. （The presentation employed a TED-style metaphor※. Statues are built from stone, Tulevski began, but what if you worked in the opposite direction, not from a block of stone, but from **_a pile of dust_**?） Employees loved it. （P – E$_2$：O4.1）

（3）While the authors draw on the same metaphor※, **_market-political ambidexterity_** does not refer to the classical dimensions of exploitation versus exploration or efficiency versus innovation but, instead, to the firm's dynamic **_capabilities_** to manage influences from both the markets and governments simultaneously. （R – E$_3$：Z99，X9.1 +）

例（1）中的国家机构名称"美联储"与人类基本生活体验"持续倒满酒杯"所属语义域间产生冲突，引发范畴错位，两者组合具有明显的隐喻义使用倾向。例（2）中的"石头"与"建造结构"共享语义域，但与具体物质"灰尘堆"之间无共性可言。因此，将两者置于同一句子中同样易产生非字面义的使用效果，而显性标记语 *metaphor* 的介入无疑事先明示抑或更加强化了受话者的隐喻识别与判定。例（3）中研究人员首先阐释了"双元性"定义，即战略管理、市场营销、创新与技术等领域的决定因素，并通过"市场—政治双元化"概念的自然过渡来充实"双元性"研究等相关文献。MED 词典词条释义显示，ambidexterity 的基本义为"双手同利""双巧手特技"，喻指"兼具事物的两个方面"，隶属常规隐喻类型，具有高度规约化和隐蔽性特点。显性标记语 metaphor 首先明示了受话者毗邻语境中存在隐喻使用情况，继而通过阅读研判出 ambidexterity 为隐喻性词汇，这样就成功制约了受话者以该词的基本义来解构"市场—政治双元化"概念的初始语义理解倾向，进而引导受话者须以"双重动态化能力"的隐喻释义来理解目标语的整体隐喻概念。

从现有检索语料来看，PPC 和 RAC 中显性标记语 metaphor 都置于隐喻性词汇之前，其基本语用功能为预设后文的隐喻使用，即为受话者对未知目标语词汇的定性理解提供"先入为主"的契机，具有较强的首因效应。然而，PPC 中该标记语对后文隐喻使用产生的预设作用或实际效应远不及 RAC，原因是 PPC 中的隐喻语言无论在其信息内容抑或形式概念上相对外显。若排除隐喻标记因素，受话者对 PPC 中的隐喻识别相对简单，需投入的认知负荷相对较少，而使用隐喻标记可深度强化隐喻识别结果。由此可见，隐喻概念的规约化和隐蔽性程度可决定显性标记语的预设作用，两者成反比关系。隐喻规约化程度越高，隐蔽性越强，则隐喻标记预设作用越大。

（二）系动词比喻标记（as, like）

系动词比喻标记 as 和 like 在两类语料库中都呈现出相对较高的使用频次和标准化频率，其中 as 的两类指标数值在 PPC（45, 0.2670）和 RAC（35, 0.2161）中均居于首位，like 在 PPC（35, 0.2102）中居于第 2 位，在 RAC（8, 0.0482）中居于第 7 位。相比显性标记语 metaphor，除了预设隐喻使用之外，as 和 like 还兼具突显非字面义比较功能，可使受话者直观感受源域与目标域之间的相似性特征。as 通常与具体动词衔接，形成"v + as + 隐喻"结构，用于表征具体行为（serve, act, function）、感知（look, see, perceive）和认知过程（know, regard, think of）等。相关研究表明，科学语篇中存在大量使用系动词比喻标记的语例，通常可对应于科学隐喻的不同类型（Gentner, 1983; Aisenman, 1999）。同理，RAC 中的系动词比喻标记也可对应专业学术话语中经济隐喻使用的不同类型。比如，例（4）—（6）中的"定量锚定"quantitative anchor、"漂移过程"drifting process 和"基线规范"baseline specification 均隶属学术类经济话语中为表征特定经济概念而专门构建的理论模型及具体实施的科学演算步骤，可用于描述经济事体间的相互关系，从而形成理论—建构型隐喻。

（4）This once again establishes a feedback process, where the housing markets price-rent ratio serves as*a quantitative ***anchor***. （R – E_4: M4）

（5）That is, if most of the private information on loan quality concerns the likelihood of default within the first few years of origination, this correction would effectively eliminate the variation of greatest interest. For this reason, we choose to display the correction as a robustness check rather than to adopt it as*our ***baseline*** specification. （R – E_5: K5.1）

（6）We could also imagine a process with growth, starting in the lowest to a transition matrix specified as* an ***upward drifting process***. （R – E_6: Z99）

RAC 语篇的主要目的是用于科学的理论化构建过程。相关数值显示系动词比喻标记 as 的使用频数和标准化频率明显高于 like 的相应数值。相比而言，PPC 更倾向于选择使用 like，以建立与前理论隐喻概念之间的关联，其中搭配使用频次最高的词汇为系动词 be 和感官动词 look[①]，构成 be like 和 look like 结构。比如，例（7）中将"经济体"概念化为"机器"；如例（8）中将"迅速废除汇率限制的行为"喻化为"撕掉绷带的动作"；例（9）中将"保持中立的速度"表征为"使用巡航控制系统的驾驶方式或举措"；例（10）在"股票市场"与"扑克牌游戏"建立共性等；例（11）将"商业投资策略"描述为"陷阱"。由此可见，以上通过 like 所预设隐喻使用主要用于阐释和说明信息内容，具有明显的教育目的，即基于具体、熟悉或形象化的概念向大众传递或普及相对抽象、陌生的科学结论或专业经济知识，整个过

[①]　感官动词 look 通常与动词 like 形成固定搭配，由此本节不再单独成节，分类陈述。

程并不涉及系统的经济理论建构或演算行为,因此隶属前理论型隐喻(pre-theoretical metaphor)。

(7) Obama believes that economies are like[*]***machines*** and can be controlled by a proper mix of monetary and policies. That's bunk. ($P-E_7$: O2)

(8) In January 2015, Jordan, along with fellow policymakers Jean-Pierre Danthine and Fritz Zurbrgg, decided to scrap the exchange rate limit in one quick move, like[*]***ripping off a bandage***. ($P-E_8$: B3)

(9) Keeping the rate at neutral is like[*]driving with ***cruise control*** you can keep your foot off the gas and off the brake. ($P-E_9$: M4)

(10) He views the stock market like[*]a ***poker game***: If a hand is going well, that doesn't mean you shouldn't bet more as subsequent cards are played, even though the price of participating has gone higher as the pot gets bigger, he says. ($P-E_{10}$: O2)

(11) So while experts pursuing emerging markets investment strategies insist they present a buying opportunity, to commonsense civilians and other skeptics, they look and feel like[*]a ***trap***. ($P-E_{11}$: A1.7+)

(三) 分句比喻词(as if)

相比之下,分句比喻词 as if 在两类语料库中的隐喻句例相对偏少。我们仅从 PPC 中检索出两项(2, 0.0144),在 RAC 中未检索出相关信息。从语法结构和语义信息内容上看,as if 主要用于非字面义比较,后接续的隐喻性动词大多基于相似性原则,且隐喻性词汇类型相对丰富新奇,可为前半部分从句提供语义补充信息。从语用功能上看,as if 在 PPC 语篇中并不专注于阐释或说明某类抽象的经济学现象或概念,更多表现在如何使隐喻话语更具鲜活性,从而引发受话者的阅读兴趣。

(12) The IRS also credits withholding taxes as if[*]they were ***withheld*** equally throughout the year. ($P-E_{12}$: A10-)

(13) Meanwhile, Ford shares still trade as if[*]gloom will ***pursue*** the company for years to come. ($P-E_{13}$: A1.1.1)

第六章 经济隐喻话语模式垂直比较分析

（四）拟态语（*model*）

拟态语 *model* 为 RAC 独有的隐喻标记，其使用频次和标准化频率分别为（21，0.1289）。模型构建或模型化（modeling）是经济隐喻的重要构成元素，被视为经济学家长期以来创建与传递经济学信息最主流的方式之一。比如，例（14）—（17）中的"生产线模型""非线性动力学模型""协调博弈模型"和"异质性交易策略模型"都借鉴了数理科学辖域现存的理论概念模型架构，希冀通过改进与内化之后以数学方程计算等形式应用于经济学相应的理论与分析框架上，从而为经济理论的构建、阐释及发展服务，同样隶属前理论型隐喻。

（14）However, as in Bilbiie et al., each unit in the model※ is best interpreted as a ***production line*** that could be part of a multi-product firm whose boundary is left undetermined. （R – E$_{14}$：A1.1.1）

（15）Given the large size of the shocks, transition dynamics from the initial equilibrium to the final equilibrium are found by solving the model※ as a nonlinear, forward-looking, deterministic ***system*** using a Newton Raphson method, as described in Laffargue. （R – E$_{15}$：A1.1.1）

（16）The coordination ***game*** in our model※ is not global because agents' actions are limited to fundamental and technical strategies, a subset, rather than a universal set of all possible actions (i.e. action and inaction) as in global games. （R – E$_{16}$：A1.1.1）

（17）We develop a model※ with strategic ***coordination*** on heterogeneous trading strategies in a market with information friction to explain the cycles of market efficiency. （R – E$_{17}$：A1.1.1）

（五）情态句和条件句标记（*may, could, would*）

情态句和条件句隐喻标记 *would* 在两类语料库中的使用频次和标准化频率分别为 PPC（31，0.1826）和 RAC（25，0.1587）。*would* 后接续动词性隐喻表达，对应隐喻义通常所指行为、过程和状态，用于表征发话者对某类事件或现象的猜测或预判（例18），也可表示对事件或现象发生的意愿、期望等心理行为（例19）。因此，would 从本质上来说有助于发话者具体描述某种真实或非真实假设性情境。这种假设性情境的实现也可基于某种特定前提条件而设立。如果前提条件得到满足或存在其他可供选择的方案，则相应的假设性情境即可成为现实（例20，21）。当然，would 也用于突显接续文本的隐喻性特征，强调现实状态的非真实性，是以虚拟的表征方式来描述与现实截然相反的既定事实。Would 所预设的动词性隐喻也可传递带有积极（例19—21）或负面情感意义（例18），可直接影响受话者对涉事或现象的判断。由此可见，两类语料库中 would 的语篇功能主要体现于通过预设隐喻使用来表征未来假设性经济现象或事件以强化不同层级语篇文本特征对受话者态度的影响，因此，两者区别依然与 PPC 和 RAC 本身所承载的语篇功能直接相关。

（18）Goldman Sachs Group Inc. predicted on March 15 that the U. S. economy would* not ***grow*** at all in the first quarter and would* then ***shrink*** at a 5% annual pace in the April-June quarter. （P - E_{18}：N3. 2 + , N3. 2 - ）

（19）A new master plan for the Trieste port has a wish list of 1 billion （MYM1. 14 billion） in improvements that would* ***speed*** the ***movement*** of goods across the Continent. （P - E_{19}：N3. 8 + , M1）

（20）If the planner were cognizant of such group defections （which would decrease the set of implementable allocations）, then our monetary mechanism would* also be ***immune*** to these group defections. （R - E_{20}：B2 + ）

（21）By short-run fundamental value we mean in the following the fundamental value that would* ***prevail*** if interest rates were constant from now on. （R - E_{21}：X9. 2 + ）

相比而言，could 和 may 在两类语料库中的使用频次和标准化频率相对较低，分别为 PPC（16, 0.0958）（12, 0.0692）和 RAC（12, 0.0732）（10, 0.0594），然而 PPC 的指标数值依然高于 RAC。与 would 相似的是，could 和 may 同样可用于发话者表达未来发生某种事件的可能性，即通过描述或呈现假设性情境来强化隐喻功效，但两者差异在于 PPC 主要通过预设隐喻来描述未来经济现象或经济发展走势，并以常规性语言向大众解构或普及经济学知识（例22，23），RAC 则通过提出假说或建构模型来传递相应经济学理论及观点，其中并不以教育或普及专业经济知识为目标（例24，25）。

（22）Strategists at UBS Group AG estimate as much as MYM140 billion of investment-grade debt may****fall to junk*** this year, driven by energy companies hit by a global demand slump and the Saudi-Russian oil price war. （P – E$_{22}$：O4.2 – ）

（23）A corporate collapse in America could****rock*** the markets confidence, much as the demise of Enron shredded investors nerves in 2001 and Lehman Brothers led the stock market down in 2008. （P – E$_{23}$：M1）

（24）Such models could*also ***delineate a connection*** between market liquidity and monetary liquidity or credit conditions, which is completely independent of any frictions in financial intermediation. （R – E$_{24}$：A4.2 + ，A2.2）

（25）We hypothesize that participation in monetary exchanges in the sharing economy may*induce an ***erosion*** of social norms of sharing that manifests as decreased prosocial behaviors, and that this effect will be more pronounced for highly materialistic individuals. （R – E$_{25}$：A1.1.2）

（六）强化词（*just*，*really*，*literally*）

如前文所言，显性隐喻标记 *metaphor* 能够向受话者明示甚至警示语境中隐喻使用的可能性。同理，强化词 *literally*、*really*、*literally* 在句中预设隐喻使用的同时，还兼具增强隐喻功效和语势的作用。尽管 *literally* 在语义上与"隐喻"一词截然相反，却可依然被视为"强化隐喻表达出现逻辑上'自相矛盾'最主要的手段"（Goatly，2011：186），其原因在于 *literally* 暗示了增强语义真值条件的必要性。统计结果显示，*literally* 在 RAC 中的两项指标（7，0.0411）显著高于 PPC 数值（3，0.0173），*just* 在 PPC 中的两项指标数值（10，0.0575）高于 RAC

· 239 ·

相应数值（4，0.0274）。*really* 在 RAC 中虽获得 1 项索引信息，但其后接续动词被判定为非隐喻性词汇，无法预设隐喻使用，因此不被计数（例 32）。由此，*really* 为 PPC 独有的隐喻标记。

（26）As the Chinese character for Ma signifies a horse the genesis of Pony's English nick name the contest between the two stallions of the Chinese Internet literally※ is a two-horse ***race***. (P – E26：K5.1)

（27）The term literally※ means ***death bashing***, suggesting they are activists willing to fight to the death in defense of society's underdogs, such as farmers and the urban poor. (P – E_{27}：Z99)

（28）Given the lag in spending, the boost from projects announced today could kick in just※ as the economy ***gathers steam*** of its own, leading to ***overheating***. (P – E28：S5 +，O1.3，Z99)

（29）The market is going to have to start to digest a faster pace of interest-rate hikes in 2017 than what we have gotten used to, as the economy grows. Related to that is whether inflation really※ ***heats up***: I think that could be a risk factor. (P – E_{29}：O4.6 +)

（30）This observation implies that any simple endowment model can have an almost arbitrary supply process literally※ ***appended*** to it, thereby ***generating*** a family of alternative models. (R – E_{30}：A1.8 +)

（31）Thus, at a deeper level, our model is not just※ a model of buy-and-sell ***flips*** but should also encompass, with suitable modifications, buy-renovate-sell flips. (R – E_{31}：A1.1.1)

（32）On the other hand, referring to more utilitarian CSCs related to mobility, one participant argued：In car sharing I would really※ ***say*** okay, we just share the costs. (R – E_{32}：NOT METAPHOR)

（七）象征形式（symbol）

象征形式 symbol 为 PPC 独有的隐喻标记，使用频次和标准化频率分别为 4 和 0.0235。symbol 在语义上通常具有预设类比、转喻和索引性表达（indexical）等语篇功能，以传递政治、经济、文化等领域的隐喻概念象征意义。现有检索语例显示，PPC 的象征形式主要涉及商务和经济事务，具体覆盖经济全球化、企业、股票等议题，但在语义上均属转喻或隐转喻表达（例 33—36）。

（33）The industry is signaling that the disruption to travel will be lasting. Airbus has cut production by a third and Emirates, a symbol[※] of ***globalization***, expects no recovery until 2022. （P－E$_{33}$：A1.8＋）

（34）While many of its contemporaries have flamed out or merged away their identities, GE has remained a household name and a symbol[※] of ***corporate*** America. （P－E$_{34}$：S5＋）

（35）In the year of 2017, while the Nasdaq composite index rose 28%, the ETFMG Video Game Tech ETF, which tracks about 60 stocks related to the industry, scored a 60% gain. （The funds cheeky ***ticker*** symbol[※]: *GAMR*.）（P－E$_{35}$：Z99）

（36）VIX products are costly forms of insurance that end up dragging down returns in normal market conditions. The new game is to go the opposite direction and bet on volatility's staying low or even falling. That's the concept behind the Velocity Shares inverse VIX note, which trades on the Nasdaq like a stock with the ***ticker*** symbol[※] XIV or VIX spelled backward. It's built on VIX futures contracts. （P－E$_{36}$：Z99）

（八）上义术语（*sort of*, *kind of*）

语料检索后显示，上义术语 *sort of* 和 *kind of* 为 PPC 语料库独有的隐喻标记，其使用频次和标准化频率分别为（8，0.0484）和（5，0.0286）。*sort of* 和 *kind of* 主要通过预设隐喻使用来阐释或说明未知经济概念或现象。具体来讲，在解释未知经济概念或现象时，PPC 需要寻找合适的词汇以实现其教育和普及经济学知识的目的。当经济学家在寻找现存可用于描述具体经济现象的描述或阐释性术语无果时，需要使用或创造近似隐喻①（approximative metaphor）以填补词汇或术语

---

① Goatly（1997）认为近似隐喻通常以新奇隐喻方式呈现。

空缺，整个过程往往表现出当事人的等待、犹豫、迟疑等心理状态。在隐喻话语产出方面可呈现语言模糊及不确定性等。相比之下，RAC通过隐喻使用来构建经济学理论模型或演算则需要更加清晰的产出过程，应避免此类标记的使用。由此，PPC上义术语的主要功能依然是强化或突显隐喻使用，而这种隐喻通常是非常规性经济隐喻概念结构或是起到填补词汇空缺功能且接近于当前经济事件或现象的近似概念（例37—40）。

（37）Flannery has even voiced the unthinkable, that GE might be more valuable in pieces. The pressure on GE to announce some sort of[※] **_breakup_** is very high, says Davis of Melius Research. （P – E$_{37}$：A1.1.2）

（38）IMAX is close to making its first small push into virtual reality by opening a sort of[※] VR **_arcade_** in January. （P – E$_{38}$：H1）

（39）But she's pursuing policies that will afflict her country with the kind of[※] economic **_stagnation_** that's plaguing so much of the rest of the world. （P – E$_{39}$：A2.1 – ）

（40）The TerraCycle project embodies another kind[※] of virtuous **_circle_**：As the threats posed by pollution become increasingly urgent, more companies are embracing the idea of a circular economy. （P – E$_{40}$：O4.4）

（九）言语过程标记（*say*, *call*）

言语过程标记 *say* 和 *call* 同样可预设隐喻使用，其核心在于直接引用或间接转述他人隐喻话语。统计结果显示，*say* 和 *call* 在 PPC 中的两项指标（20，0.1205）（18，0.1062）均高于 RAC 相应数值（16，0.0978）（5，0.0296），两类标记的隐喻预设方式均为间接转述，包括转述个人隐喻话语（例41、43、44）和集体话语（例42、45），暂未检索出直接引用的语例。*say* 和 *call* 在两类语料库中的共性特征主要表现于以下两个方面：一是无论转述个人抑或集体隐喻话语，文本作者皆可直接引入权威专家或业界作者（们）在陈述相关经济议题时所选择的隐喻形式，也可改变隐喻话语原有的呈现方式，甚至可在保持隐喻内容不变的前提下将原始陈述方式个性化处理以契合不同文本类型以特定方式传递信息之根本目的；二是通过借助言语过程标记来明示受话者引文或转述信息出处来源，确保后接续隐喻话语的真实性与科学性。

不难发现，不管转述方式涉及对个人隐喻话语的引用还是对集体隐喻话语的总结性概括陈述，PPC 和 RAC 所预设的隐喻语言始终与各自语篇固有的基本语用功能密切相关。若以此为评判基准，两类语料库在言语过程标记上的使用差异应体现在以下几点：PPC 的语篇产出者在转述话语过程中倾向于改变隐喻话语的原始陈述方式，通常使用个人创造的隐喻概念来重述或再现原始作者的观点，以达到丰富语言、吸引读者和普及专业知识的核心目标。同时，对隐喻信息来源出处的标注还能掩盖隐喻创造者身份的根本事实，使相关作者与隐喻话语的产出彻底划清界限。相比之下，RAC 更倾向于使用或保留隐喻语言的原始陈述方式，通常以更直接的方式与所引内容之间建立关联，从而为佐证学术论断与高效传递信息服务。

(41) As Warren Buffett likes to say[※], the stock market is like a ***voting machine*** in the short run, but a ***weighing machine*** in the longer run. It always swings back to some approximation of the truth. (P – E$_{41}$: O2, O2)

(42) Reform advocates say[※] there's still time to ***reverse the decline*** by investing more in technology and ***loosening the governments grip*** on the private sector. (P – E$_{42}$: A6.1 – , N5 – , A1.7 – , A1.1.1)

(43) With its stock up more than 40% this year, nobody would call[※] Microsoft ***a hidden gem***. (P – E$_{43}$: O1.1)

(44) A director of a major automobile marketing company said[※] the fear of ***diffusion*** of business secrets, especially by senior managers, has led to keeping them as employees even when they have begun to underperform. (R – E$_{44}$: M1)

(45) Such variations in practice recall what Ybema and Horvers call[※] ***backstage and frontstage resistance***. The former refers to openly supporting imposed policies while acting against them behind the scenes; the latter re-

fers to openly contesting impositions while complying with them in private. (R – E$_{45}$: S8 –)

第三节　本章小结

　　本章主要对 PPC 和 RAC 的隐喻簇和隐喻标记话语模式展开定量和定性比较研究。在隐喻簇方面，定量法用于统计隐喻簇相关指标的使用频率，定性法用于阐释隐喻簇的特定结构类型。研究表明，在使用频率方面，PPC 和 RAC 两类语料库无论在隐喻簇的语言隐喻使用数量和隐喻簇的使用数量上均存在某种程度的差异性，但两者在混合隐喻簇使用的总占比趋于接近值，该统计结果与 Kimmel（2010）等国际知名学者关于隐喻簇的定量研究结论相一致，这表明隐喻簇在不同内容层级的经济类话语中依然是普遍存在的隐喻话语现象。在结构类型方面，本章重点分析与比较了两类语料库中隐喻簇的概念映射关系和概念联结程度，并基于单纯型、离散型和冲突型三类隐喻簇进行系统比较研究。研究发现，就单纯和离散型隐喻簇而言，PPC 和 RAC 语料库在结构类型上都存在并列推进和层级推进两种结构，都倾向于使用词汇化程度较高的隐喻语言，两种模式并未表现出明显区别。冲突型隐喻簇只出现在 PPC 中。由此，本书明晰了经济话语中单纯隐喻簇和混合隐喻在隐喻簇整体数量中的使用比例，为进一步论证"语篇中隐喻簇多数都是以混合形式存在"的事实提供了新的佐证。此外，不同内容层级语篇中的隐喻簇分布比例也存在较大差异，PPC 语篇中混合隐喻的使用数量明显高于 RAC 对应值。

　　另外，本章基于 Goatly 等国内外学者关于隐喻标记分类相关研究成果，重在对 PPC 和 RAC 两类语料库中隐喻标记的使用情况进行组间与组内比较研究。组间比较研究显示，PPC 指定选取的 16 种隐喻标记无论在使用类型数量抑或在不同主题方向上的使用频率均高于 RAC 的相应数值，这表明 PPC 在语篇表层结构上具有更高程度的有标记隐喻使用，同时也预示 PPC 中极有可能存在更高使用频率的隐喻语言。组内研究结果显示，在各个不同主题方向上，系动词比喻词、言语过程标记及情态句和条件句标记均为两类语料库中使用频率较高的隐喻标记语类别。在经济主题方向上，象征形式、上义术语和分句比喻词均为 PPC 独有的隐喻标记类型，拟态语为 RAC 独有的隐喻标记。其他类型隐喻标记在不同主题方向上暂未表现出显性特征，只在定量层面呈现出不同程度的差异性。研究结果同时显示，两类语料库在经济主题方向上隐喻标记的整体使用数值均高于各自在其他主题方向上的相应数值。

通过系统比较具有代表性的经济主题方向上各类隐喻标记后发现，PPC 和 RAC 中显性标记语可为受话者对未知目标语词汇的定性理解提供预测，则具有较强的首因效应，但 PPC 中的标记语对后文隐喻使用产生的预设作用及实际效应远不及 RAC 程度高；系动词比喻词在 PPC 中主要通过丰富语言来突显非字面义比较，从而强化其隐喻的阐释功能，而在 RAC 中主要为模型建构与信息传递提供预设渠道；PPC 分句比喻词以预设新奇隐喻话语来引发读者的阅读兴趣；情态句和条件句标记通过预设隐喻使用来表征未来假设性经济现象或事件以强化不同层级语篇文本特征对受话者态度的影响，但两者区别依然与两类语料库本身所承载的文本功能直接相关；PPC 和 RAC 强化词在预设隐喻使用的同时，还兼具增强隐喻功效和语势的作用；PPC 中的象征形式具有预设类比、转喻和索引性表达等语用功能，以传递政治、经济、文化等领域的隐喻概念象征意义；PPC 的上义术语可用于填补词汇空缺，在隐喻话语产出方面可呈现语言模糊及信息不确定性等特征，而 RAC 则尽量避免使用此类隐喻标记；PPC 语篇产出者在转述话语过程中倾向于改变隐喻的原始陈述方式，通常使用个人创造的隐喻概念来重述或再现原始作者的观点，RAC 则更倾向于保留隐喻语言的原始陈述方式，并通过系统呈现相关信息以佐证学术观点和传递学术信息。由此可见，PPC 和 RAC 在某些特定隐喻标记的选择和使用方面具有共性，同时在某些具有语篇特性的隐喻标记上呈现出差异性特征。隐喻标记语的使用与特定文本类型之间不存在直接关联，但是与语篇呈现的特定交际功能密切相关。

第七章 经济隐喻交际功能垂直比较分析

本章主要对 PPC 和 RAC 两类语料库中关涉经济隐喻的交际功能①展开纵向垂直比较分析。在宏观层面，我们以 Henderson（1986）、Lakoff & Turner（1989）等研究学者的相关成果为立足点，首先对 PPC 和 RAC 中的隐喻语言进行语篇类属性和语篇特性的整体定性分类比较，同时将 CMT 倡导的隐喻概念性和跨域映射特征（Lakoff & Johnson，1980）与"新当代隐喻理论②"（Steen，2008，2011）相互融合与组构，以明晰经济隐喻在广义视阈上的基本功能。具体而言，该步骤主要对 PPC 和 RAC 在不同主题方向上的隐喻形符比例及整体分布情况进行定量比较，以探明两类语料库中类属隐喻和语篇特性隐喻使

---

① 在隐喻与话语研究领域，对"交际功能"（communicative function）的概念界定可基于不同语义层级（Semino，2008：76）。具体来讲，部分学者倾向于从广义视阈来界定"交际功能"。比如，Steen（2008）惯于将"语言"、"概念"和"交际"三者关联，并且特别强调"语言与概念之外的交际维度可促进社会文化的互动与变化"。相比之下，立足于狭义视阈的学者通常将"交际功能"与语篇特征或具体情境的具体功能相关性结合使用（如 Biber，1988）。需要指出的是，本章标题中的"交际功能"与"概念结构"、"话语模式"、"行为表征"形成平行关联，隶属广义视阈。在狭义视阈上，本研究将同时覆盖不同视角下类属隐喻和语篇特性隐喻在两类语料库中呈现的具体功能。

② Steen（2008）认为 CMT 研究只涉及语言和认知维度，注重隐喻思维的无意识性（unconsciousness），而忽略了话语研究的交际层面。Steen 在 CMT 研究基础上特别增补了"交际"维度，以强调隐喻的"刻意性"（deliberateness）与"非刻意性"之间的语用功能差异。由此，Steen 将 CMT 命名为"经典隐喻理论"，而将隐喻的"三维模型"命名为"新当代隐喻理论"。

第七章 经济隐喻交际功能垂直比较分析

用的共性和差异特征。在微观层面，我们将广义视阈上所获定性与定量研究结论应用于探究经济隐喻的具体话语功能，以期深度比较与分析 PPC 和 RAC 语料库中关涉隐喻使用在命名功能、架构功能和视角转变功能上的特定表现方式，同时反观经济语篇中隐喻的具体功能与不同层级性话语之间的关联。

第一节 经济隐喻功能宏观分析

Henderson（1986）认为经济学语篇中隐喻主要实现三种功能：一是文本装饰或阐释功能；二是充当隐喻语言的核心组构机制；三是探索具体经济问题并用于拓展经济思维的认知基础。Lindstromberg（1991）指出这三种经济隐喻功能本质上等同于 Lakoff & Turner（1989）提出的意象（image）隐喻，类属（generic）隐喻和具体层级（specific-level）隐喻。基于 Henderson（1986）和 Lindstromberg（1991）的分类标准，Skorczynska & Deignan（2006）提出了经济隐喻的阐释功能、类属功能、模型化功能和填充术语空缺等更为具体的功能类型。然而细查后可以发现，倘若将研究语料和研究对象设限于真实世界自然发生的话语类型，上述关涉经济隐喻功能的分类研究至少存在两点不足：一是经济隐喻功能语义层级分类的失衡问题。具体而言，经济隐喻的文本装饰或阐释功能在语义上属于下义层级信息内容，而类属隐喻（语言核心组构机制）和语篇特性功能属于相对宽泛的上义层级内容，这种基于层级性的偶数项分类方式（基底数量高于2）显然无法在同质或迥异的语义层形成连续体（semantic continuity）；二是经济话语中的类属隐喻使用只涉及分类，但并未触及具体的语篇功能信息，这就直接忽略了隐喻作为人类基本思维方式在不同层级语篇中表征方式的异同问题。由此，本章在综合考量与汲取以上分类经验的基础上，首先在整体宏观层面识别区分并具体量化 PPC 和 RAC 中类属隐喻和语篇特性隐喻的使用情况，以确保对经济隐喻的功能比较过程始终处于同质或迥异语义层的连续体中。

一 宏观定性分析

本节通过查阅通用词典和专业词典中目标词条的收录情况，采用非此即彼的"二分法"规则，重在对两类语料库中关涉类属隐喻和语篇特性隐喻进行范畴分类归置。我们选用《麦克米伦高阶英汉双解词典》（MECD）为通用词典，《牛津英汉双解经济学词典》（ODEC）和《牛津英汉双解商务词典》（ODBC）为专业词典，主要遵循以下判定标准：凡隐喻性词条仅收录于通用词典，但未收录于专业词典中则判定为类属隐喻；凡隐喻性词条同时收录于两类词典，但在通用词典中未标注"语篇特性"判定为类属隐喻；凡隐喻性词条仅收录于专业词典，但未出现在通用词典中或隐喻性词条收录于通用词典中[①]，且已标注"语篇特性"判定为语篇特性隐喻（Skorczynska & Deignan，2006）。此外，针对极少数边界模糊的隐喻分类，本研究将其单独列表，在充分征询经济学业界专家学者意见的基础上，结合隐喻具体功能定量统计的实际要求进行再分类研究。查阅通用词典后显示，例（1）中的rebounded、performing在当前语境之外均存在更基本的意义"弹回"和"表演"，且这些词汇的语境义皆可通过与之基本义相互比对后获取。根据 MIP（VU）隐喻识别标准，可判定为隐喻性词汇。查阅专业词典后发现，以上词条均未收录其中，由此可判定为类属隐喻。通用词典显示，例（2）中的 downsize 被标注为【商】，即该词条具有商务语篇特性，在其他语境中存在更基本的意义"缩小尺寸"，且语境义可通过与其基本义的比较后获取，根据 MIP（VU）可判定为隐喻性词汇单元，即语篇特性隐喻。

(1) As Russia has regained its footing, the rouble has ***rebounded***, gaining 15% against the dollar over the 12 months, making it one of the ***best-performing*** currencies. (P – C_1: Z99)

[①] 收录于通用词典中的语篇特性隐喻词条主要参照词条在专业领域的特殊标记进行判定。

(2) Over time, as new firms enter the market, fiercer competition in the non-tradable sector erodes the market share of incumbents, who ***downsize***. (R-F$_2$: N3.2 –)

经济隐喻在语言维度的主要功能是为"语言系统（尤其是语言中的隐喻）填补词汇及其他形式的空缺，即隐喻具有'命名'（naming）功能"（Steen，2008）。纵观经济学学科的创立与演变历程，经济学研究对象的"客观"形态往往超出认知主体的观察与理解能力范围，这就使经济学家在具体指称某些特殊的经济学现象及概念时陷入困境（殷杰、祁大为，2019）。作为人类普遍的思维方式和认知工具，隐喻恰好能为经济研究中的未知解释（能指）和证实对象（所指）之间架构联结桥梁。比如，例（3）—（4）中缺乏或暂时无法提供合适的相关目标域术语来指称或表征"平衡""新兴"等经济学实体概念。经济学家往往倾向于隐喻思维，并通过对不同语篇中现存词汇形式的语义拓展、迁移或从其他领域借鉴等方式来实现隐喻对经济学概念的命名功能。

(3) As a further departure from previous theoretical work, we explicitly model a capital market ***equilibrium*** and endogenize borrowing costs in general equilibrium. (R-M$_3$: A6.1 +)

(4) But if the main focus of the Trump presidency is on trade protectionism, then ***emerging*** markets are bound to suffer. (P-M$_4$: M1)

众所周知，语言与思维中隐喻的基础与核心功能是为人们用一种事物去谈论和思考另一种事物创造了可能性（Lakoff & Johnson，1980：5）。具体而言，隐喻赋予人类抽象认知推理的能力，即人们通常从简单的、熟悉的、有形的、具体的概念域去感知和理解复杂的、生疏的、无形的、抽象的概念域。前者通常具备内部具有高度严密组织的概念结构，而后者一般缺乏相似的经验知识与结构表征经验。由此，隐喻就能为人们利用相对熟悉或容易把握的经验领域来组织相对不够熟悉或较难把握的经验领域，从而形成某种态度、信仰、情感或见解，并为采取相应的行为提供了可能性。同理，经济隐喻概念功能的本质主要是为无法直接通达（access）或至少需要局部性间接理解的抽象概念（资本流通）提供解构框架与路径（Steen，2008），从而对现实的特定层面进行相应的判断、理解与建构。显然，例（5）—（6）正是通过借助相对可直接通达的经验组织"循环"和"输送"来表征相对抽象的经济学概念"资本流通"。

(5) The models in this literature, in particular, and in monetary theory more generally, are typically concerned with changing the amount of money in ***circulation*** and the effect this has on allocations. (R-C$_5$: I2.2)

(6) But most in the field argue that what social investing needs is the momentum that accompanies big ***infusions*** of capital. (P – C$_6$: F2)

经济隐喻语用维度的主要功能集中体现于隐喻使用的刻意性问题[①]，即是否可对言语信息中所涉特定的所指内容或话题提供其他可供选择的视域。具体而言，刻意性隐喻使用的初衷是改变受话者理解隐喻概念的原始视角，即引导受话者从其他概念域或概念空间来重新理解当前某个特定话题，从而引发受话者对目标域意义产生新的认识。刻意性隐喻的使用是一种有意识的话语策略，能够产生特定的修辞效果。刻意性隐喻使用主要包含基于对比模式的新奇隐喻和基于范畴化过程的常规隐喻，其交际功能的核心内容在于是否存在其他概念域可成功改变受话者对特定话题信息的理解视角，是否能够引导受话者借助其他事物来理解另一事物，是否能够改变受话者对当前话语概念的固有看法和观点。由此可见，刻意性隐喻使用及其修辞效果是话语交际活动中最显著的表征方式。

(7) First, many argue that the Great Recession has its root in the ***crash*** of housing prices beginning in the middle of 2006. Our results support this explanation but also suggest that the pre-crash economic boom was itself fueled by house price appreciation. (R – E$_7$: A1.1.2)

[①] 刻意性隐喻实际上是理论层面的刻意性用法，或者从严格意义上讲只是理论创造者的一种主观规定。在实际话语交际中，刻意性隐喻未必能够真正引导受话者按照话语设定的新视角来理解目标域意义，反之亦然。

第七章　经济隐喻交际功能垂直比较分析

（8）To some it looked as if he was trying to protect his legacy, since, if financial ***turbulence*** erupts, he cannot be accused of failing to foresee it. （P－E$_8$：W4）

MECD 词条显示，例（7）中的 crash 在其他语境中存在语义上更基础、更具体、历史更悠久的基本义"坠毁、猛撞"（an accident that happens when a moving vehicle hits something, causing damage），显然与语境义"房地产价格崩盘"隶属不同的语义域类型，且对语境义的理解可通过两者对比得以实现。由此，MIPVU 在语言层面将 crash 判定为隐喻性词汇。在思维层面，根据常用源域分类标准，crash 带有显性源域标签特征，属于具体、有形、熟悉的语义域，且基本义与语境义所关联的概念所指截然不同，因此 crash 的语境义可构成某种概念映射。为了进一步判定 crash 是否为刻意性隐喻使用，需要确定是否存在相关线索可指明源域义所涉对象在语境产生话语所指意义时产生相关作用（Steen，2017）。显然，我们在例（7）中无法获得相应线索，但 MED 收录的规约隐喻义可匹配话语中的目标域意义"物价、股价的暴跌"（a sudden fall in prices or in the value of the stock market），可完整、连贯地构建基于语境产生的话语所指意义，但在整个过程中源域并没有发挥相应作用。由此，该隐喻性词汇可判定为非刻意性，其语境义部分也可相应替换为 many argue that the Great Recession has its root in the sudden fall of housing prices beginning in the middle of 2006.

例（8）中的 turbulence 在语言层面依然被 MIPVU 判定为隐喻性词汇。查阅 MED 后显示，turbulence 在当前语境义"金融危机"以外存在更基本的语义项"空气的湍流、水的絮流"（turbulent air or water moves suddenly and violently in different directions），与其语境义隶属不同语义域类型。在思维层面，根据常用源域分类标准，turbulence 带有显性源域特征，且在认知隐喻前期研究成果中已被学界广泛接受并使用的源域。因此，turbulence 的语境义可构成某种隐喻概念映射。同理，turbulence 在交际层面能否形成刻意性隐喻用法的关键在于源域"空气的湍流"是否能够局部构成语境的所指意义"危机"。MED 词条显示，turbulence 同时还收录了语义项 "混乱"（a confusing or uncontrolled situation），依然无法完全覆盖目标域意义 "危机"，这表明 turbulence 本身就不存在已被高度规约化的目标域概念。turbulence 的隐喻义能够引导受话者从新视角来看待目标域概念，而源域则充当了形成话语意义的不同所指对象。由此，该隐喻性词汇可判定为刻意性用法，其语境义部分也可相应替换为 if financial crisis erupts, he cannot be accused of failing to foresee it.

二 宏观定量分析

基于上述宏观定性分析结果，本节主要对 PPC 和 RAC 两类语料库在不同主题方向上关涉经济隐喻的类属性进行量化归纳与分析，以明晰这两项指标在数量维度随主题内容出现变化的整体分布规律与特点。

表 7-1 不同主题方向上类属隐喻和语篇特性隐喻使用分布定量比较

主题方向	语料类型	隐喻总形符数	类属隐喻 形符数	类属隐喻 总占比	语篇特性隐喻 形符数	语篇特性隐喻 总占比
经济	PPC	16372	8900	54.36%	7472	45.64%
经济	RAC	11631	4587	39.44%	7044	60.56%
市场	PPC	11156	6081	54.51%	5075	45.49%
市场	RAC	9912	4095	41.31%	5817	58.69%
货币	PPC	13133	7144	54.40%	5989	45.60%
货币	RAC	11631	5190	44.62%	6441	55.38%
企业	PPC	10164	5227	51.43%	4937	48.57%
企业	RAC	9178	3647	39.74%	5531	60.26%

如表 7-1 所示，从类属隐喻使用分布上看，PPC 在不同主题方向上的数量均值（$M=6838.00$，$SD=1582.60$）显著高于 RAC 对应值（$M=4379.75$，$SD=662.69$）（$t=2.866$，$df=6$，$p=0.029<0.05$）。其中 PPC 在经济主题方向上的类属使用数值居于首位，其后为货币、市场和企业。RAC 在货币主题方向上的类属使用数值居于首位，其后

为经济、市场和企业。从语篇特性隐喻使用分布上看，RAC 在不同主题方向上的数量均值（$M=5868.25$，$SD=1166.63$）高于 PPC 对应值（$M=6208.25$，$SD=674.39$），但两者未呈现显著性差异（$t=-0.505$，$df=6$，$p=0.632>0.05$）。另外，PPC 和 RAC 在经济主题方向上的语篇特性隐喻数量均居于首位。

从隐喻类型分布上看，PPC 类属隐喻在不同主题方向上的数量均值（$M=6838.00$，$SD=1582.60$）高于其语篇特性隐喻的对应值（$M=5868.25$，$SD=1166.63$），但两者未呈现显著差异（$t=0.986$，$df=6$，$p=0.362>0.05$）。RAC 的类属隐喻在不同主题方向上的数量均值（$M=4379.75$，$SD=662.687$）明显低于其语篇特性隐喻的对应值（$M=6208.25$，$SD=674.387$）（$t=-3.868$，$df=6$，$p=0.008<0.05$）。PPC 的类属隐喻在不同主题方向上的总占比均值（$M=53.68\%$，$SD=0.015$）明显高于其语篇特性隐喻的对应值（$M=46.33\%$，$SD=0.015$）（$t=6.939$，$df=6$，$p=0.000<0.05$）。RAC 的类属隐喻在不同主题方向上的总占比均值（$M=41.28\%$，$SD=0.237$）明显高于其语篇特性隐喻的对应值（$M=58.72\%$，$SD=0.237$）（$t=-10.39$，$df=6$，$p=0.000<0.05$）。

综上所述，尽管 PPC 在不同主题方向上的类属隐喻形符使用均值明显高于 RAC 的对应值，但两者在语篇特性隐喻的形符数值上趋于接近。此外，PPC 的类属隐喻使用数量均值高于其语篇特性隐喻数量的对应值。相比之下，RAC 的类属隐喻使用数量均值低于其语篇特性隐喻的对应值，且显著性程度明显。

三 微观分析着力点

必须指出，上述基于 PPC 和 RAC 两类语料库中的经济隐喻功能研究仅涉及类属隐喻和语篇特性隐喻语例中的基本功能。若单论语义范畴，当前经济隐喻功能研究辖域相对宽泛，尚未触及不同主题方向上经济隐喻的具体功能。由此，下文将立足于认知隐喻理论的基本观点及以 Steen 为代表的学者关于隐喻与语篇的相关研究成果（即隐喻研究需涉足语言、概念和语用交际维度），尝试进一步分析与比较 PPC 与 RAC 语篇在不同主题方向上经济隐喻功能的具体表征方式。

第二节　经济隐喻功能微观分析

我们知道，CMT 关注的焦点是如何通过身体等具体经验来表征更复杂、抽象的经验，旨在阐释隐喻形式与特定语言之间的关联性。因此，此类研究涉及的问题通常为"语篇中的特定隐喻形式为何出现于特定语言中"。相比之下，自然真实话语中的隐喻研究通常涉及具体的主题和因素，特别是探讨特定隐喻形式的选择与使用与具体文本、话语或语篇之间的关联。因此，研究者更关注交际双方的身份、目标、相互关系及交际环境，通常涉及情境、社会、政治、历史与文化因素。通常情况下，这类研究主要关注"语篇中特定的隐喻形式为何出现于某种具体的话语文本中"。显然，认知隐喻与语篇隐喻研究之间虽相互交织，却各有侧重。本书隶属第二种研究类型，但也不乏考察特定的隐喻使用与类属隐喻的常规概念形式之间的关系。另外，鉴于经济隐喻可同时实现多种交际功能，以下各类具体经济隐喻功能主要按照"交际功能"在语篇中的首要功能进行归类与罗列。限于篇幅，下文仅均衡抽取 PPC 和 RAC 在不同主题方向上的非共享隐喻语例。

一　术语命名功能

经济隐喻的术语命名功能主要用于填充经济学学科范畴的术语空缺和指称较难处理的经济学概念。前者通常基于专业性科学知识，关涉经济学话语体系中术语命名的"存在性"问题；后者源于常规语言知识，涵盖经济学概念指称的"可处理性"问题。两种命名途径通过隐喻机制的认知互动，皆使原先的语义表征得到重新归置，并赋予其特定的经济学意义，整体上可扩充经济学学科理论的语言体系。

(一) 术语填充

以上我们已经获知，经济学家无法完全依赖现存的目标域概念等信息来表征至少能够谈论和识解特定的经济实体、特征、现象或行为，也不能仅凭外部某些约定俗成的经济学定义就武断地将经济学话语和学科内部严密的系统架构互相捆绑，而隐喻的介入不仅赋予了经济学概念具备诠释学科本质特征或认识规律尚未完全明晰的研究对象及其存在方式的能力，同时也可消除某些未知的抽象概念暂时无法得到合理表征的困境，这就解决了经济话语中因术语空缺而导致无法对特定经济概念进行指称的命名危机。事实上，经济隐喻在学科术语方面的填充功能主要包含经济学专业话语中的科学隐喻，其形成归因于经济学家通过调取现存的认知资源，在不同（实）事体间通过使用生硬而相互矛盾的"错误借代"（catachresis）、异域类比、联想等方式来创造即时可理解的命名渠道，从而为解构经济学概念提供快速、有效的认知基础。这种独特的隐喻性命名方式已深度触及理解经济学概念所必备的基本心智模型，可批量性产出与之相对应的专业型术语，相比其他领域的抽象概念，在语义上兼具更强的稳定性和独特性，通常被理论学家视为探索性工具。当然，这类隐喻概念在历经特定的词汇化过程，并成功实现其命名功能的同时，本质上也已褪去原来"鲜活"的原型意义。这正如 Eubanks（2000：71）所言，填充术语空缺的隐喻类型与生俱来必先经历"未出世即夭折"（dead on arrival, still-born）之厄运。鉴于此，本节在遵循上述隐喻类属性判定的基础上，将基于Wmatrix语义域标注和词典检索方法的术语填充型隐喻界定如下：收录于专业词典且当前未提供其他可供选择或替代的隐喻性词条。另外，为了更好地明晰经济隐喻功能在两类语料库中的语篇特性分布及使用规律，本研究将严格遵循"概念剖析—根源追溯—目的界定—词典查阅—功能判定与阐释"的研究进次逐项展开，在此基础上归纳出比较分析结论。

(9) This assumption requires the absence of **hysteresis**: the loss distribution of a future attack does not depend on whether an attack has taken

place. It also requires that the attack does not make the firm financially weak. （R – F$_9$：Z99）

（10）While some startups are transparent with their investors and some investors demand it the hottest companies have enough ***leverage*** to keep inconvenient numbers under wraps. （P – F$_{10}$：M2）

例（9）中的磁滞（hysteresis）源于电磁学概念，是指铁磁质材在磁化过程中，磁感应强度变化迟滞于其磁场强度的自然现象。磁滞的实际效应为当外磁场作用于铁磁质材时，其偶极原子可按照外磁场的规律自行组合。当磁场被撤离时，部分原子排列依然存在，而相应的磁性就会滞留。倘若将这种滞留性磁场持续吸引电极所引发磁能释放延迟的物理现象映射至相对抽象的企业运作，就可形成该主题方向上的电磁力学隐喻，体现了"投资行为是磁性滞后现象"这则概念隐喻，源域是磁力效应，目标域是经济滞后，主要激活了企业投资行为的周期性变化特点，即可视为衡量企业个体经济变量领先或滞后于其他变量的直观坐标。磁滞隐喻滥觞于专业类经济语篇中，是美国经济学家伯恩斯和米契尔在其合著《衡量经济周期》（1946）商业循环版块的研究成果。他们将时间划分为不同经济周期，通过逐项考察个体变量与之平均值偏离程度来判定变量是否领先或滞后于相应的经济周期，旨在阐述不同经济变量间周期变化的次序问题。查阅词典后发现，hysteresis 仅收录于 ODEC 中，且未提供可替换的相应同义词目，即当前语境中不存在其他规约方式能同样表征此概念，由此可判定该语篇特性隐喻词目具有术语填充功能。具体而言，hysteresis 并非只是对特定经济学现象术语的机械替换或再概念化过程，而是业界借助磁化效应等已长久确立的科学知识来表征企业投资行为中存在的周期滞后等具体问题。

例（10）中的杠杆（leverage）同样源于物理力学概念中的简单机械原理，是指力作用下可绕固定点转动的任意硬棒。通过使用不同类型的杠杆作用，可分别达到省力、平衡力和费力三种不同力的效果。在多数情况下，我们利用杠杆来放大某种力量。比如，如果手臂无法移动大石头，那么使用杠杆就可以轻易做到。倘若将力学中的这种杠杆原理映射至抽象的企业经营活动，就形成了该主题方向上的机械力学隐喻，体现了"企业投资是杠杆效应"这则概念隐喻，激活了省力经济杠杆，即企业根据国家或经济组织的既定目标，以借贷的有限资本追加到用于投入的现有资金上，以调动更大的资金进行业务经营活动，期望获得无限收益空间的投资行为。合理运用省力杠杆原理，有助于企业及时躲避风险，提高资金整体运营效率。杠杆隐喻首现于美国经济学家莫迪利亚尼和米勒于1958年在专业类经济学刊物《美国经济回顾》上发表的《资本成本、公司财务以及投资理论》成果中，通过探讨财务杠杆风险，以论证在具备完美资本市场的经济中，企业的市场价值与其资本结构无关。查阅词典后发现，leverage 同时收录于两类词典中（通用词典中已作相关标注），且当前未提供其他可替代的隐喻性词条，由此可判定该语篇特性隐喻词目具有术语填充功能。具体而言，leverage 是业界借助杠杆效应等科学知识来表征财务杠杆风险现象，即企业无论以负债筹资还是以权益资本筹资都不影响企业的市场总价值的事实。

（11）As standard practice in the literature, we introduce ***convex*** adjustment costs in physical investment and variable capital utilization in order to account for the smooth behavior of aggregate investment and the pronounced cyclical variability in capacity utilization observed in the data. （R – C_{11}：Z99）

（12）In the 18 months since, MSCIs China Stock Index is down 16%, while the S &P; 500 has gained 11%. China has been a hard sell, says Mehta, 41, as she stares out over Boston Harbor from her Franklin Street office, but you have to ignore the ***noise***. （P – C_{12}：X3.2）

例（11）中的凸面（convex）源于凸函数，其定义最早由 Jensen (1905) 提出，是指任意两点所连接的线段都包含于其内部的几何学现象。若借助集合概念，凸面可表述为：如果 a 和 b 两点以及连接两点间的线段属于子集 A 的元素，则空间 R^L 的子集 A 为凸面。由于 ab 线段上的所有点都符合 $ta + (1-t)b$ 形式且 t 的值在 0 和 1 之间，该几何定义的解析表达为：如果集合 A 中任意一对 a，b 点且 t 值在 0 和 1 之间，都存在 $ta + (1-t)b$ 在集合 A 中，则 A 为凸面。若将数学集合中的凸面特性映射至抽象的投资行为，就形成了该主题方向上的"凸面"隐喻，体现了"投资政策是几何现象"这则概念隐喻，激活了经济政策调整的凸面特性，解释了总投资的平稳行为和产能利用的显著周期性变化。事实上，利用凸函数分析经济问题肇始于 19 世纪 50 年代，是随着最优控制论、数学规划、数理经济学等应用学科的逐步兴起发展而来的。经济学中所涉函数运算大多包含凸面特性，经济成本调整过程中更是将特定的经济情形表述为凸面，以助于资本运营者构建相应的数学分析模型。查阅词典后发现，convex 仅收录于 ODEC 中，且未提供可替换的相应同义词目，即当前语境中不存在其他规约方式能同样表征此概念，由此可判定该语篇特性隐喻词目具有术语填充功能。具体而言，convex 是借助数学函数等数理知识来描述企业在生产和投入比例上进行良好的资源搭配，从而实现对资本投资运营的科学管控提供保障，以实现投资行为利润最大化。

例（12）中的噪声（noise）是物理学术语，指能够引起听觉的无规则机械波，比如电磁噪声、热噪声、无线电传输时的噪声、激光器噪声、光纤通信噪声等。从生理学观点来看，噪声也可指引起人烦躁、或音量过强而危害人体健康的声音。若将噪声的无规则性或危害性映射至抽象的股票投资行为，就形成了该主题方向上的"噪声"隐喻，体现了"股票投资是噪声甄别"这则概念隐喻，即甄别噪声是影响金融市场投资行为的重要因素。因此，理性对待噪声并建立合理的投资决策体系是高效投资行为的基础与保障。经济学中的"噪声"源于美国经济学家 Fischer Black 在 1986 年提出的噪声交易理论。其中，"噪声"被视为负面信息，即人为炒作、消息来源不可靠的想法或数据。他指出，噪声在经济活动中无处不在，但不易察觉，噪声和信息概念同步存现与金融市场，股价则综合反映了两者的影响。查阅词典后发现，noise 仅收录于 ODEC 中，且未提供可替换的相应同义词目，即当前语境中不存在其他规约方式能同样表征此概念，由此可判定该语篇特性隐喻词目具有术语填充功能。具体而言，noise 是业界借助物理学或生理学中的已知信息来表征投资行为中遇到的信息盲区，而理性看待并处理噪声和信息可加深投资者对现实金融市场运作方式的理解。

（二）不可及性概念指称

经济语篇中通常已存在某些词汇可用于描述特定的经济学现象，但这种描述方式有时依然缺乏表达上的精确性。比如，天文学家在描述天文学范畴内的"距离"概念时，通常利用现存的测量单位来描述该领域内基数过于庞大的数字，但业界普遍遵循人类语言使用的经济原则[①]（principle of economy），习惯性使用"光年"来替代"距离"单位从而缩减了认知负荷，即通过"时间"概念来表征"空间"概念，这就是语篇中词汇或术语的"处理能力"问题（参见 Goatly，1997）。

(13) Worse, with consumer prices sticky in concert with commodity prices that are most sensitive to dollar-price movements, the beneficiaries of the ***money illusion*** tend to be the hard, unproductive assets of yesterday that are least vulnerable to currency weakness, and which in fact do best when the unit of account is devalued. （P－E$_{13}$：A5.2－）

(14) Moreover, the authors propose that in the sharing economy, monetary exchanges may cause a ***crowding-out*** of prosocial behaviors and that this effect will be especially pronounced for highly materialistic individuals. （R－E$_{14}$：Z99）

例（13）中的幻觉（illusion）属于感知障碍，通常指没有外界相应的客观刺激时感觉器官产生的主观知觉体验。引发幻觉的因素较多，最常见于精神分裂、双向情感障碍等精神疾病，以及谵妄、痴呆、癫痫、免疫性脑炎或肿瘤等脑器质性病变所致的精神障碍，严重的心理或精神创伤、吸食毒品、应激相关性障碍、催眠状态等情况。"幻觉"原先虽隶属医学术语，但其普及性程度高，公众熟知，已渐变为日常

[①] 熊学亮在《语言转喻的认知阐释》（李勇忠，2004）序言中指出，人在处理外部信息时，无法穷尽所有细节。因此，人类先天具有以经济原则为基础的选择能力。这种能力在感知、加工、存储和激活信息过程中起着至关重要的作用。

语言。若将幻觉的主要临床症状或体验映射至抽象的经济行为，就形成了该主题方向上的"幻觉"隐喻，体现了"经济交易行为是幻觉"这则概念隐喻，激活了经济货币政策的通货膨胀效应，即当个人行为取决于经济规模的名义价值而非实际价值时，易受到货币幻觉的影响。尽管相对价格保持不变，然而某些行为依然受到价格总水平变化的影响。"货币幻觉"是由美国经济学家 Fisher 于 1928 在其专著《货币幻觉》中首次提出，指人们只关注货币的名义价值，而忽视其实际购买力变化的一种心理错觉。换言之，有货币幻觉的人工资在加倍，物价上涨也加倍，而使其在实际工资保持不变的情况下，仍有富裕的感觉。查阅词典后发现，money illusion 仅收录于 ODEC 中，且未提供可替换的相应同义词目，即当前语境中不存在其他规约方式能同样表征此概念，由此可判定该语篇特性隐喻词目具有术语填充功能。具体而言，money illusion 是业界借助日常语言知识来描述人们对货币价格的虚假判断以及它所反映的只看重货币名义值而忽略其实际购买力的心理状态。

例（14）中挤出（crowding-out）的基本义为人或事物由于高密度环境限制而受到实质空间向度上的压迫，最终脱离原位置的现象，但常指利用某种势力或手段使与自己不和的人或不利于自己的人失去地位和利益。若将挤出的行为特征或结果映射至抽象的经济货币交易行为，就形成了该主题方向上的"挤出"隐喻，体现了"经济交易是排挤行为"这则概念隐喻，激活了分享型经济体系中的排挤现象。"挤出效应"首现于宏观经济学研究范畴，即在相对平面的市场上，由于供应、需求有新的增加，导致部分资金从原来的预支中挤出而流入到新的商品中。简言之，"挤出"是政府支出增加所引起的私人消费或投资降低的效果。查阅词典后发现，crowding-out 同时收录于 MECD 和 ODEC 中，且都未提供可替换的相应同义词目，即当前语境中不存在其他规约方式能同样表征此概念，由此可判定该语篇特性隐喻词目具有术语填充功能。具体而言，crowding-out 是经济学家借助日常语言知识来描述在市场容量相对稳定的情况下，政府的参与行为对私人部门的市场份额、企业准入和成长产生的限制作用。

（15）Considering a setup in which stock market participation depends on current market movements and on the fundamental state of the market, they show that the repeated inflow and outflow of stock market investors increases the amplitude of ***bubbles*** and crashes. （R – M$_{15}$：O2）

（16）Second, the epidemic presents a strong argument for government intervention. It arose from a ***market failure***: doctors were free to prescribe opioids and patients were free to take them. （P – M$_{16}$：X9.2 –）

气泡是日常生活中常见的自然现象，是液体内的小团空气，是气体在固体、液体的内部或表面形成的球状或半球状体，在形成后其形状和体积极易发生变化，直至破裂消失。气泡聚合于液体可形成泡沫，常喻指事物表面繁荣、兴旺，实则虚浮不实的特点，亦用来比喻人事的空虚或幻想。倘若将泡沫的形成过程和本质特征映射至抽象的市场行为，就形成了该主题方向上的"泡沫"隐喻，体现了"市场是泡沫"这则概念隐喻，激活了市场脱离实际价值而巨幅上涨，造成表面繁荣的经济现象。经济学中的泡沫可追溯至 1720 年发生在英国的"南海泡沫事件"。当时南海公司在英国政府的授权下垄断了对西班牙的贸易权，利用证券市场的这种特性，哄抬股价，进行金融诈骗，导致股市暴跌。由于缺乏实体经济的支持，股价迅速下跌，犹如泡沫迅速膨胀又迅速破灭。查阅词典后发现，bubble 仅收录于 ODEC 中，且未提供可替换的相应同义词目，即当前语境中不存在其他规约方式能同样表征此概念，由此可判定该语篇特性隐喻词目具有术语填充功能。具体而言，bubble 是业界借助日常语言知识来描述虚拟经济对实体经济价值偏离所引发的社会经济危机。

失败（failure）与"胜利"相对，其基本义为在斗争或竞赛中败于对手，也常指工作没有达到预期目标。倘若将失败的表现特征映射至抽象的市场行为，就形成了该主题方向上的"市场失灵（败）"隐喻，体现了"市场是有机体"这则概念隐喻，激活了"市场手段无法实现资源最优配置"的事实。"市场失灵"是美国经济学家 Bator 于

1958年在其论文《市场失灵的剖析》中首次提出，是指市场无法有效率地分配商品和劳务的情况，也通常被用于描述市场力量无法满足公共利益的状况。对经济学家而言，该术语通常用于无效率状况特别重大时，或非市场机构较有效率且创造财富的能力较私人选择为佳时。查阅词典后发现，market failure 仅收录于 ODEC 中，且未提供可替换的相应同义词目，即当前语境中不存在其他规约方式能同样表征此概念，由此可判定该语篇特性隐喻词目具有术语填充功能。具体而言，market failure 是业界借助日常语言知识来描述市场机制不能充分地发挥作用而导致的资源配置缺乏效率或资源配置失当的情况。政府对经济进行干预和调控，就是为了克服市场失灵，弥补市场机制的缺陷或不足。

二 概念架构功能

经济隐喻的概念架构功能主要为无法直接通达（direct access）且需要局部间接理解的经济学理论模型提供概念性框架，以实现对抽象的经济学现象和事实进行概念表征与描述，主要依赖理论模型建构和理论模型阐释两种方式。作为人类语言和思维活动中最核心的认知组构和抽象推理机制，经济隐喻的概念架构功能为经济学理论概念和科学研究模式的构建提供了全新视角，不仅肩负筑构经济学核心理论模型的学科使命，更有助于强化对经济学学科知识的理解和阐释。

（一）理论模型建构

以上定量分析表明，经济隐喻理论模型建构功能的所指对象是 RAC 语篇中的科学隐喻[①]（scientific metaphor）。相关研究表明，在专业类语篇中，科学隐喻的主导功能是促进科学思想的产出（Knudsen, 2003）。同理，RAC 中隐喻的主体功能应以产出或建构经济学理论模

[①] 科学隐喻是指语篇特定隐喻辖域内构成经济学学科创建根基的隐喻类型，可同时出现于大众类和专业类语篇中。

型、假说和思维等为主。从整体上来说，系统分析经济语篇中的科学隐喻有助于洞悉专业类经济学学科构建的本质规律与特点。在 RAC 中，这些类比结构通常基于某种形式的比喻性语言得到表征，特别是隐喻性结构。不难发现，具有理论模型建构的隐喻在本质上"构成了科学理论语言中不可替代的部分"（Boyd，1993：486），通常被视为最真实的科学隐喻，因为它们形成了科学性推理和概念化过程的独特构成部分，其基本理据是这些隐喻结构是无法通过其他概念重述的，它们代表的是探索特定经济学现象和规律的唯一方法。这类隐喻源于前科学理论阶段，可直接参与科学理论模型的组织构造，在学科构建中发挥着提供理论框架、概念模型、研究方法、概念基底建构的重要作用。经济学家正是在此框架基础上进行深度理解和探索研究，以此不断完善经济学理论体系，共同促进科学的进步和发展。语料统计分析后表明，RAC 对核心经济学学科概念进行系统架构的理论模型主要包括数学几何模型、统计学模型、物理学模型及生物学学科模型。限于篇幅，以下分析将均衡罗列不同主题中的典型语例对这几种模型进行阐述。

（17）The only dynamic effects of the exchanges arise through the current position ***vector*** Xt. So, to the extent that the net effect of the trading keeps the portfolio shares of the liquidity providers stable through time, the economy will evolve like its fixed-share equivalent. Any perturbations in equilibrium quantities can be bounded by placing bounds on the deviation of this ***vector*** from its mean. The proposition also exhibits precisely how is related to the competitive bid-ask spread. （R – E$_{17}$：Z99）

我们知道，概念隐喻理论的创立发端于数学函数的映射观，即设 A 和 B 为两个非空集合，按照某种对应法则 f，对于集合 A 中的任何一个元素 a，在集合 B 中都存在唯一的元素 b 与之对应，那么，这样的对应（包括集合 A，B 以及集合 A 到集合 B 的对应关系 f）叫做集合 A 到集合 B 的映射。倘若将函数的这种映射关系应用于数理经济学分析领域，那么函数的逻辑运算关系也将同步匹配于经济学概念，形成经济学元素与数学逻辑运算系统之间的隐喻映射关系，其本质是从数学认知模型到经济学概念跨域映射组构而成的对应集合。例（17）中的向量（vector）在数学中指具有大小和方向的量，可形象地表示为带箭头的线段。箭头所指代表向量的方向；线段长度代表向量的大小。与向量对应的量叫做数量，数量（或标量）只有大小，没有方向。倘若将向量及其运算关系映射至抽象经济学概念，就形成了该主题方向上的向量隐喻，体现了"经济交易活动是空间向量运算"这则概念隐喻，主要激活了数学实体和经济学元素之间的概念匹配关系。其中，源域是带有科学属性的数学实体概念，目标域是经济学知识元素。概念隐喻的跨域映射特征能够使隶属数学几何和经济学领域的不同知识体系的实体元素通过人类思维的互动关系建立关联，从而赋予人类通过构建数学模型理论与运算法则来表征和理解经济交易活动和空间向量之间的类比关系。

例（17）陈述了交易动态效应主要是由空间位置向量诱发产生的事实，指出均衡量中的任何扰动都可通过在该向量与均值的偏差设置来限定，并基于数学运算模型论证了均衡关系的存在性，即经济交易中的均衡性是借助经济学体系中的商品价值和数学实体向量空间的类比关系得以实现的。不难看出，上述观点和具体实操至少包含以下经济学理论知识：一是消费者和生产者两类经济主体根据商品现行价格予以购置、销售和生产；二是不同商品价格达到某种弹性系数，可平衡总供给与需求，即消费者能够购买或销售任意数量标价稳定的商品却仅受到预算和生产的约束，那么这个经济模型就是合理的。根据以上模型运算法则，我们可假设特定数量商品 λ 可度量且具有分割性，具体商品是 R^{λ} 的向量。每个商品都具有严格意义上的正值价格。如果把价格向量标记为 p，其坐标为不同商品的价格。如果把货币定义为某种商品，价格设定为 1。按照约定，假设当前为第 λ 个商品，那么商品的总价格就是 $S = \{(p_1, \cdots, p_{\lambda-1}, 1) \mid p_k > 0 : 1 \leq k \leq \lambda - 1\}$。当价格向量为 p 时，全部商品的价值 $(x^1, \cdots, x^{\lambda})$ 为数量积 $p_* x = p_1 x^1 + \cdots + p_{\lambda-1}^{x\lambda-1} + x^{\lambda}$。细查后发现，该数学向量模型运算法则至少蕴含以下隐喻构建方式：（1）消费者和生产者两类经济主体所涉经济环境是商品向量；（2）消费者和生产者两类经济主体的购置、销售和生产等具体经济行为是商品向量；（3）货币价格是全部商品空间的向量；（4）经济行为过程中的商品是商品空间的向量；（5）商品价格是商品空间的向量。这些系统隐喻概念共同体现了经济学具体元素（目标域）和数学实体向量（源域）之间的对应和匹配关系。

（18）We adopt a Bayesian time-varying panel vector *autoregression* (VAR) framework in the spirit of Canova and Ciccarelli which offers two types of advantages over single-country or two-country VARs：First，the use of cross-sectional information can help to overcome the problem of having too small sample periods and therefore to achieve better estimates. Second，the model is able to capture shocks resulting from lagged interdependencies between countries，instead of treating them as common shocks as in the case of single-or two-country VARs.（R－C$_{18}$：Z99）

例（18）中的自回归（autoregression）是统计学上处理时间序列的一种方法，其本质是用同一自变量之前各期的表现情况来预测该变量本期的情况，并假设两者为线性关系。自回归源于回归分析中的线性回归，并非用于预测其他变量，而是用自身变数数列来进行自我预测，因而亦名为自回归。鉴于该方法只适用于预测与自身前期相关的变量，实际统计分析中还需对所有变量的若干滞后变量进行回归分析。由此，向量自回归（VAR）应运而生。倘若将向量自回归的统计分析方法映射至抽象的货币投资行为，就形成了该主题方向上的自回归隐喻，体现了"货币交易行为是向量自回归分析"这则概念隐喻，主要激活了统计分析模型和经济学交易行为之间的对应关系。其中，源域是基于数据的特定统计学运算实体模型，目标域是货币投资或交易活动。概念隐喻的跨域映射特征能够使隶属统计学和经济学领域的不同知识体系的实体元素通过人类思维的互动关系建立关联，从而赋予人类通过构建基于数据的统计学模型理论与运算法则来表征和理解经济学交易行为和向量自回归分析之间的类比关系。

例（18）指出，基于线性回归的向量自回归模型在解决短期经济预测模型构建等议题上体现出两大优势：一是使用横截面信息可有效克服样本周期过小而产生的问题。换言之，VAR 既不用考虑变量系数的时变，也无须考虑横截面单元之间潜在的滞后相互依赖性；二是 VAR 通过限制所有横截面单元共享变量上的相同动态，可对数据中存在的相互依赖性施加外部数据结构。不难看出，VAR 把每个内生变量作为系统中所有内生变量滞后值的函数来构建模型，从而有效避开了结构建模方法中需要对系统每个内生变量关于所有内生变量滞后值的建模问题。由于 VAR 仅仅利用解释变量的过去的数值，它对于短期的预测是非常有帮助的，可以解释各种经济冲击对经济变量形成的影响。事实上，自回归模型是一种依赖时间的模型架构，其内因变量 y_t 依赖两个元素：在时刻 t 的 k 个外因变量 x_{1t}, x_{2t}, …, x_{kt}；变量 y_t 在之前时间段所取的值 y_{t-1}, y_{t-2}, …, y_{t-h}，由此，自回归的基本运算模型为 $y_t = b_1 y_{t-1} + b_2 y_{t-2} + \cdots + b_h y_{t-h} + a_1 x_{1t} + a_2 x_{2t} + a_3 x_{3t} + \cdots + a_k x_{kt} + a_0 + \varepsilon_t$。由于 y_{t-1}, y_{t-2}, …, y_{t-h} 依赖 ε_{t-1}, ε_{t-2}, …, ε_{t-h}，因此说明性变量和误差之间的独立性假设不再成立。

由此可见，该自回归模型运算法则至少蕴含以下隐喻构建方式：（1）预测风险流动资本是同一自变量对因变量进行解释和预测的自回归统计分析；（2）预测风险流动资本是所有当期变量对所有变量的若干滞后变量进行回归统计分析。（3）货币投资交易活动是经济学商品空间向量；（4）货币投资交易行为是同一样本特定期间的内生变量作为过去值的线性函数；（5）货币投资交易是将单变量自回归模型衍生为由多元时间序列变量组成的向量自回归统计分析。这些由经济预测和实际交易的经济行为构建了以货币投资为主题的系统隐喻概念，共同体现了货币资本运作行为（目标域）和统计运算法则（源域）之间的对应和匹配关系。

（19）Financial ***accelerator*** models provide a mechanism of propagation. In such models, adverse conditions in credit markets curtail economic activity by impacting sales, inventories, and eventually employment. The implication of this mechanism is that firms whose credit is the most vulnerable to disruptions in credit markets are the first to bear the negative impact of the adverse shock to the economy. （R – F_{19}：M3）

例（19）中的"加速器"（accelerator）源于物理学，是一种用人工方法把带电粒子加速到较高能量的动能装置。利用加速器装置可以产生各种能量的电子、质子、氘核以及其他重离子。利用这些直接被加速的带电粒子与物质相作用，还可以产生多种带电的和不带电的次级粒子，从而形成更强大的动能系统。倘若将加速器装置产生动能的原理映射至抽象的企业经营行为，就形成了该主题方向上的动力隐喻，体现了"企业经营投资行为是加速行为"这则概念隐喻，主要激活了物理学分析模型和经济学实体元素之间的对应关系。其中，源域是基于数据的特定物理学运算实体模型，目标域是企业投资等具体运营活动。概念隐喻的跨域映射特征能够使隶属物理学和经济学领域的不同知识体系的实体元素通过人类思维的互动关系建立关联，从而赋予人类通过构建基于数据的物理学模型理论与运算法则来表征和理解企业投资行为和加速动能之间的类比关系。事实上，"加速"这个概念肇始于20世纪初，最先用于阐明经济活动的短期波动现象。随着宏观经济模式化的发展，加速原理也被用做企业投资行为经验分析的理论基础，甚至长期成为阐明法国宏观经济模式中企业投资的核心因素。

例（19）论述了在宏观经济分析中，金融加速器模型为大规模的经济危机提供了传播机制。在这种基于加速原理的模型中，信贷市场的不利条件可通过影响销售、库存和最终就业来限制经济活动。企业作为信贷市场的运营主体，最先承受经济动荡的负面影响。根据经济学加速原理，推动企业经济恢复增长须考虑四种体制，分别为经济活动周期性波动减弱体制、周期性波动扩展体制、经济走向稳定均衡的非波动体制和指数增高体制。另外，尽管经济学加速原理的前提是技术保证，但倘若企业能够实现充分就业，即资本设备得到充分利用的条件下，加速原理在现实中依然是产生作用的，这一点对解释宏观经济现象是极为重要的。

以上运算法则的核心是企业的期望投资水平与实际情况之间允许存在某种暂时性的失调。具体而言,如果企业意识到某种风险,即其产品销路拓展是暂时性的,但又无必要按照高需求对资本总存量进行调节,那么企业对未来需求的预期和对投资行为而言就显得尤为重要。如果企业呈现出在 t 时期内与之相应的需求预期,那么满足需求 $t+1$ 的需求预期就是旧有生产的均值,可用方程式表示为:$E_t(Y_{t+1}) = \lambda E_{t-1}(Y_t) + (1-\lambda) Y_t$。企业为满足这一需求所必需的资本可以按照加速器原理所提出的一般规则确定下来:$K_{t+1} = v E_t(Y_{t+1})$,t 时期内的投资用来抵补现行资本存量 K_t 与 $t+1$ 时期内必要资本存量之间的差额,从而最终得出:$I_t = K_{t+1} - K_t = (1-\lambda) v Y_t - (1-\lambda) K_t$。

由此可见,加速模型原理至少蕴含以下隐喻构建方式:1)企业的投资经营行为是物理机械加速操作行为;2)经济危机的传播机制是加速器;3)企业收入或消费的变动是加速器作用的结果;4)企业投资的周期性资本系数是加速器;5)产品需求总量是生产水平的函数;6)企业的期望投资水平是加速数的方向。这些由风险预测和实际投资水平的经济行为构建了以企业信贷投资为主题的系统隐喻概念,共同体现了企业资本运作行为(目标域)和物理机械运算法则(源域)之间的对应和匹配关系。

(20) The governments in emerging economies are also leveraging big data to manage agriculture, natural resources, water supply, energy distribution, transport, etc. and create policies accordingly. Hypothesis. Big data and Information flow highly influence the adoption of 3R/Extended *life cycle* of products in emerging economies was also supported. (R – M$_{20}$: T1.3)

例(20)中的"生命周期"(life cycle)存在广义和狭义之分。狭义隶属生物学术语范畴,即生物体从出生、成长、成熟、衰退到死亡的全部过程,广义泛指自然界和人类社会各种客观事物的阶段性变化及其规律。倘若将生物体的生命周期及特征映射至抽象的市场经济行为,就形成了该主题方向上的生物体隐喻,体现了"市场经济是生物体"这则概念隐喻,激活了市场经济行为和生物体生命活动特征之间的对应关系。其中，源域是生物体及其生命特征，目标域是市场经济行为。概念隐喻的跨域映射特征能够使隶属不同知识体系的实体元素通过人类思维的互动关系建立关联，从而赋予人类通过构建基于数据的模型理论来表征和理解市场经济行为和生物体及生命特征之间的类比关系。"产品生命周期"是由美国经济学家Vernon于1966年在《产品生命周期中的国际投资与国际贸易》中首次提出的。他从产品生产的技术变化出发，分析了产品的生命周期以及对贸易格局的影响，认为产品和生物一样具有生命周期，将经历创新期、成长期、成熟期、标准化期和衰亡期五个不同的阶段。

例（20）论述了大数据正在帮助经理通过更优质的逆向物流、翻新产品可用性的信息交换和便利的退货服务来延长产品的寿命，论证了大数据和信息流可深度影响新兴经济体产品及生命周期的事实。例如，废物和回收行业管理通过高效的路线优化，减少了运输量，并取得了更好的性能。显然，新兴经济体产品的销售是借助经济学中的产品更替周期和生命科学体系中生命周期的类比关系得以实现的。在这里，我们可采纳更为简单的连续时间 t 的形式化来进行概念表征。事实上，生命周期的标准模型是基于四种假设之上：1）完善的资本市场，可允许以同一种利率 r 投资或借贷；2）存在确保性的等价物，尤其是担保等于T的生命期限的等价物；3）人力资源 $Y(t)$ 的外生性劳动收入、储蓄决策等假设与劳动力供给的选择或个人教育的选择相分离，同样与来自父母的人力资本的转移相分离；4）没有接收或支付的财产转移。

在此范畴内，消费者使效用函数U最大化，该函数只取决于消费总量，即在 t 日期内的 $C(t)$。此外，他所面临的唯一约束是预算的即时约束，涉及净资产 $A(t)$ 的变化，它与时间的导数关系记做 $dA(t)/dt$：$dA(t)/dt = rA(t) + Y(t) - C(t) = R(t) - C(t)$

财产在 t 时期的实际变量等于储蓄，储蓄是总收入（$R(t)$）和消费的余额（但在实践中，这种关系意味着对变量进行很具体准确的界定：C 包括耐用产品的服务，A 表示它们的金额；Y 是税后和缴纳社会分摊金后可支配的净收入；r 包括财产收益和剩余价值，但是约定不含税和资本贬值，等等）。由此可见，产品生命周期至少蕴含以下隐喻构建方式：1）产品是生物体；2）产品市场规划是生物体孕育；3）企业生产提高市场份额是生物体成长期；企业生产竭力增加利润、维持市场份额相对稳定是生物体成熟期；4）产品销售下降或出现突然的微小跳跃是生物体衰退期；5）产品销售停滞是生命体消亡期。这些由风险预测和实际投资水平的经济行为构建了以产品制造和市场营销为主题的系统隐喻概念，共同体现了产品生命周期（目标域）和生物体生命周期模型运算法则（源域）之间的对应和匹配关系。

（二）理论模型阐释

人类认知周围客观世界，探索未知领域，需要借助已知的概念系统，将其映射至陌生的未知领域，以获得新的知识和理解（束定芳，2000：100）。当然，对经济学语篇中的概念构建与识解同样遵循这一原则。与 RAC 相比[①]，PPC 中的经济隐喻（尤其是类属隐喻）并不直接参与科学知识的模型组构过程，而是通过借助科学知识领域已确立的理论模式来阐释抽象的经济学概念，以达到传播科学知识，阐释经济理念和说服公众的目的。PPC 语篇中最常见的理论建构主要源于三类学科范畴：一是牛顿经典力学、统计力学以及经典物理学概念，构成机械图式和力图式，如经济杠杆（economic lever）、需求弹性（elasticity of demand）；二是生物学，构成生物图式，如银行本票流通（circulation of bank notes）、经济周期（economic cycle）；三是立体几何学，构成空间方位图式和容器图式，如封闭型经济（closed economy）、经济瓶颈（economic bottleneck）。鉴于分类标准考量，以下将以具体图示为单位进行语例分析。

(21) The second was demonetization later that year, when 86% of banknotes in ***circulation*** were recalled. That caused economic carnage but al-

---

[①] RAC 语篇中同样存在隐喻的概念构建主要为阐释服务的例子，然而这些语料并不涉及科学概念的直接参与构建，因此并不是隐喻的主体。由此，本节不再单独罗列进行对比阐释。

so gave digital payments a galvanic boost. （P – C$_{21}$：I2.2）

  生物体泛指自然界所有具有生命的某些有机体。人类的社会活动类似于生物有机体的进化和演变，同样经历出生、成长、衰退直至消亡等生命周期。同理，经济活动也会衍生出特定的运行机制，产生特定的基因遗传、变异性和选择机能。倘若将生物体内的血液循环（circulation of blood）等新陈代谢机能（Viner，1937）映射至抽象的货币流通行为，就形成了该主题方向上的生物体隐喻，体现了"货币流通是生命体血液循环"这则概念隐喻，激活了货币交易流通与生命体新陈代谢机能之间的关系匹配。其中，源域是血液循环，目标域是货币流通，用于描述由商品流通所引发的货币运动形式，具体表现为在商品流通过程中，货币作为流通手段和支付手段所形成的连续不断的运动。显然，例（21）的生物体隐喻的架构功能够为部分需要间接理解的货币流通提供概念框架的支撑，以实现对抽象的货币流通概念进行语义表征和具体描述。查阅词典后发现，circulation 同时收录于两类词典中，且在通用词典中已将该词的语境义标注为技术用词，但并未提供可替换的相应同义词目。由此，circulation 在当前语境中不存在其他规约方式可用于表征此概念。

（22）As we get late in the cycle, we need to own more fixed income to protect against volatility. On the equity side, I'd look at companies that have pricing power. We're seeing cost pressures from higher tariffs and from some of the shortages and **_bottlenecks_** in the economy. （P – E$_{22}$：S8 – ）

  语言形成之初，具身经验在人的概念系统发展中处于核心位置，它赋予人类抽象的认知推理机制，通常在无意识状态下基于具身经验和事实来组构无形的概念系统，却不以实体形式存在于客观世界。具身经验是人类进行认知和推理的主要机制，是人类原始思维的基准点，也是人类最重要的隐喻来源。基于此，如果将事件、视野、地域、行为活动、心理状态等实体视为容器，赋予其边界，量化及进出性特征，就形成了容器隐喻（Johnson，1987；Lakoff & Johnson，1980）。容器隐喻也是具身的，人的身体是容器隐喻认知的原型。例（22）中"瓶颈"（bottleneck）的直陈义为瓶子（容器）的脖子部位，也可指系统最薄弱的环节。倘若将瓶子（容器）的结构特征映射至抽象的经济学概念，赋予其边界和可容纳性，就形成了该主题方向上的容器隐喻，体现了"经济是容器"这则概念隐喻，主要激活了经济短缺、成本压力和容器特征之间的对应关系。其中，源域是瓶颈，目标域是短缺经济，用于描述指由于某种生产要素、产品或服务供给的短缺而使其成为制约经济顺利发展和正常增长的障碍。瓶颈隐喻能够在抽象的短缺经济和容器狭窄出口容纳力之间提供相似性框架图式，能够使普通大众通过具体的瓶口意象图式来描述限制经济发展和其他环节生产能力的障碍因素类型。查阅词典后发现，bottleneck 同时收录于两类词典中，但在通用词典中未对该词的语境义进行技术用词标注，也未提供可替换的相应同义词目。由此，bottleneck 在当前语境中不存在其他规约方式可用于表征此概念。

(23) Charging would have been impractical, so small is the ***marginal cost***. Users may pay nothing, but companies like Google and Facebook have fixed costs to cover. （P－F_{23}：A11.2－）

　　人类生活在一个三维空间世界里，习惯运用诸如上/下、内/外、前/后、远/近、高/低、水平/垂直、中心/边缘等空间概念体验来组织和构建自身的概念系统，形成与身体构造及行为方式密切相关的方位/移动隐喻。人类的多数概念隐喻都参照空间方位得以构建的事实并非偶然，而是基于其物质和社会文化经验基础，是根植于人类身体和文化经验的（Lakoff & Johnson, 1980, 1999）。倘若将边际空间概念映射至抽象的企业生产或经营成本，就形成了该主题方向上的边际隐喻，体现了"企业生产或经营成本是空间位置"这则概念隐喻，主要激活了投资生产成本和空间方位之间的关系对应匹配。其中，源域是空间方位，目标域是企业生产成本，用于描述每单位新增生产的产品（或者购买的产品）所带来的总成本的增量。相关研究表明，随着企业产量的增加，边际成本会先减少，后增加，这表明每单位的产品成本只与总产品数量相关。边际隐喻能够在抽象的企业生产成本和空间方位之间建立关联的理据是基于概念相似性的跨域映射，这样就可以赋予普通大众通过对空间方位的具身体验来表征抽象的生产成本数量的能力，以实现阐释不同类型成本概念和传递经济学信息的目的。查阅词典后发现，marginal cost 仅收录于专业词典中，但未提供可替换的相应同义词目。由此，marginal cost 在当前语境中是构建"边际成本"概念的唯一方式。

(24) Arjuna Mahendran, the governor of the central bank, is careful to point out that Sri Lanka has not missed a debt payment in years and is not about to do so. Instead, the government views the IMF loan as a ***buffer***, which it thinks will help it gain credibility with foreign investors. (P - C_{24}: M3)

机械是物理学中的基本概念，是多个具有抵抗力之物体的组合体，其配置方式使得能够借助它们强迫自然界的机械力做功，同时伴随着一定的确定运动（Reuleaux, 1875）。例（24）中的减震器（buffer）源于机械用语，是用来抑制弹簧吸震反弹时的震荡及来自路面的冲击。目前广泛用于汽车，主要为加速车架与车身振动的衰减，以改善汽车的行驶平顺性。弹簧起缓和冲击的作用，能将"大能量的一次冲击"变为"小能量的多次冲击"，而减震器就是逐步将"小能量多次冲击"减少。倘若将减震器的构成元素和功能映射至抽象的投资和信贷行为，就形成了该主题方向上的力隐喻，体现了"信贷投资是力学现象"这则概念隐喻，主要激活了信贷投资及相应风险和减震机械装置的缓冲功能之间的关系匹配。其中，源域是减震器及其功能，目标域是信贷投资行为，可用于描述信贷者在不影响其征信前提下允许信贷者在短期内支付较低贷款甚至暂停还贷，以适当延长还贷周期和减轻还贷压力的方式。由此，银行会视为用户按时还款，且不会产生逾期记录与逾期利息，有利于维护个人征信。减震器隐喻能够在抽象的信贷知识和缓冲机械装置之间搭建概念桥梁，能够使普通大众通过减震器装置的具体功能来描述和理解抽象的投资信贷方式，以实现阐释概念和传递经济学信息的目的。查阅词典后发现，buffer 同时收录于两类词典中，且在通用词典中已将该词的语境义标注为技术用词，但未提供可替换的相应同义词目。由此，buffer 在当前语境中不存在其他规约方式可用于表征此概念。

（25）The OECD puts the euros PPP at MYM1.33. That is quite a stretch from MYM1.04 in January. The *elastic* had to snap back, says Kit Juckes of Socit Gnrale, a French bank. Of course, the euros revival is a result of more than its being cheap. (P – C$_{25}$: O1.1)

力是物理学中的基本概念之一，是使物体改变运动状态或发生形变的根本原因。力是物体对物体的作用，因此不能脱离物体而单独存在。例（25）中的"弹性物体"（the elastic）的"弹性"源于力的概念，是指物体在外力作用下发生形变，当外力撤销后能恢复原来大小和形状的性质。倘若将物体的弹性形成因素和特征映射至抽象的货币购买力的复苏状态，就形成了该主题方向上的力隐喻，体现了"货币是弹性物的力学现象"这则概念隐喻，主要激活了欧元购买力的不同定价行为和弹性物体之间的对应关系。其中，源域是具有弹性的物体，目标域是货币购买力，可用于描述某个变量（如需求数量）相对于另一个变量（如商品价格）发生的一定比例改变的属性。力学隐喻的架构特征能够为局部需要间接理解的欧元购买行为提供概念性框架的支撑，以实现对抽象货币购买力概念进行表征与描述及语义通达。查阅词典后发现，elastic 同时收录于两类词典中，但在通用词典中未对该词的语境义进行标注，且未提供可替换的相应同义词目。由此，elastic 在当前语境中不存在其他规约方式能同样表征此概念。

综上所述，经济学家倾向于将理论模型视为启发式的工具、理论的阐释或预测的工具（殷杰、祁大为，2019）。作为经济隐喻的重要组织元素，理论模型已成为经济学家长期以来用于传递经济学科学信息最主流的方式之一。经济隐喻虽可为无法直接通达的经济学科学理论提供架构性机制，然而在实现对不同层级性的抽象经济学现象和事实进行概念表征与描述的方式上明显不同。具体而言，RAC 理论模型构建过程通常借助科学隐喻，可直接参与经济学学科理论与方法的确立，主要为学科组织构建提供认知框架和概念基底的核心作用，是经济学家在缺失其他非直陈性词汇情况下不可替代的单一选择。RAC理论模型化的本质是从数理科学辖域中借鉴现存的理论概念模型，通过改进、内化域整合，终以数学、统计等方程计算形式直接应用于经济学相应的理论与分析框架，实现科学理论的解释对象和解释模型之间的有机匹配，从而为经济学理论的构建、模拟、推理、阐释及发展服务。相比之下，PPC语篇中隐喻概念的架构并非直接参与理论模型构建，即在传递科学信息过程中，相关领域研究者借助大众相对熟悉的知识概念结构来阐释相对不熟悉的科学知识，以强化大众对新信息的可接受性和理解性。事实上，经济隐喻的理论建构和模型化功能之间既可相互融合又保持相对独立。基于不同研究目标，两者间可截取出泾渭分明的界限。"模型"是经济学抽象概念及理论得以具体构建的重要方法，然而并非所有的经济学理论都是基于模型获得的。经济学概念的构建还可以基于类属隐喻范畴内的概念，即经济学概念如同其他通用文本，可基于基本层次范畴内的隐喻语言获得。简言之，PPC语篇中通常使用专业类经济科学语篇中已相对成熟的模型架构进行概念转换和推理，以达到传递信息，阐释理念和说服大众及专家的目的。RAC专业语篇更倾向于在新古典经济学理论模型基础上，采用数理建模方法，重新创建特定研究主题中的专属理论模型，最终目的是论证某种经济学观点或解决经济学研究中的实际问题。

三　视角转变功能

经济隐喻的交际功能主要涉及话语互动层面独立个体与社会关系的构建，具体包括预测、评价、认知启示和意识形态递呈功能。本节以隐喻的刻意性使用为切入点，重在关注与比较PPC和RAC经济隐喻的选择与使用是否能对基于不同内容层级的经济学知识表征中所涉特定的所指提供其他可供选择的视域，是否能成功引导受话者从其他概念域来重新理解某个特定话题，从而引发受话者产生新的认识以及隐喻的刻意性使用如何体现话语互动层面的具体交际功能。

（一）认知启发

如前文所述，经济学学科在创立之初正是得益于借鉴其他自然科学学科成果才可独立发展，比如，当前经济学领域较为盛行的认知经济学、进化经济学等都得益于生物学和牛顿外有引力定律领域的研究成果。换言之，隐喻学方法为研究者从新视角看待经济现象提供了条件，隐喻的认知启发功能在于能够引导受众创造或提出新的、更有成效的问题。经济学家受到经济隐喻概念的启发，能够灵活运用已知概念框架来达成对经济学中出现的新现象和新问题的认知。数据、模型等是经济社会中表征现实的普遍现象，隐喻性概念恰好大量存在于经济学的理论和实践中，而再现这些隐喻性概念的语言实现方式又绝大多依赖于特定语境中关涉源域和目标域之间的系统关联与匹配，经济学家正是通过动态运用跨域映射来实现对新经济知识和现象的认识。由此可见，经济隐喻对于经济学家而言无疑具有启发性，具体表现为在理论构建和实践中为经济学家揭示新经济学知识提供了认知机制，从而鼓励经济研究者通过建立更有成效的问题意识来认识与"新经济"相关的概念域间的匹配。总之，经济学家主要从跨学科思想中借鉴经验、产生联想、创建模型、获得启发、赢得发现。限于篇幅，以下将以货币主题中的基本概念域"气体"作为语例进行阐释分析。

查阅 MED 后发现，例（26）中的 bubble 在当前语境义"通货膨胀"之外均存在更基本的义项"气泡"（a ball of air or gas in the liquid），与其语境义显然隶属不同的语义域类型。在思维层面，根据常用源域分类标准，bubble 带有显性源域特征，且在认知隐喻前期研究成果中已被学界广泛接受并使用的源域。因此，该词的语境义与各自的基本义之间可构成某种概念映射关系。另外，MED 词条显示，bubble 虽存在其他多个义项，但均无法完全覆盖目标域意义"通货膨胀"，这表明该词本身不存在已被高度规约化的目标域概念意义。例（27）中的 volatile 在语境义"债券利率浮动"之外存在更基本的义项"液体或物质易发挥的"（a volatile liquid or substance can easily change into a gas），且被标注为"科技用语"，同样与其语境义隶属不同的语义域类型。在思维层面，根据常用源域分类标准，volatile 带有显性源域特征，可判定其语境义与基本义之间可构成某种概念映射关系。另外，MED 词条显示，volatile 虽存在其他义项（包括科技用语义项），但均无法完全覆盖目标域意义"债券利率浮动"，这表明该词同样不存在已被高度规约化的目标域概念意义。由此，根据 DMIP 隐喻识别理论，bubble 和 volatile 的隐喻义足以引导受话者从新视角来理解目标域概念，而源域则充当了形成话语意义的不同所指对象，由此可判定为刻意性用法。

（26）In particular, they can analytically explain **speculative bubbles**, crashes, and volatility clustering; simulate data that match well with stylized facts; and provide empirical specifications that outperform random walk and many existing models. In these studies, investors do not consider the impact of other players on their investment performance. （R – C_{26}：A2.1+）

（27）To reduce exposure to corporate debt if rates spike, Tom Graff, head of fixed income and a portfolio manager at Brown Advisory, suggests steering clear of bond ETFs, whose prices could get very ***volatile*** if investors stampede out when interest rates rise. （P – C_{27}：A2.1+）

如前文所述，气泡是日常生活中常见的自然现象。当气泡聚合于液体时可形成泡沫，常喻指事物表面繁荣、兴旺，实则虚浮不实的特点，亦用来比喻人事的空虚或幻想。由此，例（26）中的泡沫隐喻是从泡沫的形成过程和本质特征到抽象的货币交易行为的跨域映射所构建的，体现了"货币是泡沫"这则概念隐喻，主要激活了货币交易脱离实际价值从而造成表面繁荣的通货膨胀/紧缩现象与泡沫消失状态之间的对应关系。其中，源域是泡沫，目标域是通货膨胀/紧缩现象，用于描述纸币流通条件下，因现实购买力大于产出供给导致货币贬值，从而引发特定时间内物价上涨的现象。概念隐喻的跨域映射特征能够使隶属不同知识体系的实体通过人类思维的互动关系建立关联，为局部需要间接理解的膨胀/紧缩现象提供概念框架，从而赋予人类通过构建基于数据的函数模型与运算法则来表征和理解货币价值和泡沫之间的类比关系，从而实现对抽象货币价值概念进行表征与描述及语义通达。

例（27）论述了投机性泡沫、市场经济崩溃和货币价格急剧波动的根源，模拟了与程式化事实相匹配的数据，并提供了优于随机游走定律和诸多现有运算模型的经验规范。在这些研究中，投资者没有考虑其他参与者对其投资业绩的影响。事实上，泡沫概念针对的是金融资产的评估问题。资产价值等于现在和未来收益的贴现值之和，即基础价值。然而，资产的商品价值可长期远离这个基础价值，人们把这种现象称为投机泡沫，通常随着使资产价值回归基本水平的行情无法预见的骤然下跌而消失。基于上述模型运算方程，我们将 t 日该资产标注为 V_t，即购买 1 个单位资产的实际支付金额。若在 t 日购买，则确保持有者在 $t+1$ 日可领取稳定收益 d，并预计持有者在 t 日能在 $t+1$ 日以 V_{t+1} 的价格将证券抛售。最后，我们将投资主体能在某项替换性投资中获得的稳定利率标注为 $r>0$。由此，金融资产的价值应验证确保两项投资具有同样收益的非套利条件：$V_t = (V_{t+1} + d) / 1 + r$，同时该方程可允许基础价值存在无限不同的解，形式为 $V_t = d/r + b_t$ 及 $b_t = (1+r)^t b_0$。

通过泡沫隐喻的模型构建，研究者可以清楚地观察到与 $b_t \neq 0$ 相关联的解为投机泡沫，是期内按利率 r 增长所获基础价值的附加部分。原则上，b_0 可以是任何正值，但绝不会出现金融资产的负值。另外，泡沫的存在与投资主体的合理性并不矛盾：如果主体预测可在下个时期以更高价格出售金融资产，那么以高于基础价购置该金融资产视为合理投资。在这种投资行为中，我们可以看到投资主体的预测性发挥着主导作用。更广泛地说，通过风险环境中的理论建模，经济学家可以把不同时期都有某种破灭概率的随机泡沫整体形式化，而正是这种将现象形式化的模型构建和实践为经济学家深入探索新经济学知识提供了实证理据支撑，从而激发经济研究者通过建立更有成效的问题意识来解决经济学中的实际问题。

我们知道，气态形式的货币资本通常是由物质的其他形态转化而来的，用于描述曾经拥有的财富是在某种经济现象或市场活动发生之后所遭受的损失，主要强调"自然状态已发生变化"这一事实。在自然环境中，液态水受热后上升到空气，转化成水蒸气，同时将出现水分汽化和水汽扩散两个蒸发过程，但物质量会出现严重亏损。债券价格走势及运营规律对于普通民众而言是相对抽象的概念，缺乏相应专业的经济学知识通常无法窥探货币运营的本质特征。气体的挥发过程和债券利率漂浮不定之间具有相似性。由此，经济学中的债券资本概念通常可通过其他形态的物质转化成气态的方式得到表征，主要体现了"债券是气体"这则概念隐喻，激活了债券资本价值走势和气体挥发性之间的匹配关系。其中，源域是债券，目标域是气体，用于描述债券利率随市场利率浮动的不稳定性，即债券利率在偿还期内可以进行变动和调整。概念隐喻的跨域映射特征能够使隶属不同知识体系的物体状态通过人类思维的互动关系建立关联，为局部需要间接理解的债券利率大幅度浮动现象提供可及性概念框架，从而赋予人类通过气体状态视角来表征和理解债券利率浮动和气体挥发之间的类比关系。换言之，RAC语篇以经济学中既定、成熟的科学模型理论为基础，并借助"气态"辖域的概念知识来充分解构和理解经济学现象和事实，最终实现大众对特定经济学知识的概念阐释和信息传递的目的。

另外，PPC和RAC两类语料库在"气体"概念域中关涉刻意性隐喻的使用比例相对较高，这是因为基于不同语篇层级内容经济隐喻的认知启发功能主要体现在两个方面：一是专业类话语通过直接汲取跨学科知识来构建经济学理论模型，以此挖掘全新视角或其他领域的知识表征来重新审视既定经济学知识或经济学新现象，并通过探索经济学中的新议题寻找问题的解决方法和途径；二是大众类话语以既定的经济学建构模型或相关理论知识为基石，试图借助其他辖域的概念知识来充分认知、阐释、识别经济学现象和事实，以期达到向目标读者普及、描述及阐释抽象经济学理论、现象或事件之目的。由于大众类隐喻具有描述性特点，因此从功能类型上而言，既非论证性，也无排他性，因而可通过多种类别的隐喻表达式得以表征或重述。然而，正如 Debatin（1995：2）所言，"阐释意象图式等表层结构下掩盖了具有深层次结构的隐喻概念，它们甚至能够控制表面上看似无任何隐喻意义的语篇逻辑，普遍藏匿于读者进行理论反思的隐性位置。"

由此可见，PPC 和 RAC 中隐喻认知启发功能的实现在很大程度上都依赖其隐喻义是否成功引导受话者从新视角来理解目标域概念，其源域是否能充当形成话语意义的不同所指对象，以此最大限度地实现其视角转变功能，从而更高效地传播经济学思想及其相关语用价值。

（二）意识形态递呈

经济话语中的隐喻使用从来就不是中立的。经济隐喻的特定选择至少能够局部决定基于不同层级梯度内容的特定话语社区中的意识形态。具体来说，隐喻在构建概念过程中倾向某种特定观点，包括语用者的立场和评价方式（Semino，2008：32），即隐喻具有"突显"或"掩盖"目标域的功能（Lakoff & Johnson，1980：10）。当这种隐喻使用在语篇中成为表征现实的主导方式时，就已逐渐形成社会群体的"共识"或意识形态，而隐喻则构成了社会群体共享信念最重要的组成部分（Semino，2008：33）。因此，当前经济话语中的隐喻研究也强调隐喻的意识形态建构功能及其对隐喻选择的影响。以下以市场主题中的基本概念域"灾害"作为语例进行阐释分析。

基于 MIPVU，例（28）中的 shockwave、meltdown 在语言层面被判定为隐喻性词汇。查阅 MED 后发现，两者在语境义"市场风暴危机"之外均存在更基本的义项。其中，shockwave 为"爆炸或地震带来的冲击波"（the force of an explosion）、meltdown 为"核反应堆堆芯熔毁"（an accident in a nuclear reactor in which the temperature increases in the nuclear fuel until in melts through its container and radiation escapes），显然与各自的语境义隶属截然不同的语义域类型。在思维层面，根据常用源域分类标准，两者与主题语义域内容完全相背离，且带有显性源域特征。因此，两者的语境义与各自的基本义之间可构成某种概念映射关系。另外，MED 词条显示，"爆炸或地震带来的冲击波"之外存在非特殊标注义项"冲击、震荡、严重后果"（a severe effect that something on people)、"核反应堆堆芯熔毁"之外同样存在非特殊标注义项"企业等组织的瞬间溃败、崩溃"(a sudden failure of an organization),与当前目标域概念意义兼容,这表明两词在特定语篇中已被高度规约化。基于 DMIP 理论,shockwave、meltdown 的隐喻义无法引导受话者从新视角来认知目标域概念,而源域也无法形成隐喻话语的不同所指对象。由此,两者可判定为非刻意性隐喻用法。

例(29)中的 turmoil 在语言层面依然被 MIPVU 判定为隐喻性词汇。查阅 MED 后显示,turmoil 在语境义"金融危机"以外存在更基本的语义项"骚乱、混乱"(a state of excitement or uncontrolled activity),与其语境义隶属不同的语义域类型。在思维层面,根据常用源域分类标准,turmoil 带有显性源域特征,且在认知隐喻前期研究成果中已被学界广泛接受并使用的源域。因此,turmoil 的语境义与基本义之间可构成某种类型的隐喻概念映射。另外,MED 词条显示,"骚乱、混乱"为 turmoil 的唯一收录义项,因而无法完全覆盖目标域意义"危机",这表明该词本身不存在已被高度规约化的目标域概念意义。根据 DMIP 理论,turmoil 的隐喻义足以引导受话者从新视角来理解目标域概念,而源域则充当了形成话语意义的不同所指对象。由此,该隐喻性词汇可判定为刻意性用法。

(28) Two principal factors triggered this year's drop: ***shock waves*** from moves by the Federal Reserve Bank that raised interest rates in the U. S. and the rise in global trade tensions stoked by the Trump administration. Those factors, in turn, triggered a slowdown in emerging-market growth rates. What ensued was fear of a ***meltdown*** that could mirror the Asian debt crisis of 1997. ($P - M_{28}$: M1)

(29) I estimate the following regression: where Rating is a vector of dummies for each rating category. I take the residual of this regression and define: Yields can be higher for bonds that are more difficult to sell, especially in times of market ***turmoil***. ($R - M_{29}$: E3 -)

不难发现,PPC 和 RAC 语篇都基于"灾害隐喻"对目标域概念

"金融危机"进行表征与推理,但在语言层面的具体实现方式上存在差异。前者的源域性词汇是在概念和语义层面相对具体的"核反应堆事故"和"地震灾害"及相应的外部表现,RAC选择了概念上相对具体、语义上较为宽泛的"混乱暴动"及后果作为源域性词汇。尽管隐喻性词汇使用不同,但两者都源于相同主题语义域,且情感上都属于负面语义表征。事实上,PPC和RAC两类语料库中基于灾害隐喻所表征的某些市场经济危机现象或行为都存在金融市场代理者或投机分子操纵的可能性。通过使用"崩溃""冲击波""混乱"等隐喻性词汇来刻意制造负面经济场景效应,而隐喻与夸张的同步共现加剧了投资者的焦虑心态。他们大肆抛售货币或股票,继而以低价回收,在突显出负面经济框架的同时,也掩盖了代理者操纵市场的相关事实(只专注于价格下跌的结果,而忽略投机性抛售的过程)。当这种灾难隐喻使用在经济语篇中成为表征经济危机等主导方式时,就会逐渐形成社会群体的"共识"或意识形态,而灾难隐喻则自然构成了这部分社会群体共享信念最重要的构成部分(Charteris-Black,2004)。

细查后可发现,PPC和RAC在语言层面表征方式上的差异也可通过掩盖来递呈不同的意识形态。核能通常属于国家核心技术,其机密性自然不言而喻。因此,当核反应堆实验出现问题时,其内部技术人员或领导层也是无法甄别的。在核灾难的认知框架中,实验问题通常被表征为原子核裂变创造能量等实验过程中的内在属性。事故的核心原因在于科学本身,而并非从事科学实验的科研工作者。当核灾难架构被映射至抽象的经济域时,经济决策者或相关责任人不需要为经济过热、市场崩溃、货币价值巨变等危机现象或是更为严重的经济事故等具体场景承担相应责任。换言之,核灾难隐喻具有表征重大经济危机和掩盖施事者身份的双重语用功能。由此可见,隐喻概念和隐喻语言类型的改变在很大程度上都能引发意识形态和价值观上的变化。

另外,前文研究表明,在各个不同主题方向上,PPC和RAC最显性的表现方式为无论在隐喻形符还是隐喻类符使用数量方面,抑或在基本概念域使用数量还是次级概念映射范畴的覆盖度上,PPC的相关数值均高于 RAC。此外，RAC 更倾向于高频度选择与使用基于特定语义域类别的隐喻类符，整体使用的隐喻类符数相对较少。由此说来，PPC 语篇中的隐喻使用无论在理论还是实践上都应该具有绝对优势对经济学知识表征中所涉特定的所指提供其他视域，更有可能引导受话者从其他概念域来重新理解某个特定话题从而引发受话者产生新的认识。然而 DMIP 隐喻识别后发现，在灾难隐喻刻意性表征问题上，PPC 的使用数量高于 RAC。在语例分析中，PPC 的灾难隐喻被判定为刻意性隐喻用法，RAC 中的灾难隐喻属于非刻意性隐喻用法，该研究发现显然与预期结论相左。对于此，我们主要考虑以下经济学科学构建历史和不同层级经济学语篇隐喻使用融合因素。PPC 中的科学隐喻及其拓展隐喻均源于 RAC 主流理论模型中的"根隐喻"，尽管在演变过程中前者并非是对后者的镜像反应，但相对于 RAC 而言，PPC 的隐喻语言无论是疏密度还是丰富性数值均占上风，隐喻使用具有相对较高的规约性。隐喻规约程度越高，意识形态的递呈过程也越隐匿。

（三）预测与陈述

本研究所构建的以认知与语篇为主导的动态化批评性隐喻分析范式继承了批评隐喻分析的基本观点，重在关注观察不同隐喻本质属性之间的关联、隐喻与话语使用环境之间的关联，强调隐喻类型及其具体实现方式的改变在很大程度上折射出语用者在评价方式、价值观、意识形态等方面的转变。从理论上讲，PPC 和 RAC 语篇中不同隐喻类型的选择和使用对于经济领域新闻记者或经济学家的研究、预测报道和评价内容、陈述观点时所秉持的立场、社会期望的符合程度、传递的文化价值体系及事实报道或知识表征的真实性程度方面都显得尤为重要。以下以经济主题方向上的基本概念域"人类"和"移动"作为语例进行阐释分析。

（30）One result：Upward pressure on wages isn't as strong as wed expect. Plus, an unemployment level consistent with a ***healthy***, fully ***recovered*** economy is lower than it used to be because of demographic changes, says Adam Ozimek, a senior economist at Moody's Analytics.（P – E$_{30}$：

A2. 1 +)

(31) The causes are both domestic and external. They seem likely to ***depress*** the economy this year, too, and to worsen an already fraught fiscal position. (P - E$_{31}$: E4. 1 -)

(32) Consequently, there remains much scope for future research regarding the measurement of aggregate liquidity conditions. Financial integration, housing, and economic volatility The Great Recession illustrates the ***sensitivity*** of the economy to housing. (R - E$_{32}$: X2. 5 +)

(33) To substantiate this, we compare the ***response*** of the economy to the negative productivity ***shock*** with and without the policy response of a product market deregulation. (R - E$_{33}$: Q2. 1)

从例（30）—（33）不难看出，在关涉对经济事件预测的问题上，PPC 语篇中的经济新闻记者和 RAC 语篇中的经济学者都希望被描述成为经济学领域的权威专家，其具体表征大多依赖于生命体系统隐喻（animate metaphor）。"经济"通常被概念化为人或生物体，可形成"经济是生物体"这则概念隐喻，这就能够充分阐释基于同一基本概念域范畴中隐喻语言的相关性和多产性问题。比如，两类语料库中均使用 growth, atrophy, decay, depression, infant, mature, ailing, healthy 等隐喻性词汇。当经济新闻记者能够非常确定地进行事件评价时，无论积极与否，他们都倾向于选择使用这些隐喻性词汇。此外，"经济"主题的谓语动词通常也具有动作性特征。这种生命体隐喻能够直接反映专家学者立场，特别对事件的预测存在某种疑虑时，经济学新闻记者或经济学家就是权威的化身（Charteris-Black, 2004）。

(34) It has now opened a new front in the dispute by requiring American firms wishing to supply Huawei, Chinas technology champion, to seek licences. Markets are ***choppier***, though more in Asia than America. (P - M$_{34}$: A2. 1 +)

(35) When markets ***plummet***, they are often blamed for deliberately exacerbating the fall to reap bigger returns. Academics say such accusations

are farfetched. （P – E$_{35}$：E4.1 – ）

（36）Considering a setup in which stock market participation depends on current market ***movements*** and on the fundamental state of the market, they show that the repeated inflow and outflow of stock market investors increases the amplitude of bubbles and crashes. （R – M$_{36}$：X2.5 + ）

（37）Interestingly, the first market entry wave is associated with countercyclical stock and housing market dynamics while the second market ***entry wave*** is not. The fourth panel of Fig. 5 shows the ratios between dividends and interest rates, or between rents and interest rates. （R – E$_{37}$：Q2.1）

反之，当经济新闻记者缺乏了解影响市场变化的专业知识，通常不会将自己描述成为权威专业人士，而是借助非生命体隐喻（inanimate）进行概念表征。例（34）—（37）中的隐喻语言 choppier、wave 等用于描述市场状态的急剧变化，主要形成了"市场是汹涌波涛"这则概念隐喻。这类隐喻的特点是常伴随夸张使用，将自己表征为事件评论员，其核心工作内容是描述性质而非预测事件。隐喻的选择能够决定经济新闻记者是将自己表征为专家分析师还是单纯的叙述者。换言之，隐喻使用是用于预测还是描述事件（Charteris-Black，2004）。由此，隐喻生命系统或非生命系统具有语篇功能，能够决定作者的立场以及在形成事件评价过程中具有说服性功能。

第三节 本章小结

本章基于概念隐喻理论与新当代隐喻理论融合优势，从纵向垂直视域，系统分析和比较了 PPC 和 RAC 两类语料库中关涉经济隐喻的交际功能。在宏观层面，我们指出以 Henderson（1986）等研究学者关于经济隐喻分类研究中的语义层级的失衡问题和具体功能分析的缺失问题，并在整体宏观层面明确识别区分并具体量化 PPC 和 RAC 中类属隐喻和语篇特性隐喻的使用情况。基于类属隐喻概念，本研究通过查阅通用词典和专业词典中的词条收录情况，将两类语料中关涉类属隐喻和语篇特性的隐喻使用的范畴分类归置问题严格框定于非此即彼的二分法规则范围，进一步夯实了研究结论的客观性。研究发现，PPC 在不同主题方向上的类属隐喻形符使用均值明显高于 RAC 的对应值，但两者在语篇特性隐喻的形符数值上趋于接近。PPC 的类属隐喻使用数量均值高于其语篇特性隐喻数量的对应值。相比之下，RAC 的类属隐喻使用数量均值低于其语篇特性隐喻数值值，显著性程度明显。另外，在语言、概念和交际三个维度，RAC 通常基于专业性科学知识，关涉经济学话语体系中术语命名的"存在性"问题；PPC 源于常规语言知识，涵盖经济学概念指称的"可处理性"问题。RAC 理论模型化的本质是从数理科学辖域中借鉴现存的理论概念模型，通过改进、内化域整合，终以数学、统计等方程计算形式实现科学理论的解释对象和解释模型之间的有机匹配。相比之下，PPC 语篇中隐喻概念的架构并非直接参与理论模型构建，而是使用专业类经济科学语篇中已相对成熟的模型架构进行概念转换和推理，以达到传递信息，阐释理念和说服大众及专家的目的。RAC 专业语篇更倾向于在新古典经济学理论模型基础上，采用数理建模方法，重新创建特定研究主题中的专属理论模型，最终目的是论证某种经济学观点或解决经济学研究中的实际问题。经济隐喻的交际功能主要涉及话语互动层面的独立个体与社会关系的构建，包括认知启发、预测与陈述和意识形态递呈功能，但三种具体功能在两类语料库中依然可呈现出差异。

第八章 经济隐喻加工的行为表征垂直比较分析

在实现对经济隐喻的概念结构、话语模式和交际功能比较分析的研究基础上，本章将进一步从行为表征维度比较与检验 PPC 和 RAC 语篇中个体隐喻在线加工的行为真实性情况。具体而言，本章基于眼动追踪技术，从不同层级经济语篇的文本信息加工视域入手，以眼动测量数据与加工模型理论相互印证的方法，详细收集并记录被试在处理不同层级刺激材料过程中呈现的两类核心眼动测量指标。在组内，通过比较首次注视时间、凝视时间、回视时间和总注视时间四项时间维度的测量数据来考察早期阶段和晚期阶段时间进程上（Rayner，2009）隐喻性和直陈性词汇加工时各自的语义通达情况；在组间，通过比较平均注视时间、总注视时间、注视次数、回视次数和瞳孔直径变化值五项综合维度测量指标来探讨隐喻性和直陈性词汇加工的认知负荷投入程度。总之，本章重在探究对不同层级语篇类型中的经济隐喻阅读加工究竟在多大程度上呈现家族相似性，即考察语篇层级性对经济隐喻阅读加工的影响。

第一节 研究基础

本节从宏观层面分别论述隐喻加工模型和认知负荷理论的基本观点及契合本实验研究的着力点，以期为下文开展组内与组间的比较研究奠定理论基础。隐喻研究的历史长河中具有颇多争议性的核心话题至少聚焦语用者如何加工特定话语中的隐喻语言。比如，隐喻的本质是否归因于语义的范畴错置、隐喻加工是否需要额外投入认知负荷、隐喻义和直陈义的加工过程是否共享特定规律等核心议题。在该研究方向的驱使下，研究者陆续提出了诸多综合性加工模型和理论，旨在更真实、自然地描述隐喻的发生机制和认知负荷投入等具体加工过程，其中不乏以下具有代表性的观点。

一 隐喻加工模型

隐喻加工模型主要分为以下四类：（1）直接通达模型（Direct Access Model）认为加工词汇的隐喻义具有优先通达的特点。具体而言，在真实的社会语境中，隐喻加工与理解不必先否定直陈义。相反，隐喻义本身可直接通达激活。尽管隐喻直陈义理解在隐喻构建过程中可短时显现，但隐喻理解始发前既非必要，也非强制性（Blasko & Connine, 1993: 295），隐喻理解无须投放额外的认知努力（Gibbs, 1986）。（2）间接加工模型（Indirect Processing Model）坚持隐喻的直陈义理解过程是必要的，而且在只有直陈义理解存在逻辑缺陷或无法完全契合语境的前提下，言语者才开始考虑隐喻义理解（Heredia & Muñoz, 2015）。因此，隐喻语言的理解是选择性的接续过程。（3）平行加工模型（Parallel Processing Model）假定隐喻义和直陈义加工的认知机制完全相同。隐喻义加工并不需要以直陈义加工为前提条件。倘若隐喻义和直陈义皆可与目标词当前语境契合的条件下，两者加工过程则允许同步进行（Dascal, 1989; Glucksberg, 2003）。（4）等级突显假说（Graded Salience Hypothesis）认为导致语言加工差异的因素主要源自语义突显性而非语义本身。突显性可直接决定语义加工的通达顺序，程度高的语义可优先加工激活。如果隐喻义突显性高，则优先加工隐喻义，反之亦然。作为该隐喻加工模型的核心要素，突显性程度通常受到词频、熟悉度、规约性和典型性等因素的影响（Giora, 2003: 491），突显性程度高的语义本身也直接通达。

二 认知负荷理论

严格意义上讲，对认知负荷开展系统研究应肇始于20世纪80年代末期。以澳大利亚认知心理学家Sweller为代表的研究学者，借助资源有限理论和图式理论的研究成果，以实验数据分析为主要研究手段，系统地论述了认知负荷理论（Cognitive Load Theory）（简称CLT）。CLT主要从资源分配角度来考察学习和问题解决过程，倾向于将认知负荷视为在特定工作时间内，施加于个体认知系统的心理活动总量（Sweller, 1988）。沿袭这一研究脉络，后期心理学家对认知负荷进行了大量实证研究，在回答关涉"如何对认知负荷进行理论架构及科学测量"等重要议题上获取了很多有价值的结论，并逐步形成了完整的认知负荷理论体系（参见 Miller, 1988；Coope, 1990；Paas & Merrienboer, 1994）。根据信息来源类型及是否有助于图式构建原则，研究者将认知负荷具体细分为内在认知负荷、外在认知负荷和关联认知负荷三种类型。（1）内在认知负荷指处理某种难度的学习材料时，加在学习者个体工作记忆中的认知元素总量，它取决于学习材料的性质和学习者专业水平之间的交互。内在认知负荷是学习材料的内在固有特征，因此其本质属性极难发生改变。（2）外在认知负荷（Extraneous cognitive load）是指由刺激材料的呈现方式和外部要求认知个体从事学习活动所引发的额外工作负荷。（3）关联认知负荷（Germane cognitive load）是指与触发图式构建和图式自动化过程相关的负荷。CLT认为，三种认知负荷类型之间可相互累加。在教学中，应尽量通过降低外在认知负荷或增加关联认知负荷来调控学习模式。

本实验研究旨在通过眼动测量指标数据统计分析来考察PPC和RAC语篇中隐喻性与直陈性词汇加工的不同模式和特征，其研究着力点立足于隐喻加工模型和认知负荷理论。显然，以上隐喻加工模型和认知负荷理论对于描述与解释隐喻性语言的加工处理过程和认知负荷投入已获得不同实验研究的论证与支持，但具体落实到本眼动实验刺激文本中是否依然适用目前尚未有定论。

具体而言，在组内，PPC 和 RAC 各自的隐喻加工是否遵循语义激活的通达顺序问题？PPC 的隐喻性和直陈性词汇加工特征如何？是否只是对 RAC 词汇加工的"镜像"复制？在组间，PPC 与 RAC 各自的隐喻性词汇加工特征如何？PPC 的隐喻义词汇加工过程是否依然只是对 RAC 隐喻性词汇加工过程的"镜像"复制？两者在直陈性词汇加工处理方面是否相同？这些问题亟待通过相关实验研究加以解决。

第二节 研究设计

本节聚焦眼动实验的整体布局，分别介绍了研究问题、实验设计、实验仪器、被试对象、刺激材料、眼动实验的具体实施步骤和后期数据处理方法。

一 研究问题

基于语篇层级类型与个体隐喻加工的相互关系，本研究提出两个主要问题：

（1）英语本族语者在 PPC 和 RAC 语篇内部关涉隐喻性和直陈性词汇加工在早期和晚期时间进程上是否存在差异？各自的语义通达顺序情况如何？

（2）英语本族语者在 PPC 和 RAC 语篇之间关涉隐喻性和直陈性词汇加工的综合维度指标是否存在差异？各自的认知负荷投入情况如何？

二 实验设计

本研究主要从变量类型、研究目的、统计类型、比较对象、比较模式、实验任务 6 个方面进行眼动实验设计：

（1）本实验的研究目的是寻找差异，即揭示不同层级经济语篇类型因素导致个体隐喻在线处理的差异，暂不考虑将与语篇类型无关的观测指标纳入考察范围。

（2）本实验的自变量为"经济语篇类型"，属于定类变量，分为两个不同取值（水平）：大众类经济语篇和专业类经济语篇；因变量为眼动测量数据，是定距变量。

（3）本实验的数据统计类型为只包含单个自变量的差异推断统计，即单因素自变量被试间（one factorial between-subject）的设计方案。实验中每个被试只隶属单个组别，且仅接受一次实验数据处理或测量。

（4）本实验涉及两类刺激材料中的四种比较对象，分别为 PPC 中的隐喻性/直陈性词汇（简称 P_F/P_L）和 RAC 中的隐喻性/直陈性词汇（简称 R_F/R_L）。

（5）本实验包括组内和组间两种比较模式，组内比较包括 P_F/P_L 和 R_F/R_L，组间比较包括 P_F/R_F 和 P_L/R_L。

（6）本实验要求被试在阅读任务结束后作出刺激反应，即在阅读 PPC 和 RAC 相应文本并在充分理解的基础上，对兴趣区目标词的隐喻性问题做出判断。

基于独立样本 t 检验数值描述（表 8-1），本实验对应的零假设和研究假设分别为：

H_0：$\mu_{大众语篇隐喻性} = \mu_{专业语篇隐喻性}$（被试的两组平均数之间无显著差异）

H_1：$\mu_{大众语篇隐喻性} \neq \mu_{专业语篇隐喻性}$（被试的两组平均数之间存在显著差异）

本实验将 SPSS 显著水平值设定为 $\alpha = 0.05$，即如果研究统计结果为 $p \leq 0.05$，则拒绝零假设，接受研究假设，承认次级语篇差异对隐喻理解有显著影响；如果 $p > 0.05$，则认为次级语篇差异在隐喻理解层面不会产生显著影响。

表 8-1　　　　　　　　独立样本 t 检验数值宏观描述

研究目标	变量类型	实验案例	
检验两个相互独立组的平均数是否存在显著差异	因变量：定距数据	眼动数据	
	自变量：二分的、相互独立的定类数据	不同层级语篇类型	大众类
			专业类

三　实验仪器

本实验采用加拿大 SR Research 公司制造的型号为 EyeLink 1000 Plus 桌面式眼动仪来呈现实验刺激材料和记录被试的眼动情况。该系列眼动仪是目前市场上高精度视频眼动追踪系统，其主要功能是分析和记录眼动数据，并通过网络连接，以双眼均达 2000 Hz 的时间采样速率将数据实时传输到主试机。因此，在对眼动仪采样率要求较高的阅读研究领域应用十分广泛。该设备其他重要参数还包括空间分辨率（0.01°）、精度（0.15—0.5°）、瞳孔分辨率（直径的 0.1%）和实时追踪延时（1.34ms）。另外，该系列眼动仪自带的编程软件 Experimental Builder 和数据分析软件 Data Viewer 完美结合，并可无缝兼容 E-Prime、Presentation、Matlab 等第三方常用实验软件。因此，整体上实验操作简易便捷，数据采集精度高。

四　被试对象

本研究的最终目标在于揭示不同层级语篇类型因素导致个体隐喻加工的差异，即强调相同学科辖域的知识梯度将影响经济隐喻在语篇内部的纵向变异特征，因此实验设计中应尽可能保证受试具有英语作为母语的敏感度，从而有效控制因二语迁移因素导致个体基本语言能力的差异。单论这一点，选择英语本族语者作为受试对象具有更高的效度。本次实验共招募到 35 名母语为英语的高校留学生（男生 15 名，女生 20 名），年龄跨度为 18—23 岁（$M = 19.4$, $SD = $

1.7），其裸眼或矫正视力均达到实验要求，均为右利手[①]。每位被试在正式接受眼动数据采集之前都必须经历中介干预，内容包括概念隐喻理论和以 MIP 为核心的隐喻识别程序的知识传授及隐喻识别的在线练习。问卷调查表明所有被试均无任何语言或写作障碍。实验结束后，被试的眼动测量数据经后期分析处理标准被认定为有效数据的，可获得相应酬劳。

五 刺激材料

本实验刺激材料分别从 PPC 和 RAC 中各选取 40 个长句（隐喻句 20，直陈句 20），形成"隐喻＊直陈"或"直陈＊隐喻"两种随机组合的呈现方式，且告知被试隐喻识别结果未遵循非此即彼的"二分法"模式，以避免隐喻识别过程中出现评判思维固化。与以往隐喻加工相比，本实验在刺激材料选取上的优势主要体现在以下 3 个方面：（1）真实性：所有刺激材料[②]均源于 PPC 和 RAC 相同主题方向上的真实语料，无因特殊要求而刻意炮制的文本；（2）整体性：材料均以整体段落形式呈现；（3）一致性：材料的表层语法结构和篇幅长度基本保持一致，且兴趣区（interest area）目标词均使用相同词汇（严格控制在词汇层级的效应辖域）。此外，鉴于眼跳距离与眼睛在不同注视点之间实际移动所需要的时间直接相关（闫国利等，2013），本实验在刺激材料选取及可比性的标准问题上还注重考虑三个指标：（1）句子总字数平均值；（2）目标词与句首词之间的字数平均值；（3）目标词与句尾词之间的字数平均值。通过 SPSS 26.0 软件处理分析后，得出以下眼动测量数据的可比性结果：

在 PPC 实验句中，隐喻句总字数平均值（$M = 40.2$，$SD = 3.4$）和直陈句字数平均值（$M = 44.17$，$SD = 4.03$）趋于接近（$t = 1.47$，

[①] 在高级功能上，右利手的语言功能更多依赖左侧大脑半球（优势半球），具有从事文字符号分析方面的优势。

[②] Gibbs（1999）认为隐喻加工研究中的实验素材多数为非真实文本。

$df=7$, $p=0.12>0.05$);隐喻句目标词与句首词之间的字数平均值($M=22.45$, $SD=1.4$)和直陈句目标词与句首词之间的字数平均值($M=24.12$, $SD=2.64$)具有可比性($t=1.13$, $df=7$, $p=0.118>0.05$);隐喻句目标词与句尾词之间的字数平均值($M=17.92$, $SD=3.21$)和直陈句目标词与句尾词之间的字数平均值($M=16.6$, $SD=2.26$)之间无显著差异($t=1.5$, $df=7$, $p=0.09>0.05$)。在RAC实验句中,隐喻句总字数平均值($M=43.2$, $SD=5.4$)和直陈句字数平均值($M=45.72$, $SD=3.73$)近乎相同($t=1.47$, $df=7$, $p=0.02>0.05$);隐喻句目标词与句首词之间的字数平均值($M=25.15$, $SD=5.14$)和直陈句目标词与句首词之间的字数平均值($M=22.41$, $SD=3.04$)之间无显著差异($t=1.23$, $df=7$, $p=0.14>0.05$);隐喻句目标词与句尾词之间的字数平均值($M=18.72$, $SD=4.02$)和直陈句目标词与句尾词之间的字数平均值($M=19.26$, $SD=4.26$)之间无明显差异($t=2.33$, $df=9$, $p=0.09>0.05$)。

在PPC和RAC隐喻句之间,PPC隐喻句总字数平均值($M=36.15$, $SD=2.1$)和RAC隐喻句字数平均值($M=44.21$, $SD=4.12$)基本接近($t=0.16$, $df=2.22$, $p=0.322>0.05$);PPC隐喻句目标词与句首词之间的字数平均值($M=20.4$, $SD=3.124$)和RAC隐喻句目标词与句首词之间的字数平均值($M=21.02$, $SD=3.04$)具有可比性($t=4.23$, $df=44.12$, $p=0.13>0.05$);PPC隐喻句目标词与句尾词之间的字数平均值($M=18.66$, $SD=1.54$)和RAC隐喻句目标词与句尾词之间的字数平均值($M=14.32$, $SD=2.02$)之间无显著差异($t=2.23$, $df=9$, $p=0.26>0.05$)。在PPC和RAC直陈句之间,PPC直陈句目标词与句首词之间的字数平均值($M=24.12$, $SD=2.64$)和RAC直陈句目标词与句首词之间的字数平均值($M=22.41$, $SD=3.04$)具有可比性($t=1.21$, $df=4.33$, $p=0.09>0.05$);PPC直陈句目标词与句尾词之间的字数平均值($M=22.65$, $SD=3.15$)和RAC直陈句目标词与句尾词之间的字数平均值($M=17.5$, $SD=3.19$)之间无显著差异($t=2.43$, $df=4.4$, $p=0.116>0.05$)。

六　眼动实验步骤

（一）实验编程与测试

本实验采用加拿大 SR Research 公司研发的 Experiment Builder（简称 EB）软件进行编程。EB 是一款直观而高效的拖拽式界面图形编程工具，用于快速创建基于计算机的心理学和神经科学实验任务。EB 可在 Windows 和 Mac OS X 上运行，能以毫秒级的计时精度呈现复杂的视听觉刺激和记录被试反应，并且与数据处理软件 Data Viewer（简称 DV）无缝整合，提供从数据采集到数据提取的完整解决方案（图 8 – 1）。

图 8 – 1　EB 编程软件和 DV 数据处理软件基本界面

本实验程序设计之前，已将被试刺激材料全部制成 Excel 文档。参照 SR Research 公司工程师的建议，实验程序设计以 EB 编程软件的分层架构图（简称 EB 架构）为基础（图 8 – 2），由外及里细分为框架搭建、属性设置和程序测试三个阶段。

1）框架搭建

我们认为，EB 软件架构的本质是遵循"基础架构→区块→试次→记录"的层级递进过程。由此，本阶段的核心任务是通过拖拽控件（Sequence），完成"文本阅读→隐喻识别"的基础性程序联结。具体操作步骤为：

①在被试电脑桌面新建文件夹，命名为指定实验程序包（如 E-Lau-deploy）；

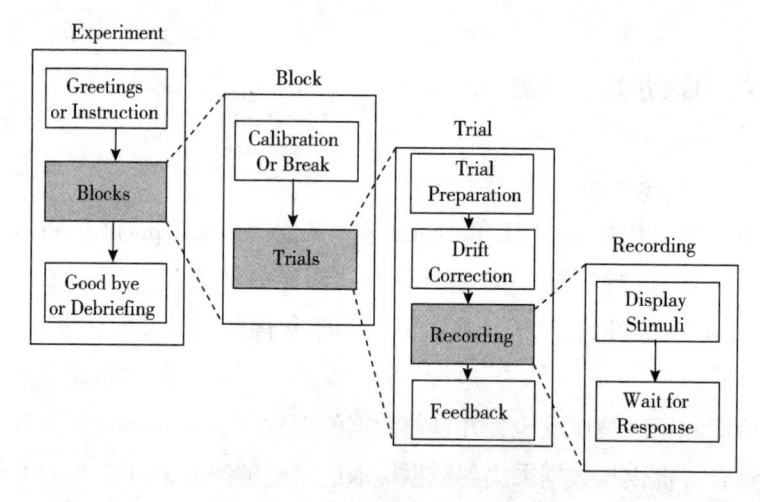

图 8-2　EB 编程软件分层架构

②运行 EB 软件后，在 File-New 对话框中填写相应名称和设备型号 EyeLink 1000 plus，在桌面文件夹中自动生成基础性程序文件包（不可随意移动或删除）；

③返回 EB 软件主界面，选择三个控件[①]进行程序分层设计，由外及内（包含关系）依次命名为 Block、Trials 和 Recording；

④基于本实验"阅读+识别"任务，调用控件后相互联结，完成基础框架搭建。

2）属性设置

属性或参数设置是编程设计的核心环节。具体操作步骤为：

①进入 Experiment 层级，在编辑界面设置多行文本实验指导语；

②进入 Block 层级，设置校准属性；在右侧 Trial_DataSource 窗口中创建数据表格，并输入完整的刺激材料名称，包括后缀名 doc；在随机性设置新弹出的窗口，选择 Enable Trial Randomization 完成材料随机显示设置；

③进入 Trail 层级，在 Prepare Sequence 控件中将刺激材料发送到

---

① 程序员可通过悬停鼠标至单个控件图标来明确其具体功能。比如，Display Screen 的功能是显示指定的屏幕内容，那么使用该控件即可给受试呈现指定的句子、图片或视频素材等。

主试机上同步显示；手动接受 Trial 控件之间的 Drift Correction（单点漂移检测）；点击 Recording 控件，勾选属性窗口中的 Record，自动记录 Recording 层级中的眼动数据；

④进入 Recording 层级，依次设定反应按键、空屏属性、问题选择等，用于编订实验流程，确定刺激呈现位置与时长，呈现后的反应选择及按键的记录和保存。

3）编程测试

编程测试的最终目的在于检验程序是否可正常运行，具体操作步骤为：

①在 PC 未连接眼动设备的条件下，菜单栏中选择 Preferences，点击 Devices 子项目栏 EyeLink，在其右侧窗口选择测试模式（dummy mode）。

②在菜单栏 Experiment 中选择 Build 进行程序编译。程序语言中出现了红色和黄色字体，分别指错误和警告内容（红色部分必须修改，否则程序无法运行；黄色部分可根据实际情况进行修改），根据语言提示进行相应修改。

③点击 Build 下方的 Test Run 运行程序。由于 PC 未连接眼动设备，校准程序无法启动；通过 ESC 键，跳过校准过程，呈现刺激材料，并设置按键反应。

④所有刺激材料呈现后，程序自动退回软件主界面。根据测试过程，再次对程序进行修改；将整个程序完整拷贝到被试电脑，取消测试模式后连接眼动仪进行测试运行；程序显示正常后点击 Deploy，打包成可执行文件进行预备实验。

不难发现，EB 编程的本质就是通过一系列控件来搭建实验框架，然后再通过设置各控件的属性来调整实验过程，使之满足实验设计的要求（闫国利、白学军，2018：101）。因此，无论实验的复杂程度如何，EB 都可基于框架搭建、属性设置和编程测试三个阶段的操作来完成实验的程序架构（图 8-3）。使用 EB 进行程序设计的整个流程清晰、直观且易操作，无须编写程序代码便可实现复杂的实验设计。

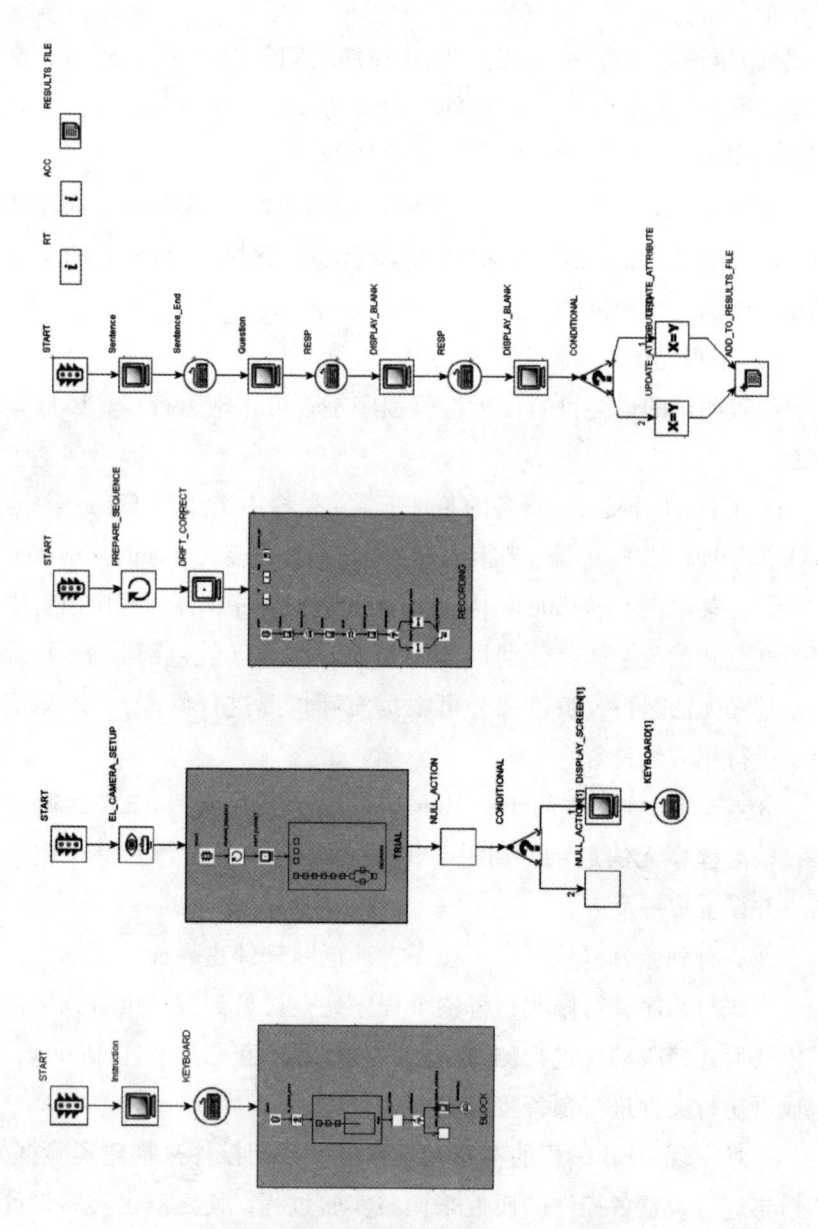

图 8–3　本实验 EB 编程软件分层架构

(二) 眼动定位与校准

所有眼动数据采集均在笔者所在工作单位新成立的语言与认知研究中心实验室内完成。被试进入后被安排指定隔间和座位，遵照主试

第八章　经济隐喻加工的行为表征垂直比较分析

指令，将下巴顶靠在下颌支架上、设定合适的塔台高度、适当调节反光板的高度，确保眼球定位于屏幕中央。

实验正式开始前，必须为每位被试进行校准。本实验采用九点定位校准法进行 Calibration 和 Validation 自动校准（图8-4），具体过程为屏幕上随机出现校准点，被试以正常追踪速度和非预判方式注视校准点。当眼动仪记录被试的注视点后，将以接续的方式呈现剩余的校准点。两类校准结束后，屏幕右下方可显示当前追踪的误差值。当 $M_{avg}<1°$，$M_{max}<1.5°$ 时，填充背景显示绿色，效度 GOOD；当 $M_{avg}<1.5°$，$M_{max}<2.0°$ 时，显示灰色，效度 FAIR；当 $M_{avg}>1.5°$，$M_{max}>2.0°$ 时，显示红色，效度 POOR。在大多数情况下，校准结果须达 GOOD 效度后方可进入实验数据采集环节。但对于大多数实验而言，$M_{avg}>1°$ 被直接判定为校准失败，需要二次校准。

图8-4　Calibration 和 Validation 自动校准

（三）刺激呈现与记录

实验将记录被试右眼的运动轨迹，采样率为2000赫兹，准确率为 0.5°视角。我们将21英寸 Lenovo 显示器的刺激信号屏幕分辨率调整为 1024×786，被试与主机屏幕之间的距离设定为55cm。实验刺激材料采用14号 Times New Roman 字体，1.5倍行距，白底黑字呈现于屏幕中央区域。每次屏幕切换只呈现单个句子。兴趣区目标词右上方设置星号 * 定位符[1]（图8-5），尽可能以非突显性方式明示任务识别对

---

[1] 隐喻识别是本实验的核心任务之一，因此受试在阅读过程中必须明确知晓隐喻识别的对象。选择外加定位符的优势在于将目标词与符号间以独立方式分割，便于后期数据的分离操作。当前国内外部分隐喻眼动实验中也可见类似的处理方法。

象。被试须按正常语速进行阅读，待充分理解句子后，点击鼠标左键翻页切换至问题界面，并通过选择"F"键（隐喻义）或"L"键（字面义）完成隐喻识别任务。每项实验结束后，EB 程序将自动停止眼动记录，同时将采集数据独立保存于程序包中。另外，实验正式开始之前，将提供 5 个练习句子，过程与正式实验材料完全相同，使被试知晓实验流程和按键方法。实验要求被试在兴趣区目标词位置尽可能避免有意识眨眼，鼓励其聚焦识别的准确性而非识别速度。每位被试将接受两次实验数据记录。首先采集 PPC 数据，中间间隔其他被试单次实验时间，然后继续进行 RAC 数据采集，以此尽量避免被试因疲乏导致无效实验数据。单次眼动实验的持续时间约为 15 分钟。

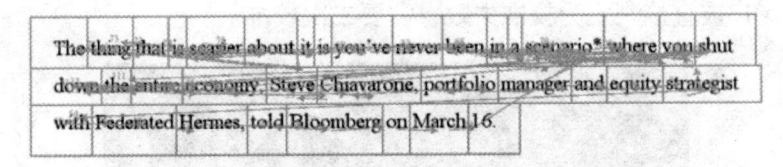

图 8-5　阅读眼动原始轨迹图示例

（四）数据提取与统计

实验结束后，我们采用 SR Data Viewer 14.3.2 和 IBM SPSS 26.0 两类分析软件对原始数据进行后期处理，具体包括以下三个步骤。

（1）测量指标筛选

将实验原始数据导入 DV 软件后，可直接在兴趣区输出报告界面（IAOP）筛选出眼动实验测量指标（图 8-6）。如何针对不同的研究目的，选择正确有效的眼动指标并对其进行分析是眼动分析法的关键。目前，阅读眼动分析指标主要分为两类[①]：一类是与眼睛何时移动有关的时间维度眼动指标，另一类是与眼睛移动位置有关的空间维度眼动指标（Rayner, 1998；闫国利等, 2013）。在眼动阅读研究中，研

---

① 闫国利等（2013）认为，对眼动指标进行分类的标准不是唯一的，还可以根据研究目的分为局部分析指标和整体分析指标，根据性质分为注视指标和眼跳指标。

者的基本共识是须根据研究需求，确定分析目标区域，即兴趣区（interest area）。兴趣区可以是区域较小的字或词，也可以是较大区域的短语或句子。相关研究表明，对以词为兴趣区的眼动研究通常更关注语言特征对词汇准入的影响，对较大兴趣区的分析则更关注词语之间的关系和句法结构分析。因此，选择不同范围的兴趣区将直接决定眼动指标的类型。当然，单个眼动测量指标都存在其适用范围和优缺点，因此在实验中应综合使用多种眼动指标，从不同维度对数据进行分析研究（闫国利等，2013）。

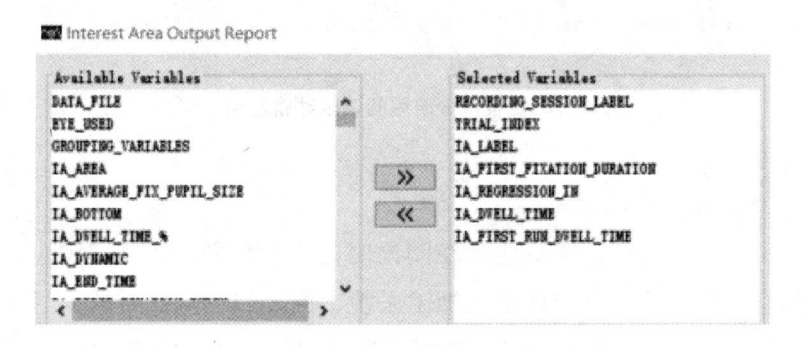

图 8-6 兴趣区眼动指标筛选输出报告

基于上述观点及以往眼动研究相关文献（张仙峰、叶文玲，2006；闫国利等，2013；刘晓环，2016；Novikova, et al., 2015；Heredia, et al., 2016；Ashby, et al., 2018），本实验选取以词为兴趣区进行眼动数据的组内和组间比较：在组内，确立首次注视时间、凝视时间、回视时间和总注视时间四项眼动指标，即基于时间维度的眼动指标考察隐喻性和直陈性词汇加工在早期阶段和晚期阶段（Rayner, 1998）各自的眼动特征和语义激活通达问题；在组间，确立平均注视时间、总注视时间、注视次数、回视次数和瞳孔直径变化值5项眼动指标，即从综合维度眼动指标探讨隐喻加工的认知负荷投入问题。

（2）定位符分离

如前文所言，采用"兴趣区目标词+星号*定位符"的刺激材料呈现方式确实可告知被试隐喻识别的对象，然而这种设置方法所采集到的原始数据实则包含了目标词和定位符两类指标（图8-5），不符合对单个词汇进行数据分析的基本要求。因此，在后期数据处理之前，首先必须将两者分离，去除定位符，只选取目标词数值。其操作方法为：将已完成分离的兴趣区文档（.ias）重新导入DV，利用默认兴趣区设置（Default Interest Area Set）选择对应的试次（trial）后应用即可实现（图8-7）。

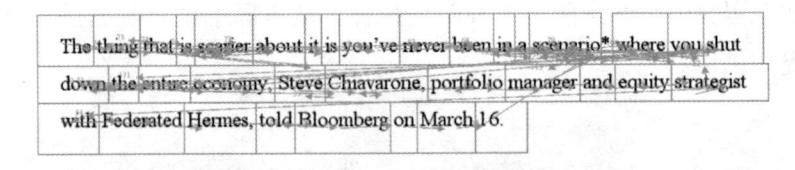

图8-7　定位符分离后阅读眼动轨迹图示例

（3）异常数据清除

眼动研究表明，熟练读者在阅读时的平均眼跳时间为250ms，而新信息通常在这段时间被带入加工系统，但人们在阅读时的信息主要是在眼睛保持相对静止的注视期间获取的（Rayner, 1998；闫国利等, 2013）。据统计，人类的平均注视时间为200—250ms。因个体差异，注视时间的正常区间可延伸至100—500ms（Rayner, 1998；Starr & Rayner, 2001；Sereno & Rayner, 2003）。极端注视时长被视为无法真实有效地反映阅读的加工过程。因此，在英语阅读中，删除小于80ms或大于1000ms的注视值已成为当前眼动研究中的普遍共识（e.g. Shake, et al., 2011；Carrol & Littlemore, 2020）。在眼跳（saccade）方面，相关学者在研究注视点间距时发现，熟练读者的眼跳距离约为1—20个字符空间，每次眼跳的平均距离约为7—9个字符空间（Rayner, et al., 2001）。

基于上述研究成果，本实验主要删除以下5类眼动数据：1）运行DV四步眼动注视清理程序（4-stage Fixation Cleaning）后，自动删除未达标的数据。具体而言，注视时长和注视点间距在任意阶段必须保持在相应的区间范围（比如，DV在第一阶段首先检验注视时长数值是否大于 80ms), 否则视为无效数据 (图 8-8); 2) 删除眼跳轨迹缺失或试次启动 10 秒后无任何刺激反应的数据; 3) 删除注视时间过短 ($t<80$ms) 或过长 ($t>1000$ms) 的数据; 4) 删除因不当身体姿势（如被试过程中头部晃动或脱离下颌支架）导致的无效数据; 5) 删除异常眼动轨迹采集的数据。

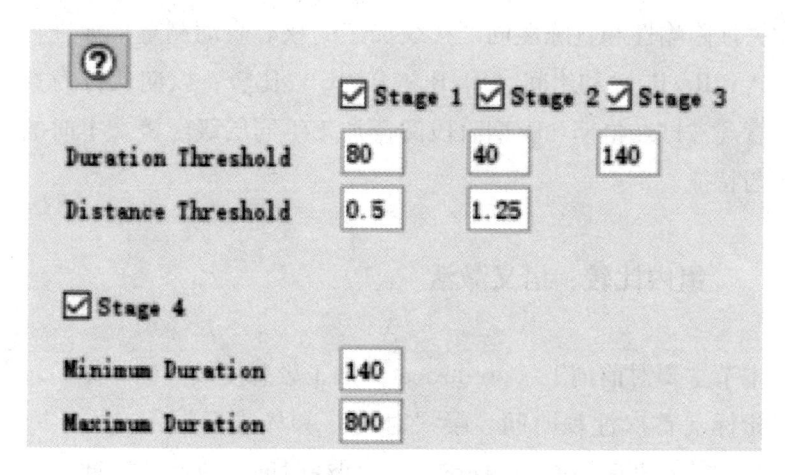

图 8-8　四步眼动注视清除法默认设定数值

（4）数据统计分析

通过 DV 分析软件实现原始实验数据的导入、筛选、分离、清除之后，我们将这些新数据按照语料库出处（PPC/RAC）和隐喻性句子类别（隐喻义/字面义）进行重新归类后全部转换成 Excel 文档，并使用 SPSS 26.0 数据处理软件完成早期和后期阶段眼动测量指标比较研究之前的所有数据的统计与分析。

第三节　结果与讨论

实验结果数据显示，第 19 号和第 24 号被试分别因无意识晃动头部和脱离下颌支架导致主试机出现程序错误，无法正常采集到数据；第 4 号被试近期接受过近视激光矫正手术，其眼动追踪轨迹上下频繁剧烈波动，异于正常被试；第 6 号和第 19 号被试的注视次数仅为 1 和 3，且眼跳幅度远大于正常值范围。删除上述数据，剩余共获得有效被试30名。另外，实验刺激反应数据结果显示，被试在PPC刺激材料部分的隐喻识别率为76%—92%（$t = -1.23$, $df = 12$, $p = 0.18 > 0.05$）；在RAC部分的隐喻识别率为64%—83%（$t = 5.02$, $df = 8$, $p = 0.01 < 0.05$）。

以下基于SPSS 26.0软件统计分析数据，重在对PPC和RAC语料库中关涉隐喻性和直陈性词汇在线加工的核心眼动测量指标进行组内（P_F/P_L；R_F/R_L）和组间（P_F/R_F；P_L/R_L）比较，以期从行为真实性视域管窥被试在早期和晚期阶段阅读加工不同层级经济文本时的眼动规律与特征。

一 组内比较：语义激活

本节主要对前词汇（pre-lexical）加工敏感度较高的早期阶段眼动测量指标（首次注视时间、凝视时间）和体现后词汇（post-lexical）加工过程的晚期阶段眼动测量指标（回视时间、总阅读时间）进行组内比较，重点考察PPC和RAC刺激材料兴趣区目标词隐喻义与直陈义加工的语义通达情况。本阶段实验共采集有效样本数量为每组600个。我们先用Shapiro-Wilk顺序统计量 w 对数据的正态分布情况进行检验。如不能满足正态分布条件，则采用非参数符号进行检验，然后再使用独立样本t检验对被试在 P_F/P_L 和 R_F/R_L 中能够反映语义通达的四类核心眼动测量指标进行组内比较，最终确定其均值差是否具有统计学意义。

（一）研究假设a

研究假设a认为：在词汇加工的早期阶段，P_F/P_L 和 R_F/R_L 组内各自的隐喻义与直陈义之间的语义通达顺序存在显著差异。

——早期加工阶段（early processing stage）

首次注视时间（first fixation duration）指的是眼睛首次通过兴趣区目标词时首个注视点的持续时间。研究发现，首次注视时间与词汇理解的提取过程相关，通常被视为词汇早期识别过程的敏感性指标之一，可有效反映早期阶段词汇通达的多种语言特征（Juhasz, et al., 2003; Slattery, et al., 2007; 张仙峰、叶文玲，2006; 闫国利等，2013）。我们首先采用异常眼动测量指标评判标准删除无效数据（$\sum$ = 2.341%）。Shapiro-Wilk 检验结果显示，被试样本数据均呈正态分布规律。PPC 组内独立样本 t 检验（表 8-2）结果显示，P_F 隐喻义与 P_L 直陈义加工的首次注视时间均值无显著差异（$t = -0.534$, $df = 58$, $p > 0.05$, $d = 0.14$）：P_F 隐喻义加工的首次注视时间低于 P_L（$MD = -10.067$），差值约为 P_F 标准差的 0.14 倍，d 族效应量较小; RAC 组内独立样本 t 检验（表 8-3）结果表明，R_F 与 R_L 隐喻义和直陈义加工的首次注视时间均值同样无显著差异（$t = 0.636$, $df = 58$, $p > 0.05$, $d = 0.16$）：R_F 隐喻义加工的首次注视时间略高于 R_L（$MD = 11.833$），d 族效应量低，差值约为 R_F 标准差的 0.16 倍。由此，在首次注视时间指标上，P_F 隐喻义的加工速度高于 P_L，R_F 隐喻义的加工速度低于 R_L。

表 8-2　　　　P_F/P_L 首次注视时间独立样本 t 检验统计

	PPC 隐喻句（P_F）		PPC 直陈句（P_L）		MD	t (58)
	M	SD	M	SD		
首次注视时间（组内）	291.03	65.376	301.10	79.964	-10.067	-0.534*

注：*$p > 0.05$。

表 8-3　　　　R_F/R_L 首次注视时间独立样本 t 检验统计

	RAC 隐喻句（P_F）		RAC 直陈句（P_L）		MD	t (58)
	M	SD	M	SD		
首次注视时间（组内）	307.33	71.261	295.50	72.912	11.833	0.636*

注：*$p > 0.05$。

凝视时间（gaze duration）代表首次离开当前兴趣区之前的总注视时间，同时包括兴趣区内的回视。不难发现，与首次注视时间相比，凝视时间包含了所有兴趣区被注视的情境，而且对前词汇特征都反应敏感，能体现词汇通达的自动化处理过程，也是词汇加工早期阶段使用最普遍的眼动指标之一（Rayner，2009；闫国利等，2013）。无效测量指标（$\sum = 3.12\%$）删除之后，Shapiro-Wilk 检验结果显示，被试样本数据均服从正态分布规律。PPC 组内独立样本 t 检验（表 8-4）结果显示，P_F/P_L 词汇加工的凝视时间均值之间无显著差异（$t = 0.966$，$df = 58$，$p > 0.05$，$d = 0.25$）：P_F 词汇加工的凝视时间低于 P_L（$MD = 34.5$），d 族效应量较低，差值约为 P_F 标准差的 0.25 倍；RAC 组内独立样本 t 检验（表 8-5）结果表明，R_F/R_L 词汇加工的凝视时间均值之间有显著差异（$t = -3.776$，$df = 44$，$p < 0.05$，$d = 0.97$）：R_F 词汇加工的凝视时间显著低于 R_L（$MD = -278.8$），d 族效应量较大，差值约为 R_F 标准差的 0.97 倍。由此，在凝视时间指标上，P_F 的阅读加工速度低于 P_L，R_F 的阅读加工速度高于 R_L。

表 8-4　　　　　P_F/P_L 凝视时间独立样本 t 检验统计

	PPC 隐喻句（P_F）		PPC 直陈句（P_L）		MD	t (58)
	M	*SD*	*M*	*SD*		
凝视时间（组内）	349.5	120.59	315	154.112	34.5	0.966*

注：*$p > 0.05$。

表 8-5　　　　　R_F/R_L 凝视时间独立样本 t 检验统计

	RAC 隐喻句（P_F）		RAC 直陈句（P_L）		MD	t (44)
	M	*SD*	*M*	*SD*		
凝视时间（组内）	336.53	187.428	615.33	358.329	-278.8	-3.776*

注：*$p < 0.05$。

以上独立样本 t 检验结果显示，P_L/P_F 和 R_L/R_F 组内两项因变量均值之间全部符合研究假设 a 中比较对象数值之间的关系设定。P_F/P_L、R_F/R_L 的首次注视时间和 P_F/P_L 的凝视时间三项指标各自的均值大于显著水平值 α（$\alpha = 0.05$），均无统计显著性（P_F/P_L：$p_1 = 0.596 > \alpha$；

$p_2 = 0.338 > \alpha$; R_F/R_L: $p_3 = 0.527 > \alpha$)。由此，我们接受零假设 H_0，拒绝研究假设 H_1，即承认 P_F 词汇加工的首次注视时间和凝视时间与 P_L 对应值的平均数之间无显著差异，R_F 词汇加工的首次注视时间与 P_L 对应值平均数之间无显著差异。换言之，除了 R_F/R_L 组内词汇加工在凝视时间指标上出现显著性差异（R_F/R_L: $p_4 = 0.000 < \alpha$），被试在早期阶段加工 P_F/P_L 和 R_F/R_L 组内的隐喻义与直陈义之间的语义通达顺序没有显著差异。

（二）研究假设 b

研究假设 b 认为：在词汇加工的晚期阶段，P_F/P_L 和 R_F/R_L 组内各自的隐喻义与直陈义之间的语义通达顺序存在显著差异。

——晚期加工阶段（late processing stage）

回视（regression）是指对兴趣区首次注视后，反方向眼跳或向左眼跳，并重新对该区域进行阅读，有利于对文本进行更深层次加工。同理，回视时间是指所有回视到当前兴趣区的注视时间之和，反映了对先前注视过的信息进行二次加工的过程。相关研究指出，回视发生的原因通常有以下几种，一是阅读时出现理解错误或障碍、信息遗漏及相关不确定因素；二是句子中出现回指现象；三是阅读歧义句（张仙峰、叶文玲，2006）。回视时间是反映词汇后期加工过程的良好指标（Rayner，2009）。无效测量数据删除后（$\sum = 2.2\%$），Shapiro-Wilk 检验结果显示，被试样本数据均呈正态分布。PPC 组内独立样本 t 检验（表 8-6）结果显示，P_F/P_L 词汇加工的回视时间均值存在显著差异（$t = 2.881$，$df = 58$，$p < 0.05$，$d = 0.74$）：P_F 词汇加工的回视时间略低于 P_L（$MD = 487.533$），d 族效应量中等，差值约为 P_F 标准差的 0.74 倍；RAC 组内独立样本 t 检验（表 8-7）结果表明，R_F/R_L 词汇加工的回视时间有显著差异（$t = 4.236$，$df = 58$，$p < 0.05$，$d = 1.09$）：R_F 词汇加工的回视时间显著高于 R_L（$MD = 988.767$），d 族效应量较大，差值约为 R_F 标准差的 1.09 倍。由此，在回视时间指标范围内，P_F 的阅读速度低于 P_L，R_F 的阅读速度高于 R_L。

表 8-6　　　　　　P_F/P_L 回视时间独立样本 t 检验统计

	PPC 隐喻句（P_F）		PPC 直陈句（P_L）		MD	t (58)
	M	SD	M	SD		
回视时间（组内）	1454.53	643.157	967	667.439	487.533	2.881*

注：*$p<0.05$。

表 8-7　　　　　　R_F/R_L 回视时间独立样本 t 检验统计

	RAC 隐喻句（P_F）		RAC 直陈句（P_L）		MD	t (58)
	M	SD	M	SD		
回视时间（组内）	2045.6	840.79	1056.83	963.012	988.767	4.236*

注：*$p<0.05$。

总注视时间（total fixation duration）指兴趣区内所有注视点的时间总和，反映了信息加工的总消耗时间，通常对较慢和较长时间的认知加工过程敏感（Holmqvist, et al., 2011），往往体现词汇与语境义整合的深层次认知加工过程（Staub & Rayner, 2007）。删除无效测量数据后（$\sum = 2.2\%$），Shapiro-Wilk 检验结果显示，被试样本数据均呈正态分布。PPC 组内独立样本 t 检验（表 8-8）结果显示，P_F/P_L 词汇加工的总注视时间均值存在显著差异（$t = 3.151$, $df = 58$, $p < 0.05$, $d = 0.81$）：P_F 词汇加工的总注视时间显著高于 P_L（$MD = 522.033$），d 族效应量较大，差值约为 P_F 标准差的 0.81 倍；RAC 组内独立样本 t 检验（表 8-9）结果表明，R_F/R_L 词汇加工的总注视时间均值之间有显著差异（$t = 3.071$, $df = 58$, $p < 0.05$, $d = 0.79$）：R_F 词汇加工的总注视时间明显高于 R_L（$MD = 709.967$），d 族效应量中等，差值约为 R_F 标准差的 0.79 倍。因此，在总注视时间指标范围内，P_F/R_F 的阅读速度均高于 P_L/R_L。

表 8-8　　　　　　P_F/P_L 总注视时间独立样本 t 检验统计

	PPC 隐喻句（P_F）		PPC 直陈句（P_L）		MD	t (58)
	M	SD	M	SD		
总注视时间（组内）	1804.03	646.048	1282	637.359	522.033	3.151*

注：*$p<0.05$。

表8-9　　　　　R_F/R_L 总注视时间独立样本 t 检验统计

	RAC 隐喻句（R_F）		RAC 直陈句（R_L）		MD	t (58)
	M	*SD*	*M*	*SD*		
总注视时间（组内）	2382.13	845.398	1672.17	942.714	709.967	3.071*

注：*$p<0.05$。

以上独立样本 t 检验结果显示，P_L/P_F 和 R_L/R_F 组内比较的两项因变量的平均数都符合研究假设 a 中比较对象数值之间的关系设定。R_F/R_L 和 P_F/P_L 的回视时间和总注视时间两项数值各自的平均数都小于显著水平值 α（α=0.05），具有统计显著性（R_F/R_L：$p_1=0.000<α$；$p_2=0.02<α$；P_F/P_L：$p_3=0.006<α$；$p_4=0.003<α$）。由此，我们拒绝零假设 H_0，接受研究假设 H_1，即承认 R_F/P_F 词汇加工的回视时间和总注视时间指标与 R_L/P_L 对应值平均数之间具有显著差异。换言之，被试在晚期阶段加工 P_F/P_L 和 R_F/R_L 隐喻义与直陈义间的语义通达都具有显著差异。

（三）整体讨论

首次注视时间：组内比较结果显示，在词汇加工的早期阶段，PPC 和 RAC 两组刺激材料在首次注视时间指标上的均值差都没有显著差异（$p>0.05$），这表明 P_F/P_L 和 R_F/R_L 组内直陈义或隐喻义的激活过程不涉足任何语义优先通达的现象。事实上，被试更倾向于同步介入或兼顾隐喻义和直陈义的语义激活。综观当前主流的比喻性语言（figurative language）加工模型与理论，本实验数据统计结果在首次注视时间指标上无法给予直接通达模型（Gibbs，1990；Vaid, et al., 2015）与间接处理模型（Grice，1975；Searle，1979）相关实证数据支撑，而是与隐喻平行加工模型（Dascal，1989；Cacciari & Glucksberg，1994）的观点不谋而合。换言之，在隐喻义和直陈义皆可与目标词当前语境契合的条件下，任何语义类型的激活过程并不关涉孰先孰后的通达顺序问题。尽管在隐喻义倾向性（metaphor-favored）尤为突显的前提下，被试对目标词直陈义的理解依然可以通达，因为选择直陈义并不是完全排斥其对立面。相反，精准把握直陈义反而有助于引导、支撑甚至直接促成隐喻义的认知推理过程。

凝视时间：组内比较结果显示，在词汇加工的早期阶段，P_F/P_L 词汇加工在首次注视时间指标上的均值没有显著差异（$p>0.05$），而 R_F/R_L 词汇加工在相同指标上的数值表现出显著差异（$p<0.05$）。两类语料组内差异表明，在凝视时间指标上，PPC 组内直陈义或隐喻义的激活方式与其在首次注视时间辖域内情况相同，不存在 P_F 隐喻义或 P_L 直陈义激活的优先通达现象，而在 RAC 组内，R_F 直陈义的语义激活优先通达、易处理且高度自动化、突显性程度高。这一观点与 Gibbs（1990）、Onishi & Murphy（1993）、Budiu & Anderson（2002）和 Almor, et al.（2007）的研究结论基本一致，但是与 Rayner（1998）的部分观点相冲突。Rayner（1998）认为，词汇加工的早期阶段测量指标通常可反映词汇通达的自动化处理过程，倘若在该阶段语义加工的相关指标出现显著性差异，大多可归因于诸如词频等表层词汇特征因素。为了核实 Rayner（1998）观点的适用性，我们从 RAC 语料库中选取了高频词 target，通过 Wmatrix 软件自动获得主题语义域及相应的索引行，RAC 共获得 174 个检索项（其中隐喻项 112 例，直陈义项 62 例，两者数量约为 2 比 1）。由此可见，词汇加工早期阶段的相关测量指标出现显著差异与词频因素不存在直接相关，而表层的词汇特征也不能视为凝视时间的重要衡量指标。事实上，R_F/R_L 词汇加工在早期阶段的凝视时间指标上出现显著差异主要归因于被试在兴趣区出现对目标词的跳读现象。眼动数据统计结果显示，R_F 隐喻句的跳读率（$M=0.431$，$SE=0.031$）与 R_L 直陈句的跳读率（$M=0.031$，$SE=0.021$）均值之间差异显著（$p<0.05$）。跳读现象反映了被试具备根据前文的语境限制预测未知目标词的能力（Ehrlich & Rayner，1981；Rayner & Well，1996）。换言之，被试在基于熟悉背景知识或语境的条件下，基于特定的预测能力，可直接跳过兴趣区目标词，完成词汇加工的整合过程。

回视时间和总注视时间：组内比较结果显示，在词汇加工的晚期阶段，PPC 和 RAC 两组刺激材料在回视时间和总注视时间指标上的均值之间均有显著差异（$p<0.05$），这表明 P_F/P_L 和 R_F/R_L 组内直陈义或隐喻义的激活都涉及语义优先通达现象。与 P_L/R_L 直陈义词汇加工相比，R_F/L_F 隐喻义词汇的激活过程在该指标上占显著性主导地位。回视时间是反映词汇晚期加工过程的良好指标（Rayner，2009），而晚期阶段的词汇加工须将识别的词汇进行语义修正与整合，从而使词汇完全融入被试所构建的短语及整个句子表征方式中。词汇整合过程未尽或整合失败都将产生回视现象（闫国利、白学军，2018：147）。因此，回视是词汇加工晚期阶段最重要的阅读特征之一，是被试对刺激材料进行更深层次加工的认知过程。实验中的隐喻识别、阐释与理解触及人类复杂的认知心理活动，当被试对隐喻进行精细加工时，必然借助回视方法来加深词汇印象、建立语义关联，完成词汇在晚期阶段的整合过程（包括中介干预中所传授的 MIP、MIPVU 等隐喻识别步骤和相关隐喻理论），而被试的阅读加工速度就会自然减慢。比如，在回视时间的指标上，P_F/R_F 的阅读时间（1454.53ms，2045.6ms）均高于 P_L/R_L 的对应值（967ms，1056.83ms），该统计结果也正好契合回视阅读在隐喻义晚期加工过程的重要作用。总注视时间统计结果显示，P_F/R_F 隐喻义的阅读加工速度显著低于 P_L/R_L 直陈义的对应值（$p<0.05$），这也证实了总注视时间通常对较慢和较长时间的认知加工过程敏感，反映了信息加工的总消耗持续时间，往往体现词汇与语境义整合的深层次认知加工过程。另外，我们发现 P_F/R_F 词汇隐喻义激活过程的这种主导效应及整合过程只在兴趣区的总注视时间等晚期阶段的指标上具有显著性，而在早期阶段的指标上（如首次注视时间和凝视时间）不显著，由此我们可以推测，隐喻义的这种主导效应只发生在相对晚期的认知加工过程中。

综上所述，PPC 和 RAC 直陈性和隐喻性词汇的语义激活可呈现出不同的眼动规律与特征。在首次注视时间指标上，PPC 和 RAC 组内的语义激活不存在优先通达现象；在凝视时间上，R_F 阅读加工时的高跳词率可引发其直陈义的优先通达，该结果与 Rayner（1998）的部分观点相冲突，即早期阶段指标的显著差异通常源于表层词汇特征因素。Wmatrix

软件分析后表明这种显著性差异与词频无关。词汇加工的早期阶段可激活不同意义,而晚期阶段唯有直陈义可优先通达。倘若不考虑跳读现象,早期阶段的语义激活主要遵循平行加工模型。隐喻义的激活过程在晚期阶段占主导地位,且这种效应只出现在词汇加工的晚期阶段。

二 组间比较:认知负荷

认知负荷研究主要从瞳孔直径等5项眼动指标对PPC和RAC词汇加工的认知负荷投入进行比较分析。同样,我们先用Shapiro-Wilk顺序统计量 w 检验数据的正态分布情况,然后使用独立样本t检验对被试在P_F/R_F和P_L/R_L中能够反映认知负荷程度的眼动指标进行组间比较,确定其均值差是否具有统计学意义。

(一) 研究假设c

研究假设c认为:R_F隐喻性词汇加工的整体认知负荷程度比P_F更高。

注视时间(fixation duration)是"眼动研究中使用最多的指标"(Holmqvist, et al., 2011:377),也是反映认知负荷水平常用的眼动指标,通常关注平均注视时间(average fixation duration)和总注视时间。平均注视时间是指"兴趣区内所有注视点的持续时间的平均值"(闫国利等,2013)。通常情况下,注视时间越长,认知加工越精细,认知负荷程度越高(Holmqvist, et al., 2011;闫国利、白学军,2018)。删除P_F/R_F平均注视时间和总注视时间指标内的无效数据后($\sum_1 = 1.53\%$;$\sum_2 = 3.76\%$),Shapiro-Wilk检验结果表明,两类指标样本数据均呈正态分布规律。组间独立样本t检验(表8-10)结果显示,R_F/P_F隐喻义加工的平均注视时间均值有显著差异($t = 2.698$, $df = 58$, $p < 0.05$, $d = 0.7$):R_F隐喻义加工的平均注视时间显著高于P_F($MD = 38.727$),d族效应量中等,差值为P_F标准差的0.7倍;组间独立样本t检验(表8-11)结果显示,R_F/P_F总注视时间的均值之间

存在显著差异（$t=2.976$，$df=58$，$p<0.05$，$d=0.77$）：R_F 隐喻义加工的总注视时间显著高于 P_F（$MD=578.1$），d 族效应量中等，差值约为 P_F 标准差的 0.77 倍。

表 8 – 10　　　　P_F/R_F 平均注视时间独立样本 t 检验统计

	PPC 隐喻句（P_F)		RAC 隐喻句（R_F)		MD	t (58)
	M	SD	M	SD		
平均注视时间（组间）	130.12	49.418	168.85	61.13	38.727	2.698*

注：*$p<0.05$。

表 8 – 11　　　　P_F/R_F 总注视时间独立样本 t 检验统计

	PPC 隐喻句（P_F)		RAC 隐喻句（R_F)		MD	t (58)
	M	SD	M	SD		
总注视时间（组间）	1804.03	646.048	2382.13	845.398	578.1	2.976*

注：*$p<0.05$。

空间维度的注视次数（number of fixations）是体现被试认知负荷程度的另一类重要指标，是指"阅读任务中注视点的总数量或兴趣区被注视的总次数"（Holmqvist, et al., 2011：412），该指标"能有效反映阅读材料的认知加工负荷"（闫国利等，2013）。通常注视次数越多，被试对兴趣区的加工程度和认知负荷程度越高。删除 P_F/R_F 注视次数指标的无效数据后（$\sum=3.26\%$），Shapiro-Wilk 检验显示被试的两类样本数据均呈正态分布。组间独立样本 t 检验（表 8 – 12）结果显示，R_F/P_F 隐喻义加工的注视次数均值之间无显著差异（$t=0.165$，$df=58$，$p>0.05$，$d=0.04$）：R_F 隐喻义加工的注视次数高于 P_F 的对应值（$MD=0.100$），d 族效应量较小，差值约为 P_F 标准差的 0.04 倍。

表 8 – 12　　　　P_F/R_F 总注视时间独立样本 t 检验统计

	PPC 隐喻句（P_F)		RAC 隐喻句（R_F)		MD	t (58)
	M	SD	M	SD		
注视次数（组间）	14.23	2.725	14.33	1.882	0.100	0.165*

注：*$p>0.05$。

回视次数（regression count）"反映了读者对之前阅读信息的再加工过程"（闫国利等，2013），更多的回视次数反映了阅读过程中更大的认知负荷（刘艳梅等，2013；赵雪琴、徐晗宇，2018）。通常情况下，回视次数越多，相应的认知负荷程度也越高。删除 P_F/R_F 回视次数指标内的无效数据后（$\sum = 1.76\%$），Shapiro-Wilk 检验显示，P_F/R_F 回视次数的样本数据呈正态分布。组间独立样本 t 检验（表 8-13）结果显示，P_F/R_F 隐喻义加工的回视次数均值之间存在显著差异（$t = 2.065$，$df = 58$，$p < 0.05$，$d = 0.53$）：R_F 隐喻义加工的回视次数高于 P_F 的对应值（$MD = 2.133$），d 族效应量中等，差值约为 P_F 标准差的 0.53 倍。

表 8-13　　　　P_F/R_F 回视次数独立样本 t 检验统计

	PPC 隐喻句（P_F）		RAC 隐喻句（R_F）		MD	t (58)
	M	SD	M	SD		
回视次数（组间）	10.17	4.128	12.3	3.87	2.133	2.065*

注：*$p < 0.05$。

瞳孔直径（pupil size）的变化值[①]（图 8-9）通常也被"用于推测认知加工的努力程度或认知负荷的大小"（闫国利等，2013）。研究表明，瞳孔直径和认知负荷存在正相关（Just & Carpenter, 1993; O'Brien, 2006）。当人类进行信息加工时，瞳孔直径会发生变化。瞳孔直径的变化幅度与信息加工时的心理努力程度密切相关。心理负荷增大时，瞳孔直径变化的幅度也相应增加。由此可见，瞳孔直径的变化值"可以视为即时反映言语加工过程中认知负荷变化的良好指标"（张仙峰、叶文玲，2006；闫国利等，2013），是测量认知加工活动中资源分配和加工负荷的灵敏指标。Shapiro-Wilk 检验显示，被试词汇加工时瞳孔直径的变化值样本数据均服从正态分布规律。组间独立样本 t

---

[①] 受限于技术条件，DV 软件当前无法直接导出以毫米为单位的瞳孔直径数据。针对该问题，SR Research 公司的解决方案为以模拟眼睛（"假眼"）为参照物，同时进行"真假眼"瞳孔数据采集，并从数据中得到受试眼睛与"假眼"之间的数值关系后进行单位转换。该方法本质上与利用基线值的瞳孔直径计算方法相一致。

检验（表 8-14）结果表明，P_F/R_F 词汇隐喻义加工时被试瞳孔直径的变化值平均数之间无显著差异（$t = 0.802$，$df = 58$，$p > 0.05$，$d = 0.21$）；R_F 加工时的瞳孔直径变化值高于 P_F（$MD = 38.879$），d 族效应量较小，差值约为 P_F 标准差的 0.21 倍。

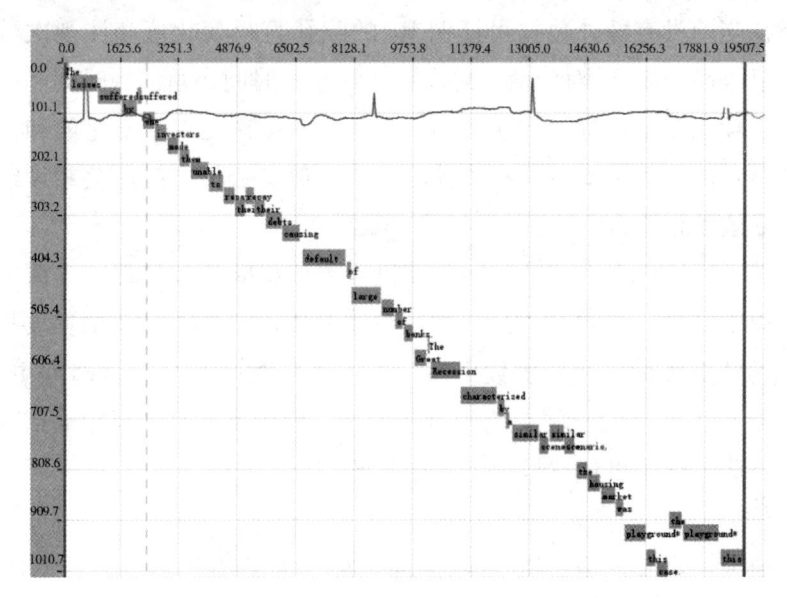

图 8-9　瞳孔直径变化曲线

表 8-14　　　　P_F/R_F 瞳孔直径变化值独立样本 t 检验统计

	PPC 隐喻句（P_F）		RAC 隐喻句（R_F）		MD	t (58)
	M	SD	M	SD		
瞳孔直径变化值（组间）	1584.13	233.663	1623.01	142.791	38.879	0.802*

注：* $p > 0.05$。

以上独立样本 t 检验结果显示，P_F/R_F 组间比较认知负荷程度的 5 项因变量均值差均符合研究假设 c 中比较对象数值之间的关系设定。R_F/P_F 的平均注视时间、总注视时间和回视次数 3 项数值各自的均值差小于显著水平值 α（$α = 0.05$），均具有统计显著性（分别为 P_F/R_F：$p_1 = 0.009 < α$；$p_2 = 0.004 < α$；$p_3 = 0.043 < α$）。由此，我们拒绝零假

设 H_0，接受研究假设 H_1，即承认 R_F 隐喻性词汇加工的平均注视时间、总注视时间和回视次数均值都显著高于 P_F 的对应值。P_F/R_F 注视次数和瞳孔直径变化值的平均数之间无显著差异（P_F/R_F：$p_3 = 0.869 > \alpha$；$p_4 = 0.426 > \alpha$），我们相应地选择接受零假设 H_0，拒绝研究假设 H_1，即承认当前没有额外数据可证明 R_F 的瞳孔直径变化值和注视次数的均值显著高于 P_F 的对应值。总之，平均注视时间、总注视时间和回视次数三项因变量指标可完全支持研究假设 c；瞳孔直径变化值和注视次数各自的均值之间不具有统计学意义，但其数值之间的关系设定和假设 c 依然相符合。

综上所述，在 P_F/R_F 认知负荷投入程度组间比较层面，本研究可得出以下结论：与 PPC 相比，被试在加工 RAC 隐喻性词汇时需要投入更大的认知负荷，回视次数更多、平均注视时间和总注视时间更长。PPC 和 RAC 两者之间虽具有家族相似性，但程度不高，在隐喻语言加工的行为表征维度依然呈现出显著差异。

（二）研究假设 d

研究假设 d 认为：R_L 直陈性词汇加工的整体认知负荷程度比 P_L 更高。

同理，我们首先删除 P_L/R_L 平均注视时间和总注视时间指标中的无效数据（$\sum_1 = 4.04\%$，$\sum_2 = 3.85\%$）。Shapiro-Wilk 检验后显示，P_L/R_L 平均注视时间样本数据存在明显的偏态分布[①]。因此，我们选用非参数符号进行检验后显示差值呈正态分布。组间独立样本 t 检验（表 8-15）结果显示，P_L/R_L 直陈性词汇加工的平均注视时间均值没有显著差异（$t = 1.636$，$df = 58$，$p > 0.05$，$d = 0.42$）；R_L 直陈性词汇加工的平均注视时间高于 P_L（$MD = 27.791$），d 族效应量较小，差值约为 P_L 标准差的 0.42 倍；P_L/R_L 总注视时间样本数据经 Shapiro-Wilk 检验后显示，该组数值均服从正态分布。P_L/R_L 组间独立样本 t

---

[①] 偏态分布指频数分布的高峰位于一侧，尾部向另一侧延伸的分布。它分为正偏态和负偏态。偏态分布的资料有时取对数后可以转化为正态分布，反映偏态分布的集中趋势往往用中位数。

检验（表8-16）结果显示，两者直陈性词汇加工的总注视时间均值无显著差异（$t=1.878$，$df=58$，$p>0.05$，$d=0.48$）：R_L 直陈性词汇加工的总注视时间高于 P_L（$MD=27.791$），d 族效应量较小，差值约为 R_L 标准差的0.48倍。

表8-15　　P_L/R_L 平均注视时间独立样本 t 检验统计

	PPC 直陈句（P_L）		RAC 直陈句（R_L）		MD	t (58)
	M	SD	M	SD		
平均注视时间（组间）	106.96	60.097	134.75	71.025	27.791	1.636*

注：*$p>0.05$。

表8-16　　P_L/R_L 总注视时间独立样本 t 检验统计

	PPC 直陈句（P_L）		RAC 直陈句（R_L）		MD	t (58)
	M	SD	M	SD		
总注视时间（组间）	1282	637.359	1672.17	942.714	390.167	1.878*

注：*$p>0.05$。

删除 P_L/R_L 注视次数指标中的无效数据后（$\sum=3.17\%$），Shapiro-Wilk 检验结果显示，被试的两类样本数据均呈正态分布规律。组间独立样本 t 检验（表8-17）结果显示，P_L/R_L 词汇直陈义加工的注视次数均值没有显著差异（$t=1.196$，$df=58$，$p>0.05$，$d=0.31$）：R_L 词汇加工的注视次数高于 P_L 的对应值（$MD=0.867$），d 族效应量较小，差值约为 P_L 标准差的0.31倍。

表8-17　　P_L/R_L 注视次数独立样本 t 检验统计

	PPC 直陈句（P_L）		RAC 直陈句（R_L）		MD	t (58)
	M	SD	M	SD		
注视次数（组间）	12.73	2.612	13.6	2.99	0.867	1.196*

注：*$p>0.05$。

Shapiro-Wilk 检验显示，P_L/R_L 回视次数的样本数据呈正态分布。组间独立样本 t 检验（表 8-18）结果显示，P_L/R_L 词汇直陈义加工的回视次数均值间存在显著差异（$t = 2.518$，$df = 58$，$p < 0.05$，$d = 0.65$）：R_L 词汇直陈义加工的回视次数显著高于 P_L（$MD = 3.367$），d 族效应量中等，差值约为 P_L 标准差的 0.65 倍。

表 8-18　　　　P_L/R_L 回视次数独立样本 t 检验统计

	PPC 直陈句（P_L）		RAC 直陈句（R_L）		MD	t (58)
	M	SD	M	SD		
回视次数（组间）	6.2	4.262	9.57	7.408	3.367	2.158 *

注：* $p < 0.05$。

Shapiro-Wilk 检验显示，被试瞳孔直径变化值样本数据均呈正态分布。组间独立样本 t 检验（表 8-19）结果表明，P_L/R_L 词汇直陈义加工时被试的瞳孔直径变化均值之间没有显著差异（$t = 1.229$，$df = 58$，$p > 0.05$，$d = 0.32$）：R_L 词汇加工时的瞳孔直径变化均值高于 P_L（$MD = 56.954$），d 族效应量较小，差值约为 P_L 标准差的 1.32 倍。

表 8-19　　　　P_L/R_L 瞳孔直径变化值独立样本 t 检验统计

	PPC 直陈句（P_L）		RAC 直陈句（R_L）		MD	t (58)
	M	SD	M	SD		
瞳孔直径变化值（组间）	1330.13	170.935	1387.09	187.667	56.954	1.229 *

注：* $p > 0.05$。

以上组间独立样本 t 检验结果显示，P_L/R_L 组间比较认知负荷程度的 5 项因变量均值差均符合研究假设 d 中比较对象数值之间的关系设定，其中只有回视次数单项指标的均值小于显著水平值 α（$\alpha = 0.05$），具有统计显著性（P_L/R_L：$p_1 = 0.035 < \alpha$）。由此，我们拒绝零假设 H_0，接受研究假设 H_1，即承认 R_L 直陈性词汇加工时的回视次数显著高于 P_L 的对应值。鉴于 P_L/R_L 的平均注视时间、总注视时间、注视次数和瞳孔直径变化值的均值之间无明显差异（P_L/R_L：$p_2 = 0.107 > \alpha$；

$p_3 = 0.065 > \alpha$；$p_4 = 0.237 > \alpha$；$p_5 = 0.224 > \alpha$），我们相应地选择接受零假设 H_0，拒绝研究假设 H_1，即承认当前没有额外统计数据可证明阅读加工 R_L 的平均注视时间、总注视时间、注视次数和瞳孔直径变化值的均值显著高于 P_L 的对应值。总之，以上数值中只有单项因变量回视次数可支持研究假设 d 的观点；虽然其余四项指标之间的关系设定和假设 d 相符合，但其均值差之间均无法满足统计学显著意义的标准。

鉴于此，在 P_L/R_L 的认知负荷投入程度组间比较层面，可得出以下结论：被试阅读加工 PPC 和 RAC 直陈性词汇时，其认知负荷投入程度无显著差异。PPC 和 RAC 两者之间具有家族相似性，在直陈义的行为表征维度尤为明显。

（三）整体讨论

瞳孔直径：以上实验统计结果表明，被试阅读加工 R_F/R_L 隐喻性词汇时呈现的瞳孔直径变化值比 P_F/P_L 的对应值更大，但两者各自均值差之间无统计学显著意义，本研究主要考虑以下几种可能。

（1）本实验通过选用低程度刺激对比、无色刺激和适宜时间刺激（主要包括视觉刺激的持续时间、间隔时间[①]和数据采集的时间段）等措施对实验室的室内亮度、屏幕颜色、空间频率与被试测量距离等可控性客观环境变化因素进行了严格的布控，已尽量将不必要的瞳孔直径的反射性变化控制在最低程度，然而被试的疲劳程度、知觉、思维、兴趣、情绪、动机、记忆、社会认知与发展等不可控主观因素亦可引发瞳孔直径的变化（Hess & Polt，1966；Janisse，1977；Beatty，1982；Andreassi，1995；Verney，2004；Holmqvist, et al.，2011；李勇等，2004；张仙峰、叶文玲，2006；闫国利等，2013）。

（2）被试的瞳孔直径出现变化之前通常留有"瞳孔反应时间"（pupillary reaction）或"瞳孔延时效应"（pupillary latency）（Hvelplund，2011：71）。本研究在实验设计过程中并未充分考虑该技术缺陷。相关

[①] Lowenstein & Loewenfield（1964）研究表明，个体的瞳孔在得到充分休息之后直径最大。随着疲劳程度加深，瞳孔直径逐渐缩小。因此，倘若某项研究与瞳孔尺寸相关，应尽量避免持续性刺激导致受试疲倦，从而引发瞳孔直径变化。

研究表明，为了提高实验中认知负荷测量的精确度，实验数据统计过程中必须考虑该指标的滞后时间，其常规操作方法为选取平均延迟时间之后的瞳孔直径数据（冯佳，2017）。

（3）目前的眼动追踪研究使用较多的是基于瞳孔和角膜反射的视频记录眼动设备。当眼睛注视不同位置时，瞳孔直径可能不会出现变化，但是由设备记录的瞳孔面积会因眼球的旋转而发生相应变化（杨晓梦等，2020）。另外，注视位置对瞳孔直径的影响也会因使用不同品牌的眼动设备而出现差异。比如，基于 EyeLink 系统的瞳孔直径数据采集通常受到垂直位置的影响，因此，从下方注视位置所获得的瞳孔直径数据容易被扩大（Brisson, et al., 2013）。本书在实验设计时，均为考虑以上硬件问题。

（4）本书在提取瞳孔直径变化值时，采用 SR Research 工程师的方案，即以模拟眼睛为参照物，确定被试眼与模拟眼之间的数值关系后进行单位转换。该方案本质上虽与利用基线值进行瞳孔直径计算的操作具有相似性，但换算之前未充分考虑瞳孔震动、尺寸差异等因素对统计的影响。因此，数据采集之前，必须先将实验条件下的瞳孔尺寸根据基线进行处理，通过基线校准获得的瞳孔变化值能更加准确地反映由实验操纵引发的效度变化，从而为瞳孔直径及其相关的认知负荷测量提供精确度和检验力。

其余眼动指标：以上实验统计结果表明，与 P_F 相比，被试在阅读加工 R_F 隐喻性词汇时需要投入更大的认知负荷，具有显著性差异；被试在阅读加工 P_L/R_L 直陈性词汇时，其认知负荷投入程度无显著差异。本书主要考虑以下理据。

（1）经济学早期主要通过借鉴物理学、生物学、神经科学等自然科学范畴的相关概念和经验之后，才逐渐摆脱被学界冠以"软"科学之名的厄运，真正创建了能够与自然科学平起平坐的学科地位。尽管如此，经济学始终无法与以上自然科学学科彻底划清界限，其结果是经济话语中的诸多重要概念都带有以上学科典型的表征色彩。这种来自外来学科的影响已深入经济学的"毛孔"与"骨髓"，是经济学学科后天发展过程中的重要"养分"。经济学学科正是依靠这种外来"养分"才得以茁壮成长,最终自成门派,地位尊贵。然而,经济学学科整个发展与演变过程并非朝夕之功,而是经历了相当漫长的历程。经济学学科的创建发展史尚且如此,作为经济学话语构建中的中流砥柱,隐喻概念在业界的传播与接受,自然经历与经济学相同的命运。如同RAC语篇中的直陈性专业理论模型或假说,新出现的隐喻性结构及相应的隐喻语言首先需要业界的明晰化过程,即在进入科学领域应用之前,其身份需要经受测试、质疑、舍弃或拓展等常规步骤。整个明晰化过程可能长期持续甚至重复相同的过程,直至隐喻概念或隐喻网络得到官方科学领域的正式承认与接受。在此历程中,这些隐喻性概念的地位显然发生了变化。尽管它们依然可以沿波讨源,追溯到隐喻性根源,却已(暂时)失去往日比喻性语言的全部形式特征,大多已沦为"死亡隐喻"或"休眠隐喻"。自此之后,隐喻性概念与非隐喻性概念之间已褪去泾渭分明的框线,经济学领域经验丰富的学者将两者平等对待。隐喻概念与经济学领域其他普通的概念相似,几乎成为具有特定指代含义的直陈表达式。鉴于以上经济学学科的创建与演变发展史和经济学隐喻演变的背景知识,我们可以自然预测相关既定事实:专业经济隐喻概念对于经济学"内部"专业人士而言,其词汇阅读加工理解过程在本质上与其他普通经济概念的词汇阅读加工理解并无显著差异,而对于"外部"或"边缘"人员而言,对经济学专业隐喻概念的词汇加工理论上应介入更复杂的程序步骤,需要投入更大的认知负荷,因此在行为表征维度的眼动测量指标上也将必然出现显著差异。

(2)本实验中的被试对象为英语本族语者,既缺乏经济学学科专业背景知识,也从未涉猎有关经济学学科得以构建的发展与演变历程。因此,专业类经济隐喻概念的解构与推理对他们而言应视为全新知识领域与经验。如前文所言,RAC语篇的目标读者群体为经济学学科专业人士,其中隐喻概念的主导功能是基于经济学理论模型构建与经济学既定知识进行学术信息传递与交流,通常情况下不涉及经济学基本知识的普及、引导或教育问题。概念结构和话语模式维度的研究已表明，RAC语篇倾向于重复循环使用某种具有语篇特性（gerne-specific）的隐喻性词汇来构建经济学概念。值得关注的是，在表层形式和语义方面，这些不同源域类型及源域词汇之间通常缺乏连贯性，具体表现为在语篇文本呈现过程中没有涉及冗余的语义阐释、语言装饰、语言线索引导等有助于普通读者提高阅读与理解效率的信息和手段。相反，在概念结构及话语模式维度，PPC文本选择了语义与内容上更宽泛的源域类型及隐喻性词汇，但这些词汇与隐喻概念之间的相关度较高，特别在话语模式上表现出更为显性的语义连贯性与系统性。另外，PPC语篇中隐喻话语的主导功能是阐释专业化知识及以启发式手段进行教育，其目标读者群体为普通大众，也包括专业读者，但执笔人通常为具有相当经济学学科背景的记者，因此在语篇呈现方面的特点多为基于文本线索和已被大众广泛接受使用的概念与方法来达到经济学知识大众化传播的目的。鉴于PPC和RAC在概念结构、话语模式、交际功能、目标读者及文本作者等客观条件方面的差异，我们可以做出预测，对于非经济学专业目标读者而言，RAC语篇的隐喻词汇阅读加工难度必然大于PPC的实际难度。具体而言，根据本实验的设计过程，可以简要勾勒出被试的词汇加工过程：被试在阅读RAC材料时，首先进入相对陌生的专业化信息领域，之后需要在了解文本背景知识和缺乏相关内容线索提示的条件下，利用实验中介干预过程中传授的相关认知语言学理论和主流隐喻识别程序等知识对专业类经济隐喻概念进行解构。当然，我们必须意识到并非所有专业类经济隐喻概念都可以借助相同的隐喻识别方法得到完整的诠释，也并不是在任何文本类型中，只要严格遵循科学、统一且易操作的隐喻识别步骤就可以完全确保隐喻识别过程的顺利实施。尽管存在这些疑虑，但我们至少可以确定，在对源于专业类经济理论建构的隐喻性词汇进行识别与理解时，倘若缺乏相关经济学学科建构及演变与发展史的背景知识，隐喻识别与理解过程犹如探求无源之水，无方可遵，最终将导致专业类经济隐喻加工时间和难度的增加。这个客观事实除了在体现认知负荷程度的眼动测量指标上能得到反馈，还可从被试在隐喻识别的正确率方面得到相关印证。

（3）与 RAC 隐喻性词汇相比，被试在阅读加工 RAC 直陈性词汇时的刺激材料的层级性与话语环境均已发生变化。在 RAC 专业类经济语篇中，隐喻概念是经济学理论建构模型的主要载体，也是经济学专业核心概念得以传递与互动的主要方式。从理论上讲，如果不考虑隐喻概念因素，PPC 与 RAC 两类刺激材料的信息内容不存在本质上的差异，这一点在综合维度眼动数据上已得到证实：R_L 的 5 类核心眼动测量指标均值虽高于 P_L 的对应值，但两者在统计学意义上并未呈现显著差异。事实上，P_L/R_L 和 P_F/R_F 眼动测量指标数值差异主要源于 PPC 和 RAC 语篇类型的层级性。PPC 和 RAC 虽同属经济类语篇，但两者在概念结构、话语模式、交际功能等语篇构建方式上依然可呈现不同梯度的差异，只是因为 RAC 中作为主题概念承载机制的隐喻概念的"缺席"才使得这种差异变得相对"微弱"。此外，实验问卷调查显示，被试均未系统接受过专业类学术论文阅读与写作的相关培训。如果不考虑经济学本身的信息内容，学术类专业经济话语对被试而言应属于全新未知领域，而新信息加工所需要的认知负荷通常高于旧信息加工的认知负荷（Rayner，1986）。其次，关于 R_L/P_L 单项因变量回视次数均值出现显著性差异的原因，本书考虑的可能性为隐喻识别过程中被试的隐喻固化思维对邻近语篇阅读加工产生的影响。当被试对专业类经济语篇进行阅读加工时，首先受到语篇背景知识和文本类型的影响，加之在隐喻识别时因产生思维固化而导致举棋不定，这种情况可迫使被试遵循加工相应隐喻性词汇时的所有程序方法与步骤。因此，与 P_L 词汇加工相比，被试对 R_L 词汇加工的回试次数相对增多。

第四节 本章小结

本章采用眼动追踪技术，从行为表征维度比较了被试在 PPC 和 RAC 直陈性与隐喻性词汇加工理解过程中的行为真实性情况。在组内，主要对前词汇加工敏感度较高的早期阶段眼动测量指标（首次注视时间、凝视时间）和体现后词汇加工处理的晚期阶段眼动测量指标（回视时间、总阅读时间）进行比较，重点考察了语义激活在时间进程上的优先通达情况；在组间，分别从注视次数、平均注视时间、回视次数、瞳孔直径变化值和总注视时间五项综合维度的眼动测量指标进行比较，重点讨论了隐喻性和直陈性词汇加工时的认知负荷投入差异问题。实验研究发现，词汇加工的早期阶段可激活不同语义类型，晚期阶段唯有直陈义可优先通达。隐喻义的激活过程在晚期阶段占主导地位，且这种效应只出现在晚期阶段。与PPC相比，受试在加工RAC隐喻性词汇时需要投入更大的认知负荷。PPC和RAC的语篇类型虽具有家族相似性，但其隐喻加工的行为表征依然可呈现显著差异。

第九章 结论

本书在顺应 RaAM 国际隐喻研究协会根本宗旨的基础上,将语言、认知、社会和行为四个观测平面同时纳入隐喻分析的主体框架,通过系统内化与整合认知隐喻理论、语料库语言学、批评话语分析、语篇动态分析及眼动追踪技术等基本原理与研究方法之间的跨学科优势,在一定程度上厘清了隐喻分析的路径和流程,相应构建了以认知与语篇为导向的动态化批评隐喻研究框架。本书将该范式应用于经济隐喻的纵向垂直比较,在宏观层面以语义域索引行总频数、节点词和毗邻词的隐喻使用频数为定量观测指标,在微观层面以隐喻密度值、隐喻丰富性比值、源域共鸣值和隐喻形类比值为定量观测指标,以隐喻性词汇、基本概念域和次级概念映射范畴为定性分析指标,系统比较了基于相同学科、不同层级内容的 PPC 和 RAC 语料库所涉隐喻选择与使用在概念结构、话语模式、交际功能和行为表征四个维度的语义表征规律、形式变异特点及社会互动关系,以深度管窥隐喻在语言、认知、社会和行为之间的关联与融合,使经济隐喻概念在"家族相似性程度"议题上得以具体明晰。

第一节 本书的研究发现

针对绪论部分提出的五个问题,本书按照标题顺序将对应研究结论简述如下:

问题一：隐喻使用定量比较

(1) PPC 和 RAC 整体比较结果

首先，本书隐喻定量值统计结果显示，PPC 和 RAC 语料库在各个主题方向上所涉基本概念域类别（含次级概念映射范畴）与 Lakoff 研究团队制定的《重要隐喻目录》等国际权威隐喻语料库和隐喻分类标准研究中的基本语义域契合度指数处于 87.25%—93.64% 和 82.75%—89.15% 的数值区间，这表明 PPC 和 RAC 的隐喻概念域类型和语义信息覆盖度高，RAC 的隐喻选择与使用相对于 PPC 而言同样具有典型性和普遍性。其次，在隐喻疏密度数值统计方面，PPC 和 RAC 的隐喻形符使用频率处于 2.98%—3.70%（节点词）和 4.28%—6.03%（毗邻词）的数值区间，宏观上 PPC 整体隐喻密度值（7.99%）高于 RAC 数值（6.56%），但两者差异不显著。倘若参照当前具有国际代表性的隐喻密度值研究成果（如基于 BNC 语料库的不同语篇及题材类型获取的隐喻密度值），两类语料库的隐喻密度取值均处于业界研究范例的合理可控区间范围，至少可为本书所涉隐喻疏密度相关结论的信度与效度提供量化研究的基础性保障。另外，在隐喻产出程度指标上，PPC 的整体源域共鸣值均值（437975）略高于以 Charteris-Black（2004）为代表的经济类隐喻话语研究中的相应数值（401643），两者未呈现显著差异，但 PPC 的整体源域共鸣值均值明显高于 RAC 数值（227259）。由此可见，PPC 整体隐喻产出程度显著高于 RAC 对应值。隐喻丰富性程度指标统计结果显示，两类语料库的隐喻整体丰富性程度指标分别为 PPC（305.71）和 RAC（285.32），该组数据的纵向差异情况与隐喻疏密程度指标的变化趋势基本保持一致。以上隐喻定量数值在同类层级性经济隐喻话语研究中具有重要参考价值。

(2) PPC 和 RAC 在不同主题方向上的比较结果

本书进一步对 PPC 和 RAC 在经济、市场、货币和企业四类不同主题方向上的隐喻使用进行了数值统计与比较，以期观察主题内容和话语层级性对隐喻定量值产生的影响。组内比较统计显示，PPC 在经济主题方向的隐喻密度值尤为突显（9.73%），呈现比其他主题方向更高的数值，货币主题方向指标次之，市场和企业主题方向数值居尾。RAC 在经济主题方向上同样表现出比其他主题方向更高的隐喻密度值（7.26%），且与货币主题趋于接近值（7.02%），企业主题方向密度值相对较低（5.69%）。组间比较统计显示，PPC 在各个主题方向上的隐喻密度值均高于 RAC，特别在经济主题方向上具有绝对优势，整体比 RAC 数值高 2.3%。另外，在节点词和毗邻词两类分项指标上，PPC 和 RAC 数值依然可呈现差异特征。具体表现为在经济主题方向上，PPC 节点词和毗邻项的隐喻密度值（$P_{MD1}=3.91\%$，$P_{MD2}=5.82\%$）均高于 RAC（$R_{MD1}=2.81\%$，$R_{MD2}=4.45\%$）。在市场主题方向上，PPC 毗邻词项的隐喻密度值略低于 RAC 对应值（$P_{MD}=4.17\%$，$R_{MD}=4.26\%$），节点词项数值高于 RAC（$P_{MD}=3.14\%$，$R_{MD}=2.02\%$）。在货币主题方向上，PPC 毗邻词项的隐喻密度值高于 RAC（$P_{MD}=5.94\%$，$R_{MD}=3.83\%$），节点词数值低于 RAC（$P_{MD}=2.20\%$，$R_{MD}=3.19\%$）。在企业主题方向上，PPC 毗邻词项的隐喻密度值高于 RAC（$P_{MD}=4.96\%$，$R_{MD}=3.25\%$），节点词数值低于 RAC（$P_{MD}=1.84\%$，$R_{MD}=2.44\%$）。由此可见，基于相同学科、不同层级内容的主题依然可影响隐喻密度值的变化，隐喻的选择与使用受到隐喻话语主题的直接影响。

  基于以上两个部分的统计结果，我们至少可以发现：①隐喻语言和隐喻语义域确实广泛充斥于基于相同学科辖域、不同内容梯度或语篇层级性的 PPC 和 RAC 经济话语中，即隐喻的选择与使用具有典型性和普遍性；②对隐喻密度值、整体隐喻丰富性比值及源域共鸣值等隐喻系列定量观测指标的分类与统计可呈现出不同类型的隐喻选择与使用究竟在多大程度上可以具体描述与表征经济学学科辖域抽象概念与话语在不同维度的实际产出情况；③不同主题方向的语篇内容对隐喻使用的影响较为明显。由此可见，对 PPC 和 RAC 在不同主题方向上的隐喻使用进行量化与比较可更直观地管窥隐喻密度值随不同主题变化继而发生变化的全貌，即隐喻密度值受到语篇主题内容和语篇层级性的双重影响。

问题二：概念结构维度比较

（1）PPC 和 RAC 整体比较结果

概念域丰富性程度统计结果显示，PPC 自动生成主题语义域类别共计 347 种，整体基数庞大，类型内容多样化。后期基于 MIP（VU）人工识别程序，获得 146 种隐喻概念域，分类整合为 19 类基本概念域，27 类次级概念映射范畴。隐喻概念域中使用频率较高的类别为物体、身体或心理、移动过程、物质和材料、损伤和破坏、生命与活物、战争、建筑、地点与方向、交通工具、社会行为、状态和过程等。RAC 自动生成主题语义域类别共计 261 种，人工识别后获得 102 种隐喻概念域，分类整合为 16 类基本概念域，22 类次级概念映射范畴，涉及了 PPC 中同样使用频率较高的隐喻概念域。两者在主题语义域和隐喻概念域类别数量上表现出显著差异，但在基本概念域和次级概念映射范畴指标上差异并不显著。

（2）PPC 和 RAC 在不同主题方向上的比较结果

在经济主题方向上，PPC 和 RAC 共计分别使用 12 类和 11 类基本概念域。从隐喻形符使用分布上看，人类隐喻在两类语料库中均居首位，移动、植物和运动等隐喻形符数虽趋于接近值，但除战争隐喻之外，PPC 基本概念域的隐喻形符数均高于 RAC 数值。PPC 的主导性隐喻为人类隐喻、灾害隐喻和机械隐喻，RAC 的主导性隐喻为人类隐喻、机械隐喻和移动隐喻。游戏隐喻为 PPC 独有的基本概念域，隐喻形符数为 701，总占比为 4.28%。PPC 在各类基本概念域的隐喻类符数和源域共鸣值指标上均高于 RAC 数值。在隐喻丰富性比值方面，除游戏和动物隐喻之外，RAC 在其他基本概念域的数值均大于 PPC 数值。独立样本 t 检验结果显示，PPC 隐喻形符使用均值与 RAC 之间无显著差异（$p>0.05$）：PPC 隐喻形符数值高于 RAC，效应量较小，差值约为 PPC 标准差的 0.25 倍；PPC 隐喻类符使用均值与 RAC 之间存在显著差异（$p<0.05$）：PPC 隐喻类符数值显著高于 RAC，效应量中等；PPC 隐喻丰富性比值的平均数与 RAC 的数值之间无显著差异（$p<0.05$）：PPC 隐喻丰富性数值低于 RAC，效应量较小，差值约为 RAC 标

准差的0.19倍。U检验结果显示，PPC源域共鸣值的平均秩次及秩和与RAC数值之间存在显著差异（$p<0.05$）：PPC隐喻数值显著高于RAC，效应量中等，两者实际差异处于中等区间。

在市场主题方向上，PPC共计分别使用10类和9类基本概念域。与经济主题方向相比，人类隐喻在两类语料库中依然居于首位。值得关注的是，两类语料库中的人类、机械、战争、灾害和动物等5类基本概念域的隐喻形符数趋于接近值，其主导性隐喻均为人类隐喻、移动隐喻和机械隐喻。航海隐喻为PPC独有的基本概念域，隐喻形符数为887，总占比为7.95%。除容器和动物隐喻之外，PPC在其余各类基本概念域的隐喻类符数和源域共鸣值上均高于RAC数值。在隐喻丰富性指标上，PPC中仅有航海和动物隐喻的数值高于RAC。独立样本t检验结果显示，PPC隐喻形符使用均值与RAC之间无显著差异（$p>0.05$）：PPC隐喻形符数高于RAC数值，效应量较小，差值约为PPC标准差的0.1倍；PPC隐喻类符使用均值与RAC之间有显著差异（$p<0.05$）：PPC隐喻类符数明显高于RAC，效应量中等，差值约为PPC标准差的0.43倍；PPC隐喻丰富性均值与RAC之间无显著差异（$p>0.05$）：PPC隐喻丰富性比值低于RAC，效应量较小，差值约为RAC标准差的0.29倍。U检验结果显示，PPC源域共鸣值的平均秩次及秩和与RAC数值之间无显著差异（$p>0.05$）：PPC的隐喻数值高于RAC，效应量较小，两者实际差异处于较小区间。

在货币主题方向上，PPC和RAC共计分别使用11类和10类基本概念域。其中位居榜首的基本概念域分别为移动隐喻和形态隐喻。PPC中的移动、形态、容器、战争、建筑和动物等6类基本概念域的隐喻形符数高于RAC数值，唯有PPC和RAC中的灾害和人类等隐喻形符数趋于接近值。PPC的主导性隐喻为移动隐喻、形态隐喻和容器隐喻，RAC的主导性隐喻为形态隐喻、移动隐喻和灾害隐喻。动物隐喻为PPC独有的基本概念域，隐喻形符数为315，总占比为2.4%。另外，PPC在各类基本概念域的隐喻类符数指标上均高于RAC数值。PPC的各类源域共鸣值除旅程和游戏隐喻之外均高于RAC数值。在隐喻丰富性比值方面，PPC 中的形态、战争和动物隐喻的数值高于 RAC 数值。独立样本 t 检验结果显示，PPC 隐喻形符使用均值与 RAC 数值之间无显著差异（$p > 0.05$）：PPC 隐喻形符数高于 RAC，效应量较小，差值约为 PPC 标准差的 0.09 倍；PPC 隐喻类符使用均值与 RAC 之间无显著差异（$p > 0.05$）：PPC 隐喻类符数高于 RAC，效应量较小，差值约为 PPC 标准差的 0.3 倍。U 检验结果显示，PPC 源域共鸣值的平均秩次及秩和与 RAC 数值之间无显著差异（$p > 0.05$）：PPC 隐喻数值高于 RAC，效应量较小，两者之间的实际差异处于较小区间；PPC 隐喻丰富性比值的平均秩次及秩和与 RAC 数值之间存在显著差异（$p < 0.05$）：PPC 隐喻数值高于 RAC，效应量较小，两者之间的实际差异处于较小区间。

在企业主题方向上，PPC 和 RAC 分别共计使用 10 类隐喻概念域。人类隐喻基本概念域在两类语料库中均居首位。PPC 中的人类、战争、建筑、旅程和动物等 5 类基本概念域的隐喻形符数高于 RAC 数值，RAC 的其余概念域隐喻形符数均高于 PPC，其中唯有容器、戏剧和游戏等隐喻形符数在两类语料库中趋于接近值。PPC 的主导性隐喻为人类隐喻、战争隐喻和建筑隐喻，RAC 的主导性隐喻为人类隐喻、容器隐喻和战争隐喻。PPC 在各类基本概念域的隐喻类符数和源域共鸣值指标上均高于 RAC 数值。在隐喻丰富性比值方面，PPC 仅有旅程隐喻的数值大于 PPC 数值。独立样本 t 检验结果显示，PPC 隐喻形符使用均值与 RAC 数值之间无显著差异（$p > 0.05$）：PPC 隐喻形符数高于 RAC，效应量较小，差值约为 PPC 标准差的 0.09 倍；PPC 隐喻类符使用均值与 RAC 数值之间无显著差异：PPC 隐喻类符数高于 RAC 数值，效应量中等，差值约为 PPC 标准差的 0.43 倍；PPC 源域共鸣值均值与 RAC 数值之间不存在显著差异（$p > 0.05$）：PPC 源域共鸣值高于 RAC，效应量较小，差值约为 PPC 标准差的 0.3 倍；PPC 隐喻丰富性程度均值与 RAC 之间存在显著差异（$p < 0.05$）：PPC 的隐喻丰富性比值低于 RAC，效应量较大，差值约为 RAC 标准差的 0.73 倍。U 检验结果显示，PPC 源域共鸣值的平均秩次及秩和与 RAC 对应数值之间无

显著差异（$p>0.05$）：PPC 的隐喻数值高于 RAC，效应量较小，两者实际差异处于较小区间。

　　基于以上数据统计结果，我们可以发现：在各个不同主题方向上，PPC 和 RAC 两类语料库在隐喻疏密程度、隐喻丰富性比值、源域共鸣值和隐喻形类比值的平均值之间都存有不同程度的差异，其中最显性的表现方式为无论在隐喻形符还是隐喻类符使用数量方面，抑或在基本概念域使用数量还是次级概念映射范畴的覆盖度上，PPC 的相关数值均高于 RAC。相比之下，两者在隐喻形符使用频次数值上的差异相对较小。通过观察隐喻定量观测指标及追溯具体的索引行信息后发现，RAC 更倾向于高频度选择与使用基于特定语义域类别的隐喻类符，而这些词目多数隶属于经济学家从其他学科地位或根基相对稳固的"硬"科学学科中借鉴而来的科学隐喻性词汇和概念域。由此，PPC 中的语言隐喻倾向于隐喻性词汇的基本用法，而 RAC 中的隐喻性词汇（特别关涉科学概念）使用具有题材专门性特点，而且倾向于从技术性意义层面重复使用词汇。尽管 PPC 在隐喻类符等其他数值上显著高于 RAC 相关数值，然而 RAC 在隐喻使用的专业倾向性直接可弥补隐喻形符使用数量上的劣势，整体上就可以与 RAC 基本保持平衡。与 PPC 相比，RAC 整体使用的隐喻类符数相对较少，但也包含了较为宽泛和完整的基本概念域类型。

　　RAC 中关涉科学隐喻概念的词汇单元使用频率更高，相应的概念表征形式也更多样化，这反映了隐喻概念在专业知识辖域内具有特定的认知组构方式。与隐喻在普通层级的使用频率相比，RAC 的特定隐喻语言使用频率更高，这表明 RAC 对专业领域的知识传播更倾向于特定隐喻的表征方式。PPC 和 RAC 虽共享经济话语中的绝大多数隐喻概念，但两者在语言层面的实现方式依然存在明显差异。另外，在不同主题方向上，尤其关涉隐喻实现方式的侧重点，两者的隐喻使用同样呈现显著差异。

　　PPC 的源域类型和使用数量均高于 RAC，相同源域类型可同时出现于两类语料库中，但是语言层面的实现形式差异较大。RAC 中科学隐喻的高频度使用，集中反映了学科领域高层次、专业化内容以及科学知识传播过程中借助隐喻概念呈现的稳定性特征。PPC 除了使用科学隐喻，同时也高频度使用非科学隐喻类符。隐喻概念从专业化向大众化的演变与传播过程，体现了隐喻使用在纵向垂直方向的变异特点，绝非只是对专业经济话语的机械性转述、抑或对科学概念的静态镜像复制，而是专业性科学隐喻概念的再创造过程，其本质是科学知识在传播中的话语重构，体现了更高层级和更稳定的专业概念内容。

问题三：话语模式维度比较

研究表明，在使用频率方面，PPC 和 RAC 两类语料库无论在隐喻簇的语言隐喻使用数量和隐喻簇个数的使用数量上均存在某种程度的差异性，但两者在混合隐喻簇使用的总占比趋于接近值，该统计结果与 Kimmel（2010）等国际知名学者关于隐喻簇的定量研究结论相一致，这表明隐喻簇在不同内容层级的经济类话语中依然是普遍存在的隐喻话语现象。在结构类型方面，就单纯和离散型隐喻簇而言，PPC 和 RAC 语料库在结构类型上都存在并列推进和层级推进两种结构，都倾向于使用词汇化程度较高的隐喻语言，两种模式不存在显著差异，但冲突型隐喻簇只出现在 PPC 中。由此，本书明晰了经济话语中单纯隐喻簇和混合隐喻在隐喻簇整体数量中的使用比例，为进一步论证"语篇中隐喻簇多数都是以混合形式存在"的事实提供了新的佐证。此外，不同内容层级语篇中的隐喻簇分布比例也存在较大差异，PPC 语篇中混合隐喻的使用数量明显高于 RAC 对应值。

隐喻标记组间比较研究显示，PPC 指定选取的 16 种隐喻标记无论在使用类型数量抑或在不同主题方向上的使用频率均高于 RAC 相应数值，这表明 PPC 在语篇表层结构上具有更高程度的有标记隐喻使用，同时也预示 PPC 中极有可能存在更高使用频率的隐喻语言。组内研究结果显示，在不同主题方向上，系动词比喻词、言语过程标记及情态句和条件句标记均为两类语料库中使用频率较高的隐喻标记语。在经济主题方向上，象征形式、上义术语和分句比喻词均为 PPC 独有的隐喻标记类型，拟态语为 RAC 独有的隐喻标记。其他类型隐喻标记在不同主题方向上暂未表现出显性特征，只在定量层面呈现出不同程度的差异性。研究结果同时显示，两类语料库在经济主题方向上隐喻标记的整体使用数值均高于各自在其他主题方向上的相应数值。

通过系统比较具有代表性的经济主题方向上各类隐喻标记后发现，PPC 和 RAC 中显性标记语可为受话者对未知目标语词汇的定性理解提供预测，具有较强的首因效应，但 PPC 中的标记语对后文隐喻使用产生的预设作用及实际效应远不及 RAC 程度高；系动词比喻词在 PPC 中主要通过丰富语言来突显非字面义比较，从而强化其隐喻的阐释功能，而在 RAC 中主要为模型建构与信息传递提供预设渠道；PPC 分句比喻词以预设新奇隐喻话语来引发读者的阅读兴趣；情态句和条件句标记通过预设隐喻使用来表征未来假设性经济现象或事件以强化不同层级语篇文本特征对受话者态度的影响，但两者区别依然与两类语料库本身所承载的文本功能直接相关；PPC 和 RAC 强化词在预设隐喻使用的同时，还兼具增强隐喻功效和语势的作用；PPC 中的象征形式具有预设类比、转喻和索引性表达等语用功能，以传递政治、经济、文化等领域的隐喻概念象征意义；PPC 的上义术语可用于填补词汇空缺，在隐喻话语产出方面可呈现语言模糊及信息不确定性等特征，而 RAC 则尽量避免使用此类隐喻标记；PPC 语篇产出者在转述话语过程中倾向于改变隐喻的原始陈述方式，通常使用个人创造的隐喻概念来重述或再现原始作者的观点，RAC 则更倾向于保留隐喻语言的原始陈述方式，并通过系统呈现相关信息以佐证学术观点和传递学术信息。PPC 和 RAC 在某些特定隐喻标记的选择和使用方面具有共性，同时在某些具有语篇特性的隐喻标记上呈现出差异性特征。隐喻标记语的使用与特定文本类型之间不存在直接关联，但是与语篇呈现的特定交际功能密切相关。

问题四：交际功能维度比较

经济隐喻的术语命名功能主要用于填充经济学学科范畴的术语空缺和指称不可及性概念。RAC 通常基于专业性科学知识，关涉经济学话语体系中术语命名的"存在性"问题。PPC 源于常规语言知识，涵盖经济学概念指称的"可处理性"问题。两种命名途径通过隐喻机制的认知互动,皆使原先的语义表征得到重新归置,并赋予其特定的经济学意义,整体上可扩充经济学学科理论的语言体系。

　　RAC理论模型构建过程通常借助科学隐喻,可直接参与经济学学科理论与方法的确立,主要为学科组织构建提供认知框架和概念基底的核心作用,是经济学家在缺失其他非直陈性词汇情况下不可替代的单一选择。RAC理论模型化的本质是从数理科学辖域中借鉴现存的理论概念模型,通过改进、内化域整合,终以数学、统计等方程计算形式直接应用于经济学相应的理论与分析框架,实现科学理论的解释对象和解释模型之间的有机匹配,从而为经济学理论的构建、模拟、推理、阐释及发展服务。相比之下,PPC语篇中隐喻概念的架构并非直接参与理论模型构建,即在传递科学信息过程中,相关领域研究者借助大众相对熟悉的知识概念结构来阐释相对不熟悉的科学知识,以强化大众对新信息的可接受性和理解性。事实上,经济隐喻的理论建构和模型化功能之间既可相互融合又保持相对独立。基于不同研究目标,两者间可截取出泾渭分明的界限。"模型"是经济学抽象概念及理论得以具体构建的重要方法,然而并非所有的经济学理论都是基于模型获得的。经济学概念的构建还可以基于类属隐喻范畴内的概念,即经济学概念如同其他通用文本,可基于基本层次范畴内的隐喻语言获得。简言之,PPC语篇中通常使用专业类经济科学语篇中已相对成熟的模型架构进行概念转换和推理,以达到传递信息,阐释理念和说服大众及专家的目的。RAC更倾向于在新古典经济学理论模型基础上,采用数理建模方法,重新创建特定研究主题中的专属理论模型,最终目的是论证某种经济学观点或解决经济学研究中的实际问题。

　　经济隐喻的交际功能主要涉及话语互动层面的独立个体与社会关系的构建,包括认知启发、预测与陈述和意识形态递呈功能。在认知启发功能上,专业类话语通过直接汲取跨学科知识来构建经济学理论模型,以此挖掘全新视角或其他领域的知识表征来重新审视既定经济学知识或经济学新现象,并通过探索经济学中的新议题寻找问题的解决方法和途径；大众类话语以既定的经济学建构模型或相关理论知识为基石，试图借助其他辖域的概念知识来充分认知、阐释、识别经济学现象和事实，以期达到向目标读者普及、描述及阐释抽象经济学理论、现象或事件之目的。

隐喻概念和隐喻语言类型的改变在很大程度上都能引发意识形态和价值观上的变化。PPC 语篇中的隐喻使用无论在理论还是实践上都应该具有绝对优势对经济学知识表征中所涉特定的所指提供其他视域，更有可能引导受话者从其他概念域来重新理解某个特定话题从而引发受话者产生新的认识。PPC 中的科学隐喻及其拓展隐喻均源于 RAC 主流理论模型中的"根隐喻"，尽管在演变过程中前者并不是对后者的"镜像"反映，然而相对于 RAC 而言，PPC 语料库中的隐喻语言无论是疏密度还是丰富性数值均占主导，且隐喻使用具有相对较高的规约性。隐喻规约程度越高，意识形态的递呈过程也越隐匿。

隐喻与话语使用环境之间的关联，强调隐喻类型及其具体实现方式的改变在很大程度上折射出语用者在评价方式、价值观、意识形态等方面的转变。PPC 和 RAC 语篇中不同隐喻类型的选择和使用对于经济领域新闻记者或经济学家的研究、预测报道和评价内容、陈述观点时所秉持的立场、社会期望的符合程度、传递的文化价值体系以及事实报道或知识表征的真实性程度方面都显得尤为重要。

问题五：行为表征维度比较

眼动追踪实验结果显示，PPC 和 RAC 语料库中关涉直陈性和隐喻性词汇的语义激活可呈现出不同的眼动规律与特征。在首次注视时间指标上，PPC 和 RAC 组内的语义激活均不存在优先通达现象；在凝视时间上，R_F 阅读加工时的高跳词率可引发其直陈义的优先通达，该结果与 Rayner（1998）的部分观点相冲突，即早期阶段指标的显著差异通常源于表层词汇特征因素。Wmatrix 语义域软件分析后表明，这种显著性差异与词频无关。词汇加工的早期阶段可激活不同意义，而晚期阶段唯有直陈义可优先通达。倘若不考虑跳读现象，早期阶段的语义激活主要遵循平行加工模型。隐喻义激活过程在晚期阶段占主导地位，且这种效应只出现在词汇加工的晚期阶段。与 PPC 相比，受试在阅读加工 RAC 隐喻性词汇时需要投入更大的认知负荷。PPC 和 RAC 语篇类型虽具有家族相似性，但其隐喻加工的行为表征依然可呈现显著差异。关于 PPC 和 RAC 隐喻加工的差异性，本研究考虑以下影响因素和理据。

（1）专业知识的熟悉程度。经济学学科中核心概念获得"合法化"身份需经历漫长的演变与发展过程，这就导致新兴的隐喻概念结构及其对应的隐喻语言首先需要得到业界的明晰化过程，即经济隐喻话语在正式迈入"科学"领域应用之前，需要经受测试、质疑、舍弃抑或拓展等常规步骤。在此历程中，隐喻性概念与非隐喻性概念之间已褪去泾渭分明的框线，直至经济学领域学者将两者平等对待。换言之，隐喻概念与经济学领域其他普通的概念相似，几乎成为具有特定指代含义的直陈式表达。由此可见，专业经济概念的解构过程相对于经济学内部人员而言，其隐喻义加工与理解过程在本质上与普通词汇阅读加工理解并无显著差异。对于外部或边缘人员而言，对经济学专业隐喻概念的词汇加工理应介入更复杂的结构程序步骤，需要投入更大的认知负荷，在行为表征综合维度的眼动测量指标上也将出现显著差异。

（2）话语模式差异。本书研究表明，在概念结构及话语模式维度，RAC 语篇倾向于重复循环使用某种具有语篇特性的科学隐喻性词汇来构建经济学模型及相关概念。在表层形式和语义方面，这些不同源域类型及源域词汇之间通常缺乏连贯性，具体表现为在语篇文本呈现过程中没有涉及冗余的语义阐释、语言装饰、语言线索引导等有助于普通读者提高阅读与理解效率的信息和手段。相反之下，PPC 倾向于选择在语义及内容上更宽泛的源域类型及隐喻性词汇。这些词汇与隐喻概念之间的相关度较高，特别在话语模式上表现出更为显性的语义连贯性与系统性。因此，对于非经济学专业目标读者而言，RAC 语篇的隐喻词汇阅读加工难度大于 PPC 的实际难度。

（3）话语环境差异。与 RAC 隐喻性词汇相比，被试在阅读加工 RAC 直陈性词汇时的刺激材料的层级性与话语环境均已发生变化。在

RAC专业类经济语篇中，隐喻概念是经济学理论建构模型的主要载体，也是经济学专业核心概念得以传递与互动的主要方式。从理论上讲，如果不考虑隐喻概念因素，PPC与RAC两类刺激材料的信息内容不存在本质差异。PPC和RAC虽同属经济类语篇，但两者在概念结构、话语模式、交际功能等语篇构建方式上依然可呈现不同梯度的差异，只是因为RAC中作为主题概念承载机制的隐喻概念的"缺席"才使得这种差异变得相对"微弱"。由此可见，如果不考虑经济学本身的信息内容，学术类专业经济话语对被试而言应属于全新未知领域，而新信息加工所需要的认知负荷通常高于旧信息加工的认知负荷。

（4）隐喻固化思维。当被试对专业类经济语篇进行阅读加工时，首先受到语篇背景知识和文本类型的影响，加之在隐喻识别时因产生思维固化而导致举棋不定，这种情况可迫使被试遵循加工相应隐喻性词汇时的所有程序方法与步骤。

（5）受试瞳孔直径变化因素。本实验通过选用低程度刺激对比、无色刺激和适宜时间刺激等措施对室内亮度、屏幕色彩和测量距离等可控环境因素进行了严格布控，已尽量将不必要的瞳孔直径的反射性变化控制在最低程度，然而被试的疲劳程度、情绪、知觉、记忆等不可控主观因素亦可引发瞳孔直径的变化；本书在实验设计过程中并未充分考虑"瞳孔反应时间"等技术缺陷；注视位置对瞳孔直径的影响也会因使用不同品牌的眼动设备而出现差异；本书在提取瞳孔直径变化值数据时，采用SR Research要具工程师的方案，即以模拟眼睛为参照物，确定被试眼与模拟眼之间的数值关系后进行单位转换。该方案本质上虽与利用基线值进行瞳孔直径计算的操作具有相似性，但换算之前并未充分考虑瞳孔震动、尺寸差异等生理因素对统计结果的影响。

第二节 本书的研究局限

受限于某些不可控的主客观条件，本书依然存在以下局限与不足。

（1）本书囿于从隐喻密度值、隐喻丰富性比值、源域共鸣值和隐喻形类比等定量观测指标和概念域中隐喻语言的使用和分布规律、隐喻表征涉及的话语模式、特定语境中的交际功能和阅读加工过程中的行为表征四个基本维度，即从概念结构、话语模式、交际功能和行为表征四个维度对不同语料库中隐喻的选择与使用进行基于定量数据分析的实证性研究。然而，就隐喻的表征方式而言，依然存在其他可选维度。比如，在隐喻的语法形式维度，可基于可比语料库考察隐喻在不同主题方向上的语法类型，具体提炼出隐喻性词项、隐喻间接、直接性程度和回指性隐喻等多项定性观测指标，最终探明隐喻语言在词性（宏观）和句法类型（微观）层面的具体实现方式。当然，此类研究也可涉足隐喻的认知神经加工表征维度，可进一步探讨隐喻的认知神经表征机制及其心理真实性问题，包括隐喻认知神经加工理论模型的具体完善及影响隐喻识解与表征的多维度综合性因素。

（2）本书在语料收集和隐喻语料库建设阶段，虽已严格管控PPC和RAC语料的代表性、平衡性和可比性等观测指标，并将其视为对比研究的首要标准和前提。然而在实际操作中，鉴于学界目前尚未有已建设完成且可直接使用的大型经济类学术语篇语料库，本研究只能以自建可比隐喻标注语料库作为研究语料。由此，语料的选取与构成依然存在未覆盖经济话语中某些特定隐喻使用的可能性。

（3）本书尽管选用了具备在线语义自动标注功能的Wmatrix作为语料分析工具，且严格遵守MIP（VU）隐喻识别程序的具体操作步骤，并采用半自动化和人工筛选相结合的方式完成了在较大规模的两组经济语料库中的语料检索、隐喻识别、标注和提取，在此基础上实现了隐喻分类和数据统计工作。为了夯实隐喻研究结论在方法论层面的信度与效度，本书采用Kappa系数，特别对隐喻识别和隐喻标注工作者之间的"一致性"问题进行了深度检验与核实。然而，本书采用的隐喻半自动识别技术依然涉及后期数据筛选与排错的人工介入步骤，加之Wmatrix语义域自动标注技术的准确率尚未达到100%，主题语义域的自动获取也将掺杂某些"噪声"主题概念域。由此，隐喻识别和标注过程中的误差和失误率暂时无法完全避免。以上不可控的主观人为因素和客观技术缺陷在某种程度上都会影响隐喻识别的准确率。

（4）眼动追踪技术在客观反映被试行为真实性方面具有"生态效度高、数据丰富精确"等优势，但研究者在实验整体设计过程中往往只能通过"眼动次数"和"眼动时间"两类核心测量指标来管窥受试的行为过程。眼动追踪技术虽能有效推测个体的内在认知过程，却无法直接揭示信息加工的认知神经机制。在这个问题上，脑电指标却可以直接反馈大脑中信息加工的生理过程。

第三节　本书的研究展望

本书在绪论部分虽已简要阐释其理论贡献和实际应用价值，然而本书在以下几个方面同样具有重要启示，预计可在未来研究中进行相应拓展。

（1）隐喻研究分析框架。国内外现存认知隐喻理论或分析框架多以认知语言学研究视域来探究经济隐喻意义组构与生成机制的不同理据或语篇功能，但基于形式、概念、功能、行为及神经等综合性多维度视角全面系统探讨隐喻概念意义组构和加工机制的研究相对匮乏。由此，如何适当寻找不同主题方向上经济隐喻在形式、概念、功能、行为及神经认知之间的契合点，并试图建立具有从符号表征到行为乃至认知神经表征的多维度隐喻理论框架构建与应用将是经济隐喻领域未来研究的重点内容。

（2）隐喻理解与加工手段。国内外有关经济隐喻的行为、神经认知与加工处理研究尚处于起步阶段，对其神经与行为心理真实性研究也缺乏充分的理论支撑。因此，如何利用认知语言学、语料库语言学、认知心理学实验等多学科融合优势，科学、系统性架构经济隐喻认知神经加工机制研究中的基本试验与观测指标、数据的采集和记录，并在行为与神经认知相融合的表征层面确立研究路径与分析流程也是未来经济话语中隐喻研究的重点内容。比如，在完成对经济隐喻多维度认知模型或理论及分析框架构建的基础上，可进一步采用基于心理学行为研究的 E-Prime 技术，从人脑对不同类型隐喻的信息加工视域入手，以实验数据和理论论证相结合的方法，详细收集并记录不同受试者在加工和处理隐喻文本刺激中的反应时和正确率两项核心因变量观测指标；并通过比较不同主题方向上受试者间的测量或反应结果，尝试性探究隐喻的表征与加工机制，深度考察隐喻的识解方式与不同受试者在认知与思维层面上的功能融合，并借助基于心理学行为研究方法得出的客观数据重新检验、审视、反观现有认知隐喻研究中的相关既定理论，使基于心理学行为实验的隐喻认知属性科学研究成为现实。此外，为了进一步夯实眼动数据的生态效度，研究者可将眼动追踪技术与击键记录法、事件相关电位（ERP）及脑电图（EEG）等科学研究手段相结合，形成多元交互印证模式，以更好地诠释隐喻认知加工过程的全貌。

（3）隐喻检索与识别。可加大对经济隐喻语料检索方法的完善和隐喻自动识别技术的研发力度。我们知道，语料库方法的优势在于可为研究对象提供大量真实有效的数据。倘若现有的信息技术无法对隐喻语料进行穷尽性检索，那么语料库方法在隐喻研究中的优势就无法完全发挥出来。因此，未来研究可深化与完善语料收集和隐喻检索与识别层面的研究问题，利用优化技术优势尽量使生成的索引行能够完全覆盖语义域中的词目，切实为隐喻分析提供技术上的保障。此外，尽管认知语言学及相关跨学科领域的专家学者已基于不同的研究目标陆续完成开发了隐喻自动识别的计算模型和程序，其中不乏 MIDAS 系统（Martin, 1990）、Meta 5 程序（Fass, 1991）、CorMet 模型（Mason, 2004）、统计学模型（Shutova, 2013）、lstm-crf 程序（Pramanick, et al., 2018）。鉴于这些模型和程序技术尚未成熟，现阶段的隐喻识别大多依然采取"自动检索+人工识别"的方式，即在语料检索阶段依赖自动技术，在隐喻识别阶段采用人工方法。因此，如何最大限度地将隐喻概念形式化和智能化并顺利实现形式和概念在计算程序上的融合必然成为未来经济隐喻研究需要解决的重大问题。

参考文献

一 英文论文

Adam, H. & L. García, "The Advertising of Financial Products in the Press", *Ibérica*, 2007, (13): 123 – 146.

Aisenman, R., "Structure-mapping and the Simile-metaphor Preference", *Metaphor and Symbol*, 1999, (14): 45 – 52.

Alejo, R., "Where does the Money Go? An Analysis of the Container Metaphor in Economics: The Market and the Economy", *Journal of Pragmatics*, 2010, 42 (4): 1137 – 1150.

Almor, A., S. Arunachalam & B. Strickland, "When the Creampuff Beat the Boxer: Working Memory, Cost, and Function in Reading Metaphoric Reference", *Metaphor and Symbol*, 2007, 22 (4): 169 – 193.

Arrese, Á., The Use of "Bubble" as an Economic Metaphor in the News: The Case of the "Real Estate Bubble" in Spain, *Language & Communication*, 2021, 78: 100 – 108.

Bator, M., "The Anatomy of Market Failure", *Quarterly Journal of Economics*, 1958, 44 (3): 351 – 379.

Bielenia-Grajewska, M., "The Role of Metaphors in the Language of Investment Banking", *Ibérica*, 2009, (17): 139 – 156.

Blasko, D. G. & C. M. Connine, "Effects of Familiarity and Aptness on Metaphor Processing", *Journal of Experimental Psychology*, 1993, (19): 295 – 308.

Boers, F., When a Bodily Source Domain Becomes Prominent: The Joy of Counting Metaphors in the Socio-economic Domain, In G. Steen & R. Gibbs (Eds.), *Metaphor in Cognitive Linguistics*, Amsterdam: John Benjamins, 1999: 47 – 56.

Boers, F. & M. Demecheleer, A Few Metaphorical Models in (Western) Economic Discourse, In W. A. Liebert, G. Redeker & L. Waugh (Eds.), *Discourse and Perspective in Cognitive Linguistics*, Amsterdam: John Benjamins, 1997: 115 – 129.

Boyd, R., Metaphor and Theory Change: What is "Metaphor" a Metaphor for?, In A. Ortony (ed.), *Metaphor and Thought*, Cambridge: Cambridge University Press, 1993: 481 – 532.

Bratož, S., "A Comparative Study of Metaphor in English and Slovene Popular Economic Discourse", *Managing Global Transitions*, 2004, 2 (2): 179 – 196.

Brisson, J., M. Mainville, D. Mailloux, C. Beaulieu, J. Serres & S. Sirois, "Pupil Diameter Measurement Errors as a Function of Gaze Direction in Corneal Reflection Eye Trackers", *Behavior Research Methods*, 2013, 45 (2): 1322 – 1331.

Budiu, R. & J. R. Anderson, "Comprehending Anaphoric Metaphors", *Memory and Cognition*, 2002, 30 (6): 158 – 165.

Burgers, C. & K. Ahrens, "Change in Metaphorical Framing Over Time: Metaphors of Trade in 225 Years of State of the Union Addresses (1790 – 2014)", *Applied Linguistics*, 2020, 41 (2): 260 – 279.

Caballero, R., "Metaphor and Genre: The Presence and Role of Metaphor in the Building Review", *Applied Linguistics*, 2003, 24 (2): 145 –

167.

Cameron, L. & A. Deignan, "Combining Large and Small Corpora to Investigate Tuning Devices around Metaphor in Spoken Discourse", *Metaphor and Symbol*, 2003, 18 (3): 149-160.

Cameron, L. & J. Stelma, "Metaphor Clusters in Discourse: Methodological Issues", *Journal of Applied Linguistics*, 2004, (1): 107-136.

Cameron, L., Operationalizing Metaphor for Applied Linguistics, In L. Cameron & G. Low (Eds.), *Researching and Applying Metaphor*, Cambridge: Cambridge University Press, 1999: 3-28.

Cameron, L., Metaphor Shifting in the Dynamics of Talk, In M. S. Zanotto, L. Cameron & M. Cavalcanti (Eds.), *Confronting Metaphor in Use*, Amsterdam & Philadelphia: John Benjamins, 2008: 45-62.

Cameron, L., What is Metaphor and Why does it Matter?, In L. Cameron & R. Malsen (Eds.), *Metaphor Analysis: Research Practice in Applied Linguistics, Social Sciences and the Humanities*, London: Equinox, 2010: 3-25.

Cameron, L. & G. Low, "Figurative Variation in Episodes of Educational Talk and Text", *European Journal of English Studies*, 2004, 8 (3): 355-373.

Charteris-Black, J., "Metaphor and Vocabulary Teaching in ESP Economics", *English for Specific Purposes*, 2000, 19 (2): 149-165.

Charteris-Black, J. & A. Musolff, "Battered Hero" or "Innocent Victim"? A Comparative Study of Metaphors for Euro Trading in British and German Financial Reporting, *English for Specific Purposes*, 2003, (22): 153-176.

Charteris-Black, J. & T. Ennis, "A Comparative Study of Metaphor in Spanish and English Financial Reporting", *English for Specific Purposes*, 2001, 20 (3): 249-266.

Chow, M. Y. V., "The Movements of the Economy: Conceptualizing the Economy via Bodily Movement Metaphor", *Metaphor and the Social*

World, 2014, 4 (1): 3–26.

Chung, S., "Cross-linguistic Comparisons of the Market Metaphors", *Corpus Linguistics and Linguistic Theory*, 2008, (4): 141–175.

Cienki, A., Why Study Metaphor and Gesture?, In A. Cienki & C. Müller (eds.), *Metaphor and Gesture*, Amsterdam: John Benjamins, 2008: 5–26.

Cooper G., "Cognitive Load Theory as an Aid for Instructional Design", *Australian Journal of Educational Technology*, 1990, 44 (6): 108–113.

Corts, D. & H. Pollio, "Spontaneous Production of Figurative Language and Gesture in College Lectures", *Metaphor and Symbol*, 1999, 14 (1): 8–100.

Corts, D. & K. Meyers, "Conceptual Clusters in Figurative Language Production", *Journal of Psycholinguistic Research*, 2002, 31 (4): 391–408.

Dascal, M., "On the Roles of Context and Literal Meaning in Understanding", *Cognitive Science*, 1989, 25 (13): 253–257.

Deignan, A., Corpus-based Research into Metaphor, In L. Cameron & G. Low (eds.), *Researching and Applying Metaphor*, Cambridge: Cambridge University Press, 1999: 177–199.

Deignan, A., The Grammar of Linguistic Metaphors, In A. Stefanowitsch & S. T. Gries (eds.), *Corpus-Based Approaches to Metaphor and Metonymy*, Berlin: Mouton de Gruyter, 2006.

Deignan, A., D. Gabryś & A. Solska, "Teaching English Metaphors Using Cross-linguistic Awareness-raising Activities", *ELT Journal*, 1997, 51 (4): 352–360.

Fischer, K., Quantitative Methods in Cognitive Semantics, In G. Dylan & K. Fischer (Eds.), *Quantitative Methods in Cognitive Semantics: Corpus-Driven Approaches*, Berlin: Mouton de Gruyter, 2010: 43–62.

Fukuda, K., "A Comparative Study of Metaphors Representing the US and

Japanese Economies", *Journal of Pragmatics*, 2009, 41 (9): 1693 – 1702.

Gedigian, M., J. Bryant, S. Narayanan & B. Ciric, *Catching Metaphors, The Paper Presented at the 3rd Workshop on Scalable Natural Language Understanding*, New York, USA, 2006.

Gentner, D., Are Scientific Analogies Metaphors? In D. S. Miall (ed.), *Metaphor: Problems and Perspectives*, Brighton: Harvester, 1983: 124 – 132.

Gentner, D. & C. Clements, Evidence for Relational Selectivity in the Interpretation of Analogy and Metaphor, In G. Bower (ed.), *The Psychology of Learning and Motivation*, Orlando: Academic Press, 1988: 307 – 358.

Ghafele, R., "The Metaphors of Globalization and Trade: An Analysis of the Language Used in the WTO", *Journal of Language and Politics*, 2004, 42 (3): 441 – 462.

Gibbs, R., Jr., "Skating on Thin Ice: Literal Meaning and Understanding Idioms in Conversation", *Discourse Processes*, 1986, (9): 17 – 30.

Gibbs, R., Jr., "Comprehending Figurative Referential Descriptions", *Journal of Experimental Psychology*, 1990, (16): 56 – 66.

Gibbs, R., Jr., Taking Metaphor out of Our Heads and Putting it into the Cultural World, In R. Gibbs & G. Steen (Eds.), *Metaphor in Cognitive Linguistics*, Amsterdam: John Benjamins, 1997: 125 – 144.

Gibbs, R., Jr., Researching Metaphor, In L. Cameron & G. Low (Eds.), *Researching and Applying Metaphor*, Cambridge: Cambridge University Press, 1999: 29 – 47.

Gibbs, R., Jr., The Wonderful, Chaotic, Creative, Heroic, Challenging World of Researching and Applying Metaphor, In G. Low et al. (Eds.), *Researching and Applying Metaphor in the Real World*, Amsterdam: John Benjamins Publishing Company, 2010: 1 – 18.

Glucksberg, S. & B. Keysar, "Understanding Metaphorical Comparisons: Beyond Similarity", *Psychological Review*, 1990, 97 (1): 3 – 18.

Glucksberg, S. & M. McGlone, "When Love is Not a Journey: What Metaphors Mean", *Journal of Pragmatics*, 1999, (31): 1541 – 1558.

Glucksberg, S., "The Psycholinguistics of Metaphor", *Trends in Cognitive Science*, 2003, (7): 92 – 96.

Glucksberg, S. & B. Keysar, How Metaphors Work, In A. Ortony (ed.), *Metaphor and Thought*, Cambridge: Cambridge University Press, 1993: 401 – 424.

Grady, J., Foundations of Meaning: Primary Metaphors and Primary Scenes, Ph. D Dissertation, Department of Linguistics, University of California, Berkeley, CA, 1997.

Hanks, P., Metaphoricity is Gradable, In A. Stefanowitsch & S. T. Gries (Eds.), *Corpus-Based Approaches to Metaphor and Metonymy*, Berlin: Mouton de Gruyter, 2006: 25 – 36.

Hardie, A., V. Koller, P. Rayson & E. Semino, Exploiting a Semantic Annotation Tool for Metaphor Analysis, Proceedings of the Corpus Linguistics 2007 Conference, Birmingham, UK, 2007.

Henderson, W., "Metaphor in Economics", *Economics*, 1982, (18): 147 – 157.

Henderson, W., Metaphor in Economics, In M. Coulthard (Ed.), *Talking About Text*, Birmingham: University of Birmingham, 1986: 109 – 127.

Henderson, W., Metaphor and Economics, In R. E. Backhouse (Ed.), *New Directions in Economics Methodology*, London: Routledge, 1994: 343 – 367.

Henderson, W., "Metaphor, Economics and ESP: Some Comments", *English for Specific Purposes*, 2000, (19): 167 – 173.

Heredia, R. R. & M. E. Muñoz, Metaphoric Reference: A Real-time Analysis, In R. R. Heredia & A. B. Cieslicka (eds.), *Bilingual Figurative language processing*, NY: Cambridge Press, 2015: 56-72.

Herrera, H., "Conceptual Metaphors in Press Headlines on Globalization", *Annual Review of Cognitive Linguistics*, 2006, (4): 1-20.

Herrera, H., "A Metaphor Corpus in Business Press Headlines", *Ibérica*, 2008, (15): 51-70.

Hewings, A., Aspects of the Language of Economics Textbooks, In T. Dudley-Evans & W. Henderson (eds.), *The Language of Economics: The Analysis of Economic Discourse*, London: Macmillan, 1990: 29-42.

Ho, J. & W. Cheng, "Metaphors in Financial Analysis Reports: How are Emotions Expressed?", *English for Specific Purposes*, 2016, (43): 37-48.

Jeffreys, D., "Metaphor in Economics – an Illustrative Appendix", *Economics*, 1982, 18 (4): 154-157.

Juhasz, B. J. & K. Rayner, "Investigating the Effects of a Set of Intercorrelated Variables on Eye Fixations Durations in Reading", *Journal of Experimental Psychology*, 2003, (29): 312-1318.

Just, M. A. & P. A. Carpenter, "A Theory of Reading: From Eye Fixations to Comprehension", *Psychological Review*, 1980, 22 (4): 329-354.

Kheovichai, B., "Metaphorical Scenarios in Business Science Discourse", *Ibérica*, 2015, (29): 155-178.

Kimmel, M., "Why We Mix Metaphors (and Mix them Well): Discourse Coherence, Conceptual Metaphor, and Beyond", *Journal of Pragmatics*, 2010, 42: 97-115.

Klamer, A., "A Pragmatic View on Values in Economics", *Journal of Economic Methodology*, 2003, 10 (2): 191-212.

Knudsen, S., "Scientific Metaphors Going Public", *Journal of Pragmatics*, 2003, 35 (8): 1247-1263.

Koller, V., "Metaphor Clusters, Metaphor Chains: Analyzing the Multi-functionality of Metaphor in Text", *Metaphorik*, 2003, (5): 115 – 34.

Koller, V., "Critical Discourse Analysis and Social Cognition: Evidence from Business Media Discourse", *Discourse & Society*, 2005, 16 (2): 199 – 224.

Koller, V., Missions and Empires: Religious and Political Metaphors in Corporate Discourse, In A. Musolff & J. Zinken (eds.), *Metaphor and Discourse*, Basingstoke: Palgrave, 2009: 116 – 134.

Koller, V., A. Hardie, P. Rayson & E. Semino, "Using a Semantic Annotation Tool for the Analysis of Metaphor in Discourse", *Metaphorik. de*, 2008, (15): 141 – 160.

Kövecses, Z., Methodological Issues in Conceptual Metaphor Theory, In S. Handl & H. Schmid (Eds.), *Windows to the Mind: Metaphor, Metonymy and Conceptual Blending*, Berlin & New York: Mouton de Gruyter, 2011: 1 – 19.

Krishnakumaran, S. & X. Zhu., Hunting Elusive Metaphors Using Lexical Resources. The Paper Presented in Proceedings of the Workshop on Computational Approaches to Figurative Language, Rochester: New York, 2007.

Lakoff, G., The Contemporary Theory of Metaphor, In A. Ortony (ed.), *Metaphor and Thought*, Cambridge: Cambridge University Press, 1993: 202 – 251.

Lakoff, G., J. Espenson & A. Schwartz, *Master Metaphor List*, Technical Report, University of California, Berkeley, USA, 1991.

Leech, G., "Corpus Annotation Schemes", *Literary and Linguistic Computing*, 1993, (4): 275 – 281.

Leech, G., Introducing Corpus Annotation, In G. Roger, et al. (Eds.), *Corpus Annotation: Linguistic Information from Computer Text Corpora*,

New Jersey: Addison-Wesley, 1997.

Lindstromberg, S., "Metaphor and ESP: A Ghost in the Machine?", *English for Specific Purposes*, 1991, 10 (3): 207–225.

Littlemore, J., "The Use of Metaphor in University Lectures and the Problems it Causes for Overseas Students", *Teaching in Higher Education*, 2001, 6: 333–349.

López, A. M. R. & M. A. O. Llopis, "Metaphorical Pattern Analysis in Financial Texts: Framing the Crisis in Positive or Negative Metaphorical Terms", *Journal of Pragmatics*, 2010, (42): 3300–3313.

Low, G., "On Teaching Metaphor", *Applied Linguistics*, 1988, 9 (2): 125–147.

Low, G., J. Littlemore & A. Koester, "Metaphor Use in Three UK University Lectures", *Applied Linguistics*, 2008, 29 (3): 428–455.

MacArthur, F. & J. Littlemore, "On the Repetition of Words with the Potential for Metaphoric Expression in Conversations between Native and Non-native Speakers of English", *Metaphor and the Social World*, 2011, (2): 201–239.

Mason, M., Dancing on Air: An Analysis of a Passage from an Economics Textbook, In A. Dudley-Evans & W. Henderson (eds.), *The Language of Economics: The Analysis of Economics Discourse*, London: Modern English Publications in Association with the British Council, 1990: 16–28.

McCloskey, D., "Metaphor Economists Live By", *Social Research*, 1995, 62 (2): 215–237.

Miller, G. A., Images and Models, Similes and Metaphors, In A. Ortony (ed.), *Metaphor and Thought*, Cambridge: Cambridge University Press, 1993: 357–400.

Modigliani, F. & M. Miller, "The Cost of Capital, Corporation Finance, and the Theory of Investment", *American Economic Review*, 1958, 24

(2): 23-45.

Murphy, G., "On Metaphoric Representation", *Cognition*, 1996, 60 (2): 173-204.

Murphy, G., "Reasons to Doubt the Present Evidence for Metaphoric Representation", *Cognition*, 1997, (1): 99-108.

Musolff, A., "Metaphor Scenarios in Public Discourse", *Metaphor and Symbol*, 2006, 21 (1): 23-38.

Novikova, E. G., A. Janyan & O. V. Tsaregorodtseva, "Metaphorical Salience in Artistic Text Processing: Evidence from Eye Movement", *Perception*, 2015, 0 (0): 1-5.

Onishi, K. A. & G. O. Murphy, "Metaphoric Reference: When Metaphors are not Understood as Easily as Literal Expressions", *Memory and Cognition*, 1993, 21 (3): 763-772.

Paas, F. & J. V. Merrienboer, "Instructional Control of Cognitive Load in the Training of Complex Cognitive Tasks", *Educational Psychology Review*, 1994, 12 (6): 357-371.

Potts, A. & E. Semino, "Cancer as a Metaphor", *Metaphor and Symbol*, 2019, 34 (2): 81-95.

Pragglejaz Group, "MIP: A Method for Identifying Metaphorically Used Words in Discourse", *Metaphor and Symbol*, 2007, 22 (1): 1-39.

Pramling, N., "The Clouds are Alive Because They Fly in the Air as if They were Birds: A Re-analysis of What Children Say and Mean in Clinical Interviews in the Work of Jean Piaget", *European Journal of Psychology of Education*, 2006, 21 (4): 453-466.

Quinn, N., The Cultural Basis of Metaphor, In J. Fernandez (ed.), *Beyond Metaphor: The Theory of Tropes in Anthropology*, Stanford: Stanford UP, 1991: 23-36.

Rayner, K. & A. D. Well, "Efforts of Contextual Constraint on Eye Movements in Reading: A Further Examination", *Psychonomic Bulletin and*

Review, 1996, 124 (3): 504–509.

Rayner, K., "Eye Movements and the Perceptual Span in Beginning and Skilled Readers", *Journal of Experimental Child Psychology*, 1986, 41 (5): 211–236.

Rayner, K., "Eye Movements in Reading and Information Processing: 20 Years of Research", *Psychological Bulletin*, 1998, (3): 372–422.

Rayner, K., "Eye Movements and Attention in Reading, Scene Perception, and Visual Search", *The Quarterly Journal of Experimental Psychology*, 2009, (62): 1457–1506.

Ritchie, D., "ARGUMENT IS WAR" – Or is it a Game of Chess? Multiple Meanings in the Analysis of Implicit Metaphors, *Metaphor and Symbol*, 2003, 18 (2): 125–146.

Roberto, R. H. & A. B. Cieślicka, "Metaphoric Reference: An Eye Movement Analysis of Spanish-English and English-Spanish Bilingual Readers", *Frontiers in Psychology*, 2016, 439 (7): 1–10.

Sardinha, T. B., Metaphors of the Brazilian Economy from 1964 to 2010, In H. Herrera & M. White (eds.), *Metaphor and Mills: Figurative Language in Business and Economics*, Berlin & Boston: De Gruyter Mouton, 2012: 103–126.

Semino, E., "A Sturdy Baby or a Derailing Train? Metaphorical Representations of the Euro in British and Italian Newspapers", *Text*, 2002, (22): 107–139.

Semino, E., "The Metaphorical Construction of Complex Domains: The Case of Speech Activity in English", *Metaphor and Symbol*, 2005, (1): 35–70.

Semino, E., A Corpus-based Study of Metaphors for Speech Activity in British English, In A. Stefanowitsch & S. T. Gries (eds.), *Corpus-Based Approaches to Metaphor and Metonymy*, Berlin: Mouton de Gruyter, 2006: 112–130.

Semino, E., J. Heywood & M. H. Short, "Methodological Problems in the Analysis of a Corpus of Conversations about Cancer", *Journal of Pragmatics*, 2004, 36 (7): 1271 – 1294.

Shen, Y. & N. Balaban, "Metaphorical (In) Coherence in Discourse", *Discourse Processes*, 1999, 28 (2): 139 – 153.

Silaški, N. & T. Đurović, "Catching Inflation by the Tail-Animal Metaphoric Imagery in the Conceptualization of Inflation in English", *Ibérica*, 2010, (20): 57 – 80.

Simó, J., "Chess Metaphors in American English and Hungarian", *Metaphor and Symbol*, 2009, 24 (3): 42 – 59.

Sinclair, J., Intuition and Annotation: The Discussion Continues, In W. Teubert & R. Krishnamurthy (Eds.), *Corpus Linguistics: Critical Concepts in Linguistics*, London: Routledge, 2007: 45 – 64.

Skorczynska, H. & J. Piqué, "A Corpus-based Description of Metaphorical Marking Patterns in Scientific and Popular Business Discourse", *Metaphorik. de*, 2005, (9): 112 – 129.

Skorczynska, H., "Metaphor in Scientific Business Journals and Business Periodicals: An Example of the Scientific Discourse Popularization", *Ibérica*, 2001, (3): 43 – 60.

Skorczynska, H., Metaphor Marking and Metaphor Typological and Functional Ranges in Business Periodicals, In L. Cameron, et al. (eds.), *Researching and Applying Metaphor in the Real World*, Amsterdam & Philadelphia: John Benjamins, 2010: 309 – 320.

Skorczynska, H., "Metaphor and Education: Reaching Business Training Goals through Multimodal Metaphor", *Procedia-Social and Behavioral Sciences*, 2014, 116 (4): 2344 – 2351.

Skorczynska, H. & A. Deignan, "Readership and Purpose in the Choice of Economics Metaphors", *Metaphor and Symbol*, 2006, 21 (2): 87 – 104.

Skorczynska, H. & K. Ahrens, "A Corpus-based Study of Metaphor Signaling Variations in Three Genres", *Text and Talk*, 2015, 35 (3): 359 – 381.

Smith, G. P., "How High can a Dead Cat Bounce?: Metaphor and the Hong Kong Stock Market", *Hong Kong Papers in Linguistics and Language Teaching*, 1995, 18: 43 – 57.

Soler, H., "A Metaphor Corpus in Business Press Headlines", *Ibérica*, 2008, (15): 51 – 70.

Staub, A. & K. Rayner, Eye Movements and on-line Comprehension Processes, In G. Gaskell (ed.), *The Oxford Handbook of Psycholinguistics*, Oxford: Oxford University Press, 2007: 327 – 342.

Steen, G. J., "The Paradox of Metaphor: Why We Need a Three-dimensional Model of Metaphor", *Metaphor and Symbol*, 2008, 23 (4): 213 – 241.

Steen, G. J., "The Contemporary Theory of Metaphor – Now New and Improved", *Review of Cognitive Linguistics*, 2011, 9 (1): 26 – 64.

Steen, G. J., "Deliberate Metaphor Theory: Basic Assumptions, Main tenets, Urgent Issues", *Intercultural Pragmatics*, 2017, 4 (1): 34 – 45.

Stefanowitsch, A., Corpus-based approaches to Metaphor and Metonymy, In A. Stefanowitsch & S. T. Gries (eds.), *Corpus-Based Approaches to Metaphor and Metonymy*, Berlin: Mouton de Gruyter, 2006.

Sun, Y. & J. Jiang, "Metaphor Use in Chinese and US Corporate Mission Statements: A Cognitive Sociolinguistic Analysis", *English for Specific Purposes*, 2014, (33): 4 – 14.

Sweller, J., "Cognitive Load during Problem Solving: Effects on Learning", *Cognitive Science*, 1988, 12 (2): 257 – 285.

Tourangeau, R. & R. Sternberg, "Aptness in Metaphor", *Cognitive Psychology*, 1981, 13: 27 – 55.

Tourangeau, R. & R. Sternberg, "Understanding and Appreciating Metaphors", *Cognition*, 1982, (11): 203 – 244.

Vervaeke, J. & J. Kennedy, "Metaphors in Language and Thought: Falsification and Multiple Meanings", *Metaphor and Symbolic Activity*, 1996, 11 (4): 273 – 284.

Wallington, A., J. Barnden, P. Buchlovsky, L. Fellows & S. Glasbey, Metaphoricity Signals: A Corpus-Based Investigation. Technical Report: CSRP – 03 – 5, School of Computer Science, The University of Birmingham, U. K, 2003.

White, M., "Metaphor and Economics: The Case of 'Growth'", *English for Specific Purposes*, 2003, 22 (2): 131 – 151.

White, M., "Turbulence and Turmoil in the Market or the Language of a Financial Crisis", *Ibérica*, 2004, (7): 71 – 86.

White, M. & H. Herrera, How Business Press Headlines Get Their Messages Across: A Different Perspective on Metaphor, In A. Musoff & J. Zinken (eds.), *Metaphor and Discourse*, Basingstoke: Palgrave, 2009: 135 – 152.

Wilks, Y., "A Preferential Pattern Seeking Semantics for Natural Language Inference", *Artificial Intelligence*, 1975, 6 (1): 53 – 74.

Zeng, W. H., C. Burgers & K. Ahrens, "Framing Metaphor Use over Time: 'Free Economy' Metaphors in Hongkong Political Discourse (1997 – 2017)", *Lingua*, 2021, (252): 1 – 16.

二 英文著作

Aristotle, *Rhetoric*, Translated by W. R. Roberts, In W. D. Ross (ed.), *The Works of Aristotle* (Vol. 11): *Rhetorica, de rhetorica ad Alexandrum, poetica*, Oxford: Clarendon Press, 1952a.

Aristotle, *Poetics*, Translated by I. Bywater, In W. D. Ross (ed.), *The Works of Aristotle* (Vol. 11): *Rhetorica, de rhetorica ad Alexandrum*,

Poetica, Oxford: Clarendon Press, 1952b.

Black, M., *Models and Metaphors*, Ithaca: Cornell University Press, 1962.

Cameron, L. & G. Low, *Researching and Applying Metaphor*, Cambridge: Cambridge University Press, 1999.

Cameron, L. & R. Malsen, *Metaphor Analysis: Research Practice in Applied Linguistics, Social Sciences and the Humanities*, London: Equinox, 2010.

Cameron, L., *Metaphor in Educational Discourse*, London & New York: Continuum, 2003.

Charteris-Black, J., *Corpus Approaches to Critical Metaphor Analysis*, Basingstoke: Palgrave Macmillan, 2004.

Chilton, P., *Security Metaphors: Cold War Discourse from Containment to Common European Home*, Berne & New York: Peter Lang, 1996.

Deignan, A., *Metaphor and Corpus Linguistics*, Amsterdam: John Benjamins, 2005.

Deignan, A., J. Littlemore & E. Semino, *Figurative Language, Genre and Register*, Cambridge: Cambridge University Press, 2013.

Erreygers G. & G. Jacobs, *Language, Communication and the Economy*, Amsterdam: John Benjamins, 2005.

Eubanks, P., *A War of Words in the Discourse of Trade: The Rhetorical Constitution of Metaphor*, Illinois: Southern Illinois University Press, 2000.

Fairclough, N., *Language and Power*, London: Longman, 1989.

Fairclough, N., *Critical Discourse Analysis. The Critical Study of Language*, Harlow: Longman, 2010.

Fauconnier, G. & M. Turner, *The Way We Think: Conceptual Blending and the Mind's Hidden Complexities*, New York: Basic Books, 2002.

Fauconnier, G., *Mappings in Thought and Language*, Cambridge: Cambridge University Press, 1997.

Fisher, I., *Money Illusion*, New York: Adelphi, 1928.

Forceville, C. & E. Urios-Aparisi, *Multimodal Metaphor*, Berlin: Mouton de Gruyter, 2009.

Forceville, C., *Pictorial Metaphor in Advertising*, London: Routledge, 1996.

Fowler, R., *Language And Control*, London: Routledge, 1979.

Gibbs, R., Jr., *The Poetics of Mind: Figurative Thought, Language, and Understanding*, New York: Cambridge University Press, 1994.

Gibbs, R., Jr., *Mixing Metaphor*, Amsterdam: John Benjamins, 2016.

Giora, R., *On Our Mind: Salience, Context, and Figurative Language*, New York: Oxford University Press, 2003.

Glucksberg, S., *Understanding Figurative Language: From Metaphors to Idioms*, Oxford: Oxford University Press, 2001.

Goatly, A., *The Language of Metaphors*, London & New York: Routledge, 1997.

Halliday, M., *Language as Social Semiotic*, London: Edward Arnold, 1978.

Halliday, M. & R. Hasan, *Language, Context, and Text: Aspects of Language in a Social-semiotic Perspective*, Oxford: Oxford University Press, 1985.

Hart, C. & D. Lukes, *Cognitive Linguistics in Critical Discourse Analysis: Application and Theory*, Newcastle: Cambridge Scholars Publishing, 2007.

Herrmann, J. & T. Sardinha, *Metaphor in Specialist Discourse*, Amsterdam: John Benjamins, 2015.

Herrmann, J., *Metaphor in Academic Discourse*, Amsterdam: LOT, 2013.

Holmqvist, K., M. Nyström, R. Andersson, R. Dewhurst, H. Jarodzka & J. V. D. Weijer, *Eye Tracking: A Comprehensive Guide to Methods and Measures*, Oxford: Oxford University Press, 2011.

Janda, L., *Cognitive Linguistics: The Quantitative Turn*, Berlin: Walter de Gruyter, 2013.

Johnson, M., *The Body in the Mind: The Bodily Basis of Meaning, Imagination, and Reason*, Chicago and London: The University of Chicago Press, 1987.

Johnson, M., *The Meaning of the Body: Aesthetics of Human Understanding*, Chicago and London: The University of Chicago Press, 2007.

Koller, V., *Metaphor and Gender in Business Media Discourse: A Critical Cognitive Study*, Basingstoke: Palgrave, 2004.

Kotler, P., *On Marketing*, New York: Simon & Schuster, 2000.

Kövecses, Z., *Metaphor in Culture: Universality and Variation*, New York: Cambridge University Press, 2005.

Kövecses, Z., *Where Metaphors Come from: Reconsidering Context in Metaphor*, Oxford: Oxford University Press, 2015.

Kövecses, Z., *Extended Conceptual Metaphor Theory*, Cambridge: Cambridge University Press, 2020.

Krennmayr, T., *Metaphor in Newspapers*, Utrecht: LOT, 2011.

Lakoff, G., *Women, Fire, and Dangerous Things: What Categories Reveal about the Mind*, Chicago and London: The University of Chicago Press, 1987.

Lakoff, G., *Moral Politics: How Liberals and Conservatives Think*, Chicago and London: The University of Chicago Press, 2004.

Lakoff, G. & M. Johnson, *Metaphors We Live By*, Chicago and London: The University of Chicago Press, 1980.

Lakoff, G. & M. Johnson, *Philosophy in the Flesh: The Embodied Mind and its Challenges to Western Thought*, New York: Basic Books, 1999.

Lakoff, G. & M. Turner, *More than Cool Reason: A Field Guide to Poetic Metaphor*, Chicago and London: The University of Chicago Press, 1989.

Low, G., Z. Todd, A. Deignan & L. Cameron, *Researching and Applying*

Metaphor in the Real World, Amsterdam: John Benjamins, 2010.

McCloskey, D., *The Rhetoric of Economics*, Madison: The University of Wisconsin Press, 1985.

McCloskey, D., *If You're So Smart: The Narrative of Economic Expertise*, Chicago: The University of Chicago Press, 1992.

McEnery, T. & A. Hardie, *Corpus Linguistics: Method, Theory and Practice*, Cambridge: Cambridge University Press, 2012.

Mirowski, P., *More Heat than Light: Economics as Social Physics, Physics as Nature's Economics*, Cambridge: CUP, 1989.

Mitchell, W. & A. Burns, *Measuring Business Cycles*, Oxford: Oxford University Press, 1946.

Musolff, A. & J. Zinken, *Metaphor and Discourse*, Basingstoke: Palgrave Macmillan, 2009.

Musolff, A., *Metaphor and Political Discourse: Analogical Reasoning in Debates about Europe*, Basingstoke: Palgrave Macmillan, 2004.

Ortony, A., *Metaphor and Thought*, Cambridge: Cambridge University Press, 1993.

Richards, I. A., *The Philosophy of Rhetoric*, New York: Oxford University Press, 1936.

Ritchie, D., *Metaphor*, Cambridge: Cambridge University Press, 2013.

Rukeyser, M., *The Common Sense of Money and Investments*, New Jersey: Wiley, 1999.

Rundell, M. & G. Fox., *Macmillan English Dictionary for Advanced Learners*, Oxford: Macmillan Publishers Ltd., 2002.

Semino, E., *Metaphor in Discourse*, Cambridge: Cambridge University Press, 2008.

Sinclair, J., *Corpus, Concordance, Collocation*, Oxford: Oxford University Press, 1991.

Steen, G. J., *Finding Metaphor in Grammar and Usage*, Amsterdam: John

Benjamins, 2007.

Steen, G. J., A. G. Dorst, J. B. Herrmann, A. A. Kaal, T. Krennmayr & T. Pasma, *A Method for Linguistic Metaphor Identification*, Amsterdam: John Benjamins, 2010.

Tucker, I., *Survey of Economics*, Boston: Cengage Learning, 2014.

Turner, M., *Cognitive Dimensions of Social Science: The Way We Think about Politics, Economics, Law, and Society*, Oxford: Oxford University Press, 2003.

Ungerer, F. & H. Schmid, *An Introduction to Cognitive Linguistics*, Harlow: Pearson Longman, 2006.

Viner, J., *Studies in the Theory of International Trade*, New York: Allen and Unwin, 1937.

Yu, N., *The Contemporary Theory of Metaphor: A Perspective from Chinese*, Amsterdam: John Benjamins, 1998.

三 中文论文

卞迁、齐薇、刘志方、闫国利：《当代眼动记录技术述评》，《心理研究》2009年第1期。

陈道明：《"混杂隐喻"和隐喻连贯》，《华侨大学学报》（哲学社会科学版）2000年第2期。

陈虹：《俄语语料库的标注》，《中国俄语教学》2012年第2期。

陈朗：《基于英语演讲可比语料库的中国中高水平EFL学习者隐喻话语能力研究》，博士学位论文，上海外国语大学，2017年。

陈朗：《基于语料库的英语经济话语隐喻研究》，《解放军外国语学院学报》2018年第4期。

陈敏、谭业升：《一项基于语料库方法的英汉"并购"隐喻研究》，《外语与外语教学》2010年第3期。

狄艳华、杨忠：《经济危机报道中概念隐喻的认知分析》，《东北师大学报》（哲学社会科学版）2010 年第 6 期。

丁信善：《语料库语言学的发展及研究现状》，《当代语言学》1998 年第 1 期。

董素蓉、苗兴伟：《隐喻的语篇衔接模式》，《外语学刊》2017 年第 3 期。

樊林洲：《隐喻：经济学概念认知和推理的母体》，《福建师范大学学报》（哲学社会科学版）2016 年第 2 期。

冯德正：《多模态隐喻的构建与分类——系统功能视角》，《外语研究》2011 年第 1 期。

冯向东：《高等教育研究中的"思辨"与"实证"方法辨析》，《北京大学教育评论》2010 年第 1 期。

何婷婷：《语料库研究》，博士学位论文，华中师范大学，2003 年。

胡春雨、徐玉婷：《基于汉英媒体语料库的"经济隐喻"对比研究》，《外语教学》2017 年第 5 期。

胡春雨：《基于语料库的泡沫隐喻研究》，《解放军外国语学院学报》2014 年第 1 期。

黄华新、刘星：《混杂隐喻的语义连贯机制》，《浙江社会科学》2015 年第 4 期。

黄洁、何芬：《论微电影广告中多模态隐喻的建构——以益达口香糖酸甜苦辣系列广告为例》，《西安外国语大学学报》2019 年第 2 期。

霍颖：《语篇中多模态隐喻的认知构建——以一则保险平面广告为例》，《东北大学学报》（哲学社会科学版）2012 年第 2 期。

贾玉祥、俞士汶、朱学锋：《隐喻自动处理研究进展》，《中文信息学报》2009 年第 6 期。

江娜：《英语经济学术语的隐喻命名及其认知机制》，《湖南科技大学学报》（社会科学版）2015 年第 6 期。

孔德明：《从认知看经济语篇中的隐喻概念》，《外语与外语教学》2002 年第 2 期。

蓝纯、蔡颖：《电视广告中多模态隐喻的认知语言学研究——以海飞丝广告为例》，《外语研究》2013 年第 5 期。

李福印：《概念隐喻理论和存在的问题》，《中国外语》2005年第4期。

李琳：《英美CEO风险话语的隐喻建模研究》，《外语学刊》2016年第3期。

李明：《商务用途英语中经济类文本里的隐喻机制及功能》，《广东外语外贸大学学报》2005年第2期。

李薇、李志蜀、尹皓：《XML——新的Web开发工具》，《计算机应用》1999年第5期。

李勇、阴国恩、陈燕丽：《阅读中疲劳、心理负荷因素对瞳孔大小的调节作用》，《心理与行为研究》2004年第3期。

梁改萍：《论隐喻在英语经济类报刊文章中的应用》，《广东外语外贸大学学报》2007年第4期。

梁婧玉、汪少华：《当代美国政治语篇的隐喻学分析——以教育类语篇为例》，《外语研究》2013年第4期。

梁婧玉：《美国两党国情咨文（1946—2014）的隐喻架构分析》，博士学位论文，南京师范大学，2015年。

梁婧玉：《中国国家形象的架构隐喻分析——以2016年〈经济学人〉中国专栏为例》，《外语研究》2018年第6期。

刘晓环：《英汉语错序结构阅读的眼动特征及其认知模型建构》，博士学位论文，苏州大学，2016年。

刘星：《现代汉语隐喻簇的认知探究——接入语义学视角》，博士学位论文，浙江大学，2015年。

刘雪莲：《概念隐喻在英汉经济语篇中的共时对比研究》，《河南科技大学学报》（社会科学版）2013年第5期。

刘宇红：《隐喻映射的双向性：隐喻生涯视角》，《外国语言文学》2015年第1期。

刘正光：《莱柯夫隐喻理论中的缺陷》，《外语与外语教学》2001年第1期。

柳超健、曹灵美：《国外基于语料库的隐喻研究：方法、问题与展望》，《外语教学理论与实践》2017年第1期。

柳超健、王军、曹灵美：《语料库中的隐喻标注研究》，《外语学刊》2018年第2期。

柳超健、王军：《基于语义标注工具Wmatrix的隐喻识别研究》，《外语电化教学》2017年第2期。

马星城：《眼动跟踪技术在视译过程研究中的应用——成果、问题与展望》，《外国语》2017年第2期。

苗兴伟、廖美珍：《隐喻的语篇功能》，《外语学刊》2007年第6期。

孙天义、许远理：《认知负荷的理论及主要模型》，《心理研究》2012年第2期。

孙亚、李琳：《商务话语中的隐喻研究：回顾与思考》，《商务英语教学与研究》2014年第4期。

孙亚：《基于语料库工具Wmatrix的隐喻研究》，《外语教学》2012年第3期。

孙厌舒：《英语经济隐喻的认知功能及其与文化的关系》，《山东外语教学》2003年第5期。

孙毅：《基于语义域的隐喻甄别技术初探——以Wmatrix语料库工具为例》，《解放军外国语学院学报》2013年第4期。

孙毅：《当代隐喻学在中国（1994—2013）——一项基于CSSCI外国语言学来源期刊的文献计量研究》，《西安外国语大学学报》2015年第3期。

谭业升、陈敏：《汉语经济隐喻的一项历时研究》，《语言教学与研究》2010年第5期。

唐莉莉：《浅析英语经济语篇中的概念隐喻》，《东南大学学报》（哲学社会科学版）2007年第9期。

唐树华、田臻：《认知语言学的两个承诺及其发展趋势》，《外语学刊》2012年第3期。

田嘉、苏畅、陈怡疆：《隐喻计算研究进展》，《软件学报》2015年第1期。

汪少华：《美国政治语篇的隐喻学分析——以布什和奥巴马的演讲为

例》,《外语与外语教学》2011年第4期。

王军:《隐喻映射问题再考》,《外国语》2011年第4期。

王军:《隐喻与转喻的基础性地位之争》,《外文研究》2019年第2期。

王丽丽:《复合隐喻的认知心理图式》,《外语学刊》2010年第6期。

王文斌:《西方隐喻研究理论视点述要》,《宁波大学学报》(人文科学版)2006年第2期。

王小平、王军:《广告话语中动态多模态隐喻的形式表征研究——聚焦模态调用特征及理据》,《外语学刊》2018年第5期。

王治敏:《名词隐喻的计算研究及识别实验》,《语言教学与研究》2008年第2期。

文旭、叶狂:《概念隐喻的系统性和连贯性》,《外语学刊》2003年第3期。

武继红:《隐喻辨识中的词典使用》,《外国语文》2016年第2期。

辛斌:《批评话语分析:批评与反思》,《外语学刊》2008年第6期。

徐冰:《英语经济语篇中生物隐喻映射模式探析》,《燕山大学学报》(哲学社会科学版)2006年第1期。

闫国利、熊建萍、臧传丽、余莉莉、崔磊、白学军:《阅读研究中的主要眼动指标评述》,《心理科学进展》2013年第4期。

杨虎涛:《演化经济学中的生物学隐喻——合理性、相似性与差异性》,《学术月刊》2006年第6期。

杨旭、汪少华:《电视广告音乐的多模态隐喻机制分析》,《外国语言文学》2013年第3期。

殷杰、祁大为:《经济学隐喻的实在性探析》,《自然辩证法研究》2019年第4期。

张宝林:《关于通用型汉语中介语语料库标注模式的再认识》,《世界汉语教学》2013年第1期。

张冬瑜、杨亮、郑朴琪、徐博、林鸿飞:《情感隐喻语料库构建与应用》,《中国科学》2015年第12期。

张辉、江龙:《试论认知语言学与批评话语分析的融合》,《外语学刊》

2008年第5期。

张辉、杨艳琴：《批评认知语言学：理论基础与研究现状》，《外语教学》2019年第3期。

张辉、展伟伟：《广告语篇中多模态转喻与隐喻的动态构建》，《外语研究》2011年第1期。

张蕾、苗兴伟：《英汉新闻语篇隐喻表征的比较研究——以奥运经济隐喻表征为例》，《外语与外语教学》2012年第4期。

张蕾：《隐喻研究的批评话语分析视角》，《山东外语教学》2011年第5期。

张蕾：《新闻语篇中经济隐喻的建构功能——一项基于小型自建语料库的研究》，《天津外国语大学学报》2013年第1期。

张玮、张德禄：《隐喻性特征与语篇连贯研究》，《外语学刊》2008年第1期。

张仙峰、叶文玲：《当前阅读研究中眼动指标述评》，《心理与行为研究》2006年第3期。

张征、杨成虎：《概念隐喻恒定性原理中的"彰"与"障"问题》，《外语学刊》2013年第4期。

赵霞、尹娟：《中英经济语篇中概念隐喻映射模式的比较分析》，《内蒙古大学学报》（哲学社会科学版）2010年第6期。

周红英：《再论隐喻的连贯性压力》，《外语学刊》2007年第3期。

朱立华：《经济修辞学研究概述》，《天津商业大学学报》2009年第5期。

四　中文著作

陈敏：《经济话语中的隐喻与意识形态》，四川大学出版社2010年版。

胡壮麟：《认知隐喻学》，北京大学出版社2004年版。

蓝纯：《从认知角度看汉语和英语的空间隐喻》，外语教学与研究出版社2003年版。

梁茂成、李文中、许家金：《语料库应用教程》，外语教学与研究出版社 2010 年版。

刘法公：《隐喻汉英翻译原则研究》，国防工业出版社 2008 年版。

柳超健：《英汉社会话语中的隐喻比较研究——以政治演说为例》，中国社会科学出版社 2018 年版。

潘文国：《汉英语对比纲要》，北京语言大学出版社 1997 年版。

束定芳：《认知语言学研究方法》，上海外语教育出版社 2013 年版。

束定芳：《隐喻学研究》，上海外语教育出版社 2000 年版。

孙亚：《隐喻与话语》，对外贸易经济大学出版社 2013 年版。

孙亚：《英汉商务话语隐喻对比研究——基于认知语料库语言学》，上海外语教育出版社 2022 年版。

王寅：《认知语言学》，上海外语教育出版社 2007 年版。

魏纪东：《篇章隐喻研究》，上海外语教育出版社 2009 年版。

吴恩锋：《经济认知域的隐喻思维》，浙江大学出版社 2010 年版。

闫国利、白学军：《眼动分析技术的基础与应用》，北京师范大学出版社 2018 年版。

张炜炜：《隐喻与转喻研究》，外语教学与研究出版社 2020 年版。

赵艳芳：《认知语言学概论》，上海外语教育出版社 2001 年版。

附　录

附录1　基本概念域独立样本 t 检验原始数据表（SPSS 26.0 Mac 版）

1. 经济主题方向基本概念域

T-Test

[数据集1]/Users/launick/Desktop/经济 隐喻形符.sav

Group Statistics

	语料类型	N	Mean	Std. Deviation	Std.Error Mean
隐喻形符	PPC	12	1364.33	717.094	207.007
	RAC	12	969.25	537.357	155.121

Independent Samples Test

		Levene's Test for Equality of Variances		t-test for Equality of Means					95% Confidence Interval of the Difference	
		F	Sig.	t	df	Sig.(2-tailed)	Mean Difference	Std.Error Difference	Lower	Upper
隐喻形符	Equal variances assumed	.881	.358	1.527	22	.141	395.083	258.679	−141.383	931.550
	Equal variances not assumed			1.527	20.392	.142	395.083	258.679	−143.847	934.013

T-Test

[数据集1]/Users/launick/Desktop/经济 隐喻形符.sav

Group Statistics

	语料类型	N	Mean	Std. Deviation	Std.Error Mean
隐喻形符	PPC	12	31.92	16.801	4.850
	RAC	12	17.58	10.689	3.086

Independent Samples Test

		Levene's Test for Equality of Variances		t-test for Equality of Means					95% Confidence Interval of the Difference	
		F	Sig.	t	df	Sig.(2-tailed)	Mean Difference	Std.Error Difference	Lower	Upper
隐喻类符	Equal variances assumed	4.241	.051	2.493	22	.021	14.333	5.748	2.412	26.255
	Equal variances not assumed			2.493	18.652	.022	14.333	5.748	2.287	26.380

T-Test

[数据集 1]/Users/launick/Desktop/ 经济 隐喻形符 .sav

Group Statistics

	语料类型	N	Mean	Std. Deviation	Std.Error Mean
丰富性	PPC	12	44.4858	7.18241	2.07338
	RAC	12	54.3933	29.81130	8.60578

Independent Samples Test

		Levene's Test for Equality of Variances		t-test for Equality of Means					95% Confidence Interval of the Difference	
		F	Sig.	t	df	Sig.(2-tailed)	Mean Difference	Std.Error Difference	Lower	Upper
丰富性	Equal variances assumed	4.415	.047	-1.119	22	.275	-9.90750	8.85203	-28.26548	8.45048
	Equal variances not assumed			-1.119	12.273	.284	-9.90750	8.85203	-29.14698	9.33198

2. 市场主题方向基本概念域

T-Test

[数据集 1]/Users/launick/Desktop/ 市场 隐喻形符 .sav

Group Statistics

	语料类型	N	Mean	Std. Deviation	Std.Error Mean
隐喻形符	PPC	10	1115.60	520.370	164.555
	RAC	10	991.20	616.418	194.929

Independent Samples Test

		Levene's Test for Equality of Variances		t-test for Equality of Means					95% Confidence Interval of the Difference	
		F	Sig.	t	df	Sig.(2-tailed)	Mean Difference	Std.Error Difference	Lower	Upper
隐喻形符	Equal variances assumed	.224	.642	.488	18	.632	124.400	255.099	-411.544	660.344
	Equal variances not assumed			.488	17.507	.632	124.400	255.099	-412.627	661.427

T-Test

[数据集 1]/Users/launick/Desktop/ 市场 隐喻形符 .sav

Group Statistics

	语料类型	N	Mean	Std. Deviation	Std.Error Mean
隐喻类符	PPC	10	24.40	11.452	3.622
	RAC	10	14.70	8.551	2.704

Independent Samples Test

		Levene's Test for Equality of Variances		t-test for Equality of Means					95% Confidence Interval of the Difference	
		F	Sig.	t	df	Sig.(2-tailed)	Mean Difference	Std.Error Difference	Lower	Upper
隐喻类符	Equal variances assumed	1.415	.250	2.146	18	.046	9.700	4.520	.204	19.196
	Equal variances not assumed			2.146	16.656	.047	9.700	4.520	.149	19.251

T-Test

[数据集1] /Users/launick/Desktop/ 丰富性 .sav

Group Statistics

语料类型		N	Mean	Std. Deviation	Std.Error Mean
丰富性	PPC	10	45.9340	8.31908	2.63072
	RAC	10	60.7980	31.12515	9.84264

Independent Samples Test

		Levene's Test for Equality of Variances		t-test for Equality of Means					95% Confidence Interval of the Difference	
		F	Sig.	t	df	Sig.(2-tailed)	Mean Difference	Std.Error Difference	Lower	Upper
丰富性	Equal variances assumed	6.057	.024	-1.459	18	.162	-14.86400	10.18814	-36.26849	6.54049
	Equal variances not assumed			-1.459	10.279	.174	-14.86400	10.18814	-37.48125	7.75325

3. 货币主题方向基本概念域

T-Test

[数据集1] /Users/launick/Desktop/ 货币 隐喻形符 .sav

Group Statistics

语料类型		N	Mean	Std. Deviation	Std.Error Mean
隐喻形符	PPC	11	1193.91	716.209	215.945
	RAC	11	1057.36	593.271	178.878

Independent Samples Test

		Levene's Test for Equality of Variances		t-test for Equality of Means					95% Confidence Interval of the Difference	
		F	Sig.	t	df	Sig.(2-tailed)	Mean Difference	Std.Error Difference	Lower	Upper
隐喻形符	Equal variances assumed	.531	.474	.487	20	.632	136.545	280.410	-448.379	721.470
	Equal variances not assumed			.487	19.330	.632	136.545	280.410	-449.680	722.771

T-Test

[数据集1] /Users/launick/Desktop/ 货币 隐喻类符 .sav

Group Statistics

语料类型		N	Mean	Std. Deviation	Std.Error Mean
隐喻类符	PPC	11	24.45	10.680	3.220
	RAC	11	17.36	9.500	2.864

Independent Samples Test

		Levene's Test for Equality of Variances		t-test for Equality of Means					95% Confidence Interval of the Difference	
		F	Sig.	t	df	Sig.(2-tailed)	Mean Difference	Std.Error Difference	Lower	Upper
隐喻类符	Equal variances assumed	.238	.631	1.645	20	.116	7.091	4.310	-1.899	16.081
	Equal variances not assumed			1.645	19.732	.116	7.091	4.310	-1.907	16.089

4. 企业主题方向基本概念域

T-Test

[数据集1] /Users/launick/Desktop/企业 隐喻形符.sav

Group Statistics

语料类型		N	Mean	Std. Deviation	Std. Error Mean
隐喻形符	PPC	10	1016.40	581.367	183.845
	RAC	10	917.80	407.698	128.925

Independent Samples Test

		Levene's Test for Equality of Variances		t-test for Equality of Means					95% Confidence Interval of the Difference	
		F	Sig.	t	df	Sig.(2-tailed)	Mean Difference	Std. Error Difference	Lower	Upper
隐喻形符	Equal variances assumed	1.010	.328	.439	18	.666	98.600	224.545	−373.152	570.352
	Equal variances not assumed			.439	16.128	.666	98.600	224.545	−377.107	574.307

T-Test

[数据集1] /Users/launick/Desktop/企业 隐喻类符.sav

Group Statistics

语料类型		N	Mean	Std. Deviation	Std. Error Mean
隐喻类符	PPC	10	31.20	14.589	4.614
	RAC	10	19.50	9.301	2.941

Independent Samples Test

		Levene's Test for Equality of Variances		t-test for Equality of Means					95% Confidence Interval of the Difference	
		F	Sig.	t	df	Sig.(2-tailed)	Mean Difference	Std. Error Difference	Lower	Upper
隐喻类符	Equal variances assumed	2.251	.151	2.138	18	.046	11.700	5.471	.205	23.195
	Equal variances not assumed			2.138	15.278	.049	11.700	5.471	.057	23.343

T-Test

[数据集1] /Users/launick/Desktop/企业 丰富值.sav

Group Statistics

语料类型		N	Mean	Std. Deviation	Std. Error Mean
丰富值	PPC	10	30.8190	7.29384	2.30651
	RAC	10	50.3760	15.42011	4.87627

Independent Samples Test

		Levene's Test for Equality of Variances		t-test for Equality of Means					95% Confidence Interval of the Difference	
		F	Sig.	t	df	Sig.(2-tailed)	Mean Difference	Std. Error Difference	Lower	Upper
丰富值	Equal variances assumed	7.048	.016	−3.626	18	.002	−19.55700	5.39425	−30.88991	−8.22409
	Equal variances not assumed			−3.626	12.835	.003	−19.55700	5.39425	−31.22580	−7.88820

附录2 基本概念域独立样本 *U* 检验原始数据表(SPSS 26.0 Mac 版)

1. 经济主题方向基本概念域

NPar Tests

［数据集1］/Users/launick/Desktop/ 经济 共鸣值（非参数）.sav

Mann-Whitney Test

Ranks

语料类型		N	Mean Rank	Sum of Ranks
共鸣值	PPC	12	15.33	184.00
	RAC	12	9.67	116.00
	Total	24		

Test Statistics[a]

	共鸣值
Mann-Whitney U	38.000
Wilcoxon W	116.000
Z	−1.963
Asymp.Sig.(2-tailed)	.050
Exact Sig.[2*(1-tailed sig.)]	.052[b]

a. Grouping Variable：语料类型
b. Not corrected for ties.

2. 市场主题方向基本概念域

NPar Tests

［数据集1］/Users/launick/Desktop/ 市场 共鸣值（非参数）.sav

Mann-Whitney Test

Ranks

语料类型		N	Mean Rank	Sum of Ranks
共鸣值	PPC	10	12.10	121.00
	RAC	10	8.90	89.00
	Total	20		

Test Statistics[a]

	共鸣值
Mann-Whitney U	34.000
Wilcoxon W	89.000
Z	−1.209
Asymp.Sig.(2-tailed)	.226
Exact Sig.[2*(1-tailed sig.)]	.247[b]

a. Grouping Variable：语料类型
b. Not corrected for ties.

3. 货币主题方向基本概念域

NPar Tests

［数据集1］/Users/launick/Desktop/ 货币 共鸣值（非参数）.sav

Mann-Whitney Test

Ranks

语料类型		N	Mean Rank	Sum of Ranks
共鸣值	PPC	11	12.73	140.00
	RAC	11	10.27	113.00
	Total	22		

Test Statistics[a]

	共鸣值
Mann-Whitney U	47.000
Wilcoxon W	113.000
Z	−.886
Asymp.Sig.(2-tailed)	.375
Exact Sig.[2*(1-tailed sig.)]	.401[b]

a. Grouping Variable：语料类型
b. Not corrected for ties.

NPar Tests

［数据集1］/Users/launick/Desktop/ 货币 丰富值（非参数）.sav

Mann-Whitney Test

Ranks

语料类型		N	Mean Rank	Sum of Ranks
丰富值	PPC	11	9.00	99.00
	RAC	11	14.00	154.00
	Total	22		

Test Statistics[a]

	丰富值
Mann-Whitney U	33.000
Wilcoxon W	99.000
Z	−1.806
Asymp.Sig.(2-tailed)	.021
Exact Sig.[2*(1-tailed sig.)]	.026[b]

a. Grouping Variable：语料类型
b. Not corrected for ties.

4. 企业主题方向基本概念域

NPar Tests

［数据集1］/Users/launick/Desktop/ 企业 共鸣值（非参数）.sav

Mann-Whitney Test

Ranks

语料类型		N	Mean Rank	Sum of Ranks
共鸣值	PPC	10	12.10	121.00
	RAC	10	8.90	89.00
	Total	20		

Test Statistics[a]

	共鸣值
Mann-Whitney U	34.000
Wilcoxon W	89.000
Z	−1.209
Asymp.Sig.(2-tailed)	.226
Exact Sig.[2*(1-tailed sig.)]	.247[b]

a. Grouping Variable：语料类型
b. Not corrected for ties.

附录3　眼动实验 EB 程序设计图

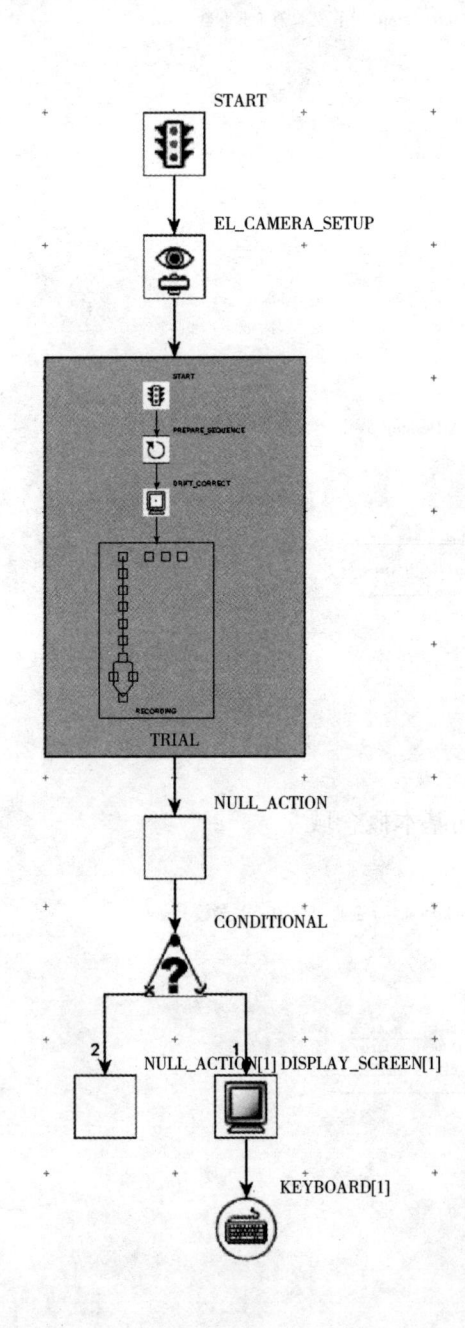

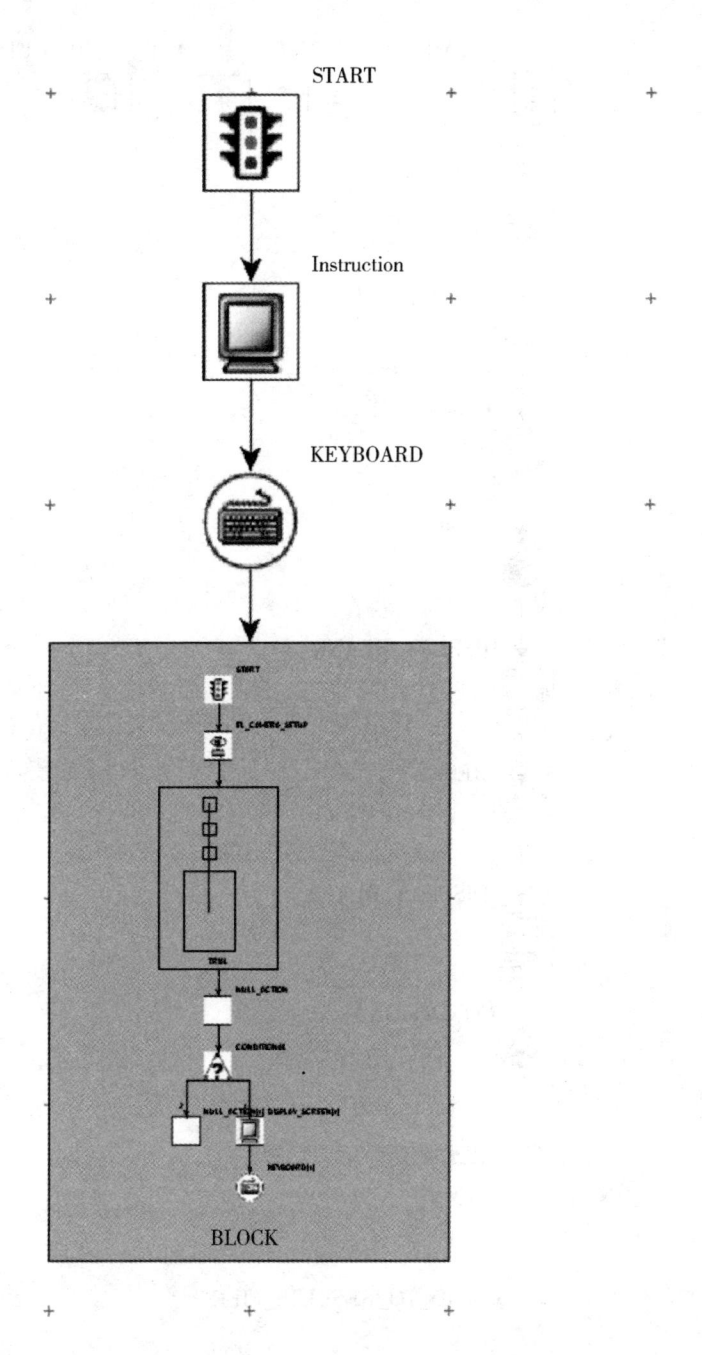

附　录

START

Instruction

KEYBOARD

BLOCK

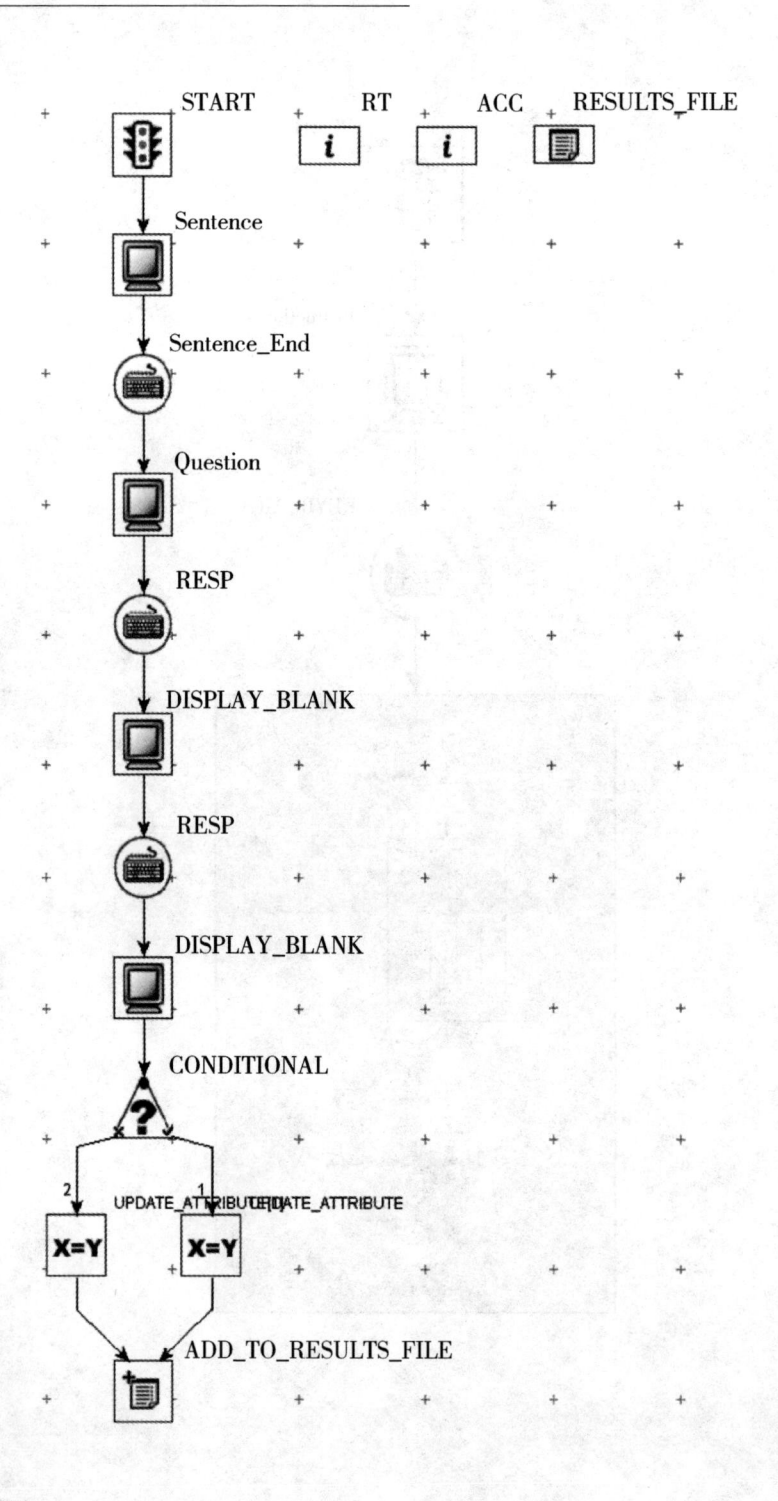

商务与经济话语中的隐喻垂直比较研究

```
START        RT      ACC    RESULTS_FILE
  │
  ▼
Sentence
  │
  ▼
Sentence_End
  │
  ▼
Question
  │
  ▼
RESP
  │
  ▼
DISPLAY_BLANK
  │
  ▼
RESP
  │
  ▼
DISPLAY_BLANK
  │
  ▼
CONDITIONAL
 ╱ ╲
2   1
UPDATE_ATTRIBUTE   UPDATE_ATTRIBUTE
X=Y                X=Y
  ╲ ╱
   ▼
ADD_TO_RESULTS_FILE
```

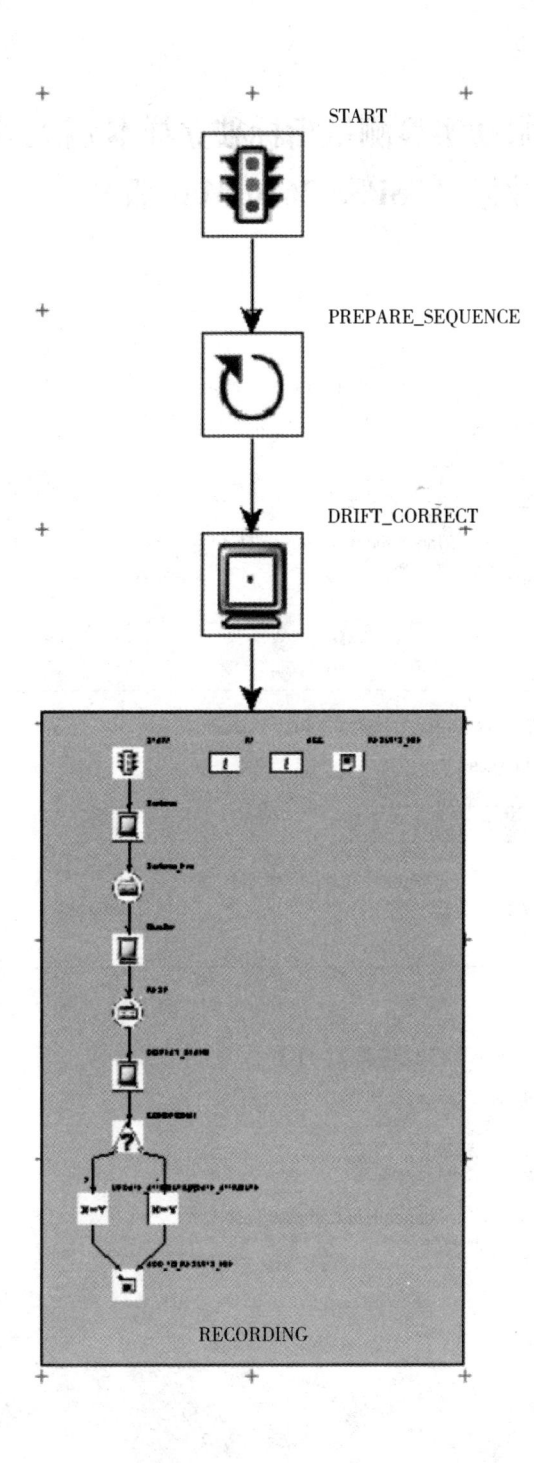

附 录

START

PREPARE_SEQUENCE

DRIFT_CORRECT

RECORDING

附录4　眼动实验测量指标独立样本 t 检验原始数据表(SPSS 26.0 Mac 版)

T-Test

[Dataset1] /Users/launick/Desktop/组内比较数据/PF-PL 首次注视时间.sav

Group Statistics

语料类型		N	Mean	Std. Deviation	Std. Error Mean
首次注视时间	PF	600	291.03	65.376	11.936
	PL	600	301.10	79.964	14.599

Independent Samples Test

		Levene's Test for Equality of Variances		t-test for Equality of Means					95% Confidence Interval of the Difference	
		F	Sig.	t	df	Sig.(2-tailed)	Mean Difference	Std. Error Difference	Lower	Upper
首次注视时间	Equal variances assumed	1.769	.189	−.534	58	.596	−10.067	18.858	−47.814	27.681
	Equal variances not assumed			−.534	55.796	.596	−10.067	18.858	−47.846	27.713

[Dataset1] /Users/launick/Desktop/组内比较数据/RF-RL 首次注视时间.sav

Group Statistics

语料类型		N	Mean	Std. Deviation	Std. Error Mean
首次注视时间	RF	600	307.33	71.261	13.010
	RL	600	295.50	72.912	13.312

Independent Samples Test

		Levene's Test for Equality of Variances		t-test for Equality of Means					95% Confidence Interval of the Difference	
		F	Sig.	t	df	Sig.(2-tailed)	Mean Difference	Std. Error Difference	Lower	Upper
首次注视时间	Equal variances assumed	.078	.781	.636	58	.527	11.833	18.614	−25.426	49.093
	Equal variances not assumed			.636	57.970	.527	11.833	18.614	−25.427	49.093

[Dataset1] /Users/launick/Desktop/组内比较数据/PF-PL 凝视时间.sav

Group Statistics

语料类型		N	Mean	Std. Deviation	Std. Error Mean
凝视时间	PF	600	349.50	120.590	22.017
	PL	600	315.00	154.112	28.137

Independent Samples Test

		Levene's Test for Equality of Variances		t-test for Equality of Means					95% Confidence Interval of the Difference	
		F	Sig.	t	df	Sig.(2-tailed)	Mean Difference	Std. Error Difference	Lower	Upper
凝视时间	Equal variances assumed	1.280	.263	.966	58	.338	34.500	35.727	−37.015	106.015
	Equal variances not assumed			.966	54.829	.338	34.500	35.727	−37.103	106.013

[Dataset1] /Users/launick/Desktop/ 组内比较数据 /RF-RL 凝视时间 .sav

Group Statistics

	语料类型	N	Mean	Std. Deviation	Std. Error Mean
凝视时间	RF	600	336.53	187.428	34.219
	RL	600	615.33	358.329	65.422

Independent Samples Test

		Levene's Test for Equality of Variances		t-test for Equality of Means					95% Confidence Interval of the Difference	
		F	Sig.	t	df	Sig.(2-tailed)	Mean Difference	Std.Error Difference	Lower	Upper
凝视时间	Equal variances assumed	7.369	.009	-3.776	58	.000	-278.800	73.831	-426.588	-131.012
	Equal variances not assumed			-3.776	43.763	.000	-278.800	73.831	-427.618	-129.982

T-Test

[Dataset1] /Users/launick/Desktop/ 组内比较数据 /PF-PL 回视时间 .sav

Group Statistics

	语料类型	N	Mean	Std. Deviation	Std. Error Mean
回视时间	PF	600	1454.53	643.157	117.424
	PL	600	967.00	667.439	121.857

Independent Samples Test

		Levene's Test for Equality of Variances		t-test for Equality of Means					95% Confidence Interval of the Difference	
		F	Sig.	t	df	Sig.(2-tailed)	Mean Difference	Std.Error Difference	Lower	Upper
回视时间	Equal variances assumed	.091	.764	2.881	58	.006	487.533	169.226	148.790	826.277
	Equal variances not assumed			2.881	57.921	.006	487.533	169.226	148.780	826.286

[Dataset1] /Users/launick/Desktop/ 组内比较数据 /RF-RL 回视时间 .sav

Group Statistics

	语料类型	N	Mean	Std. Deviation	Std. Error Mean
回视时间	RF	600	2045.60	840.790	153.507
	RL	600	1056.83	963.012	175.821

Independent Samples Test

		Levene's Test for Equality of Variances		t-test for Equality of Means					95% Confidence Interval of the Difference	
		F	Sig.	t	df	Sig.(2-tailed)	Mean Difference	Std.Error Difference	Lower	Upper
回视时间	Equal variances assumed	.478	.492	4.236	58	.000	988.767	233.404	521.558	1455.975
	Equal variances not assumed			4.236	56.963	.000	988.767	233.404	521.377	1456.156

[Dataset1] /Users/launick/Desktop/ 组内比较数据 /PF-PL 总注视时间 .sav

Group Statistics

	语料类型	N	Mean	Std. Deviation	Std. Error Mean
总注视时间	PF	600	1804.03	646.048	117.952
	PL	600	1282.00	637.359	116.365

Independent Samples Test

		Levene's Test for Equality of Variances		t-test for Equality of Means					95% Confidence Interval of the Difference	
		F	Sig.	t	df	Sig.(2-tailed)	Mean Difference	Std.Error Difference	Lower	Upper
总注视时间	Equal variances assumed	.329	.568	3.151	58	.003	522.033	165.691	190.367	853.700
	Equal variances not assumed			3.151	57.989	.003	522.033	165.691	190.366	853.701

[Dataset1] /Users/launick/Desktop/ 组内比较数据 /RF-RL 总注视时间 .sav

Group Statistics

	语料类型	N	Mean	Std. Deviation	Std.Error Mean
总注视时间	RF	600	2382.13	845.398	154.348
	RL	600	1672.17	942.714	172.115

Independent Samples Test

		Levene's Test for Equality of Variances		t-test for Equality of Means					95% Confidence Interval of the Difference	
		F	Sig.	t	df	Sig.(2-tailed)	Mean Difference	Std.Error Difference	Lower	Upper
总注视时间	Equal variances assumed	.322	.573	3.071	58	.003	709.967	231.186	247.198	1172.736
	Equal variances not assumed			3.071	57.325	.003	709.967	231.186	247.082	1172.852

T-Test

[Dataset1] /Users/launick/Desktop/ 组间比较数据 /RF-PF 平均注视时间 .sav

Group Statistics

	语料类型	N	Mean	Std. Deviation	Std.Error Mean
平均注视时间	RF	600	168.85	61.130	11.161
	PF	600	130.12	49.418	9.023

Independent Samples Test

		Levene's Test for Equality of Variances		t-test for Equality of Means					95% Confidence Interval of the Difference	
		F	Sig.	t	df	Sig.(2-tailed)	Mean Difference	Std.Error Difference	Lower	Upper
平均注视时间	Equal variances assumed	.320	.574	2.698	58	.009	38.727	14.352	9.999	67.455
	Equal variances not assumed			2.698	55.561	.009	38.727	14.352	9.972	67.482

[Dataset1] /Users/launick/Desktop/ 组间比较数据 /RL-PL 平均注视时间 .sav

Group Statistics

	语料类型	N	Mean	Std. Deviation	Std.Error Mean
平均注视时间	RL	600	134.75	71.025	12.967
	PL	600	106.96	60.097	10.972

Independent Samples Test

		Levene's Test for Equality of Variances		t-test for Equality of Means					95% Confidence Interval of the Difference	
		F	Sig.	t	df	Sig.(2-tailed)	Mean Difference	Std.Error Difference	Lower	Upper
平均注视时间	Equal variances assumed	2.457	.122	1.636	58	.107	27.791	16.986	-6.211	61.793
	Equal variances not assumed			1.636	56.453	.107	27.791	16.986	-6.231	61.813

[Dataset1] /Users/launick/Desktop/ 组间比较数据 /RF-PF 总注视时间 .sav

Group Statistics

	语料类型	N	Mean	Std. Deviation	Std.Error Mean
总注视时间	RF	600	2382.13	845.398	154.348
	PF	600	1804.03	645.048	117.952

Independent Samples Test

		Levene's Test for Equality of Variances		t-test for Equality of Means					95% Confidence Interval of the Difference	
		F	Sig.	t	df	Sig.(2-tailed)	Mean Difference	Std.Error Difference	Lower	Upper
总注视时间	Equal variances assumed	.614	.437	2.976	58	.004	578.100	194.257	189.252	966.948
	Equal variances not assumed			2.976	54.258	.004	578.100	194.257	189.252	967.520

附 录

[Dataset1] /Users/launick/Desktop/组间比较数据/RL-PL 总注视时间.sav

Group Statistics

	语料类型	N	Mean	Std. Deviation	Std.Error Mean
总注视时间	RL	600	1672.17	942.714	172.115
	PL	600	1282.00	637.359	116.365

Independent Samples Test

		Levene's Test for Equality of Variances		t-test for Equality of Means					95% Confidence Interval of the Difference	
		F	Sig.	t	df	Sig.(2-tailed)	Mean Difference	Std.Error Difference	Lower	Upper
总注视时间	Equal variances assumed	3.152	.081	1.878	58	.065	390.167	207.761	−25.712	806.045
	Equal variances not assumed			1.878	50.5930	.066	390.167	207.761	−26.945	807.278

T-Test

[Dataset1] /Users/launick/Desktop/组内比较数据/RF-RL 注视次数.sav

Group Statistics

	语料类型	N	Mean	Std. Deviation	Std.Error Mean
注视次数	RF	600	14.33	1.882	.344
	PF	600	14.33	2.725	.498

Independent Samples Test

		Levene's Test for Equality of Variances		t-test for Equality of Means					95% Confidence Interval of the Difference	
		F	Sig.	t	df	Sig.(2-tailed)	Mean Difference	Std.Error Difference	Lower	Upper
注视次数	Equal variances assumed	2.673	.107	.165	58	.869	.100	.605	−1.110	1.310
	Equal variances not assumed			.165	51.529	.869	.100	.605	−1.114	1.314

[Dataset1] /Users/launick/Desktop/组内比较数据/RL-PL 注视次数.sav

Group Statistics

	语料类型	N	Mean	Std. Deviation	Std.Error Mean
注视次数	RL	600	13.60	2.990	.546
	PL	600	12.73	2.612	.477

Independent Samples Test

		Levene's Test for Equality of Variances		t-test for Equality of Means					95% Confidence Interval of the Difference	
		F	Sig.	t	df	Sig.(2-tailed)	Mean Difference	Std.Error Difference	Lower	Upper
注视次数	Equal variances assumed	.696	.408	1.196	58	.237	.867	.725	−.584	2.318
	Equal variances not assumed			1.196	56.974	.237	.867	.725	−.585	2.318

[Dataset1] /Users/launick/Desktop/组内比较数据/RF-PF 回视次数.sav

Group Statistics

	语料类型	N	Mean	Std. Deviation	Std.Error Mean
回视次数	RF	600	12.30	3.870	.707
	PF	600	10.17	4.128	.754

Independent Samples Test

		Levene's Test for Equality of Variances		t-test for Equality of Means					95% Confidence Interval of the Difference	
		F	Sig.	t	df	Sig.(2-tailed)	Mean Difference	Std.Error Difference	Lower	Upper
回视次数	Equal variances assumed	.248	.621	2.065	58	.043	2.133	1.033	.065	4.201
	Equal variances not assumed			2.065	57.760	.043	2.133	1.033	.065	4.201

[Dataset1] /Users/launick/Desktop/组内比较数据/RL-PL 回视次数.sav

Group Statistics

语料类型		N	Mean	Std. Deviation	Std.Error Mean
回视次数	RL	600	9.57	7.408	1.352
	PL	600	6.20	4.262	.778

Independent Samples Test

		Levene's Test for Equality of Variances		t-test for Equality of Means					95% Confidence Interval of the Difference	
		F	Sig.	t	df	Sig.(2-tailed)	Mean Difference	Std.Error Difference	Lower	Upper
回视次数	Equal variances assumed	10.073	.002	2.158	58	.035	3.367	1.560	.243	6.490
	Equal variances not assumed			2.158	46.304	.036	3.367	1.560	.226	6.507

T-Test

[Dataset1] /Users/launick/Desktop/组内比较数据/RF-PF 瞳孔直径.sav

Group Statistics

语料类型		N	Mean	Std. Deviation	Std.Error Mean
瞳孔直径	RF	600	1584.13	223.663	40.835
	PF	600	1623.01	142.791	26.070

Independent Samples Test

		Levene's Test for Equality of Variances		t-test for Equality of Means					95% Confidence Interval of the Difference	
		F	Sig.	t	df	Sig.(2-tailed)	Mean Difference	Std.Error Difference	Lower	Upper
瞳孔直径	Equal variances assumed	.032	.859	−.802	58	.426	−38.879	48.447	−135.857	58.099
	Equal variances not assumed			−.802	49.272	.426	−38.879	48.447	−136.224	58.466

[Dataset1] /Users/launick/Desktop/组内比较数据/RL-PL 瞳孔直径.sav

Group Statistics

语料类型		N	Mean	Std. Deviation	Std.Error Mean
瞳孔直径	RL	600	1387.09	187.667	34.263
	PL	600	1330.13	170.935	31.208

Independent Samples Test

		Levene's Test for Equality of Variances		t-test for Equality of Means					95% Confidence Interval of the Difference	
		F	Sig.	t	df	Sig.(2-tailed)	Mean Difference	Std.Error Difference	Lower	Upper
瞳孔直径	Equal variances assumed	.193	.662	1.229	58	.224	56.954	46.346	−35.817	149.725
	Equal variances not assumed			1.229	57.501	.224	56.954	46.346	−35.834	149.742

附录5 UCREL Semantic Tagset(Wmatrix)

A1 General and abstract terms	A4.2 + Detailed
A1.1.1 General actions/making	A4.2 - General
A1.1.1 - Inaction	A5 Evaluation
A1.1.2 Damaging and destroying	A5.1 Evaluation: Good/bad
A1.1.2 - Fixing and mending	A5.1 + Evaluation: Good
A1.2 Suitability	A5.1 - Evaluation: Bad
A1.2 + Suitable	A5.2 Evaluation: True/false
A1.2 - Unsuitable	A5.2 + Evaluation: True
A1.3 Caution	A5.2 - Evaluation: False
A1.3 + Cautious	A5.3 Evaluation: Accuracy
A1.3 - No caution	A5.3 + Evaluation: Accurate
A1.4 Chance, luck	A5.3 - Evaluation: Inaccurate
A1.4 + Lucky	A5.4 Evaluation: Authenticity
A1.4 - Unlucky	A5.4 + Evaluation: Authentic
A1.5 Use	A5.4 - Evaluation: Unauthentic
A1.5.1 Using	A6 Comparing
A1.5.1 + Used	A6.1 Comparing: Similar/different
A1.5.1 - Unused	A6.1 + Comparing: Similar
A1.5.2 Usefulness	A6.1 - Comparing: Different
A1.5.2 + Useful	A6.2 Comparing: Usual/unusual
A1.5.2 - Useless	A6.2 + Comparing: Usual
A1.6 Concrete/Abstract	A6.2 - Comparing: Unusual
A1.7 + Constraint	A6.3 Comparing: Variety
A1.7 - No constraint	A6.3 + Comparing: Varied
A1.8 + Inclusion	A6.3 - Comparing: Unvaried
A1.8 - Exclusion	A7 Probability
A1.9 Avoiding	A7 + Likely
A1.9 - Unavoidable	A7 - Unlikely
A2 Affect	A8 Seem

A2.1 Modify, change	A9 Getting and giving; possession
A2.1 + Change	A9 + Getting and possession
A2.1 - No change	A9 - Giving
A2.2 Cause & Effect/Connection	A10 Open/closed; Hiding/Hidden; Finding; Showing
A2.2 + Cause/Effect/Connected	A10 + Open; Finding; Showing
A2.2 - Unconnected	A10 - Closed; Hiding/Hidden
A3 Being	A11 Importance
A3 + Existing	A11.1 Importance
A3 - Non-existing	A11.1 + Important
A4 Classification	A11.1 - Unimportant
A4.1 Generally kinds, groups, examples	A11.2 Noticeability
A4.1 - Unclassified	A11.2 + Noticeable
A4.2 Particular/general; detail	A11.2 - Unnoticeable
A12 Easy/difficult	E5 + Bravery
A12 + Easy	E5 - Fear/shock
A12 - Difficult	E6 Worry and confidence
A13 Degree	E6 + Confident
A13.1 Degree: Non-specific	E6 - Worry
A13.2 Degree: Maximizers	F1 Food
A13.3 Degree: Boosters	F1 + Abundance of food
A13.4 Degree: Approximators	F1 - Lack of food
A13.5 Degree: Compromisers	F2 Drinks and alcohol
A13.6 Degree: Diminishers	F2 + Excessive drinking
A13.7 Degree: Minimizers	F2 - Not drinking
A14 Exclusivizers/particularizers	F3 Smoking and non-medical drugs
A15 Safety/Danger	F3 + Smoking and drugs abuse
A15 + Safe	F3 - Non-smoking/no use of drugs
A15 - Danger	F4 Farming & Horticulture
B1 Anatomy and physiology	F4 - Uncultivated
B2 Health and disease	G1 Government and Politics
B2 + Healthy	G1.1 Government

续表

B2 – Disease	G1.1 – Non-governmental
B3 Medicines and medical treatment	G1.2 Politics
B3 – Without medical treatment	G1.2 – Non-political
B4 Cleaning and personal care	G2 Crime, law and order
B4 + Clean	G2.1 Law and order
B4 – Dirty	G2.1 + Lawful
B5 Clothes and personal belongings	G2.1 – Crime
B5 – Without clothes	G2.2 General ethics
C1 Arts and crafts	G2.2 + Ethical
E1 Emotional Actions, States And Processes General	G2.2 – Unethical
E1 + Emotional	G3 Warfare, defence and the army; weapons
E1 – Unemotional	G3 – Anti-war
E2 Liking	H1 Architecture, houses and buildings
E2 + Like	H2 Parts of buildings
E2 – Dislike	H3 Areas around or near houses
E3 Calm/Violent/Angry	H4 Residence
E3 + Calm	H4 – Non-resident
E3 – Violent/Angry	H5 Furniture and household fittings
E4 Happiness and Contentment	H5 – Unfurnished
E4.1 Happy/sad	I1 Money generally
E4.1 + Happy	I1.1 Money and pay
E4.1 – Sad	I1.1 + Money: Affluence
E4.2 Contentment	I1.1 – Money: Lack
E4.2 + Content	I1.2 Money: Debts
E4.2 – Discontent	I1.2 + Spending and money loss
E5 Bravery and Fear	I1.2 – Debt-free
I1.3 Money: Cost and price	N3.2 + Size: Big
I1.3 + Expensive	N3.2 – Size: Small
I1.3 – Cheap	N3.3 Measurement: Distance
I2 Business	N3.3 + Distance: Far
I2.1 Business: Generally	N3.3 – Distance: Near

· 383 ·

I2.1 − Non-commercial	N3.4 Measurement: Volume
I2.2 Business: Selling	N3.4 + Volume: Inflated
I3 Work and employment	N3.4 − Volume: Compressed
I3.1 Work and employment: Generally	N3.5 Measurement: Weight
I3.1 − Unemployed	N3.5 + Weight: Heavy
I3.2 Work and employment: Professionalism	N3.5 − Weight: Light
I3.2 + Professional	N3.6 Measurement: Area
I3.2 − Unprofessional	N3.6 + Spacious
I4 Industry	N3.7 Measurement: Length & height
I4 − No industry	N3.7 + Long, tall and wide
K1 Entertainment generally	N3.7 − Short and narrow
K2 Music and related activities	N3.8 Measurement: Speed
K3 Recorded sound	N3.8 + Speed: Fast
K4 Drama, the theatre and show business	N3.8 − Speed: Slow
K5 Sports and games generally	N4 Linear order
K5.1 Sports	N4 − Nonlinear
K5.2 Games	N5 Quantities
K6 Children, games and toys	N5 + Quantities: many/much
L1 Life and living things	N5 − Quantities: little
L1 + Alive	N5.1 Entirety: maximum
L1 − Dead	N5.1 + Entire: maximum
L2 Living creatures: animals, birds, etc.	N5.1 − Part
L2 − No living creatures	N5.2 Exceeding
L3 Plants	N5.2 + Exceed: waste
L3 − No plants	N6 Frequency
M1 Moving, coming and going	N6 + Frequent
M2 Putting, pulling, pushing, transporting	N6 − Infrequent
M3 Vehicles and transport on land	O1 Substances and materials generally
M4 Sailing, swimming, etc.	O1.1 Substances and materials: Solid
M4 − Non-swimming	O1.2 Substances and materials: Liquid
M5 Flying and aircraft	O1.2 − Dry
M6 Location and direction	O1.3 Substances and materials: Gas

续表

M7 Places	O1.3 – Gasless
M8 Stationary	O2 Objects generally
N1 Numbers	O3 Electricity and electrical equipment
N2 Mathematics	O4 Physical attributes
N3 Measurement	O4.1 General appearance and physical properties
N3.1 Measurement: General	O4.2 Judgement of appearance
N3.2 Measurement: Size	O4.2 + Judgement of appearance: Beautiful
O4.2 – Judgement of appearance: Ugly	S1.2.2 – Generous
O4.3 Color and color patterns	S1.2.3 Egoism
O4.4 Shape	S1.2.3 + Selfish
O4.5 Texture	S1.2.3 – Unselfish
O4.6 Temperature	S1.2.4 Politeness
O4.6 + Temperature: Hot/on fire	S1.2.4 + Polite
O4.6 – Temperature: Cold	S1.2.4 – Impolite
P1 Education in general	S1.2.5 Toughness; strong/weak
P1 – Not educated	S1.2.5 + Tough/strong
Q1 Linguistic Actions, States And Processes; Communication	S1.2.5 – Weak
Q1.1 Linguistic Actions, States And Processes; Communication	S1.2.6 Common sense
Q1.2 Paper documents and writing	S1.2.6 + Sensible
Q1.2 – Unwritten	S1.2.6 – Foolish
Q1.3 Telecommunications	S2 People
Q2 Speech	S2 – No people
Q2.1 Speech: Communicative	S2.1 People: Female
Q2.1 + Speech: Talkative	S2.1 – Not feminine
Q2.1 – Speech: Not communicating	S2.2 People: Male
Q2.2 Speech acts	S3 Relationship
Q2.2 – Speech acts: Not speaking	S3.1 Personal relationship: General
Q3 Language, speech and grammar	S3.1 – No personal relationship
Q3 – Non-verbal	S3.2 Relationship: Intimacy and sex
Q4 The Media	S3.2 + Relationship: Sexual
Q4.1 The Media: Books	S3.2 – Relationship: Asexual

续表

Q4.2 The Media: Newspapers etc.	S4 Kin
Q4.3 The Media: TV, Radio and Cinema	S4 – No kin
S1 Social Actions, States and Processes	S5 Groups and affiliation
S1.1 Social Actions, States and Processes	S5 + Belonging to a group
S1.1.1 Social Actions, States and Processes	S5 – Not part of a group
S1.1.2 Reciprocity	S6 Obligation and necessity
S1.1.2 + Reciprocal	S6 + Strong obligation or necessity
S1.1.2 – Unilateral	S6 – No obligation or necessity
S1.1.3 Participation	S7 Power relationship
S1.1.3 + Participating	S7.1 Power, organizing
S1.1.3 – Non-participating	S7.1 + In power
S1.1.4 Deserve	S7.1 – No power
S1.1.4 + Deserving	S7.2 Respect
S1.1.4 – Undeserving	S7.2 + Respected
S1.2 Personality traits	S7.2 – No respect
S1.2.1 Approachability and Friendliness	S7.3 Competition
S1.2.1 + Informal/Friendly	S7.3 + Competitive
S1.2.1 – Formal/Unfriendly	S7.3 – No competition
S1.2.2 Avarice	S7.4 Permission
S1.2.2 + Greedy	S7.4 + Allowed
S7.4 – Not allowed	X2.5 + Understanding
S8 Helping/hindering	X2.5 – Not understanding
S8 + Helping	X2.6 Expect
S8 – Hindering	X2.6 + Expected
S9 Religion and the supernatural	X2.6 – Unexpected
S9 – Non-religious	X3 Sensory
T1 Time	X3.1 Sensory: Taste
T1.1 Time: General	X3.1 + Tasty
T1.1.1 Time: Past	X3.1 – Not tasty
T1.1.2 Time: Present; simultaneous	X3.2 Sensory: Sound
T1.1.2 – Time: Asynchronous	X3.2 + Sound: Loud
T1.1.3 Time: Future	X3.2 – Sound: Quiet

续表

T1.2 Time: Momentary	X3.3 Sensory: Touch
T1.3 Time: Period	X3.4 Sensory: Sight
T1.3 + Time period: long	X3.4 + Seen
T1.3 - Time period: short	X3.4 - Unseen
T2 Time: Beginning and ending	X3.5 Sensory: Smell
T2 + Time: Beginning	X3.5 - No smell
T2 - Time: Ending	X4 Mental object
T3 Time: Old, new and young; age	X4.1 Mental object: Conceptual object
T3 + Time: Old; grown-up	X4.1 - Themeless
T3 - Time: New and young	X4.2 Mental object: Means, method
T4 Time: Early/late	X5 Attention
T4 + Time: Early	X5.1 Attention
T4 - Time: Late	X5.1 + Attentive
W1 The universe	X5.1 - Inattentive
W2 Light	X5.2 Interest/boredom/excited/energetic
W2 - Darkness	X5.2 + Interested/excited/energetic
W3 Geographical terms	X5.2 - Uninterested/bored/unenergetic
W4 Weather	X6 Deciding
W5 Green issues	X6 + Decided
X1 Psychological Actions, States And Processes	X6 - Undecided
X2 Mental actions and processes	X7 Wanting; planning; choosing
X2.1 Thought, belief	X7 + Wanted
X2.1 - Without thinking	X7 - Unwanted
X2.2 Knowledge	X8 Trying
X2.2 + Knowledgeable	X8 + Trying hard
X2.2 - No knowledge	X8 - Not trying
X2.3 Learn	X9 Ability
X2.3 + Learning	X9.1 Ability and intelligence
X2.4 Investigate, examine, test, search	X9.1 + Able/intelligent
X2.4 + Double-check	X9.1 - Inability/unintelligence
X2.4 - Not examined	X9.2 Success and failure
X2.5 Understand	X9.2 + Success

续表

X9.2 – Failure	Z4 Discourse Bin
Y1 Science and technology in general	Z5 Grammatical bin
Y1 – Anti-scientific	Z6 Negative
Y2 Information technology and computing	Z7 If
Y2 – Low-tech	Z7 – Unconditional
Z0 Unmatched proper noun	Z8 Pronouns
Z1 Personal names	Z9 Trash can
Z2 Geographical names	Z99 Unmatched
Z3 Other proper names	

附录6　柯林斯　隐喻列表 Deignan(1995)

1 人体	6.32 运动
1.2 身体	6.50 打猎和捕鱼
1.6 头	6.62 赛马和赌博
1.8 脸	**7 烹调和食物**
1.32 身体其他部分	7.2 准备制作食物
1.80 骨	7.18 厨房设备
1.89 人体内的运动过程	7.23 烹调方法
2 健康和疾病	7.44 风味和味道
2.2 健康状况	**8 植物**
2.12 疾病	8.2 植物
2.21 与疾病有关的词	8.12 植物的部分
2.46 有关特定疾病的词	8.27 花
2.51 身体残疾	8.39 水果
2.61 伤	8.46 培育植物
3 动物	8.71 生长
3.2 指称动物概括的词	8.77 有病的植物
3.20 特定种类的动物	**9 天气**
3.21 家养动物	9.2 晴朗天气
3.40 农场动物	9.4 冷天气
3.58 野生动物	9.11 云和潮湿天气
4 建筑物和建造	9.31 雾
4.2 建造和建筑	9.38 风和暴风雨
4.18 表示建筑物和建筑物的构成部分的词	**10 热、冷和火**
4.33 构造和构造的部分	10.2 热与冷
4.47 大门口	10.44 与火有关的词
5 机器、机动车辆和工具	10.77 温度的变化
5.2 机器	**11 光、黑暗和颜色**
5.10 机器零件	11.2 光
5.43 工具与使用工具劳动	11.33 黑暗

续表

5.68 机动车辆	11.58 颜色
6 游戏和运动	**12 方向和运动**
6.2 用于谈论体育运动和游戏的词	12.2 路线
6.16 与国际象棋有关的词	12.22 向上和向下的运动
6.21 扑克牌和扑克牌游戏	12.44 运动方式

附录7　重要隐喻目录 Lakoff et al. (1991)

源域概念	热和冷（HEAT）(COLD)
物理物质（PHYSICAL OBJECT）	光明和黑暗（LIGHT）AND（DARK）
生命体（LIVING BEING）	力量（FORCE）(STRENGTH)
对手/敌人（ADVERSARY/ENEMY）	**目标域概念**
地点（LOCATION）	生命（LIFE）
距离（DISTANCE）	死亡（DEATH）
容器（CONTAINER）	时间/时间中的时刻（TIME/MOMENT IN TIME）
路径（PATH）	未来（FUTURE）
物理障碍（PHYSICAL OBSTACLE）	过去（PAST）
方向性（DIRECTIONALITY）	变化（CHANGE）
基础/平台（BASIS/PLATFORM）	进步/进化/发展（PROGRESS/EVOLUTION/DEVELOPMENT）
深度（DEPTH）	成功/成就（SUCCESS/ACCOMPLISHMENT）
增长/上升（GROWTH/RISE）	事业（CAREER）
大小（SIZE）	感情/情绪（FEELINGS/EMOTIONS）
运动（MOVEMENT）	态度/观点（ATTITUDES/VIEWS）
动作（MOTION）	心智（MIND）
旅程（JOURNEY）	概念（IDEAS）
交通工具（VEHICLE）	知识（KNOWLEDGE）
机器/机制（MACHINE/MECHANISM）	问题（PROBLEM）
故事（STORY）	任务/义务/职责（TASK/DUTY/RESPONSIBILITY）
液体（LIQUID）	价值（VALUE）
实体（SUBSTANCE）	健康（WELL-BEING）
财产（POSSESSIONS）	社会/政治/经济系统（SOCIAL/POLITICAL/ECONOMIC SYSTEM）
感染（INFECTION）	人际关系（RELATIONSHIP）
视觉（VISION）	道德（MORALITY）
动物（ANIMAL）	思想（THOUGHT）

续表

植物（PLANT）	国家/社会（NATION/SOCIETY）
建筑（BUILDING）（CONSTRUCTION）	事件和行动（EVENTS）（ACTIONS）
游戏和运动（GAME）（SPORT）	
金钱和商业交易（MONEY）（BUSINESS TRANSACTION）	
烹饪和食物（COOKING）（FOOD）	

附录 8　Wmatrix 隐喻语料分析界面

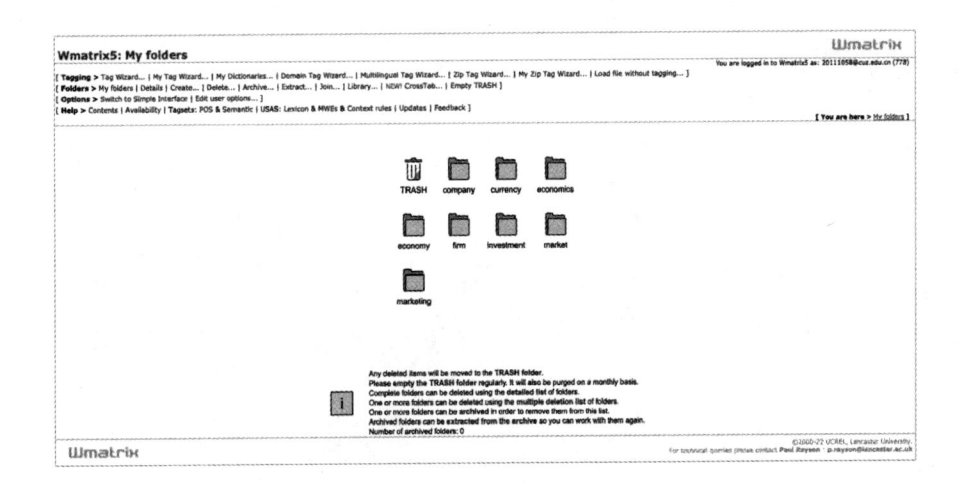

说明：本书研究语料已全部上传 Wmatrix 在线平台，故附录部分不再穷尽性罗列。